CHINA
차이나★이펙트
EFFECT

CHINA
차이나 ★ 이펙트
EFFECT

| 중국경제정보분석/김태일 지음

이 책의 구성 및 특징

중국몽(夢) 속에서 한국몽 찾기

2008년 전국인민대표대회 기자간담회 석상에서 원자바오 총리는 정사초(鄭思肖)의 시 「덕우이년세단(德佑二年歲旦)」의 일부를 인용하면서 대만기자의 질문에 답하였다. 이때 그는 '일심중국몽(一心中國夢)'이라는 문구를 언급했는데 양안통일을 바라는 마음을, 송나라가 이민족에게 유린당하고 나라를 빼앗긴 현실을 비탄해 하며 중원을 되찾고 싶어 한 정사초의 영토회복에 대한 열망에 빗대어 화답한 것이다.

원자바오 총리가 양안통일, 즉 완전한 중화를 꿈꾸었다면, 『중국몽(中國夢)』이라는 서적을 내놓은 리우밍푸 교수는 대국굴기(大國崛起)라는 개념을 들고 미국의 패도를 중국의 왕도로 대체할 것을 주장한다. 그에게 '중국몽'은 세계의 중심에서 역사의 흐름을 조율하던 찬란한 중화의 부흥인 것이다. 리우밍푸의 중국몽에 이어 대만 여류작가 롱잉타이는 문명굴기(文明崛起)를 내세웠다. 하드파워가 아닌 소프트파워를 앞세운 것이다.

그러나 이 모든 것이 중국몽이다. 중국몽은 독립적으로 실현되는 것이 아니라 함께 즉 통합적으로 이루어진다. 원자바오가 말한 양안통일은 강력한 군사력 및 경제력, 안정된 사회시스템을 바탕으로 이루어지며, 리우밍푸의 대국굴기는 문명굴기와 떼려야 뗄 수 없는 관계이다. 지금의 미국이 군사와 경제만으로 이

록된 것은 아니다. 미국식 문화와 사고가 세계 곳곳에 넓게 퍼지면서 초강대국이 된 것이다. 문명굴기는 대국굴기가 없다면 한때 스쳐가는 열풍에 불과하다. 사회를 떠난 문화는 존재할 수 없기 때문이다. 중국이 그리는 중국몽 속에서 한국몽(韓國夢)을 찾을 수 있기 바라며 이 책을 구상하였다.

이 책은 총 11장으로 나뉘어진다. 제1장은 중국 및 중국 경제의 발자취를 더듬어 보고, 중국에 대해 우리가 오해하는 부분을 살펴서 중국의 본질을 알아볼 것이다. 중국에서 시장은 무엇을 의미하는지, 중국이 진정 사회주의 국가이며 그 논리에 따라 운영되고 있는지, 공산주의는 중국과 중국 경제에 있어 무엇을 뜻하는지를 차분하게 되짚어 보고 자칫 이데올로기라는 선입견에 왜곡될 수 있는 관점들을 교정해 보았다.

제2장에서는 중국이 현 체제를 택함에 따라 파생되는 문제점과 성장 한계를 결정짓는 요인을 분석하였다. 제3장에서는 세계의 공장이 뜻하는 진정한 의미와 제조업 붕괴의 원인, 성장모형의 한계를 살펴본다. 명시적으로 구분하진 않았지만 제1장부터 제3장까지가 소단원이 된다.

제4장에서는 실물경제에서 허구경제로 전환되는 모습과 금융대국을 향한 중

국의 움직임 그리고 한계를 짚어 본다. 제5장은 세계에 있어 중국이 어떤 의미를 가지는지 알아본다. 중국의 부상에 따라 야기되는 갈등과 충돌 그리고 때로는 파괴자로 때로는 선구자로 가면을 바꾸는 일면, 경제대국에서 문화강대국으로 도약하려는 욕망 등을 파헤친다.

제6장은 경제패권을 둘러싼 움직임들을 경제지리학적으로 살핀다. 공간을 두고 펼쳐지는 전략과 미래를 향한 중국의 발걸음을 직시한다. 제7장에서는 자원전쟁이라고 부를 정도로 빠르게 전개되는 중국의 움직임, 신재생에너지를 둘러싼 중·미의 공감대, 투자패턴의 변화, 식량의 무기화 등을 논한다.

제8장은 승천하는 용에게서 여의주를 탈취하려는 독수리의 움직임을 점검한다. 일본 헤이세이 불황과 1997년 동남아 외환 위기가 시사하는 교훈, 2010년부터 노골화되고 있는 중·미 간의 무역 및 환율 분쟁의 의미와 내막을 짚어 본다.

앞서 제1~3장 소단원이 서론이라면 제4~8장은 본론에 해당한다. 결론에 해당하는 제9~11장은 화교를 통해 중국의 잠재력과 역량을 들춰 보며, 중국을 중심에 둔 21세기 천동설이 재현될 수 있는지, 그리고 그것이 한국과 한반도에 미치는 영향을 살펴본다. 먼저 제9장에서는 화교의 역량과 이들의 존재가 중국에게

는 어떤 의미인지를 보여주고 제10장에서는 힘의 축 이동, 목계로 탄생해 가는 중국과 이를 위한 100년간의 긴 로드맵을 간략히 점검한다. 마지막 장에서는 중국에 투영된 한국의 미래라는 주제로 한반도를 둘러싼 힘의 역학관계, 남북 경제의 중국의존도와 그 의미, 한국에 있어 중국의 위상과 한반도가 중국의 횡적인 이웃이 될지 또는 종적인 이웃이 될지에 대한 물음을 던진다.

서문

목계(木鷄)로 거듭나는 중국

'관(官)'이라는 글자로 서문의 첫 장을 열겠습니다. '관(官)'은 중국을 이해하고 분석하는 데 있어 핵심 키워드입니다. '관(官)'을 제하고는 정치, 경제, 사회를 논할 수가 없습니다. 이후 논할 해석은 '천지민심(天地民心)'이라는 대하드라마 속에서 따온 문구입니다. 중국 드라마는 시대정신을 다룬 내용이 많습니다. 주로 사회문제를 자주 파헤치는 드라마 속에는 계몽주의와 애국주의가 듬뿍 담겨 있습니다. 체제에 대한 프로파간다가 없다고 장담하기는 힘들지만 부조리에 대한 사회고발도 적지 않으며 역사극과 현대극을 아울러 '부패'는 중국 드라마가 가장 많이 다루는 소재입니다. 부패가 중국 사회에 만연되었기 때문일 수도 있습니다. 부패가 일상화된 곳은 쇠퇴를 거쳐 멸망에 이릅니다. 지나온 역사를 돌이켜 보면 알 수 있습니다. 중국을 꼭 짚어서 말하는 것은 아니며, 한국과 미국에도 적용됩니다.

필자의 견해가 반드시 옳은 건 아니지만 중국과 미국의 공통점을 생각하자니 '부패'라는 말이 가장 먼저 떠올랐습니다. 2009년 국제투명성기구 국가별 부패지수에 따르면, 미국은 19위에 오른 반면 중국은 79위에 랭크되었습니다. 19위와 79위, 무려 60계단의 차이가 나지만, 그럼에도 이 둘은 닮은꼴처럼 느껴집니다. 중국은 부패가 법을 무시하지만 미국은 부패에 유리하도록 법을 수정하기

때문일 것입니다. 법이라는 틀에서 보면 중국은 위법, 미국은 합법이지만 이로 인해 사회가 양극화되고 경제가 붕괴되는 것은 동일합니다.

官이라는 글자는 먼 옛날 요순(堯舜)시대부터 존재했다고 합니다. 요순시대는 태평성대의 상징으로, 치세의 모범으로 학자들이 손꼽고 있습니다. 고어에 요순관천하(堯舜官天下)라는 말이 있는데, 여기서 官은 공유(共有)를 의미합니다. 요순천하는 천하 만민의 것으로 요순은 천하 만민의 주인이 아닌 천하 만민이 공유한 것을 관장(官長)하는 위치에 있었을 뿐입니다. 고어에는 또한 관자관야(官者管也)라는 말이 있는데, 여기서 관(管)은 벼슬 관(官) 자에 대나무 죽(竹) 자를 얹은 것으로, 요순이 천하를 관리할 때에 관인은 초옥에 거주하며 계단은 흙으로 쌓았다고 합니다. 관인이라도 일반 백성들과 똑같은 삶을 영위한 것입니다. 이렇게 해야만, 관(官)이 비로소 관(管)으로 확립될 수 있기 때문입니다. 말하자면 하늘을 대신해 천하 만민을 관리할 수 있게 되는 셈입니다.

官이라는 글자에 사람 인(人) 자를 더하면 우관(牛倌 소 관리인) 또는 마관(馬倌, 말 관리인)할 때의 관(倌)이 됩니다. 비록 관리하는 직책에 놓여 있지만 어쨌든 일반 백성에 불과합니다. 위 글에는 비록 관원일지라도 그 관원이 인간인 이상 자신이 일반 백성이라는 것을 잊지 말라는 숨은 의미도 내포되어 있습니다.

명주실 사(絲)를 官의 좌변에 붙이면 얽을 관(綰) 자가 됩니다. 이 말은 관리가 일단 비단(부귀 및 사치)과 얽히면 수족이 자유롭지 못하고 관(管)하지 못한다는 뜻입니다. 결국 천하는 관리되지 못하는 것이지요. 官 자에 먹을 식(食) 자가 붙으면 관사, 즉 관원이 먹고 마시는 장소가 되며, 官 좌변에 물 수(水) 자를 붙이면 끓을 관(涫)이 됩니다. 솥이 부글부글 끓어오르게 되는 것입니다. 정부가 먹고 마시고 노는 곳으로, 즉 주점으로 변하면 국민들의 머리에서 스팀이 일어나겠지요. 가장 나쁜 것은 관에 나무 목(木) 자가 붙는 것으로 송장을 치우는 관재(棺材)의 관(棺) 자가 됩니다. 화무십일홍(花無十日紅)이라고 권세만 믿고 백성을 업신여기면 송장 신세가 된다는 의미입니다.

그럼 官에 부의 상징인 금(金)을 붙인 글자는 없을까요? 고대에는 금은이 아닌 조개가 부의 대명사였습니다. 조개 패(貝)와 관련된 글자를 찾다보면 적(賊) 자를 발견할 수 있습니다. 우변의 융(戎)은 병장기라는 의미로 무력을 동원해 강탈한다는 뜻입니다. 다른 사람의 재산을 강탈하는 사람을 무어라고 부를까요? 우리는 이를 도적(盜賊)이라고 말합니다. 관리가 자신의 권력을 남용해 타인의 재산을 강탈하고 이익을 취한다면 이는 관리가 아닌 도적인 것입니다. 끝으로 官에 풀 초(草)를 덮으면 거적 간(菅)이 됩니다. 초간인명(草菅人命), 다시

말해 백성을 잡초처럼 우습게 여기게 된다는 의미입니다. 타인의 재산을 강탈하고 뇌물을 받고 백성을 잡초보다 못하게 취급하면, 자신의 목숨은 이보다 더 비참하게 되며 형장의 이슬로 떨어질 것입니다. 관리가 백성을 핍박하고 부패가 만연할 때면 민초들은 봉기를 일으켰고, 백성은 풀뿌리 민주주의를 통하여 그들의 권리를 외쳤습니다.

중국 사회는 전통적으로 엘리트주의가 깊게 녹아 있으며 마오쩌둥은 태생적으로 이에 대한 거부감이 강했습니다. 그는 엘리트주의, 관료주의가 중국 공산당을 잠식할 것이라는 강박관념에 빠졌으며, 문화대혁명을 통하여 중국 사회의 주도세력이 농민과 노동자 계급임을 다시 각인하고자 했습니다. 그 결과 경제는 이데올로기에 우선순위를 넘겼으며 중국은 이념의 소용돌이 속으로 빠져들었습니다. 1970년대 말 덩샤오핑의 개혁개방 노선도 어떻게 보면 이에 대한 반작용으로 탄생한 것입니다. '계급투쟁'에서 '경제건설'로 포커스가 전환되고 경제 건설이 모든 것을 압도하는 형국으로 변질되었습니다. 선부론(先富論)도 그런 기류를 타고 힘을 받았으며, 지역 간 계층 간 양극화가 심화되는 계기를 제공했습니다. 선부론에 대한 비판과 덩샤오핑에 대한 재평가 작업도 같은 맥락에서 생각해 볼 수 있습니다.

시장주의를 자유주의와 연결시키는 경향이 있는데, 현실적으로는 자본주의라 부르는 것이 올바릅니다. 시장주의 중국과 자본주의 중국 사이의 차이는 뚜렷하지 않습니다. 시장주의가 모든 이념적 논란을 잠재운다면 효율성은 모든 경제행위의 정당성을 담보합니다. 때로는 효율이라는 두 글자 앞에서 시장도 숨을 죽입니다. 하지만 전체 인구의 90%에게 불공정한 효율을 효율이라 볼 수 있을까요? 12억 인구를 비효율적 인간으로 내몰고 있는 시스템을 중국이 추구할 필요가 있는가? 하는 의문은 뇌리를 맴돌고 있습니다. 글로벌화와 분업의 테두리 속에서 중국은 하청공장으로 변했으며 21세기 현재 성장한계에 부딪혔습니다. 생산에서 창조로의 전환을 내세우지만 버거운 현실만 눈에 들어오고 있습니다.

부유한 국민보다 부유한 국가를 추구한 결과, 자원 투입형 성장에 따른 부작용이 곳곳에 퍼졌습니다. 블랙박스와 같은 부실채무는 그 정확한 수치를 가늠하기도 힘듭니다. 이머징마켓이라는 용어를 세계 최초로 사용한 앙투완 반 아그마엘(Antoine van Agtmael)이 지적했듯이, 미국이 기침을 하면 세계가 감기에 걸리는 시대에서 중국이 기침을 해도 똑같이 감기에 걸리는 시대로 전환되었습니다. 중국의 부상과 더불어 마찰도 기하급수적으로 늘어났습니다. 경제를 둘러싼 패권 다툼, 환경 및 자원문제를 둘러싼 갈등, 식량 무기화에 대한 우려, 글

로벌 금융시장을 놓고 벌어지는 미묘한 움직임 등 수많은 난제들이 중국과 세계에 펼쳐져 있습니다.

2010년 11월 미국은 냉혹한 현실을, 중국은 그들의 파워를 맛보았습니다. 며칠 간격으로 열린 G20 정상회의와 APEC 정상회의에서 양국은 '환율과 양적완화'라는 상반된 문제를 놓고 부딪쳤습니다. 이 두 국제회의가 개최되기 전 후진타오는 유럽을 돌면서 쇼핑과 투자외교를 펼쳤고 오바마는 아시아 방패외교를 벌렸습니다. 안보와 경제실익 사이에서 일단 후자가 완승을 거두었습니다. 중국은 환율문제를 매개로 이루어질 미국과 유럽의 공동전선을 훌륭히 차단했으며 오히려 6,000억 달러에 달하는 제2차 양적완화를 물고 늘어지면서 유럽과 함께 미국을 압박했습니다. 경제패권의 약화가 점점 외교패권의 상실로 드러나고 있으며 군사패권의 존속을 위협하고 있습니다.

G20 정상회의를 기하여 한국을 방문한 월러스타인 교수는 건국대학교에서 주관한 좌담회에서 "현 시대에서는 더 이상 예측 가능한 결과를 토대로 계획을 세우거나 이익을 창출하기 힘들어진다. 왜냐하면 기존 세계체제가 새로운 세계체제로 변화하고 있기 때문이다"라고 밝혔습니다. 미국과 중국 모두 세계체제의 변화 속에 있으며, 현재 과거와 다른 양상으로 힘의 이동이 전개되고 있습니

다. 핵에 기반에 둔 "공포의 균형"이 이런 변화를 불러오는 것 같습니다. 이전 시대처럼 무력충돌로 패권의 우위를 가릴 수 있는 시기는 지나간 듯 합니다.

완연히 목계(木鷄)로 거듭난 것은 아니지만 한 세기 동안 숨죽였던 중국이라는 거대한 나라가 서서히 기지개를 켜고 있습니다. 사태를 관망하면서 힘을 기르던 도광양회(韜光養晦)를 넘어 이제는 할 말을 하면서 자국의 이익을 극대화시키기 위해 요소작위(有所作为)로 전략축을 이동하고 있습니다. 세계에서 중국의 발언권이 높아지고 미국과 함께 G2로 양강체제를 구축하고 있습니다. 화평굴기(和平屈起)를 내세우지만 대외 시선은 여전히 우려를 담고 있습니다. 중국은 19세기를 제외하고 수천 년간 목계로 지내왔습니다. 다만 과거의 목계가 피동적, 내향적이었다면 우리가 바라볼 21세기 목계는 주동적이고 외향적일 것입니다. 지금 중국은 좁은 동북아에서 동남아와 서남부 아시아로 눈을 돌리고 있습니다. 중앙아시아를 관통하면서 중국의 힘은 서구로 뻗어나갈 것입니다. 힘의 축은 아시아로 이동하고 있으며 중국은 자석처럼 부(富)와 자원을 끌어당기고 있습니다. 21세기 100년간의 로드맵을 세우며 중국의 미래를 순차적으로 실현해 가고 있습니다.

힘의 역학관계가 변하는 것이 현실이라면 한국은 분명 선택의 기로에 놓여 있습니다. 한반도는 글로벌이라는 체스 판에 놓인 중심축이며 주위 강대국들의

힘이 투사되는 거울입니다. 남북한 모두 중국의 손안에 반쯤은 들어간 상태로 한반도가 스스로의 위상을 전략적으로 꿰뚫지 않는 한 중국의 그림자를 벗어나기는 힘들 것입니다. 한반도가 중국의 종적인 이웃이 될지, 횡적인 이웃이 될지는 중국이 아닌 남북한, 즉 한반도에 달려있는 것 같습니다. 우리의 후대는 지금 이 순간이 한국의 전성기로 기억하는 일이 벌어지지 않도록 역량을 가다듬고 미래를 대비하여야 할 것입니다. 이에 조금이라도 도움이 되길 바라며 이 책을 내놓습니다.

여느 때처럼 훌륭한 조언을 아끼지 않으신 한국학술정보 김영권 이사님, 굳은 일을 도맡아 하시는 강태우 팀장님과 유승재님 책의 전반적인 구성과 디자인을 위하여 고생하신 편집팀과 디자인팀 여러분들께 감사의 마음을 전합니다. 또한 잘 팔리지 않는 분야의 책이지만 묵묵히 지원해주신 한국학술정보의 헌신적 도움에도 거듭 감사를 표합니다. 항상 서문의 말미를 수놓는 사랑하는 부모님과 파트너 경희에게 가슴 깊은 애정을 표합니다. 이 책을 읽고 독자 여러분들이 좀 더 쉽고 깊게 중국을 이해할 수 있다면 찌는 듯한 여름날에 원고를 손보던 수고로움도 행복으로 변할 것입니다.

중국경제정보분석(CEIA)

김태일

C O N T E N T S

CHAPTER 1

중국의 길,
회고와 전망

우리가 듣는 중국은 우리가 읽는 중국과 다르고, 우리가 읽는 중국은 우리가 본 중국과 같지 않다. 또한 우리가 본 중국은 우리가 직시한 중국이 아니며, 우리가 직시한 중국은 우리가 그리는 중국과 거리가 멀다. 이미지와 상상 속의 중국이 본질일 수는 없다. 매트릭스 속에 갇힌 이들은 허상과 실체를 혼동하고 중국을 중국스럽게 보지 못한다. 중국은 최하위 계층에게는 봉건주의적이고 소수 상위계층에게는 자본주의적이며 극소수 권력가에게는 공산주의적일 것이다.

1
시장을 향한 중국의 발걸음

중국에 있어 '시장'이라는 두 글자는 과거, 현재 그리고 미래를 모두 함축한 의미이다. 그 말속에 경제, 사상, 이념 그리고 권력투쟁이 혼재되어 있다. 중국은 급속히 자본주의로 빨려 들어가고 있다.

중국은 황제와 유교로 대변되는 정치체제를 오랫동안 이어온 독특한 국가다. 종교가 아닌 철학으로 국가와 사회가 유지된 드문 케이스로, 한 무제가 유교를 통치이념으로 삼기 이전에는 제자백가로 불리는 철학의 황금기가 펼쳐졌다. 유교와의 단절이라는 점에서 마오쩌둥은 한 무제를 넘어선 변혁을 중국에 일으켰다. 시간을 두고 서서히 진행되는 진화를 넘어선 혁명, 즉 시대와 문명의 단절을 가져온 것이다. 대제국 몽골을 세운 칭기즈칸, 명을 역사의 뒤안길로 보내버린 누르하치도 유교 앞에서는 무릎을 꿇었다. 이들은 중국과 중국인을 통치했지만 중국인의 사고와 문화는 변화시킬 수 없었으며 오히려 그 자신이

동화되었다. 이런 점에서 유교를 마르크스주의로 대체한 마오쩌둥은 그 자체로 역사이며 2000년이라는 세월의 벽을 넘어선 최초의 인물이다.

현대 중국 역사는 1980년 개혁개방을 기점으로 전후 30년으로 나뉜다. 대약진·문화대혁명으로 표현되는 시대, 즉 1980년대 이전은 개혁개방 세대에 의해 부정되고 교조적 좌파로 매도되었다. 다수에서 어느덧 소수로 전락한 좌파세력은 양극화와 배금주의로 물든 중국 사회를 비판하고 현 정치세력을 신 자본주의 세력으로 몰아붙였다. 동유럽의 몰락과 소련의 해체는 중국인에게 마르크스주의에 대한 근본적 회의를 가져왔으며, 중국 공산당의 사상적 기반을 흔들었다. 이에 따라 새로운 이론이 요구되었으며 중국식 사회주의의 강화가 그 대안으로 떠올랐다.

불유쾌한 역사는 가급적 묻어버리고 대표적 인물은 부정하고 싶은 것이 인지상정이다. 현 지배층은 이전 지배층을 매도하고 영향력을 제한하고자 한다. 이는 역사적으로 면면히 흘러온 권력 양상이다. 최초로 중국을 통일한 진시황은 분서갱유로 대변되는 폭군적 이미지로 채색되었으며 한 무제와 명나라를 세운 주원장은 토사구팽(兎死狗烹)의 잔인한 면모로 지탄받았다. 조조의 탁월한 통치력과 문장가로써의 재능은 절하되고 난세의 간웅이라는 꼬리표만 부각되었다. 정관정요(당 태종이 신하와 더불어 정사를 논한 것을 엮은 책으로 태평성세를 상징함)로 대변되는 당 태종과 북방을 평정한 건문제는 골육상쟁의 비난을 피해갈 수 없었으며 대제국을 건설한 칭기즈칸은 불한당으로, 십전노인(十全老人) 건륭제는 시대착오적 풍류남으로 매도되었다.

시대적 배경과 과정, 본질에 대한 평가보다 대표적 인물에 초점을 맞춘다면 역사는 단절된 개별 사건으로 존재할 뿐이다. 그 결과 역사의 무게는 가벼워지고 기존 지배원리는 쉽게 뒤집어진다. 중국식 사회주의도 그런 틈바구니 속에서 나왔다. 우리는 마오시대의 사회주의를 중국식 사회주의로 생각하지 않고, 은연중에 덩샤오핑을 중국식 사회주의의 출발점으로 삼는다. 중국식 사회주의를 언급할 때면 항상 '시장경제'라는 말이 따라붙는다. 마오시대로 대변되는 1970년대 중반까지 중국은 경제보다는 이념문제가 우선시되었다. 경제 발전 논리는 건국 초부터 작동되었지만 현실적 외양은 소련의 경제체제를 답습하는데 머물렀다. 항일전쟁과 국공내전으로 황폐화된 경제를 되살리고자 중국 정부는 1차 5개년 계획을 의욕적으로 실시했지만 결국 소련의 인적, 물적 지원에 의존할 수 밖에 없다는 한계만 노출시켰다.

중국 실정에 대한 고려 없이 진행된 경제개혁은 수많은 문제를 야기했으며 마르크스주의 이론에 대한 중국식 해석의 출발점이 되었다. 당시 소련과 중국의 미묘한 정치관계도 중국의 독자노선에 불을 댕겼다. 문화대혁명이 이념적 과오라면 대약진 운동은 경제적 과오로 취급받고 있다. 시기로 보면 대약진 운동(1958~1960년)이 먼저 일어났는데, 대약진 운동은 소련식 발전모델로 대변되는 기계 산업화 대신 노동을 중심에 둔 노동집약적 대규모 협동농장 형태를 취하였다. 참고로 마오쩌둥의 정치 기반은 노동자가 아닌 농민이었다.

대약진 운동 실패는 공산당의 분열을 초래하였으며, 마오쩌둥은 문화대혁명(1966~1976년)을 일으켜 이를 일거에 해소하고자 했다. 그는 중국이 소련식 발전모형을 따를 것이라 깊게 우려하였으며 자신에 대한 역사적 평가에 불안감을 느꼈다. 중국 사회에는 전통적으로 엘리트주의가 깊게 녹아 있는데, 마오쩌둥은 태생적으로 이에 대한 강한 거부감을 가졌다. 그는 엘리트주의, 관료주의가 중국 공산당을 잠식할 것이라는 강박관념에 빠졌으며 문화대혁명을 통하여 중국 사회의 주도세력이 농민과 노동자 계급임을 다시 각인하고자 했다. 그 결과 경제는 이데올로기에 우선순위를 넘겨주었고 중국은 이념의 소용돌이 속으로 빠져들었다.

1976년 마오쩌둥이 사망하고 4인방이 축출되면서 이념논쟁은 동력을 상실했으며, 이는 지금까지 금기시되고 있다. 마오쩌둥이 현 중국을 지켜본다면, 역사에 대한 그의 과오는 문화대혁명을 급격히 실시한 것이 아니라 너무 느슨하게 한 것이라고 비통해할 수도 있다. 엘리트주의, 관료주의가 중국 공산당을 잠식하고 인민을 배반할 것이라는 그의 우려는 이미 현실화되고 있다. 중국 사회와 역사의 수레바퀴는 마오시대 그 이전으로 회귀하고 있다.

1978년 제11차 3중 전체회의 이후 중국은 '계급투쟁'에서 '경제건설'로 포커스를 전환하였다. 화궈펑에서 덩샤오핑으로 권력이 이양되었으며 경제재건이 정책 최우선 과제로 떠올랐다. 제12차 전국인민대표대회에서는 계획경제를 주체로 삼고 시장조절을 보조로 두면서 '시장'이라는 금기어를 논의 선상에 올려놓았다. 제13차 전국인민대표대회에서는 한 걸음 더 나아가 계획과 시장이 내재된 통일화된 체제가 바로 계획된 상품경제라고 정의하고 시장을 공식적으로 인정하였다. 하지만 국가가 시장을 조절하고 시장이 기업을 인도한다는 하향식 정책논리가 여전히 핵심기제로 작용하였다. 이때까지만 해도 시장은 계획을 보완하는 부차적 존재에 불과하였다.

3세대 지도자인 장쩌민은 제13차 4중 전체회의에서 덩샤오핑 관점을 존중하면서 '전체 공산당원은 대규모 전쟁이 발발하기 이전에는 모든 역량을 반드시 경제건설에 기울여야 하며 전략적 목표를 향해 한 걸음씩 다가설 필요가 있다'고 주장하였다. 천안문사태로 중국의 개혁개방 노선이 변경되고 계급투쟁으로 회귀하는 것이 아닌가 하는 세간의 우려에 대한 화답이었던 것이다. 그는 당의 기본노선은 바뀌지 않으며 경제건설이 중심임을 반복적으로 강조하였다. 덩샤오핑이 경제개발을 통하여 이념의 정통성을 확보하고자 노력했다면 장쩌민은 정권에 대한 정통성을 보장받으려 하였다.

한편 시장이 전면에 등장한 것은 제14차 전국인민대표대회부터이며 비로소 개혁의 본질이 명확히 천명되었다. 공산주의 계획경제가 아닌 사회주의 시장경제로의 그 개혁 말이다. 후진타오를 위시한 제4세대 지도층이 전면에 나선 제16차 3중 전체회의에서 '사회주의 시장경제체제 건설에 관한 약간의 문제에 대한 결정'을 통과시키면서 중국은 계획경제에서 사회주의 시장경제로 근본적 전환이 일어났음을 공포하였다. 계획경제 체제는 역사의 뒤안길로 사라졌으며 계획경제라는 말은 시대정신에 어긋난 봉건적 잔재로 격하되었다. '5개년 계획'이라는 용어는 '5개년 규획'으로 바뀌었으며 중국의 거시경제정책을 총괄하는 '국가발전계획위원회'는 '국가발전개혁위원회'로 간판을 바꾸었다.

중국은 2002년 제16차 전국인민대표대회를 기점으로 공유제를 중심에 둔 다양한 소유형태의 경제제도를 발전시킨다는 기본방침을 확인하였다. 중국은 이미 1988년 헌법 개정을 통하여 국가는 법률이 정한 범위 내에서 사영경제의 존재와 발전을 허가한다는 문구를 삽입하였다. 2003년에는 한 걸음 더 나아가 사영기업을 중국 사회를 구성하는 중요한 일부분으로 인정하고, 아울러 '사회주의 건설자'라는 문구에 '애국통일전선'의 구성원으로 받아들이는 헌법 개정을 실시하였다. 경제영역에 묶어두었던 사영기업의 존재를 이제는 정치, 사회로 확대한 것이다.

사유재산에 대한 법적 보호는 2002년까지는 불분명했는데, 당시 헌법에는 국가는 공민의 합법적 수입, 저축, 주택 등 합법적 소유권을 인정한다는 논조였다. 즉 사유부문은 국가의 보호대상에서 제외된 것이다. 그런데 법 테두리 밖에 존재하던 사유재산이 2002년 전국인민대표대회를 계기로 2004년 헌법 개정을 통해 결국 인정되었다. 헌법에 '공민의 합법적 사유재산은 침범될 수 없다', '국가는 법률에 따라 공민의 사유재산권과 계승권을 보호한다'는 문구가 삽입된 것이다. 이를 기초로 중국은 물권법 제정 작업에 박차를 가하였다.

마침내 2007년 전국인민대표대회는 물권법(物權法, 재화와 사람의 지배관계를 다룬 법)을 통과시키면서 시장주의 논란에 마침표를 찍었다. 재화의 사적 소유를 기본적으로 인정하고 사적 이익추구를 보장하는 체제를 자본주의로 부른다는 측면에서 물권법 통과 이전과 그 이후 중국은 분명히 다르다. 자본주의가 아닌 시장주의로 범위를 좁게 해석하지만, 분명한 것은 중국이 사적 소유라는 자본주의의 핵심적 테제를 받아들였다는 사실이다. 1970~80년대 개혁개방을 거쳐 1990년대 사회주의 시장경제가 체계를 잡은 후 물권법은 항상 뜨거운 감자로 남았다. 1993년 논의를 시작한 이후 2002년 처음으로 전국인민대표대회 상무위원회에서 물권법에 대한 심의가 이루어졌다.

2007년 통과 때까지 물권법은 8차례나 심의과정을 거쳤으며, 현 중국정부가 들어선 후 가장 많은 심의를 거친 법안이라는 타이틀을 안았다. 물권법의 핵심문장은 '국가, 집단, 개인과 기타 권리인이 보유한 물권은 법률의 보호를 받으며 어떤 조직 및 개인도 이를 침해할 수 없다'는 것이다. 법률로 사유재산을 인정함에 따라 공산주의라는 이념제약이 무너졌으며 사회주의도 도전을 받게 되었다. 물권법은 2006년 통과될 계획이었지만 좌파세력과 학계의 반발에 부딪쳐 이듬해 간신히 마침표를 찍을 수 있었다.

물권법을 토지라는 개념을 통해 간략히 설명해보자. 중국의 모든 토지는 국가 소유로 국가를 제외한 개별 주체는 사용권이 부과된다. 주택용지는 70년, 공업·교육·과학·문화·체육용지는 50년, 상업·관광·오락용지는 40년의 사용기간이 인정되었다. 그러나 사용기간 만료 후 보유 부동산의 법적 지위에 대한 명확한 규정이 없었으며 이 문제는 자연히 수면 위로 부상하였다. 시기적으로도 1980년 개혁개방의 기치를 내건 지 30여 년이 흘러 후대에 마냥 떠넘길 수도 없었다. 따라서 중국정부는 2007년 토지사용권이 만료된 주택용지는 자동연장하고 그 외 용지는 별도 규정에 따라 연장이 가능하다는 것을 물권법을 통해 명문화했으며 전국인민대표대회는 이에 동의하였다. 명의상으로는 국가가 여전히 최종소유권을 보유하고 있지만 실제로는 소정의 비용만 지불하면 영구보유가 가능하도록 법을 제정한 것이다.

물권법 제정으로 중국 부동산 가격에 대한 전면적 재평가 작업이 이루어지면서 주택 가격이 폭등하였다. 이전 주택 가격은 건물을 중점으로 가치가 산출되는 시스템이었다. 하지만 건물의 밑바탕인 토지에 새로운 가치가 부여됨에 따라 토지와 건물을 함께 평가하는 체제로 변경되었으며 주택 가격은 이 둘의 합으로 계산되었다. 이에 따른 부동산 가격 상승을 과잉유동성과 투기로만 해석하는 측면이 강한데, 사회주의 체제에 의해 왜곡된 부동산 가격이 교정되는 과정으로 바라보는 것이 타당할 것이다. 그런데 과잉유동성과 투기는 그 흐름을 타고 뒤범벅된 재료로 주택 가격 상승을 버블로 끌어올렸다.

현 공산당은 자본주의, 민주주의라는 말보다 공산주의가 더 체제에 위협적이라고 생각하는 것 같다. 이제 천안문 광장에 몰려가 공산주의를 부르짖으면 폭도 취급을 당하며 정신병원에 격리 수용될 것이다. 평등과 분배를 요구하면 몽둥이가 날아올 것이다. 공산주의는 그들에게 원죄와 같다. 거부해야만 하는 것이다. 중국에서 공산주의 교리를 외치면 근본주의 좌파로 매도된다. 역사의 아이러니한 일면이다. 시대와 이념을 떠나 당규를 너무 믿으면 같은 당원조차 불편해 한다. 권력을 비난하는 사람들이 오히려 권력자를 더 기쁘게 하고 기존 질서에 반하는 이념이 기존 질서를 옹호하는 이념보다 권력자들의 대접을 받는다. 통제 가능한 적은 적이 아니라 아군이다. 명확한 적이 있다면, 내부 붕괴는 늦추어지고 권력은 강화된다.

우파로 불리는 현 집권층의 정치적 기반은 자본, 즉 돈을 중심에 둔 시장주의 세력이다. 이들은 넓게는 도시계층, 좁게는 민영기업가, 경영자, 전문직 등으로 구성된다. 이들에 있어 '부(富)'의 불확실한 법적 지위는 목 안의 가시와 같았다. 물권법 통과로 큰 장애는 제거되었으며 이제 금권주의라는 꽃만 피우면 된다. 참주정치, 과두정치와 민주정치는 자유인에 대한 관계에서는 달랐고 노예들에 대한 관계에서는 모두 똑같았다. 이제 이 말에 공산주의도 포함시켜야 될 듯하다. 적어도 중국에 있어서는 그것이 타당하다. 시장주의를 자유주의와 연결시키는 경향이 많지만 현실적으로는 자본주의라 부르는 것이 올바르다. 시장주의 중국과 자본주의 중국 사이의 간격은 뚜렷하지 않다. 쿠르트 괴델의 '불완전성 정리'에 따르면 어떤 무모순적 체계도 그 자신의 무모순을 증명할 수 는없다. 다시 말해 자본주의가 무모순적 체계일지라도 그것을 증명하는 일은 자본주의 체계 안에서 이루어질 수 없다. 공산주의와 사회주의도 마찬가지다.

경제성장 속에 숨은 코드

현 중국을 움직이는 테제는 '하나의 중심과 두 개의 기본관점'이다. 하나의 중심은 '경제건설'이고, 두 개의 기본관점은 '4개의 기본원칙'과 '개혁개방'을 의미한다. 4개의 기본원칙은 다시 '공산당의 지도적 위치', '사회주의 노선', '인민에 의한 민주정치', 그리고 '마르크스 및 마오쩌둥 사상견지'로 재분화된다.

2010년 때아닌 정치개혁 논쟁이 심천 경제특구 30주년 기념식에서 불거졌다. 경제 수장인 원자바오는 정치개혁에 대해, 정치 수장인 후진타오는 경제발전에 대해 목소리를 높인 것이다. 원자바오 총리는 정치개혁을 담보하지 못한다면, 경제성과를 상실할 수 있고 현대화 목표는 실현될 수 없을 것이라 경고하였다. 이에 반하여 후진타오 주석은 아직 정치개혁을 실시할 단계는 아니며 경제기틀을 한층 다잡을 때라고 밝혔다. 그는 정치논란은 피해가면서 법에 따른 민주체제를 강조하였다. 그 법은 물론 공산주의와 현 지배체제를 바탕에 둔 것이다. 정치와 경제를 양분한 이들 지도자의 시각차는 정치개혁에 대한 다양한 의견을 분출시켰다. <중국청년보>, <광명일보> 등 공산당 기관지는 원자바오 총리를 비판하며 시대착오적 발언이라 공세를 퍼부었다. 이에 반해 <남방일보>와 <학습시보>(중앙당교 기관지)는 정치체제 개혁을 논의할 때라고 지지 논평을 실었다.

원자바오는 기존 정치체제가 현 중국 경제의 한계를 결정짓는다고 보며 경제도약을 위해서는 사회 불평등, 부패문제 등을 해결할 때라고 밝혔다. 이들 문제의 밑바탕에는 과도한 권력집중과 비민주적인 정치체제가 존재한다고 생각한 것이다. 반면에 후진타오는 기존 정치체제가 각종 문제를 야기하고 있지만, 이들 문제는 경제발전을 한층 끌어올림으로써 희석될 수 있다고 판단했다. 섣부른 정치개혁은 무정부상태를 야기할 수 있으며, 이는 중국이 이룩한 성과를 파괴할 수 있다는 것이다. 기존 시스템에 기댄 광범위한 기득권 세력의 반발은 논외에 두더라도(또한 반발을 무마할 최종 책임자는 원자바오가 아닌 후진타오이다) 후진타오의 뇌리에는 구소련의 전철이 깊게 새겨져 있을 것이다. 후진타오와 원자바오의 역할, 위치 그리고 사고의 차이가 2010년 가을에 그 어느 때보다 두드러졌다. 그렇다고 '경제건설 중심'이라는 기본방침에 이견이 존재하는 것은 아니다. 광범위한 이념의 스펙트럼 속에서 돌출된 두 시각이 표면화되었을 뿐이다.

원자바오는 정치가 경제로부터 독립된 존재가 아닌 영향관계를 주고받는 개체라고 보고 있다. 말하자면 불균형개혁보다는 균형개혁을 지지하는 입장이다. 하지만 후진타오는 정치를 경제로부터 독립된 개체로 인식하고 있다. 경제

발전의 끝에는 자본주의가 존재한다고 생각할 수도 있다. 그러나 그는 경제발전이란 정치안정을 바탕으로 이루어지며, 정치안정은 공산주의 체제를 통해 실현될 수 있다고 생각한다. 따라서 정치는 경제를 제어하는 수단으로, 즉 유기적 관계가 아닌 독립된 존재로 경제와 거리를 둘 필요가 있다고 본 것이다.

자, 그럼 몇 가지 중심 키워드로 중국 경제를 관통하고 있는 본질을 들추어 보자. 비록 중국이라는 전체 물줄기를 속속들이 파악할 수는 없겠지만 적어도 본류(本流)는 이해할 수 있을 것이다. 왜냐하면 그들이 내세운 핵심코드와 전략용어 속에 중국을 움직이는 시스템과 현상에 대한 인식과 관점, 그리고 나아갈 방향이 제시되어 있기 때문이다. 중국은 정책과 정권의 변천이 함께하는 대다수 국가와 달리 각 파벌 간 합의된 정책노선은 지도층이라도 임의로 바꿀 수 없다는 관례가 있다. 전술은 실정에 따라 변화될 수 있지만 전략은 대단위의 전략환경이 급변하지 않는 한 면면히 계승된다. 그러면 핵심 키워드를 하나씩 들추어 보면서 중국 경제의 숨은 코드를 발굴해 보자.

중국을 떠올리면 '중국 특색의 사회주의(中國特色社會主義)'라는 말이 가장 먼저 연상된다. 중국 특색의 사회주의는 이위일체(二位一體), 삼위일체(三位一體), 사위일체(四位一體)라는 개념 속에서 발전해 왔다. 중국을 넓고 깊게 연구하지 않을 것이라면 굳이 파고들 필요는 없다. 다만 중국 사회가 이 개념에 따라 변천하므로 의미 정도는 짚고 넘어가는 것이 옳을 듯하다. 사회 변화는 경제현상으로 현실화되기 때문이다. 그럼 개념의 바닷속으로 빠져들어 보자.

제12차 전국인민대표대회에서 중국 공산당은 중국식 사회주의 현대화 과정을 '물질문명과 정신문명 향상'이라는 틀에서 논하였다. 소위 이위일체 발전론을 내건 것이다. 1986년 제12차 6중 전체회의에서 '사회주의 정신문명건설에 관한 지도방침 결의'를 발표하면서 중국은 중국식 사회주의 현대화 건설에 관한 총체적 포석을 깔았다. '경제건설 중심'이라는 축을 놓고 그 주위를 경제시스템 개혁, 정치체제 개혁, 정신문명 강화라는 개념으로 둘러싼 것이다. 말하자면 기존 '물질문명과 정신문명'이라는 이위일체에서 삼위일체로 전환된 것이다. 여기서 물질문명이란 물질을 바탕으로 이루어진 문명을 말하며 인간과 사물 간의 관계에 대한 모든 것을 일컫는다. 쉽게 말하면 일상생활 속에서 인간이 부딪치는 삶의 양식을 의미한다. 모호하면서 또한 광범위한 개념으로 좀 더 깊게 연구하기 위해서는 페르낭 브로델의 『물질문명과 자본주의』을 읽어 보길 바란다.

1987년 제13차 전국인민대표대회에서는 '부강, 민주, 문명' 세 단어로 대변되는 삼위일체를 사회주의 초기단계의 기본노선으로 정식 등록하였다. 장쩌민을 주축으로 한 제3세대 지도층은 사회주의 초기단계에 관한 기본강령을 채택하고 사회주의 물질문명, 정치문명, 정신문명의 협력발전 및 촉진을 재강조하였다. 그의 이런 행동은 덩샤오핑이 물려준 유산, 즉 시장주의로 대변되는 경제중심 체제를 계승한다는 의미이다. 당시 기본강령의 코드순서가 정치문명, 물질문명, 정신문명으로 배치되었다면 중국은 1990년대 중반까지 이념논쟁으로 시끄러웠을 것이며 중국의 모습은 지금과 많이 달랐을 것이다. 경제건설을 선도적 위치에 둠으로써, 천안문사태라는 정치적 사건을 통해 권좌에 오른 제3세대 지도층에 대한 대내외 우려는 많이 불식되었다.

온갖 우여곡절 속에서도 1970년대 말 이후 지속된 개혁개방 정책은 그 빛을 점차 발했으며 중국은 점점 대국의 면모를 가꾸어 나갔다. 다만 급격한 성장과 발전 뒤에 놓인 음영은 나날이 짙어 갔으며 중국도 이 문제를 피해갈 수 없었다. 중국은 2002년 제16차 전국인민대표대회를 통하여 '사회 화해'라는 화두를 던졌으며 2004년 제16차 4중 전체회의에서 화해사회 건설을 명확히 표명하였다. 사회주의 시장경제, 사회주의 민주정치, 사회주의 선진문명이라는 삼위일체에서 '사회주의 사회건설'이 추가된 것이다. 물질과 정신이라는 이원적 틀에서 민주라는 정치적 요소가 추가된 후 다시 사회가 곁들어진 셈이다. 2006년 제16차 6중 전체회의에서는 '부강한 민주문명을 보유한 사회주의 현대화 국가'라는 용어가 '부강한 민주문명을 보유한 조화로운 사회주의 현대화 국가'로 수정되었다.

이를 간략히 논술해 보면, 경제·정치·문화·사회라는 영역을 놓고 각 영역의 방향을 부강·민주·문명· 화해로 설정한 셈이다. 중국은 2007년 10월 제17차 전국인민대표대회에서 제11차 3중 전체회의 이후 근 30년 동안 중국이 걸어온 길에 대한 이론적 총론을 발표하였다. 이 총론에 따라 중국 특색의 사회주의 길이란 '중국 공산당의 지도하에 중국 상황에 입각하여 경제건설을 중심으로 4개 기본원칙과 개혁개방을 견지하고 사회생산력을 해방하고 발전시키며 사회주의 제도를 개선, 확립하여 사회주의 시장경제, 사회주의 민주정치, 사회주의 선진문화, 사회주의 조화사회를 건설한다. 또한 부강한 민주문명과 조화로운 사회주의 현대화 국가를 건설한다'로 정의되었다.

지금까지 중국 특색의 사회주의라는 개념 변천으로 전략을 점검했다면 이제는 '경제와 이념' 사이에 놓인 현실적 위치를 들춰 보자. 중국에 있어 경제는 독보적 위치를 점하고 있다. 이는 '하나의 중심, 두 개의 기본관점'이라는 말로 집약된다. 상기 개념은 제11차 3중 전체회의에서 확정되었고 제13차 전국인민대표대회에서 구체적 골격이 세워졌다. 여기서 '하나의 중심, 두 개의 기본관점'을 풀이해 보면, 중국은 경제건설을 중심으로 4개의 기본원칙과 개혁개방을 견지한다는 뜻이다. 4개의 기본원칙은 1979년 3월 덩샤오핑이 발표한 개념으로 '공산당의 지도적 위치', '사회주의 노선', '인민에 의한 민주정치', '마르크스 및 마오쩌둥 사상' 견지로 요약된다. 제13차 전체회의에서 중국은 '하나의 중심, 두 개의 기본관점'이라는 개념을 재확인하고, 제14차 전국인민대표대회에서 정식으로 공산당 규정에 삽입하였다. 이로써 경제의 주도적 위치는 정치, 이념적으로 보장을 받게 되었다.

한편, 중국의 경제 발전전략은 산부조우(三步走, 세단계)로 통칭되는데, 그 원천은 마오쩌둥이 내세운 량부조우(兩步走, 두 단계)에 기원을 둔다. 마오는 20년이라는 기간을 두고 20세기 말까지 중국 경제가 달성할 목표를 설정하였는데, 첫 단계는 1990년까지 중국의 GDP(국내총생산) 규모를 1980년 대비 2배 확대한다는 것이다. 이를 통해 중국은 원바오(溫飽, 기본적인 의식주 문제가 해결된 수준) 단계에서 탈피하게 된다. 두 번째는 1999년까지 1990년 GDP 수준에서 다시 2배 성장하여 샤오캉(小康, 먹고살 만한 단계로 중위권 생활수준을 일컬음) 수준에 도달한다는 것이다. 앞의 10년이 경제 기초를 세우는 작업이라면 이후 10년은 경제 발전의 길을 여는 과정으로 볼 수 있다.

덩샤오핑은 마오쩌둥이 중국 현대화 문제를 놓고 모색한 량부조우를 참고로 산부조우 전략 방침을 내놓았다. 즉 첫 단계는 1980년대 GDP 250달러를 기초로 80년대 말까지 500달러로 끌어올리는 것이다. 두 번째 단계는 500달러 수준인 1인당 국민소득을 20세기 말까지 1,000달러로 만드는 것이다. 당시 덩샤오핑은 1인당 국민소득 1,000달러를 샤오캉 사회 진입의 바로미터로 삼았다. 개개인으로 보면 미약하지만 전체라는 틀에서 접근하면 경제대국 부상의 발판은 갖춘 것이다. 세 번째 단계는 21세기 첫 30~50년이라는 기간을 소비하여 1인당 국민소득을 4000달러 수준으로 만드는 것이다. 이 수준에 이를 경우 중국은 중간레벨의 발전국가로 탈바꿈하게 된다.

베이징대학 류웨이(劉偉) 교수는 대학산하 국민경제성장연구센터가 출간한 「2010년 중국경제성장 보고서」를 통해 1980년대가 끝나기 전에 GDP를 1980년의 2배로 늘리고, 20세기 말까지 1980년의 4배로 확대하며 2030~50년 사이에 1980년의 16배로 증가시킨다는 덩샤오핑의 3단계 발전전략이 20~40년 빨리 달성되었다고 주장한다. 중국은 1987년 이미 1980년 GDP 대비 2배, 1995년에는 1980년의 4.3배로 확대되면서 5년 빨리 두 번째 단계에 진입하였다. 또한 2009년 GDP는 1980년 대비 15.5배 늘어난 것으로 집계되었다. 2010년 상반기 GDP 성장률이 11.1%로 조사된 점에 비추어 2010년 산부조우는 그 대단원의 막을 내릴 것으로 전망된다. 애초 2030~50년경 달성될 것으로 가정한 목표를 20~40년 앞당긴 셈이다. 다만 2009년 중국 GDP가 3,400달러 수준에 불과하다는 점, 세계평균이 8,600달러 정도라는 사실은 당시 1인당 국민소득 4,000달러를 중위권 국가의 척도로 삼은 덩샤오핑의 관점이 현 시대상황과 맞지 않음을 말해준다. 따라서 현실적으로는 20~40년이 아닌 10~20년 정도 앞당겼다는 것이 타당할 듯싶다.

이런 추론은 중국의 발 빠른 움직임을 통해서도 뒷받침된다. 예상을 넘어선 고도성장을 바탕으로 이미 10여 년 전 산부조우에 대한 수정작업을 실시하였다. 1997년 제15차 전국인민대표대회에서 중국은 신산부조우(新三步走, 새로운 3단계) 발전전략을 내세우며 목표치를 끌어올렸다. 신산부조우 발전전략에 따르면 첫 단계 목표는 21세기 첫 10년이라는 기간을 통해 2000년 GDP 규모 대비 2배의 경제성장을 실현하고 한층 풍족한 샤오캉 사회를 이루어 비교적 완성된 사회주의 시장경제 체제를 건설한다는 것이다. 참고로 첫 번째 수정목표는 4년 빠른 2006년에 이미 실현되었다. 두 번째 단계는 다시 10년이라는 시간이 흐른, 정확히는 공산당 창당 100주년을 맞이하는 시점에서 경제 발전과 각종 제도를 한층 심화시킨다는 것이다. 세 번째로 21세기 중반, 즉 중화인민공화국 건국 100주년을 앞에 두고 기초 현대화 작업을 완료하고 부국강병하고 민주문명화된 사회주의 국가를 이룩한다는 것이다.

질(質)이 아닌 양(量) 중심인 첫 단계는 실현된 것으로 판단된다. 세계 2위의 경제대국을 눈앞에 두고 있으며, 선부론에 따른 동부 연안 경제벨트 지대는 이미 1인당 국민소득이 1만 달러를 돌파하였다. 국민 모두가 풍족한 샤오캉 사회 속에 있다고 단언하기는 힘들지만 생필품이 부족한 상태는 아니며 도시는 현대적 생활양식을 보이고 있다. 그러나 양에서 질로 넘어가는 2단계와 일부 도시가 아닌 중국의 현대화 완료를 논하는 3단계는 여전히 미지수이다. 사회는 경제와 다른 잣대가 요구된다. 제도는 수치로 측정될 수 없으며 삶은 절대가 아닌 상대로 평가된다. 2009년 영국의 신경제재단(NEF)이 발표한 행복지수 1위 국가는 '부유한 해변'이라는 뜻을 가진 코스타리카가 차지하였다. 2006년에는 바누아투가 그 자리에 올랐었다. 두 곳 모두 친숙하지 않은 이름으로 강대국은커녕 중견국가로도 보기 힘들다.

이쯤에서 우리는 2010년 4월 원자바오 총리가 <구시>(求是, 치우스)라는 유력지에 기고한 글을 살펴보자. 이 글에서 원자바오 총리는 현 중국을 '일조퇴장 일조퇴단(一條腿長 一條腿短, 한 다리는 길고 한 다리는 짧다)'이라고 진단 하였다. 긴 것은 경제이고 짧은 것은 사회를 의미한다. 양쪽 다리의 길이가 다르면 걸음걸이는 부자연스럽고 안정감은 떨어진다. 절뚝거리면서 발걸음을 재촉하는 중국의 현 모습이 그 문장과 오버랩되고 있다.

차이나 이펙트

부유한 국민보다 부유한 국가를

중국은 부유한 국민보다 부유한 국가를 선택했으며 그것이 중국 사회와 경제의 한계를 결정짓고 있다. 중국은 경제성장과 민생안정이라는 두 마리 토끼를 완벽하게 잡기를 원하지만 유사 이래로 그것이 성공한 적은 드물다. 정책 딜레마에 직면할 때면 중국정부는 항상 경제성장의 손을 들어 주었다. 중국은 끊임없이 성장이라는 돌을 밀어 올리는 시시포스(Sisyphos)와 같다.

중국의 공식실업률은 5% 이하로 발표되지만 그 수치를 산출한 통계국 직원조차 그것이 진실이라 믿지는 않는다. 그럼 개괄적이나마 실질 실업률을 추산해 보자. 2009년 현재 중국 취업인구는 7.9억 명으로 2.7억 명 정도가 도시 취업인구로 편입된다. 현재 도시 취업인구의 75%, 즉 2억 명 정도를 중소기업이 책임지고 있는데, 2008년 말 중국 사회과학원 조사에 따르면 4,200만 개 전후의 중소기업 중 40% 정도가 파산했으며 약 40%는 부도위험에 놓인 것으로 나타났다. 40% 파산을 일괄 적용하면 8000만 명 정도가 실업상태로 떨어지게 된다.

한편 동 기간 농촌노동력은 5.2억 명으로 2억 명 정도가 중소기업 직원과 농민공으로 신분을 전환한 것으로 추산된다. 40% 부도율을 재적용한다면 실직자 8,000만 명이 다시 양산되는 셈이다. 도시와 농촌 실업자수 합계는 1.6억 명으로 5% 이하로 추정된 공식실업률보다 4배 정도 높다. 위 추정치를 허무맹랑한 것으로 바라볼 필요는 없다. 2010년 5월 현재 미국의 공식실업률은 9.7%로 보고되었지만 현실은 17%에 근접함을 우리는 알고 있다. 참고로 같은 달 일본의 실업률은 5.2%, EU는 9.6%를 기록하였다. 불분명한 회색지대를 포함할 경우 중국실업률은 30%도 무난히 넘길 것으로 보인다.

상기 추론의 근거는 의외로 2010년 3월 원자바오 총리로부터 흘러나왔다. 당시 원자바오 총리는 중국개발포럼(CDF)에 참석한 외국기업인 60명을 베이징 인민대회당에서 접견하였다. 접견자리에서 그는 무역전쟁과 환율전쟁은 소모전에 불과하며 중국은 위안화 평가절하를 통해 무역흑자를 추구하지 않는다고 밝혔다. 또한 미 실업자는 200만 명에 불과하지만 중국은 2억 명이 일자리가 없는 상태라고 강조하였다. 앞서 7.9억 명 노동인구에 실업자 2억 명을 대입시키면 25%라는 실업률 수치를 얻을 수 있다. 이는 공식 실업률의 5배에 해당한다.

그러면 중국 산업구조가 내포한 맹점과 소비문제의 심각성을 노동비용 측면에서 한번 살펴보자. 선진국은 대체로 노동비가 매출원가의 과반을 차지한다. 그 이유는 산업구조가 제조업보다 서비스업에 집중된 탓이 크다. 그러함에도 매출원가 대비 10% 내외에 머물고 있는 노동비는 중국이 직면한 현실을 떠올리게 한다. 정책의 힘을 빌어 내수를 진작시킬 수 있지만 그것도 한계가 있다.

자동차 보조금과 '가전하향' 정책을 통해 소비를 일시적으로 끌어올릴 수는 있지만 지속력은 담보하기 힘들다. 2009년 폭발적 신장세를 보이며 1,360만 대를 팔아치운 자동차 업종은 1년을 못 넘기고 삐거덕거린다. 확장된 생산시설은 고스란히 과잉생산으로 넘어오며 중국 경제의 발목을 붙잡고 있다.

소비는 정부가 아닌 시장주체의 자발적 움직임이다. 계획에 따른 일괄 배분이 아니며 정부 개입이 늘어날수록 한계는 뚜렷하고 부작용은 쌓인다. 소비는 소득과 같은 궤도, 즉 동조화의 물결 속에 있으며 소득확대를 타고 소비가 늘어날 때만이 경제는 올바르게 운행된다. 미국처럼 소득향상이 아닌 부채확대를 통해 소비를 팽창시킨다면 경제위기는 시간문제일 따름이다. 중국도 한때는 국가와 국민 가운데 누구를 경제발전의 중심에 놓을 것인지 고민하였다. 그러나 덩샤오핑이 선부론을 내걸 때 우리는 그 선택의 의미를 알았으며 중국은 유사 이래로 가장 빠른 성장을 기록하였다.

그럼 파이가 커진 결과 중국인은 부유해졌을까? 현실은 그 반대를 가리킨다. 삶의 질은 추락하고 소득불균형은 도를 넘어섰다. 부와 복지 그리고 삶의 질은 절대적 수치로 재단될 수 없다. 2010년대 3대의 컬러TV를 가진 가계가 1980년대 컬러TV 1대를 소유한 가계보다 삶이 윤택해졌다고 단정하기는 힘들다. 1980년대 중국의 GDP 대비 임금 비중은 20% 수준이었다. 이 수치는 개방정책이 꽃을 피운 20세기 말과 세계의 공장으로 부상한 21세기 초를 따라 자꾸만 떨어지고 있다. 지금은 8% 수준까지 하락하였다. 이 비율은 미국 및 일본 등과 같은 선진국과는 7배, 아르헨티나·멕시코 같은 남미국가와는 4배, 동남아시아·중동과는 3배 전후의 차이를 보인다. 중국이라는 국가가 부강해질수록 노동자

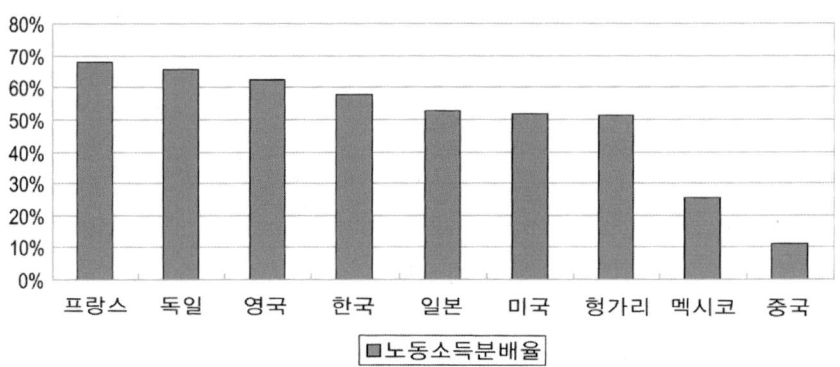

〈그림 1〉 2007년 각국별 노동소득 분배율

■노동소득분배율

자료원천: OECE, 중국 국가통계국

로 표현된 일반 주민은 상대적으로 빈곤해진 것이다.

　〈그림 1〉은 2007년 기준 각국별 노동소득 분배율을 조사한 것이다. 국민소득은 크게 노동과 자본소득으로 구분되며, 노동소득분배율이란 국민소득에서 노동소득이 차지하는 비율을 나타낸 것이다. 노동의 가격이 자본의 가격보다 상대적으로 더 높을수록 노동소득분배율은 상승하게 된다. 이론적으로는 일국의 산업이 노동집약적일수록, 즉 노동수요가 많을수록 노동소득분배율은 높아진다. 그러나 현실이 꼭 이론처럼 진행되는 것은 아니다. 노동투입이 저부가가치 산업에 몰린다면 노동소득분배율은 오히려 하락하는 경향을 띤다. 〈그림 1〉은 그 좋은 사례이다. 또한 '노동가치'에 대한 체계적인 왜곡도 노동소득분배율을 떨어뜨린다. 노동력 착취구조 하에서 경제성장의 과실은 넓게 퍼지지 않고 소수에 집중되며 사회 양극화는 심화된다. 부패가 만연한 곳에서 그 정도가 특히 심하다. 2007년 현재 중국은 멕시코의 절반에도 미치지 못하고 있다.

따라서 소비로 전환될 수 있는 실질소득이 늘어나지 않는 한 내수 확대는 힘들다. 중국 가계예금은 지금도 차곡차곡 쌓이지만 중국인이 부유해진 것은 아니다. 중국인민은행은 2009년 말 기준 중국 가계예금이 26조 위안에 달한다고 보고했다. 원화로 환산하면 4,160조 원(1위안 당 160원 가정)으로 360조 원으로 집계된 한국의 가계예금보다 11배 이상 크다. 단 이 수치를 한 꺼풀 벗겨 보면 우리는 또 다른 현실에 직면하게 된다. 몇 년 전 보스턴컨설팅은 상위 0.4%가 중국의 부 70%를 거머쥐고 있다고 주장하였다. 이와 달리 중국 국가통계국은 상위 5% 가계가 40%의 부를 차지한다고 밝혔다. 이 두 기관 가운데 어느 자료가 더 현실에 부합하는지는 알 길은 없다. 다만 다수가 아닌 소수가 부의 상당 부분을 보유하고 있는 것은 사실이다.

그렇다면 두 기관 자료를 기초로 일반주민의 1인당 예금규모를 추산해 보자. 자체 추산 결과 일반주민의 1인당 예금규모는 6,000~11,000위안 정도로 계산되었다. 달러로 환산할 경우 900~1,600달러 수준이다. 이 수치에 중국의 불완전한 사회보장체계, 주택 및 물가수준을 대입하면 우리는 중국이 직면한 경제문제를 알게 된다. 소비욕구가 낮은 것이 아니라 소비하고 싶어도 소비할 돈이 없는 셈이다. 2009년 말 기준 중국의 1인당 GDP는 3600달러 정도이다. 앞서 1인당 예금액을 1인당 GDP로 나눌 경우 최소 25%, 최대 45% 라는 비중을 얻게 된다. 말하자면 중국 주민이 한평생 저축한 예금자산 크기는 그가 1년간 창출한 생산물의 25~45% 사이라는 의미이다. 이것도 의식주를 최대한도로 줄인 결과이다. 부유한 국민보다 부유한 국가를 선택한 것이 지금 중국 사회와 경제의 한계를 결정짓고 있다.

중국이라는 화두를 던지며

중국은 최하위 계층에게는 봉건주의적이고 소수 상위계층에게는 자본주의적이며 극소수 권력가에게는 공산주의적이다.

고대 이래로 내려온 중국 통치체제는 '경제분권(經濟分權)', '정치집중(政治集中)', '유가논리(儒家論理)', 그리고 '정권개방(政權開放)'이라는 4가지 특징으로 요약할 수 있다. 1949년 중화인민공화국이 들어선 이후에도 위 기본관념은 변천을 통하여 명맥을 유지하였으며 21세기 현재 지배개념으로 다시 자리 잡고 있다. 정치적으로는 중앙정부가 핵심권력을 모두 움켜쥐고 있지만 경제운영에 있어서는 지방정부의 자율성이 충분히 보장되고 있다. 정부 예산도 지방정부가 중앙정부를 훨씬 초과한다. 부패와 무분별한 개발 온상으로 가치가 폄하되고 지방마피아라는 말까지 듣고 있지만 자칫 경직되기 쉬운 정책집행에 유연성과 활력을 불어넣고 있는 것은 사실이다. 특히 계획경제의 폐단에 장기간 노출된 중국에 있어서 미시적 조정까지 중앙정부가 직접 통제·관리하기는 정책적 부담이 크다. 중앙정부는 지방정부와 그 구성원의 긍정적 측면을 인정하면서 행동지침과 속도조절에 역량을 집중하고 있다.

유가논리는 최근 권위주의로 탈바꿈하고 있다. 체계적 민주주의가 미흡한 정치환경 속에서 소수의 공산당이 넓은 국토와 다양한 민족, 막대한 인구를 효율적으로 관리하기 위해서는 강력한 권위가 필요하였다. 계급타파를 내걸고 일어난 공산당이지만 정권 유지를 위해서는 제왕적 중앙통치 체제가 요구된 것이다. 유가가 2천 년 동안 통치이념으로 면면히 이어올 수 있었던 것도 지배계층의 권위에 정당성을 부여하였기 때문이다. 천자(天子)와 이를 지탱하는 관료계층, 관료계층을 부양하는 일반백성 간에 '권위와 특권의식'이 연동되면서 계층사회를 자연 발생적인 제도로 만들었다. 유교적 관료사회는 철학자로 대변되는 엘리트들이 국가를 통치하는 플라톤적 국가관과도 일맥상통하는데, 현 중국정치도 비슷한 면모를 보인다. 장기간 관찰하고 시범하면서 미래 동량을 선별하는 인재등용 방식은 전통적 관료사회와 맥을 같이하며, 태자당이라는 세습체제는 귀족정치의 잔재를 느끼게 한다. 매관매직과 당파라는 병폐도 재현되고 있다. 그 틀이 경직되었다는 단점이 있지만 정권개방도 그들 나름의 규칙에 따라 진행되고 있는 듯하다.

다만 입법·사법·행정으로 나뉜 서양식 삼권분립 체제 도입은 여전히 요원한 일이다. 2010년 중앙선전부는 「6대 의문 - 중대문제에 대한 견해」라는 출판물을 통해 이런 관점을 재확인하고 있다. '공산당의 영도' 아래 인민이 국가의 주인으로 법치국가를 실현한다는 것이 주 논지로 다양한 소수민족과 그들 자치구에 대한 특별제도, 중국 본토와 다른 체제 속에서 홍콩과 마카오 특별행정구가 엄연히 존재하는 현실에 대한 고려 없이 일부 서방국가들이 채택하고 있는 삼권분립 체제를 받아들이기를 그들은 거부한다. 그러나 행간을 살펴보면 그 이면에는 군정일체(軍政一體, 군과 정치가 한 몸이라는 뜻)인 현 권력체계의 모순이 잠재되어 있다. 국가의 군대라기보다는 당군(黨軍, 공산당의 군대)이라는 개념 그리고 총에서 권력이 나오는 현실하에서 삼권분립은 이상에 불과하다.

중국에 관심을 가진 이라면 '공산주의'와 '사회주의'가 혼용된 채 불쑥불쑥 뛰어나오는 상황에 한 번쯤 곤혹감을 겪었을 것이다. 습관적으로 받아들이면 이상할 것도 없지만 당명(黨名)이 보통 그 당이 추구하는 이데올로기를 상징한다는 점에서 우리는 어딘지 어긋남을 느낀다. 극단적으로 말해 '보수당'이 진보를 내세우고, '진보당'이 보수의 기치를 내건다면 존재성에 대한 혼란이 초래된다. '공산당'이라는 말속에는 현 중국 집권세력이 추구하는 세계, 국가, 사회 그리고 인간관이 투영되어 있다.

그러나 중국식 공산주의, 공산주의 시장경제라는 말은 우리에게 여전히 낯설며 중국에서조차 '공산주의'는 상징적 구호일 뿐이다. 한국 대학생들이 취업 스펙을 쌓듯이 공산당 입당도 좋은 일자리, 부의 축적, 사회적 지위향상을 위한 수단으로 변모하였다. '공산주의'가 있어야 할 자리는 '사회주의'로 대체되었으며 중국의 길은 사회주의로 향한다. 더욱 곤혹스러운 것은 피부로 느끼는 현실이 사회주의보다 왜곡된 자본주의에 가깝다는 사실이다. 21세기 중국은 공산주의와 사회주의보다 자본주의 요소가 더 농후하며 그 형태는 천민자본주의로 표면화된다. 흰색은 회색에 가깝고 회색은 검은색과 비슷하므로 결국 흰색과 검은색은 동일하다는 논리가 현재 먹히고 있다. 민주주의가 사라진 관료화된 사회 속에서 자본주의는 변형을 거듭해 괴물로 탈바꿈하였다. 이쯤이면 중국식 사회주의 시장경제보다는 중국식 자본주의 시장경제라는 말이 더 어울릴 듯하다.

　　중국이 자본주의 사회임을 인정한다면 현 공산당은 기득권을 내려놓

〈표 1〉 중국 현대화 역사적 단계

단계	세분	시기	역사적 단계	경제	사회	정치	문화
현대화 도입 (청말)	준비	1840~1860	아편 전쟁	외자 (조선·은행)	과학기술 도입	봉건제	이이제이
	도입	1860~1894	양무 운동	외자 및 국영공업	현대적 운수 및 교육	정부 개혁	중체서용
	조정	1895~1911	주홍장	민영경공업	현대교육과 위생	주홍장 입헌	계몽사상
일부 현대화 (민국시대)	준비	1912~1927	북양 정부	민영공업화	현대교육 발전	공화제	신문화 운동
	도입	1928~1936	국민당 정부	국영공업화	교통, 운수, 교육	권위정치	삼민주의
	조정	1937~1949	전쟁 시기	전시공업화	일부사회 현대화	전시 정치	현대문화
전면적 현대화 (중국정부)	탐색	1949~1977	계획 시기	공업화, 계획화	교육, 위생, 복지	공화제	신민주주의
	시장화	1978~2001	개혁 시기	공업화, 시장화	도시화, 정보화	개혁개방	대중문화
	세계화	2002~현재	추격 시기	신흥공업화, 녹색 지식화	신흥도시화, 복지 및 정보화	정치 문명 민주화	문화산업화인터넷문화

자료원찬: 중국과학원 산하 중국현대화연구중심

아야 할 것이다. 그러나 현실적으로 문화대혁명, 내란과 같은 변혁이 발생하지 않는 한 공산당이 기득권을 잃을 가능성은 적다. 자본주의를 인정할 수 없는 정치 특수성하에서 시장주의는 자본주의를 맛볼 수 있는 유일한 통로로 변질되었다. 사실 중국만큼 시장과 시장주의를 자주 언급하는 나라도 드물 것이다. 시장주의는 자본주의의 변검(變劍, 가면극의 일종)으로써 정치적 논란은 비껴가며 지배계층의 탐욕을 채우는 훌륭한 기제로 작용하고 있다.

진정 중국의 길이 공산주의가 아닌 사회주의라면 '중국 공산당'이라는 말 대신 '중국 사회당'으로 변경하는 것이 더 타당할 것이다. 또한 선전문구처럼 간헐적으로 튀어나오는 공산주의는 역사 속에 묻어 버리고 사회주의를 전면에 내세우는 것이 더 올바를 것이다. 그러나 중국 공산당은 여전히 마르크스주의를 기본노선으로 견지하고 공산주의를 사상의 근간으로 삼는다. 왜 그럴까? 공산주의와 사회주의를 놓고 중국은 왜 이렇게 모호한 태도를 보이는 걸까? 이에 대한 명확한 이해가 없다면 우리는 생각지도 않은 곳에서 장벽에 부딪치고 사상과 전략의 큰 줄기를 놓칠 수 있다. 중국이 그리는 전체 그림에 대한 오판과 잘못된 해석은 세계 질서를 뒤바꾸고 우리의 생존 환경을 변형시킬 것이다.

일례로 중국은 사회주의를 공산주의로 나아가기 위한 초기 단계로 본다. 사회주의는 중국이 나아갈 종점이 아닌 과정이며 전략적 목표에 불과한 것이다. 중국은 초기단계라는 개념을 빈번히 인용하는데, 꼬리에 꼬리를 물고 개념을 이어가다 보면 2010년 현재의 중국은 사회주의의 초기단계이며 완성된 사회주의는 공산주의로 향하기 위한 초기단계, 다시 말해 지나쳐야 할 노선이 된다. 사회주의의 중간단계도 모호한 현실에서 사회주의와 공산주의 중간 단계를

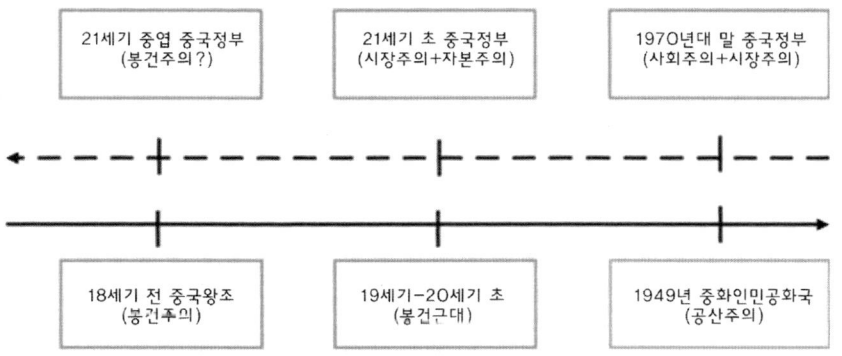

〈그림 2〉 시대별로 표현한 중국의 길

21세기 중엽 중국정부
(봉건주의?)

21세기 초 중국정부
(시장주의+자본주의)

1970년대 말 중국정부
(사회주의+시장주의)

18세기 전 중국왕조
(봉건주의)

19세기~20세기 초
(봉건근대)

1949년 중화인민공화국
(공산주의)

자료원천: 중국경제정보분석

추론하는 것은 더욱 부질없다. 어떤 이데올로기와 발전모형이 도출될지는 여전히 막막하며 최종형태는 끊임없이 변화될 것이다. 자본주의 체계를 종착역으로 보는 주류 정치경제학과 달리 그 끝을 미지수로 두는 변증법적 사회발전관, 즉 마르크스적 시각이 깊게 배어 있기 때문이다.

결국 중국이 주창하는 공산주의가 21세기에 달성될 가능성은 높지 않아 보인다. 아주 먼 미래에도 세상이 인간의 세상이라면 아마 불가능할 것이다. 검증이 불가능한 목표는 군중을 미혹에 빠뜨릴 위험이 존재한다. 현재의 모순과 잘못을 다음 세대에 전가할 수 있는 기제로 이용될 수도 있다. 역사적으로 대부분 그렇게 흘러왔다. 찬란한 미래를 위해서 현재의 고난은 견뎌야 된다는 논리가 여전히 유효하다. 지금의 고난이 미래의 영광으로 찾아올 수도 있다. 그러나 고난을 참는 부류는 항상 고난 속에, 현재를 만끽하는 부류는 미래에도 항상 향락 속에 있다면 이는 궤변과 변명에 불과하다. 중국은 부강해지겠지만 중국인의 삶은 그렇지 않을 수 있다.

인구의 대다수를 차지하는 최하위 계층에게 중국은 봉건주의적이고 소수 상위계층에게는 자본주의적이며 극소수 권력가에게는 공산주의적이다. 이전 반세기는 중국에게 외도와 같은 기간이었으며 마오쩌둥은 역사의 이단아였다.

조선을 흔히 사대부의 나라라고 부른다. 왕은 사대부의 수장으로 권력은 왕의 것만은 아니었다. 노비에 있어서 조선은 봉건주의 국가였지만 사대부에 있어 조선은 공산주의 국가였던 것이다. 인도에는 지금도 브라만, 크샤트리아, 바이샤, 수드라로 계층화된 카스트 제도가 존재한다. 브라만은 성직자 계급으로 나아갈 길을 정하고 크샤트리아는 왕족·귀족계층으로 브라만이 제시한 길에 따라 국가를 통치한다. 바이샤는 생산활동을 영위하고 수드라는 천한 육체노동을 담당한다. 수드라에 있어 인도는 봉건주의적이고 바이샤에게는 자본주의적이며 브라만과 크샤트리아에게는 공산주의적이다. 로마 시민에 있어 로마는 공산주의 국가로 황제는 시민의 대표에 불과하였다. 중국에서 황제는 하늘의 아들이지만 자신들의 신민과는 항상 긴장관계에 놓여 있었다.

플라톤이 꿈꾸었던 이상주의 국가도 이와 같다. 초월적 존재인 철학자와 귀족이 이끄는 사회, 그 사상은 스파르타와 로마로 이어져 중세를 거쳐 근대 그리고 현대에도 살아있으며 철학과 체계를 통하여 우리의 삶 속에 녹아 있다. 명칭의 변경이 실체의 변화를 의미하지는 않는다. 봉건주의는 사라진 것이 아니라 자본주의와 융화된 것이며 소수만의 공산주의는 역사적으로 언제나 우리 곁에 머물러 있었다. 새로운 것은 없다. 우리가 살고 있는 현대는 대체로 정치적으로는 민주주의이고 경제적으로는 자본주의이며 사회적으로는 봉건주의이다. 정치권력이 소수에 집중되었다는 점을 제외하고 중국과 미국의 차이점은 뚜렷하지 않다. 상상 속의 중국은 현실 속의 중국과 다르다. 중국을 보듯이 중국을 보지 말고 미국을 보듯이 중국을 보길 바란다.

용의 발목을 잡는 아킬레스건

이 장은 총 여섯 단락으로 구성되어 있다. 각 단락별로 중국이 안고 있는 문제들을 열거했으며 각각의 문제점은 독립적이면서도 또한 상호 연결되어 있다. 민족문제는 사회 문화적 문제인 동시에 경제문제이기도 하다. 부패는 경제문제와 인과관계를 맺으며 양극화를 심화시킨다. 중국은 지금 계급사회로 회귀하고 있으며 그것도 뚜렷하게 노예제 형태를 띤다. 인간의 위상이 선천적인 것으로 변모하고, 태어난 그 지역이 곧 삶의 질을 결정하고 있다. 혈연과 지역이 권력화된 곳에서 부동산은 양극화·인플레이션·부패의 3종 세트로 표출되고, 관료사회는 정경일체의 커다란 괴물로 탈바꿈해 사회와 경제를 극단으로 몰아붙인다. 중국은 부유한 국민보다 부유한 국가를 그리고 있다. 그것이 현 중국 사회와 경제의 한계를 결정짓는다.

1
중국의 역린, 민족문제

중국은 모든 문제의 해답을 세월 속에서 찾으려는 경향이 있으며 민족문제도 그러하다. 중국이 품고 있는 폭탄 가운데 가장 발화성이 큰 것 또한 민족문제이다.

중국은 다양한 민족, 넓은 국토 그리고 13억이라는 인구를 포용한 일국(一國)이다. 특별행정구라는 체제를 통하여 홍콩과 마카오를 중국이라는 틀 속에 묶어두고 있지만 그것은 한시적 조치로, 영원히 지속될 성질의 것은 아니다. 소위 일국양제(一國兩制)라 불리는 제도로 21세기 중반에는 이것 역시 역사 속으로 사라질 것이다. 중국은 대만도 일국양제의 연장선으로 바라보며 '대만이 중국의 일부분'임을 각국이 인정해주길 원한다. 이는 역설적으로 중국이 아직 단일체제가 아님을 반증한다. 천수이볜 정권이 물러난 것을 기회로 중국 본토와 대만 관계는 해빙무드를 타고 있다. 대만 독립을 내걸고 중국과 각을 세운 천수이볜은 중국에 있어 눈엣가시와 같았다. 그런 천수이볜이 부패·사기·돈세탁 혐의로 법원으로부터 종신형을 선고받고 교도소에 복역 중이다. 중국에 있어 이보다 더 없이 좋은 결과는 없다. 왜냐하면 본토와 대립각을 세운 이의 결말은 비참하다는 사례를 남겼기 때문이다.

대만은 정치보다는 경제로 방향을 선회하고 있으며, 중국도 '중국대만'이라는 용어를 전제로 2009년 4월 대만의 WHO 세계보건총회 참석을 인정하였다. 달라이라마가 2009년 8월 대만을 방문했을 때도 이전과 달리 발언수위를 낮추었다. 양 지역 간 공식·비공식 회의가 빈번히 이루어지며 1949년 이후 중단된 직항로와 우편서비스도 재개하였다. 대만과 중국 본토 페리 이용객은 2007년 68만 명 정도에서 2008년 91만 명으로 껑충 뛰었으며 2009년 대만을 방문한 중국 본토인은 90만 명에 달하였다. 대만은 중국 본토 관광객으로부터 10억 달러 상당의 수입을 획득하는 것으로 추정된다. 중국 대륙은 대만관광 산업의 한 축으로 부상했다.

금융 분야에서도 긴밀한 협력방안이 논의되고 있다. 대만은 골드러시를 방불케 하듯 중국 대륙에 공세적 입장을 견지한다. 성장한계에 직면한 대만 금융산업에 있어 중국 본토는 문자 그대로 황금시장이다. 홍콩에 집중된 해외투자 통로가 대만 혹은 중국—대만 직통 라인으로 변경될 수도 있다. 대만 부총통은 경제협력기본협정(ECFA) 체결 직후 대만을 위안화 역외금융중심으로 발전시킬 구상을 내놓았다. 중국은행감독위원회는 2010년 9월 4군데 대만은행의 대륙 내 지점설립을 비준하였다. 중화경제연구소는 중국과의 직항로, 관광촉진협정, 금융협력 등을 통하여 대만GDP가 1.65~1.72% 정도 상승할 것으로 전망한다. 또한 대만 직접투자 확대로 23만 개의 일자리가 창출될 것으로 예측한다.

2010년 6월 양안은 마침내 경제협력기본협정(ECFA)을 체결하며 새로운 시대로 접어들었다. 중국과 대만의 자유협정체결은 중국시장에 있어 대만의 우월적 지위를 보장해줄 것이다. 벌써 경쟁품목이 겹치는 한국기업의 타격을 우려하는 목소리가 나오며, 대만의 1인당 GDP가 한국을 초과할 것이라는 전망도 보고되고 있다. 상품과 서비스 부문으로 나뉘어 관세폐지에 나서고 있는데, 상품 부문은 대만이 약 540개, 중국이 약 270개를 정해 조기 관세폐지 품목으로 정하고 ECFA 발효 직후 대만의 100여 개 품목은 무관세 혜택을 받는다. 서비스 부문은 중국이 은행과 증권을 포함한 11개 업종을 개방하고 대만은 9개 업종을 풀 예정이다.

한미 자유무역협정(FTA)에 밀려 후순위로 떨어진 한중 자유무역협정의 조속한 추진을 요구하는 소리도 들린다. ECFA는 중화권 경제블록의 완성을 의미한다. 중국 대륙은 60년 만에 실현한 경제통일을 토대로 대만사회에 대한 중국의 영향력을 빠르게 확대할 것이다. 홍콩과 같은 일국양제 체제를 거쳐 최종적으로는 온전한 일국체제를 조준하고 있다. '차이완(China+Taiwan)'이라는 신조어도 탄생하였다.

비록 대만이 대세에 순응하면서 제2차 도약을 꿈꾸지만 양안관계가 굳건한 신뢰로 묶인 것은 아니다. 초점을 경제에서 정치로 옮기면 군데군데 갈등의 씨앗이 퍼져 있다. 또한 모든 대만인들이 ECFA 체결에 긍정적인 것도 아니다. 야당인 민진당은 국민투표 없이 비준된 ECFA는 무효이며 재집권 시 보이콧도 불사할 뜻을 비친다. 일반시민들은 경제를 넘어 정치적 통합으로 확대될 것을 경계한다. 일부 시민단체는 ECFA가 친(親)중적이고 친(親)재벌적 결과물이라고 비난한다. 중국에 대한 대만 내부의 갈등은 여전히 치열하다.

또한 지엽적인 문제들이 중국과 대만의 갈등구조를 심화시킬 수도 있다. 일례로 중국으로 선적되는 대만 수출품 표기 문제를 놓고 중국과 대만은 한때 마찰을 빚었다. 린성충 대만경제차장은 '메이드 인 타이완 프로빈스 오브 차이나(Made in Taiwan Province of China)'라고 표기하라는 중국의 요구를 거부할 것이라고 밝혔다. 그는 중국과 대만 모두 WTO 회원이며 중국의 요구는 WTO 규정을 위반하는 것이라고 비난했다. 중국은 대만과의 관계를 내정으로 취급하지만 대만은 외교문제로 다룬다.

중국에 유연한 입장을 보이는 마잉주 현 총통도 2010년 4월 미 하버드대 초청강연에서 '중국과의 통일 조건은 아직 성숙되지 않았으며 현 상태에서 최선은 현상유지'라고 밝혔다. 그는 대만을 타깃으로 삼은 미사일들을 철수하지 않는다면 대륙과의 평화협정은 진전이 없을 것이라고 못 박았다. 이에 반해 중국은 대만이 중국의 일부분임을 천명한다면 대만을 겨냥한 1,000여 개의 탄도미사일을 철수할 것이라고 밝혔다.

'짐'으로 존재했던 양안관계를 점차 '재산'으로 바라보지만 대만 안보를 위한 군사적 역량강화도 놓치지 않고 있다. 주권과 경제는 별개의 문제라는 점, 그리고 통일작업이 진행되어도 그것은 흡수가 아닌 협상을 통한, 즉 대등한 관계하에서 추진되어야 함을 드러낸다. ECFA 협정문의 잉크가 채 마르기도 전에 2010년 7월 대만—싱가포르 FTA 체결을 서두르는 대만의 발걸음에서 우리는 그것을 직시할 수 있다.

누가 집권하든 대만정부는 '대륙회복' 기치를 내건 장개석과는 분명히 다른 노선을 걸을 것이다. 1920~30년 당시 장개석 국민당 정부는 '공산당'을 배제한 정책을 취했지만 현실적으로 이제는 불가능하다. 오히려 지금은 그 반대 상황에 놓여 있다. 대륙을 공산당이 독점한 상태에서 대만 정치세력의 생존 가능성은 극히 희박하다. 대만이 내걸고 있는 통일조건의 성숙은 아마 정치적 민주화일 것이다. 중국대륙에서 공산당이 아닌 다른 정치세력도 집권할 수 있는 환경이 조성된다면 대륙이 반대해도 그들 스스로 중화임을 내세워 찾아올 것이다. 대만합병의 열망만큼 대륙수복의 열망도 강렬하다.

　　한편 홍콩에 있어 중국은 최대무역 파트너인 동시에 든든한 지원군이다. 2008년 상호 무역규모는 3,600억 달러에 달하였다. 글로벌 경기침체로 1954년 이후 최대의 수출 감소를 기록할 당시 홍콩은 자체적으로 110억 달러 이상의 경기부양책을 내놓았으며 베이징에 긴급히 SOS를 날렸다. 그 결과 2009년 1월 중국대륙은 홍콩과 2,000억 위안 상당의 통화스왑을 체결하였으며 본토인의 홍콩 관광프로그램을 확장하였다. 홍콩기업에게 대륙 서비스 산업을 개방하고 식품·전기·천연가스의 안정적 공급을 확언하였다. 또한 심천철도 건설에 홍콩기업 참여를 보장하고 주삼각지역 경제협력도 강화시켰다. 2009년 10월에는 본토 증권사의 홍콩지점 설립과 더불어 홍콩 은행권의 광동지점 설립을 간소화하였다. 광동지역에 본토와 홍콩 증권사 간의 합작자문사 설립을 허가하기도 했다. 1997년 홍콩회귀로 마치 암흑의 터널 속으로 빠져들 것만 같던 홍콩이 현재 제2의 전성기를 맞이하고 있다. 중국대륙이라는 버팀목이 외풍을 막아주고 지속적으로 성장 에너지를 공급하기 때문이다.

홍콩은 대만과는 또 다른 입장을 보인다. 굳이 중국이라는 틀을 부인하지는 않지만 '홍콩인'이라는 개념이 강하다. 말하자면 중국 속의 특수계층으로 남길 원하는 것이다. 아시아 속의 일본이 아닌 세계 속의 선진국으로 포지션을 정하는 일본과 비슷하다. 홍콩과 더불어 특별행정구로 편입된 마카오는 인구, 경제규모, 국제적 위치에서 홍콩과는 상당한 거리감이 있다. 때때로 민주화와 정치적 독립을 요구하면서 중난하이(中南海, 미 백악관과 같은 권력의 집산지) 심기를 불편하게 만드는 홍콩과 달리 중국 본토에 최대한 협력하면서 나름의 생존을 모색한다. 2009년 주권반환 10주년 기념식에서 마카오 카지노 재벌인 스탠리 호는 후진타오 주석과 별도의 회담을 가졌다. 공산당의 수장이며 공산주의 국가인 중국의 주석이 자본주의의 이단아와 같은 도박 황제를 면담한 것은 중국대륙에 복종하면 그 누구라도 용납될 수 있음을 암시한 것 같다. 설혹 그들이 가장 경멸하는 부류일지라도.

중국이 홍콩, 마카오, 대만을 일국양제라는 틀에서 관리하고자 한다면 신장과 티베트는 무력을 통해 중국체제에 귀속시키려 한다. 스마트파워로 전자에 영향을 미치는 것과 달리 후자는 하드파워를 통해 억압한다. 전자와 후자를 달리 취급하는 이유는 신장 및 티베트는 역사적으로 현 중국정부와 완전히 다른 길을 걸었기 때문이다. 이들은 인종·문화·종교·역사 모두 중국과 완전 별개의 지대이다. 중화권에서 분리될 당위성이 있는 셈이다. 또한 신장과 티베트가 중국에 편입된 것은 한족이 세운 명나라가 아닌 만주족의 청나라 때이다. 청나라가 무너진 현재 이들의 복속을 강제할 명분은 사라졌다.

제2차 세계대전 이후 서구는 사막으로 둘러싸인 신장과 천공의 성처럼 외진 티베트에 관심을 두지 않았다. 통찰력을 가지고 중국의 부상과 신장 및 티베트가 가진 전략적 가치를 직시했다면 최소한 방관자적 자세는 취하지 않았을 것이다. 중국에게는 다행스럽게, 신장 및 티베트에게는 불행하게도 미래를 굽어볼 안목을 가진 서구 정치가가 당시에는 없었다. 냉전으로 경계선은 더욱 뚜렷해졌으며 중국이 1964년 핵 실험에 성공한 이후로는 영토문제로 중국을 겁박할 국가는 사라졌다. 미국은 대만관계법에 따라 무기 수출을 계속할 의무가 있다고 주장한다. 그러나 중국의 대만 침공에 대해 전투가 아닌 전쟁 단위의 개입을 할지는 미지수이다. 관계는 끊으면 되고 국익 앞에 약속은 무의미하다.

중국의 사극 드라마를 보면 한 가지 흥미로운 사실을 발견할 수 있다. 중국 역사를 통틀어 청나라를 배경으로 한 편수가 타 시대보다 월등히 많다. 한족의 명나라보다 만주족이 세운 청나라가 더 각광을 받는다. 시대 배경도 강희제와 건륭제 통치기간에 집중된다. 중국 역사상 최장수 기록을 가진 두 황제의 파란만장한 삶을 조명하려는 의도도 있겠지만 은연중에 영토지배에 대한 정당성을 부여한다. 지금 우리가 볼 수 있는 중국전도는 17세기 후반부터 18세기 말, 즉 강희제와 건륭제 시대에 거의 확정되었다. 지금은 역사 속으로 사라진 이민족 황제이지만 이들에 대한 부정은 현 영토의 정통성을 훼손시킬 수 있다. 지배민족이 어디든 청나라는 중국의 찬란한 역사 일부분으로 반드시 기록되어야 하고 그 계승권은 현 정부로 이어진다.

그 역사의 일부분 속에 신장이 놓여 있다. 신장은 중국 전체 면적의 1/6, 한국의 16배에 이르는 광활한 토지를 차지하고 있다. 러시아를 비롯해 중앙아시아 및 중동지역과 국경을 맞대고 있어 전략적 가치도 높다. 중국에 편입될 때는 훌륭한 방어막이지만 떨어져 나간다면 중국을 뒤통수를 칠 창칼이 될 수 있다. 역사적으로도 신장지역은 중국의 대외팽창을 억누르고 영토불안을 야기했다. 경제적으로도 이 지역은 중국 최대의 석유·천연가스 매장량을 보유하고 있으며 그 외 농축산물 생산량도 풍부하다. 설혹 몇천 명이 희생되더라도 그건 통치비용으로 갈음할 수 있다. 중국과의 전면전을 그것도 승리를 전제하지 않는다면 신장, 티베트 독립에 관한 현실적 대안은 없다. 민주와 인권을 내세워 핵전쟁을 감수할 나라는 없다. 내부 붕괴라는 소련의 경로를 답습하지 않는다면 신장, 티베트 독립은 요원할 것이다. 티베트 망명정부조차 외교·군사를 포함한 완전한 독립보다 내정 자치권만을 원하는 실정이다. 2009년 11월 오바마 미국 대통령은 후진타오 주석과의 회담에서 '티베트는 중국의 일부분'이라고 재확인하였다.

비록 민족문제가 티베트 및 신장 위구르 사태의 본질이지만 그걸 촉발한 것은 경제문제이다. 중국 전체 인구의 93%를 차지하는 한족이 개발과 이주 물결을 타고 소수민족의 생활터전으로 밀려들면서 조상들이 가꾼 생활터전에서 이들은 이방인으로 전락하였다. 중국이 신장을 점령할 당시 5% 수준에 불과했던 한족 비중은 현재 위구르인을 초과한다. 실크로드를 따라 신장지역을 둘러보면 위구르족보다 한족을 더 자주 만나게 된다. 이국적 풍취를 찾아 관광객은 우루무치에서 카스, 타슈카르칸으로 발걸음을 더 깊숙이 옮기고 있다. 실제로 우루무치는 신장의 행정중심지로 한족이 80% 이상을 점하고 있다. 위구르족이 이방인으로 변한 현실은 통계수치가 아닌 실크로드 여정 속에 이미 녹아들었다.

신장보다는 덜하지만 티베트도 한족에 둘러싸이고 있다. 15년 이전만 해도

3% 전후에 불과하던 한족 비율이 2000년에는 6%로 2배 늘어났다. 토착민인 장족은 농경과 목축에 종사하면서 경제적 소수자로 떨어졌다. 소수의 한족이 티베트의 정치와 경제를 주도하고 있는 것이다. 우루무치처럼 티베트의 심장부인 라사는 한족이 이미 과반수를 넘어섰다. 해발 5,000미터 고지를 달리는 청장열차(靑藏列車, 하늘을 나는 열차라는 별명이 있으며 청해와 서장을 연결함)가 개통되면서 한족의 유입속도가 한층 탄력을 받고 있다. 장족의 성지 포탈랍궁은 각종 좌판대와 호텔로 불야성을 이루고, 성지는 관광상품으로 전락하였다. 티베트인은 독립을 외치지만 티베트의 상징물은 동물원으로 변한 것이다.

흔히 부모세대보다 경제 환경이 열악해지고 개선될 것이라는 희망마저 사라진다면 사회적 변혁이 일어난다고 한다. 변혁이란 물려받을 것으로 기대한 토지가 사라지고, 결혼 적령기임에도 경제적 능력이 없어서 결혼을 미룸에 따라 축적된 육체적·심리적 스트레스가 일순간 분출된 것이라는 견해도 있다. 상기 관점에서 신장 위구르 사태를 재해석해 볼 수도 있다. 2009년을 뜨겁게 달구었던 신장 위구르 사태의 단초는 광동성의 한 공장에서 불거진 사소한 오해로부터 시작되었다. 당시 글로벌 경기둔화로 작업상황은 암울했으며 노동자들의 긴장감은 상승하였다. 언제 직장을 잃을지 모른다는 강박관념이 넓게 퍼졌으며 여타 국가처럼 해외 이주민이 자국인의 고용을 위협한다는 배타적 감정이 고조되었다.

소수민족은 중국을 벗어나면 동포지만 안에서는 타인인 것이다. 한족 처녀가 위구르인에 의해 성적농락을 당했다는 루머는 민족적 불쾌감을 자극했으며 위구르인에 대한 집단구타를 유발하였다. 개별 폭행사건으로 마무리될 사항이었지만 사건 처리는 위구르인에게 불리하게 진행되었다. 민족차별과 행정차별이라는 전형적 궐기요인이 마련된 것이다. 광동 한편에서 벌어진 사태는 빠른 전파력을 타고 신장에 퍼졌으며 토지에 대한 상실감, 경제적 낙후, 한족에 둘러싸인 위구르인의 상대적 박탈감이 뒤섞여 집단적 감정분출로 나타났다. 당황한 공권력은 대화보다는 강제진압을 택했고, 결국 개별사건이 집단을 넘어 민족문제로 대두되었다. 신장에 스며들어 정치·경제를 좌우하던 한족들은 재산권 위협에 직면했으며 정부통제력에 의문을 표시하면서 자체 방어에 나섰다. 소수민족 문제에서 한 걸음 더 나아가 이제는 민족 간 충돌로 번졌다. 상황은 독립을 요구하는 소요사태보다 더 곤혹스러운 민족충돌로 이어졌고 신장사태라는 역사적 오점을 남겼다.

경제현황과는 별도로 민족문제는 그 자체로 휘발성이 높은 주제다. 한족이 90% 이상을 차지하고 있지만 그 외 55개 소수민족도 엄연히 중국에 존재한다. 민족충돌을 다루는 정부 입장에 따라 잠재적 불씨가 활화산처럼 번질 수도 있다. 중국에 있는 인구 500만 이상의 소수민족은 9개로 이들은 다른 민족보다 세력화가 용이하고 외부세력 개입을 야기할 수도 있다. 민족문제에 대한 뚜렷한 대안은 전무하다. 그것이 바로 민족문제이기 때문이다. 따라서 경제논리가 보편적 민족, 정치논리를 넘어서지 않도록 신중히 관리하는 길 밖에 다른 방도는 없다. 신장과 티베트는 군사·경제적으로 그만한 가치가 있다. 중국에서 중앙아시아 그리고 유럽으로 이어지는 21세기 실크로드가 완성될 때쯤이면 신장지역도 평균 이상의 생활수준을 달성할 것이다. 중국은 모든 문제의 해답을 세월 속에서 찾으려는 경향이 있으며, 민족문제도 그 가운데 하나이다.

부패, 부패 그리고 또 부패

중국은 부패로 인해 결국 침몰할 것이다. 침몰 속도가 느리다는 것이 침몰하지
않는다는 것을 대변하지는 못한다.

　　중국은 근대 이후 최대의 사회불안에 직면하고 있는 듯하다. 민족문제, 경
지몰수, 노동쟁의 및 실업문제, 부패 등으로 사회가 첨예하게 대립하고 있으며
2007년 한 해만 해도 민정부분에 접수된 투서는 81만 건에 달하였다. 2008년 3
분기에는 이 수치가 90만 건으로 확대되어 전년도 투서량을 넘어섰으며 한 해
전체로는 100만 건을 돌파하였다. 민정부문이 아닌 기타 행정기관에 쏟아진 투
서와 책상 밑으로 사라진 것들을 포함한다면 그 수치는 상상을 초월할 것이
다. 개인적 투서 이외에 2006년부터는 군중충돌 역시 확대추세를 걷고 있다.

　　2006년 6만 건에 불과하던 군중집회는 2007년에는 8만 건으로 급증하였다.
미집계된 수치와 사전 억제된 집회를 포함한다면 10만 건을 훌쩍 뛰어넘을 것

이다. 지금도 중앙정부에 투서를 넣기 위해 전국 각지에서 천안문 광장으로 몰려들고 있다. 투서를 위해 상경한 사람들의 집단 거주지가 따로 형성될 정도다. 베이징시는 농민공 유동인구 통제와 치안 확보를 위하여 시범지역을 선정해 외곽도시를 바리케이드로 둘러싸고 있다. 밤 11시부터 새벽 6까지 출입이 통제되고 곳곳에 CCTV를 설치해두었다. <자본론>을 성경처럼 받들고 있는 중국 공산당이 지배하는 현실이 이와 같다. 마르크스의 프롤레타리아도 마오쩌둥의 농민도 그리고 덩샤오핑의 주민도 폐기처분될 개념으로 변질되었으며 '사회주의'는 '봉건적 자본주의'로 빠르게 대체되고 있다.

　20세기 마오쩌둥은 '권력은 총구로부터 나온다'라고 외쳤다. 하지만 신세대 공산당은 그것이 낡은 구호라고 말한다. 21세기 중국에서는 총구가 아닌 혈통과 위안화로부터 권력이 창출된다. 중국은 이미 부와 권력의 세습제가 고착된 단계로 부의 대물림을 의미하는 '푸얼다이(富二代)'와 출세의 대물림을 뜻하는 '관얼다이(官二代)'라는 신조어도 있다. 공산주의와 사회주의는 심심파적으로 외치는 선전구호일 뿐이다. 자산규모 1억 위안 이상 부자 가운데 91%는 공산당 고위층 자녀다. 0.4%의 인구가 중국의 부 70%를 틀어쥐고 무소불위의 권력을 휘두른다. 대표적 세력으로 태자당(太子黨)을 손꼽고 있지만 이는 전체를 일부로 둔갑시킨 것에 불과하다. 특정세력을 콕 짚어 말할 수 없을 만큼 부패가 만연된 곳이 중국이다.

　장쩌민 전 주석은 2002년 '삼개대표론(三個代表論)'을 내세우며 자본가들을 공산당으로 입당시켰다. 그 결과 자본가들은 공산주의자라는 완장을 차고 부를 축적하고 노동자를 착취할 수 있게 되었다. 입법·사법·행정의 부패고리 속에서 수탈은 정당화되었고 국고는 쌈짓돈으로 변모하였다. 이들은 중앙과 지방정부의 각종 발주에 개입해 이권을 확대시켰고 권력과 법의 이름으로 대중을 향해 몽둥이를 휘둘렀다. 고향에서 쫓겨난 이들은 농민공으로 또는 유랑민으로 떠돌았으며 운 좋게 보상금을 만진 이들은 그 돈을 증시에 모두 헌납하였다. 정경유착의 검은 커넥션이 중국 사회에 뿌리내려 이제는 그 누구도 끊을 수 없는 괴물로 변모한 것이다.

국회에 해당하는 전국인민대표대회라는 민의창구가 있지만 부패를 법적으로 뒷받침해주는 거수기로 변질되었다. 법률적으로 전국인민대표대회는 헌법에 의한 최고의 권력기관으로 성(省), 직할시, 자치구, 군대, 각 계층에서 선출된 약 3천 명 정도의 대표로 구성된다. 매년 3월 한 차례 대회를 개최하며 정부공작, 법률제정, 예·결산 및 한 해 경제정책방향에 대한 보고를 받는다. 흔히 전국인민대표대회의 대표를 '4수대표(四手代表)'라고 부르는데, 전국인민대표대회 기간 내내 특급호텔에서 유흥으로 소일하면서 '악수'하고 '박수'치고 '거수'하고 폐막 후 '손 흔들고' 사라진다고 붙여진 명칭이다. 심지어 고위 정부관료의 운전사가 새로운 특권층으로 등장하고 있다는 개탄스러운 시대로 넘어오고 있다.

중국 권력체계는 마치 삼국지를 연상시키듯 공산주의청년단·상하이방·태자당이 분할하고 있다. 이들은 정치와 경제를 손안에 두고 중국을 지배한다. 공산주의청년단은 후진타오 주석의 권력기반이자 인재풀이다. 이들은 '당(黨)이 요구하면 단(團)은 행동한다'는 슬로건을 바탕으로 젊을 때부터 엘리트 코스를 밟는다. 후진타오 그 자신도 공산주의청년단에서 요직을 맡으면서 권력의 핵심에 다가섰다. 후야오방이 그의 후견인 역할을 했으며 덩샤오핑은 그를 장쩌민의 후계자로 낙점하였다. 장쩌민에게 후진타오는 후계자가 아닌 정치적 경쟁자였던 것이다. 현재는 리커창 부총리를 필두로 리위엔차오 당조직부장, 왕자오궈 전국인민대표대회 부위원장 등 공화국 1세대 인재들이 중앙과 지방의 요직을 차지하고 있다.

후진타오에 이어 5세대 주석으로 유력시되는 시진핑은 태자당 출신이다. 딱히 공산주의청년단도 그리고 상하이방도 아닌 그의 출신성분이 차기 주석 낙점에 큰 힘을 발휘하였다. 같은 태자당 출신인 보시라이 총칭시 당서기는 2012년 선출되는 정치국상무위원 자리를 놓고 공산주의청년단 출신 왕양 광동성 서기와 경쟁을 벌인다. 참고로 태자당은 당·군에서 영향력을 행사한 건국 원로의 자제들을 일컫는 말로 제16, 17차 전국인민대표대회를 기점으로 빠르게 정계에 진출하였다. 상하이방은 장쩌민 전 주석을 정점으로 상하이 지역에서 관료생활을 한 인사들을 주축으로 형성되었다. 권력서열 2위인 우방궈 상무위원장, 권력서열 4위인 자칭린 정협주석, 권력서열 5위인 리장춘 정신문명건설지도의원회 주임, 서열 9위인 조우융캉 중앙정법위원회 서기 등이 여전히 핵심권력층에 포진해 있다.

최근에는 신흥 재벌가문과 정치 권력 간의 유착관계도 주목을 받고 있다. 이들 신흥재벌은 1970~80년대 개혁개방 시대를 거치면서 국영기업의 입찰수주, 공산당 간부 등과의 인맥형성 등을 통해 부를 쌓아올렸다. '이재주간(利財週刊)'은 2009년 말 기준 상위 1만 번째 신흥 재벌가문의 자산총계가 2.1조 위안이라고 밝혔다. 가구 당 평균 2억 위안을 조금 상회하는 수준이다. 정부관리와 결탁한 신흥 재벌들은 부동산 업종에 깊이 관여하고 있는데, 강제철거로 집과 토지를 잃은 주민들의 투서가 넘쳐흐르지만 공권력은 그들의 편이 아니다. 댐 건설·베이징 올림픽·상하이 엑스포 같은 국가 프로젝트에 의해 내몰린 이주민들이 대규모 시위를 주동하기도 한다.

2010년 3월 개최된 전국인민대표대회에서 중국 최고인민감찰원은 2009년 한 해 수뢰와 횡령 등으로 적발된 공무원 수가 4.1만 명에 달한다고 보고했다. 비교적 큰 횡령·뇌물안건은 18,191건으로 범죄혐의로 입건된 현급 이상 공무원은 2670명, 그 가운데 청·국급은 204명, 성급은 8명인 것으로 나타났다. 불법세력을 일소시켜야 할 사법세력의 부패상도 피차일반이다. 업무상 자주 부딪치는 조직폭력배와 연계하여 이들은 부를 축적하고 있는데, 일례로 원창 전 총칭 사법국장은 폭력조직 비호, 뇌물 수수 등 죄목으로 사형을 선고받았다. 국유기업 관리층의 부패상도 오십보백보다.

2008년 중국 최대갑부로 이름을 올린 황광위 꿔메이전기 회장은 주가조작, 불법외환반출, 정경유착 등의 혐의로 2009년 회장직에서 물러났는데, 5년 동안 마카오 카지노에서 9억 위안 정도를 탕진한 것으로 알려졌다. 시노펙 전 CEO 천동하이는 2억 위안의 뇌물 수수로 1.6억 위안에 머물던 기존 기록을 단숨에 돌파했다. 국가개발은행 왕이 전 부총재도 뇌물수수 혐의로 낙마하였다. 그는 유명 아나운서와 염문설로 더 유명하다.

워런 버핏은 2010년 5월 버크셔 해서웨이 주주총회에서 중국의 경제 잠재력에 짐짓 놀라움을 표시하며 부동산 버블과 부패문제의 심각성도 꼬집었다. 그는 중국과 미묘한 경쟁관계에 있는 인도를 주목하고 있음을 공공연히 드러냈다. '버블과 부패'가 결합된 중국을 우리는 어떻게 바라보아야 할까? 남·북한이라는 지정학적 리스크가 코리아 디스카운트로 작용하듯이 중국은 부패와 회계조작에 따른 불확실성이 차이나 디스카운트로 작동한다.

　부패의 또 다른 폐해는 낭비와 효율성 저하이다. 필요한 계층과 영역에 돈과 자원이 흐르지 않고 이권의 크기에 따라 투입되고 있다. 2010년 3월 전국인민대표대회 기자간담회에서 철도부 계획총괄 관료가 상하이―항저우 자기부상열차 건설계획이 중앙정부 비준을 받고 구체적 연구단계에 진입했다고 밝혀 논란이 일었다. 현재 두 도시는 특별열차로 78분 만에 갈 수 있다. 2010년 9월 시속 416.6km 시범운행이 성공을 거두면서 세상에서 가장 빠른 고속열차라는 타이틀을 거머쥐었다. 10월 개통되면서 이 구간의 운행 시간은 40분 정도 단축되었다. 그리고 이 노선에 초고속 자기부상열차를 운행한다면 10분 정도 더 줄일 수 있을 것으로 전망된다. 문제는 10분 단축에 400억 위안이라는 건설비가 소요된다는 점이다. 당시 10분 단축에 400억 위안이라는 거금을 투입할 만큼 주민들의 삶의 질이 개선되었는가라는 비판이 들끓었으며 부패한 관료가 돈을 착복하기 위해 일을 만든다는 냉소적 시각도 다수였다.

　한편 베이징―상하이 간 고속철도 건설을 위해 대출 받은 자금의 절반 이상이 철도 건설과 관계없는 토지 개발용으로 유용된 사실도 적발되었다. 내수 진작을 위해 투입한 4조 위안 가운데 상당 부분이 이렇게 부동산 개발과 주식 투자 등에 전용되었다는 것은 공공연한 사실로 중국 중앙정부는 비리를 덮기에 바쁘다. 풍력발전과 전혀 상관없는 지역도 풍력발전소 프로젝트를 분분히 추진하고 있다. 하지만 정작 재생에너지 활용보다는 경작지의 부동산 용지로의 전용에 더 열을 올린다. 소위 그린벨트 해제가 주 목적인 것이다. 이 사례는 극히 일부분으로 부패 안건만 모아도 사고전서(四庫全書, 8만 권에 달하는 대형 종합총서)를 재편찬할 수 있을 정도다. 부패의 과실은 극소수에게, 그 고통은 세금과 부채라는 이름으로 13억 중국 인민에게 골고루 부과되고 있다.

양극화를 넘어 노예 계급화로

중국이 아무리 부정해도 중국은 분명 계급사회다. 마르크스가 비판한 바로 그 시대상이 현 중국에 펼쳐지고 있으며 사회를 불안으로 몰아가고 있다. 세계 어느 나라든 또 다른 미국의 탄생은 달가워 하지 않는다. 중국은 지금이라도 새로운 논리를 찾아야 할 것이다.

애덤 스미스는 <국부론>에서 "농민은 일반적으로 단결할 의향도 없으며 단결에 적합하지도 않다. 상인, 제조업자의 아우성, 궤변은 사회일부의 사적이익이 사회전체의 일반이익이라는 것을 농민에게 쉽게 설득시킨다"라고 말하였다. 마르크스주의를 기본노선으로 삼고 농민을 계급투쟁의 주역으로 삼아 건국된 현 중국에서 공산당 지배층은 애덤 스미스의 관점에 따라 농지와 노동력을 착실히 수탈하고 있다. 한편 마르크스는 <자본론>에서 "로마의 노예는 쇠사슬로 얽매여 있지만 임금노동자는 무형의 끈에 의해 소유자에게 얽매여 있다. 노동자가 독립적인 개체인 듯 보이는 이유는 개별 고용주들이 끊임없이 바뀌고 계약이라는 법적허구로 관계가 유지되고 있기 때문이다'"라고 밝혔다. 애덤 스미스와 마르크스의 주장이 모두 들어맞는 곳이 바로 중국이다.

시대의식의 결과인지 신화사는 2010년 5월 중국 빈부격차의 심각성을 알리는 장문의 평론을 실었지만 그때뿐이었다. 덩샤오핑의 선부론은 결과가 좋으면 수단은 상관없다는 잘못된 인식을 중국 사회에 심어주었으며 장쩌민은 자본가를 공산당원으로 받아들임으로써 정치적 장애를 없애고 정경유착의 사슬을 수립하였다. 혹자는 '자본가를 공산당원으로 인정하는 것이 무슨 큰 오류인가'라고 물어볼 것이다. 그렇다면 역으로 공산주의자를 공화당원으로 받아들일 수 있겠는가? 또한 독재주의자, 전체주의자를 민주당원으로 입당시킬 수 있겠는가? 이념의 혼재는 혼란 속에서 태동한다. 중국은 언제나 그렇듯이 자본가가 꼭 자본주의자는 아니라는 말장난으로 논란은 피해 간다. 중국에 있어 자본가는 자본주의자가 아닌 시장주의자인 것이다. 시장은 또한 교황의 면제부이면서 만능열쇠와 같다.

그러면 중국의 양극화 정도를 수치로 살펴보자. 중국의 지니계수는 2000년 0.40을 돌파한 이후 2007년 0.48까지 치솟았다. 이는 세계에서 가장 빈부격차가 크다는 홍콩(0.43)보다도 높다. 경제학자들은 0.4를 경계선으로 그 이상이면 폭동이 일어날 수 있다고 경고한다. 투서와 시위의 증가속도로 볼 때 경제학자들의 주장은 실제로 지지를 받는 듯하다. 도시 농촌 간 소득격차는 3.3배, 업종 간 직원봉급 차이는 15배, 국유기업 고위임원 봉급과 사회평균 임금의 격차는 128배인 것으로 알려졌다. 상위 10%와 하위 10%의 소득격차는 1988년 7.3배에서

2007년 23배로 확대되었다. 부자는 더욱 부유해지고 빈민은 더욱 빈곤해지는 현상이 깊게 뿌리내린 것이다.

그렇다면 소득구조를 통하여 양극화를 재분석해 보자. 흔히 중국에는 다섯 가지의 소득이 존재한다고 한다. 정상적 임금 및 보너스는 '백색소득'으로 불리고 뇌물·절도·사기·마약밀매 등 위법수단으로 축적한 수입은 '흑색소득'으로 분류된다. 소위 '회색소득'은 뇌물과 관습의 경계선에서 똬리를 틀고 있는데, 명절선물·축하예물·수고비·리베이트 등이 이에 해당된다. '혈색소득'은 타인의 생명과 고혈을 착취해 쌓아올린 수입으로 불법 벽돌공장 및 탄광이 그 좋은 사례다. 끝으로 '금색소득'은 황금·주식·선물투자 등을 통해 취득한 수입을 말한다.

특히 '회색소득'과 '흑색소득'은 대량의 음성소득을 야기했는데, 왕샤오뤼 중국개혁기금회 국민경제연구소 부소장은 2007년 한 보고서를 통해 연 4.8조 위안의 음성소득이 생겨난다고 밝혔다. 그는 또한 음성소득의 4분의 3 정도가 상위 10% 고소득층에서 이루어진다고 주장하였다. 총소득에서 임금이 차지하는 비중은 3분의 1 정도로 막대한 소득이 탈세의 온상이 되고 있음을 지적하는 이도 있다. 또한 중국경제체제 개혁기금회는 2010년 중국 가구의 음성소득이 GDP의 3분의 1에 해당하는 9.3조 위안이라고 발표하였다. 특히 상위 10% 소득층의 연간소득은 공식집계보다 3배 이상 많은 13.9만 위안이라고 추정하였다. 매해 폭발적으로 증가하는 사치품 소비를 설명해주는 좋은 자료이다.

소득원천만 나열해도 우리는 양극화가 필연적임을 알 수 있다. 백색소득 이외에 다른 수입원이 없는 대다수 일반주민은 그 외 사람들보다 빈곤해질 수밖에 없으며 고소득자가 끌어올리는 물가상승 폭탄에 집중적으로 노출되어 있다. 양극화 심화로 도시로 몰리던 인력 흐름도 역류하고 있다. 중국신문은 최근 베이징, 상하이, 광저우 등의 1선 도시에서 탈출을 꿈꾸는 화이트칼라의 비중이 76.2%에 달한다고 밝혔다. 높은 학벌과 패기를 앞세우던 '바링허우(80後, 1980년대 이후 태어난 젊은 세대를 통칭)' 세대들이 현실의 장벽에서 차츰 주저앉는다. 중국의 신인류로 소비의 새 아이콘으로 떠받들어지지만 남은 것은 '삼누(三奴)'로 변해버린 자아상뿐이다. 참고로 삼누(三奴)는 팡누(房奴, 집의 노예), 카누(卡奴, 카드의 노예), 처누(車奴, 차의 노예)를 일컫는 축약어이다. 일부 한국인이 미국 시민권에 목매듯이 지방 출신은 호구제에 발목이 잡혀 있으며 개인적 능력이 아닌 선천적 출신성분에 따라 출셋길이 좌우된다.

　　과거 중국은 노동자보다는 '농민'을 '자본가와 지배계급'의 대척점에 놓았는데, 이는 산업사회로 진입한 유럽과 달리 중국은 여전히 농경사회에 머물렀기 때문이다. 유럽의 '자본가'는 중국에 있어 '지주'와 같았다. 과거 건국토대를 이루었던 농민과 노동자는 이제 중국 사회의 짐으로 전락하였다. '기계화와 효율' 속에서 육체노동자들은 거리로, 농민은 농민공이라는 회색신분을 가지고 도시를 배회하고 있다. 힘없는 도시서민은 닭장 같은 '워쥐(蝸居, 달팽이집)'에서 밤을 맞이한다. 19세기 마르크스가 타파하고자 했던 바로 그 모습이 21세기 '공산당'이 지배하는 중국에 그대로 투사되고 있는 것이다. '중국 특색의 사회주의'가 아닌 '중국 특색의 봉건적 자본주의'가 사회 곳곳에 파노라마처럼 펼쳐진다. 정치적 자유가 없는 사회 속에서 모든 권력은 국민이 아닌 소수 기득권층에서 나오며 또한 권력은 세습화되어 간다. 소수의 지배자와 일반서민, 노동

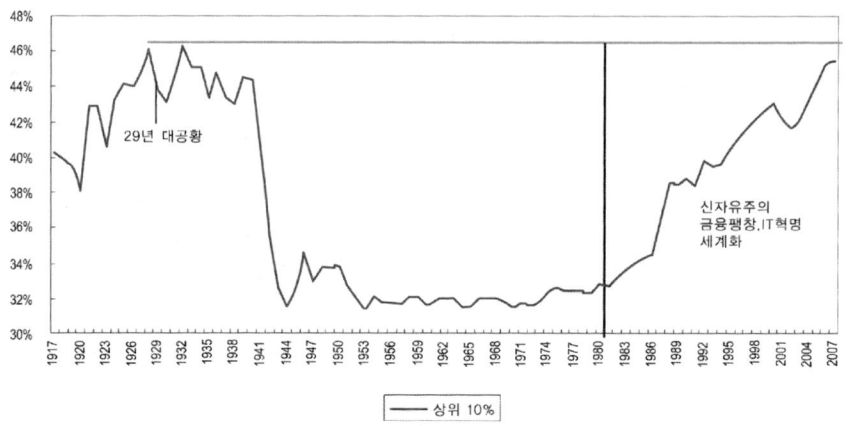

〈그림 1〉 상위 10%가 차지하는 미국 전체 소득비중

29년 대공황

신자유주의
금융팽창.IT혁명
세계화

── 상위 10%

자료원천: Emmanuel Saez

자, 농민, 농민공 등을 아우르는 신 노예계급으로 중국 사회는 이분화되고 있는 것이다.

이런 시스템하에서도 중국 경제규모는 왜 한층 확대되고 고도성장을 유지할 수 있는 걸까? '질'이 아닌 '양', '개인'이 아닌 '계급'의 잣대를 적용하면 외형적 국력은 독점적 체계하에서 더욱 팽창하는 특징이 있다. 절대주의와 중상주의의 결탁 배경을 염두에 두면 이해될 것이다. 황제라는 이름으로 절대군주가 무소불위의 권력을 행사했던 몇백 년 전 중국은 세계 최강국이었으며, 몇천 년을 이어온 대제국이었다. 중국은 글자 그대로 과거를 거슬러 올라가고 있다. 하지만 현 중국의 모습이 중국인과 세계에 꼭 긍정적일 것 같지는 않다. 또 다른 미국은 세계 어느 나라든 달가워 하지 않는다. 미국의 문제가 세계의 문제로 비화된 사례는 결코 낯설지 않다. 일례로 미국 전체 소득비중에서 상위 10%가 점하는 비중이 상승할 때 세계와 글로벌 경제가 어떤 상황에 직면했는지를 간략히 살펴보자.

<그림 1>은 미국 전체 소득에서 상위 10%가 차지하는 비중을 나타낸 것이다. 1929년 대공황이 일어나기 바로 전인 1928년 상위 10% 소득비율은 46%를 기록하며 정점을 찍었다. 1929~1931년까지 약간 하락한 이후 1932년 다시 46.3%를 기록하며 90년 내 최고점을 찍었다. 상승과 하락을 거듭하던 수치는 제2차 세계대전을 계기로 31% 수준까지 쭉 밀렸다. 제2차 세계대전 종결 후 70년대까지는 대체로 횡보하다가 레이건 집권기인 80년대(레이거노믹스 시대)부터 다시 탄력이 붙었다. 2007년에는 45.5%를 기록하면서 역사상 최대치인 46%에 바짝 다가섰다.

1929년 대공황의 재연인 듯 우리는 2008년 21세기 대공황 가능성을 언급했다. 상위 10%가 전체 부의 45% 내외를 독식할 때 세계 경제는 위기를 넘어 공황으로 향할 수 있음을 역사는 두 번에 걸쳐 알려주었다. 부의 수준과 관계없이 품목별로 1인의 한계소비는 정해져 있다. 10억 달러 갑부라도 하루에 빵 100개를 먹을 수는 없다. 부의 기형적 집중은 수요부족과 공급과잉을 잉태하고 기존 경제흐름을 뒤집는 방향으로 전이된다. 1929년이 2008년과 같다면 1930년은 2009년에 대응되고 1931년은 2010년과 동일시된다. 1932년은 2011년이다. 우연인지 최근 포브스는 2010년 글로벌 경제위기에도 재산이 10억 달러 이상인 갑부의 수가 2009년보다 218명 증가했다고 발표했다. 또한 이들 갑부의 재산은 36조 달러로 2009년보다 50% 늘어났다고 말한다. 80년 전 과거가 비슷하게 재연되는 듯하다. 다만 개인적으로 2020년경 제3차 세계대전이 일어나지는 않았으면

하는 바람이다.

2001년 미국 중산층 부의 59.2%는 주택에 몰렸으며 주식과 기타자산 비중은 각각 14.7%와 26.1%로 조사되었다. 상위 1%는 주식이 78.5%로 절대적 비중을 차지하고 주택은 8.4%, 기타 자산은 13.7% 정도에 그쳤다(『자본주의 이해하기』, 새뮤얼 보울스 외 지음). 부동산 버블붕괴는 미 중산층(60% 비중)의 부를 뚜렷이 잠식했으며 소비능력을 떨어뜨렸다. 미국을 포함한 글로벌 소비감소는 각국 정부투자로 대체되었으며 이는 새로운 위기를 불러들였다. 2010년 유럽에 불어닥친 재정 위기, 중국의 부동산 버블이 그 대표적 사례이다. 세계는 위기와 공황의 일상화로 접어든 것이다. 미국과 중국이 함께 위기에 빠진다면 세계는 긴 공황으로 직행할 것이다.

사회복지에 관한 중국의 기본노선은 세월에 맡긴 방임적 자세로 무대책이 곧 대책이 되었다. 13억 명이라는 인구를 눈앞에 두면 방임에 대한 궤변도 일부 이해된다. 2조 달러를 13억 인구에 분배해도 1인당 1,500달러 정도에 불과하다. 중국 1인당 국민소득을 고려할 때 적은 돈은 아니며 저소득층 1년 수입보다 많을 것이다. 다만 그 돈으로 개개인의 인생이 전환될 것으로 기대하기는 힘들다. 구소련의 경제개혁 과정 오류, 즉 전 국민에게 주식을 배분한 것이 어떻게 국부 유출로 연결되고 국가경제를 몰락시켰는지 중국은 지켜보았다. 개발도상국에서는 집중의 힘이 분산의 미덕보다 효익이 높은 것이 사실이다. 관리되지 않는 분배는 방임과 대동소이하며 일회성 향락으로 대개 마무리된다.

이와 같이 논리에 기대, 이제까지 중국 공산당은 분배 없는 성장에 대한 중국 인민의 공감대를 얻었다. 그러나 앞으로는 이도 힘들 것 같다. 군중의 상상력이 메말라가고 있으며 그들은 점차 현실을 직시하고 있다. 고도성장이 안겨줄 밝은 미래에 대한 군중의 추론이 비판정신을 갉아먹고 자기 환상적 만족감을 자극했지만 갈수록 각박해지는 현실 앞에서 군중은 공산당이 제시한 이미지가 아닌 그들이 그리는 이미지를 갈구하기 시작했다. 군중의 변혁은 언제나 그렇게 시작되었으며 경제불황, 억압적 통치는 부수적 재료에 불과하였다. 제시된 그림이 또 다른 그림으로 대체되는 그 순간이 바로 사회체제가 바뀌는 타이밍이다.

무엇보다도 수렴한계를 초과한 고비용사회로 진입하고 있는 점이 그 시기를 앞당길 것 같다. 양극화는 극단적 형태로 전이되어 봉건, 근대 그리고 현대적 삶이 뒤섞인 기형적 사회구조를 형성하고 있다. 금권에 기초한 계급사회라는 인식을 던져주는 단상들도 많다. 선부론에서 조화사회로 정책을 수정했지만 기득권은 자기번식을 거듭하며 생존력을 확대한다. 기존 체제로 조화사회를 이루기는 힘들 것이다. 그렇다고 계급충돌, 내란과 같은 사회 대변혁이 찾아온다면 중국은 추락할 것이다. 지속적인 발전은 돈과 자원이 아닌 안정된 사회 실현에 바탕을 둔다. 지금까지는 소수에 이득인 것이 경제에 이득이 될 수 있었지만 더 이상은 아니다. 논리가 한계에 부딪치면 그것을 탈피해 새로운 논리를 찾아야 한다. 그것이 공산주의의 특징이 아닌가?

4

부동산, 계급사회의 문을 열다

중국 부동산 시장은 양극화·인플레이션·부패 3종 세트가 집약된 곳으로 경제
잣대로 해결할 수 있는 단계는 지났다. 중국에 공황이 찾아온다면 부동산은
그 원죄를 피할 수 없다.

중국이 직면한 사회문제를 한 단락으로 마무리하기에는 범위와 연결된 현
상들이 너무 넓고 복잡하다. 밝게 빛나는 태양 아래에 어두운 그림자는 갈수록
커지고 짙어진다. 사회·경제· 지역 등 모든 분야에서 양극화가 파괴적으로 진행
되고 있다. 도시 곳곳에는 때묻은 얼굴과 쩍쩍 갈라진 손으로 구걸하는 아이들
과 유랑민들이 넘쳐흐르고 사회로부터 이들은 외계인 취급을 받는다. 그들은
'중국인'이 아닌 '중국의 짐'인 것이다. 농촌에서 상경한 농민공과 유랑민에 대
한 차가운 시선과 그들의 비참한 말로는 중국이 사회주의보다는 봉건 계급사
회에 가깝다는 것을 실감하게 한다.

현재 농민공은 제조업의 58%, 서비스업의 52% 그리고 건축업의 80%를 담당하며 식당종업원·미화원·가정부 등 단순 노동직의 90%를 충당한다. 이들은 사회보장체계의 사각지대에 놓여 있으며 앞으로 20년 안에 3억 명이 더 배출될 것이라 한다. 30만 명이 아닌 3억 명이다. 생각만으로도 압도되는 수치다. 중국 국무원은 농민공 문제 해소가 중국 특색의 사회주의 건설의 전략적 과제라고 말한다. 문제의 근원이 바로 중국 특색의 사회주의인데, 그걸 전략적 목표로 삼는다고 한다. 농민공은 기하급수적으로 늘어날 것이다. 선부론이라는 차별적 성장전략이 중국을 대국으로 키웠지만, 그 속에서 낙오된 중국인은 노예로 전락했다. 과거 중국공산당이 그렇게 타파하고자 했던 지주와 소작인 관계로 빠져든 것이다.

이와 관련해 중국 사회과학원은 흥미로운 조사결과를 제출하였다. 2009년 12월 중국 사회과학원은 <블루백서>를 통해 도시가계 85%가 주택을 살 능력이 없다고 주장하였다. 일반대중의 주택구입 능력은 제로로 볼 수 있다. '워쥐(蝸居, 달팽이집)'가 2009년 유행어로 뽑힌 현실은 이를 단적으로 대변한다. 제조업에 끊임없이 신선한 피를 공급할 원천이 '주택'에 모두 빨려 들어갔다. 소비는 공염불에 그치고 제조업은 천천히 고사할 것이다. 21세기 중국판 버블은 마치 장송곡처럼 울려 퍼진다. 버블의 운명은 거품이 꺼지는 것이다. 부동산 불패는 고도성장과 도시화 추세를 이론적 배경으로 지탱되고 있다. 그러나 그것이 영원히 진척될 수는 없다. 소비가 뒷받침되지 못한 생산은 경제확대보다 수축을 불러온다. 24시간 땅을 파며 도로를 깔고 기계를 돌려도 한적한 고속도로와 넘치는 재고는 진정한 경제행위가 벌어지지 않았음을 말해준다.

마천루로 둘러싸인 도시 번화가를 벗어나면 중국의 현실이 눈앞에 다가온다. 도시 주위를 공전하는 위성도시와 농촌지역은 언급할 필요도 없다. 중산층의 부흥과 부의 편중현상이 해소되지 않는다면 중국 제조업, 즉 생산기반의 대규모 몰락은 필연적이다. 세계의 공장은 중국만의 것이 아니다. 콤플렉스로 밤잠을 설치는 인도가 도전장을 던지며 동남아시아로 일부 생산시설이 이전되고 있다. 글로벌 단위로 생산분산과 소비침체가 일어난다면 중국은 무척 힘든 시기를 겪을 것이다. 경제의 지속성장은 높게 솟은 마천루가 아닌 옷 한 벌, 음료수 한 병, TV 한 대 등의 구매로 달성된다. 현 부동산 시장은 주택을 삶이 아닌 계급 상징물로 바꾸었다. 부동산 문제는 이제 경제문제가 아닌 사회문제로 전이되고 있다.

원자바오 총리는 2010년 3월 전국인민대표대회에서 양극화·인플레이션·부패가 결합되면 '사회불안'을 넘어 '정권불안정'으로 연결된다고 경고하였다. 공식 기자간담회에서 그것도 최고위층의 입을 빌어 '정권불안정'이라는 말이 언급된 적은 이전에는 없었던 것 같다. '부동산'은 양극화·인플레이션·부패 3종 세트가 집약된 곳으로 경제 잣대로 해결할 단계는 지났다. 급격히 터뜨릴지 아니면 긴 시간 속에서 소화시킬지 정치적 결단만 남은 상태이다. 논의의 진척을 위해 그래프로 중국 부동산시장을 살펴보자. 중국 국가통계국은 2009년 부동산 가격상승률을 1.5%로 발표하였다. 소관기관인 국토자원부 연구중심은 25.1%로 국가통계국보다 16배 이상 높게 계산했다. 중국의 통계왜곡 논란은 한두 해의 일이 아니므로 다양한 자료를 놓고 퍼즐을 맞추듯이 다각도로 분석할 필요가 있다.

<그림 2>는 1평방미터당 13개 지역 부동산 판매가격을 표시한 것으로 총

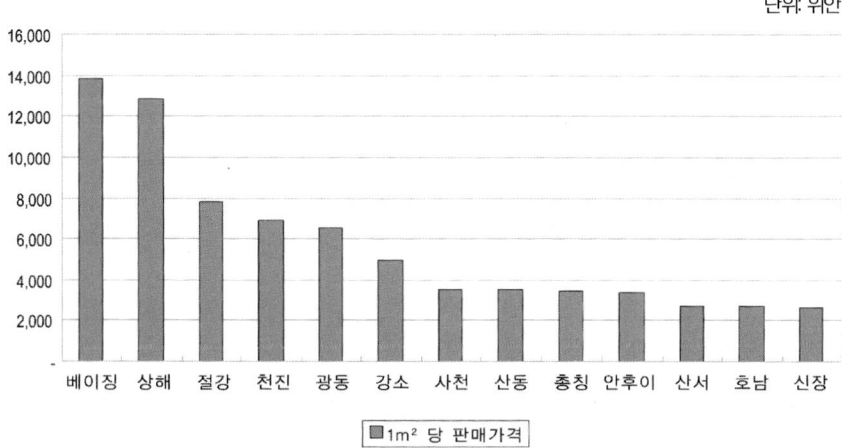

〈그림 2〉 2009년 13개 지역 1평방미터 당 부동산 판매가격(위안화 기준)

단위: 위안

■1m² 당 판매가격

자료원천: 중국국가통계국, 중국경제정보분석(CEIA)

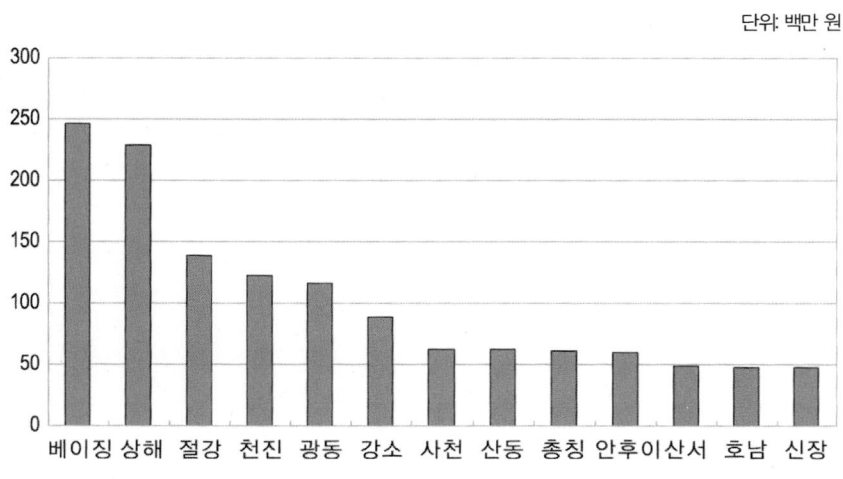

〈그림 3〉 2009년 중국 13개 지역 30평 기준 부동산 가격(원화로 환산할 경우)

단위: 백만 원

자료원천: 중국국가통계국, 중국경제정보분석(CEIA)

Chapter 2 용의 발목을 잡는 아킬레스건

판매면적을 총 판매가격으로 나눈 값이다. 베이징, 상하이, 절강, 천진, 광동, 강소 등 동부 연안 지역이 중서부 지역보다 뚜렷이 높다. 부를 주택으로 재단한다면 출생지가 곧 부의 원천이 된다. 참고로 중국은 강력한 호구제를 실시하고 있다. 선천적으로 등급이 정해지는 것이다. <그림 3>은 <그림 2> 자료를 '평방미터'가 아닌 '평'으로 '위안화'가 아닌 '원화'로 재산출한 것이다.

99.17평방미터인 30평 기준으로 베이징이 약 2.5억 원으로 가장 비싸고 그 다음은 상하이(2.3억 원)와 절강(1.4억 원) 지역이다. 서울도 강남과 강북 집값이 다르듯이 중국 주요도시도 그러하다. 이 값은 평균치이지 특정구역의 수치가 아니다. 도시별 1인당 국민소득을 토대로 중국 주요도시와 서울의 주택가격을 비교한 결과는 다음과 같다. 베이징은 서울보다 좀 높거나 낮은 수준이다. 비슷하다고 보아도 큰 오류는 없을 것 같다. 상하이는 서울보다 약간 낮고 광저우와 심천은 서울보다 뚜렷이 낮다. 위 결론은 내부 인테리어와 부대시설 등의 차이를 감안해 임의적으로 중국 도시 주택가격에 1.2배 곱한 값을 기초해 내린 것이다. 수정을 가하지 않았을 경우 베이징과 상하이는 서울의 93%와 78% 수준인 것으로 나타났다.

분석방법에 따라 다른 결론이 내려질 수도 있다. 한국과 달리 중국은 호구제를 실시하고 있는데, 그 결과 농민공과 같은 유동인구의 지역GDP에 공헌부분이 1인당 도시소득 산출시 누락될 수 있다. 말하자면 주요도시 1인당 국민소득이 실제보다 과대 계상될 수 있다. 이는 소득대비 부동산 가격이 과소평가된 것을 의미한다. 여러분이 2009년 당시 서울의 부동산가격을 버블로 여긴다면 베이징과 상하이도 같은 시각에서 판단할 수 있다. 중국과 한국 모두 주택이 삶을 누르고 경제와 투자 그리고 증시 한계를 결정짓는 것 같다.

부동산은 또한 지방정부의 주요 먹잇감이다. 지방정부 수입 상당수는 토지권리 이전으로부터 나오며 30년 이후 권리까지 사전 판매된 경우도 존재한다. 고용창출을 위하여 부동산을 풀어주었지만 실제 건축보다는 토지매매에 더 열을 올리는 것이 현실이다. 2009년 중국정부가 걷어들인 토지양도 수입은 1조 4,239억 위안으로 이들은 특별계정으로 관리되고 있다. 지출항목별로 세분화하면 철거와 토지보상이 5180억 위안으로 가장 높다. 도시화 건설과 토지개발에 각각 3,341억 위안과 1,430억 위안, 서민임대 주택건설 등에 1,378억 위안이 사용된 것으로 나타났다. 나머지는 농촌 인프라 건설, 경작지 개발 등에 투입된 것으로 집계된다.

국유지 양도로 인한 세수가 토지와 건설로 재유입되고 있다. 이런 악순환 과정 속에서 매년 토지가격은 상승하고 부동산 버블은 심화된다. 그 속에서 일부 관료는 부를 축적하고 얼나이(二奶, 두 번째 첩), 산나이(三奶, 세 번째 첩) 등을 거느리면서 부패한 삶을 영위한다. 주택건설부 부장은 향후 20년간 중국 부동산은 가격상승 압력에 직면할 것이라고 전망하였다. 2010년 현 수준에서도 부동산 버블 경고음이 터져 나오는데, 20년간 그 경고음이 지속될 것이라는 말은 중국의 정체성을 의심하게 한다. 또한 그 말은 부동산 개발상에게 어울리는 것이지 소관기관의 책임자 입에서 나올 내용은 아니다.

부동산은 산업문제가 아닌 사회·경제적 문제이며 과잉생산의 정점에서 모든 산업에 바람을 불어넣는다. 경제건설을 중심으로 4개의 기본원칙과 개혁개방을 견지한다는 대(大) 전략 하에서 중국이 직면한 최대문제는 부동산 문제다. 다음 장에 다룰 '세계의 공장, 중국의 붕괴'도 그 근원을 거슬러 가면 부동산 문제가 자리 잡고 있다. 국가전망공사(State Grid)는 2010년 전국 660개 도시를 상대로 전기사용량을 조사하였다. 조사자료에 따르면 6개월 연속 전기사용량이 제로(0)인 주택이 6,540만 채에 달하는 것으로 나타났다. 가구당 3인 기준으로 2억 명 정도의 주민을 수용할 수 있는 규모이다.

이 수치를 토대로 가구당 평균 주택 평수를 15평으로 가정하고 2010년 5월 현재 전국 평균주택가격을 대입할 경우 16.9조 위안(한화 2700조 원 내외)이 산출되었다. 2009년 중국 GDP 총액의 과반에 해당하는 수치이다. 하지만 부동산 개발이 동부 연안 지역을 따라 이루어지고 있다는 사실과 주택평수가 15평으로 보수적으로 잡힌 점 등을 감안하면 중국 한 해의 GDP에 육박하는 자원이 부실상태에 놓여 있으며 그 부실은 지금도 팽창되고 있다. 국가전망공사 자료가 논란이 일자 중국 국가통계국은 2010년 8월 뒤늦게 해명에 나서며 관련 수치를 내놓았다. 2010년 6월말 현재 판매대기 물량은 1.9억 평방미터로 한 채당 15평으로 추산할 경우 200만 채, 30평으로 계산하면 100만 채 정도에 해당한다.

다만 국가통계국 자료는 공실주택이 아닌 판매대기 물량, 즉 재고를 말하고 있어 논점과 거리가 있다. 6개월 전기사용량이 제로인 주택은 주택이 아닌 철골 구조물에 가깝다. 2010년 상반기 주택가격 30% 하락을 염두에 두고 은행계에 스트레스 테스트 실시를 독려하던 중국은행감독위원회가 하반기 입장을 바꾸어 60% 폭락을 제시하였다. 2010년 8월 국가통계국은 주택공실률의 정확한 통계는 힘들다고 간결하게 실토하였다. 부동산은 계급사회의 문과 동시에 공황의 문도 열어두었다.

5
영수증을 남발하는 지방정부

중요한 것은 지방정부가 배정권한을 가지고 있는 자원의 크기다. 이권의 크기
는 자원규모에 따라 좌우되지 세부 내역에 의해 결정되지는 않는다.

코트라(KOTRA)는 중국 11개 도시의 1인당 GDP가 1만 달러를 돌파했다
는 자료를 내놓았다. 기존의 선전·광저우·쑤저우·우시·포산·상하이에 이어 2009
년에는 닝보·다롄·웨이하이·주하이·베이징 등 5개 도시가 신규로 1만 달러 클럽
에 가입한 것이다. 이들 11개 도시의 GDP 규모는 1조 727억 달러이며 인구는 9
천 385만 명이다. 1인당으로 계산한다면 11,430만 달러가 산출된다. 세계은행은
1인당 평균 GDP가 1만 달러를 돌파할 때 그곳을 중등 부유국으로 간주한다.
국무원발전연구중심은 2009년 중국 1인당 GDP가 3,600달러로 2025년경 1만 달
러를 돌파할 것으로 전망하였다. 아시아권에서는 1984년 일본이 첫 스타트를
끊은 이후 홍콩(1987년), 대만(1992년), 한국(1995년)이 순차적으로 그 뒤를 이었

다. 중국 경제는 확대지향적이고 일부 도시는 점차 부유해지고 있다. 하지만 1만 달러라는 음영 밑에는 막대한 지방정부 부채가 존재한다.

중국경제주간(中國經濟周刊)은 2009년 말 현재 전체 31개 지방정부 가운데 채무규모의 합을 지역총생산으로 나눈 개념인 부채율이 60% 이하인 곳은 7곳에 불과하며 10곳은 100%를 넘었다고 보도했다. 일부 지방정부는 부채율이 150%를 초과했고 개별 현급 중소도시 일부는 400%를 넘어 사실상 파산수준에 도달한 것으로 알려졌다. 2009년 말 현재 지방정부로 귀속된 대출금은 약 7.4조 위안으로 2008년보다 70% 정도 늘어났다. 2009년 한 해 시중에 풀린 신규대출의 35%가 지방정부의 몫이었던 셈이다. 한편 한국의 감사원격인 중국 심계서는 18개 성, 16개 시 및 36개 현급을 대상으로 감사를 실시했으며 그 결과를 전국인민대표대회 상무위원회 15차 회의에 제출하였다. 감사결과에 따르면 지방정부성(각 지방산하 융자플랫폼기업) 채무는 2.79조 위안으로 2008년보다 37% 이상 늘어난 것으로 나타났다. 또한 7개 성과 10개 시, 14개 현의 부채비율이 재정규모를 100% 초과한 것으로 조사되었다. 이들은 지급이자의 48%를 채권발행을 통해 상환한 것으로 알려졌다.

미국·유럽·일본 등의 국가재정 위기에 초점을 맞추던 해외 언론들도 시선의 한 가닥은 중국에 붙들어 매고 있다. 파이낸셜타임즈(FT)는 노스웨스턴대 빅터시 교수의 말을 인용해 중국지방정부가 '도시투자개발공사(UDIC)'라는 모호한 조직을 통해 간접 차입한 규모가 최대 11조 위안에 이른다고 밝혔다. 중국 언론은 7.4조 위안, 국가심계서는 2.8조 위안 정도로 내다보고 있다. 2010년 3월 월 스트리트저널(WSJ)은 "중국 지도자들은 지방 정부가 부채를 상환하지 못할 수도 있다는 우려로 최근 몇 개월에 걸쳐 지방정부 재정 현황에 대한 조사를 실시했다"고 보도하였다. 법적으로 중국 지방정부는 채권발행 권한이 없으며 적자재정·보증이 금지되어 있다. 그러나 4조 위안 경기부양책을 발표하면서 중국정부는 과반수 이상의 자금을 지방정부 몫으로 돌렸다. 지방정부는 재경부 명의를 빌어 채권을 발행했으며, 빗장이 열린 지방정부는 경쟁적으로 특수투자회사를 설립해 은행들로부터 막대한 인프라 건설자금을 간접 조달하였다. 이 과정에서 지방정부는 특수투자회사에 담보와 보증을 제공하였다.

픽텟애셋 매니지먼트의 조나선 벨은 2010년 2월 파이낸셜타임즈 기고문을 통해 지방부채 문제를 심도 깊게 파고들었다. 그는 2009년 중국 은행권 여신 30%를 점하는(3조 위안 또는 미화 4,500억 달러 정도) 인프라 대출이 은행권의 '아킬레스건'으로 작용될 수 있음을 경고하였다. 조나선 벨은 또한 이들 인프라 여신 대부분이 지방정부를 배경으로 한 도시개발투자공사에 대출되었으며, 미상환 대출의 14%가 도시개발투자공사의 몫이라고 밝혔다. 6조 위안에 달하는 도시개발투자공사 명의대출 30%만 디폴트 상태에 빠져도 중국 주요 상업은행의 자본금은 공중에 날아갈 것임을 전망하고 있다. 중국 지방정부는 세수 권한이 없어 법적으로 지방채를 발행하지 못한다. 도시개발투자공사는 그 우회통로로 역할을 담당하였다. 엄밀히 따져 중국지방 정부는 보증의 주체가 될 수도 없다. 90년대 말 광동성 정부가 보증했음에도 광동성국제투자신탁을 포함한 다수의 투자신탁회사가 디폴트상태에 빠졌다. 지방정부가 안면을 몰수해도 법적으로 구제될 근거는 희박하다. 재정부 발행 국채와 중국인민은행 어음이 아닌 한 디폴트 위험은 결국 투자자의 몫이다.

왜 지방정부 채무가 그토록 빨리 그리고 급격히 확대되었던 것일까? 과거부터 이어져온 유산도 있지만 상당수는 2008년 글로벌 경기침체 탈피를 위해 대규모 펌프질을 가했기 때문이다. 정책 실효성은 떨어졌지만 중앙정부는 대체로 지방정부의 과도한 개발의욕을 제어하는 입장을 택하였다. 그러나 2008년 국제금융위기로 경기가 급속히 냉각되자 조절에서 부양으로 정책을 급선회했으며, 도려내야 할 환부를 더욱 부풀렸다. 예부터 지방정부 채무는 블랙박스와 같아 추정이 불가능하다는 말이 나돌았다. 지방정부가 특수투자회사에 제공한 부채와 담보는 회계에 미 반영된 '잠재채무'로 언제든지 악성채무로 넘어갈 수 있다. 상업은행들은 현재 시한폭탄을 발밑에 파묻고 있는 것과 같다. 국무원이 뒤늦게 '지방정부 융자에 대한 관리강화 통지문'을 하달하며 개발 프로젝트 대출보증을 전면 무효화시키고 지방정부 발주 공사에 대한 감사에 착수했지만 화살은 이미 시위를 떠났다.

쑤닝 중국인민은행 부총재는 2009년 상환 기간이 연장된 채무 가운데에는 지방투자회사가 짊어진 부채가 상당한 비중을 차지하고 있다고 공공연하게 밝혔다. 이 통지문에 따르면 지방정부는 더 이상 재정수입과 국유자산을 담보로 대출을 받을 수 없다. 기존에 담보로 제공된 부문의 법적 실효성에 대한 언급은 없지만 앞으로는 이를 엄격히 금지하겠다는 뜻을 명확히 밝힌 것이다. 또한 개발 프로젝트도 그 성격을 공공과 상업으로 분명히 구별해 상업용은 정부가 아닌 민간이 담당하도록 각급 지방정부에 촉구하였다. 2010년 상반기 말 현재 중국은 2조 4,543억 달러를 비축해 두고 있다. 하지만 1조 달러를 넘어선 지방채무가 용암처럼 분출된다면 경제근간이 흔들릴 수 있다. 약 2.5조 달러에 달하는 외환보유고에도 분명 허수가 존재할 것이다. 일례로 중국은 미 양대 국책 모기지업체인 페니메이와 프레디맥 채권 5,000억 달러 정도를 들고 있다. 이들의 감독을 맡고 있는 연방주택금융국(FHFA)는 2010년 6월 두 회사의 상장폐지를 발표하였다. 자칫 2.5조가 아닌 2조로 줄어들 수 있으며 또 다른 숨겨진 허수가 존재할 경우 실제 외환보유고는 더욱 낮아질 것이다. 지방채무는 위기의 한 부분이지 전체가 아니다. 사회보장기금 부족문제, 국유기업 부실화 문제, 은행권 불량채권 등 '중국'이라는 이름으로 지불해야 할 영수증이 산적해 있다. 외환보유고로 탄탄히 방어막을 펼치고 있지만 언제 둑이 무너질지 모른다.

최근 부동산 개발에 군불을 지피던 각 지방정부들이 개과천선된 모습을 보인다. 부동산 세목을 신설하고 중앙정부의 부동산 시장 조절정책에 동조한다. 급기야 세무총국이 전면에 나서 지방정부의 행동에 제동을 걸었다. 지방정부는 과세신설과 법률해석 권한이 없다는 것이 주 논지이다. 부동산 개발업자들의 뒷배경 역할을 떠맡았던 지방정부의 태도가 180도 바뀐 이유는 무엇일까? 뽑아낼 만큼 충분히 거두어들였고 팔 물량도 대부분 처분했기 때문이다. 삼모작으로 끊임없이 돌린 결과 시장이 생기를 잃고 황폐화되고 있다. 따라서 당분간 휴경기에 접어들 준비를 하는 것이다.

개발토지 자원이 부족한 현재, 토지양도를 매개로 연결된 이권의 크기는 과거보다 줄어들었다. 알기 쉽게 펀드투자를 예로 설명해보자. 토지양도가 거치식이었다면 세수체계 수립은 적립식이라고 할 수 있다. 2010년 이전까지는 토지양도로 한꺼번에 이익을 거두어들였다면 지금은 건물세수를 통해 시스템적으로 돈을 뽑아내는 형태로 전환하고 있다. 2010년 10월 상하이는 부동산 시범

도입을 첫 언급했으며 부동산 조절세칙을 제정하였다. 토지양도로 인한 수입이든 부동산세에 의한 수입이든 총계만 맞으면 돈의 성격은 문제되지 않는다. 중요한 것은 지방정부가 배정권한을 가지고 있는 자원의 크기이다. 자원규모가 이권의 크기를 좌우하지 세부 내역은 아니다.

세계의 공장,
중국의 붕괴

이 장에서는 세계의 공장이라는 말의 본질과 그것이 중국과 중국인을 얼마나 피폐하게 만들었는지를 살펴볼 것이다. 현 성장모형의 한계와 더불어 중국생산에서 중국창조로의 전환 필요성을 점검하고 제조업 부흥의 길을 모색한다. 중국이 생산하고 세계가 소유하는 구조 속에서 돌파구를 찾아가는, 즉 생산의 세계화와 소유의 세계화를 함께 실현하려는 의지와 움직임도 알아보고 그 속에서 중국의 미래를 발견한다.

1
불유쾌한 타이틀, 세계의 공장

중국은 21세기 첫 10년을 분업이라는 마약에 빠져든 채 소비하였다. 중국에 있어 세계의 공장은 더 이상 영광의 상징이 아니다.

세계 경제라고 부르는 것은 하나의 분업체계하에서 상품의 교환이 자본과 노동의 흐름과 함께 그 안에 존재하는 넓은 지리적 개념이다. 마르크스는 자본론에서 사회에 다양한 분업체계가 존재할 수 있음을 인정하였다. 하지만 그는 '제조업에서 수행되는 작업장의 분업은 자본주의적 생산양식의 전혀 독특한 창조물이다'라고 말하였다. 세계 경제는 단일 정치구조에 따라 경계가 확정되지는 않는다. 반대로 세계 경제 내부에는 다수의 정치단위들이 존재하며 국가체제 내에서 느슨하게 묶여 있다. 다국적 기업이 바로 그 대표적 사례이다. 생산과 판매가 세계 곳곳에서 이루어지며 주권(株券), 즉 소유권도 국가와 인종을 초월해 분산되어 있다.

따라서 세계 경제는 다수의 문화와 집단들을 포함하고 있으며 이들은 다양한 종교·언어 및 일상 생활패턴을 가진다. 지문화(geoculture)로 불리는 공통분모, 대표적으로 중화권·서구권·이슬람권 등이 있지만 그것이 세계 경제라는 틀 속에서 반드시 필수불가결한 것은 아니다. 세계 경제를 통합시키는 가장 큰 동력은 체제내부에 존재하는 분업이며 분업사슬의 최하층에 중국이 놓여 있다. 그러한 중국이 주어진 역할에서 탈피하려고 한다. 분업의 하층구조에 놓인 단순한 세계의 공장이기를 거부하는 것이다.

최근까지만 해도 세계의 공장은 중국의 희망이며 공업화 대국의 상징처럼 여겨졌다. 소련도 이룩하지 못한 물질문명의 현대화를 중국이 달성했다는 자부심도 존재했다. 인력에 의존한 고전적 산업에서 기계화 산업으로의 전환은 중국에 있어 반만년 노동착취 역사와의 단절을 의미하는 듯했다. 중국식 사회주의가 올바른 길임을 만천하로부터 공인받은 듯 기쁨에 들떴다. 하지만 냉엄한 현실이 중국인의 미몽(美夢)을 깨우고 있다. 도시는 시꺼먼 매연으로 뒤덮였고 자원은 고갈되고 토지는 황폐화되었다. 농민은 농민공과 유랑민으로 나뉘었으며 노동자는 기계 부속품으로 전락하였다. 마르크스가 프롤레타리아 해방을 부르짖던 당시로 중국은 회귀한 것이다.

저가 노동비는 중국기업이 무에서 유를 창조할 발판을 제공하였다. 그러나 이제는 이것도 버거워진다. 중국은 노동비가 아닌 노동 경쟁력이 필요하다. 미국기업들은 경영목표를 주주가치 최대화에 둔다. 일본은 제품가치와 구성원은 이익 최대화에 초점을 맞춘다. 중국기업은 무엇을 위해 경영할까? 세계 500대 기업에 진입하는 중국기업의 수는 매년 늘어난다. 세계 경제를 떠받치는 든

든한 뿔로 성장했다. 하지만 실질임금과 복지수준은 10년 전과 크게 다르지 않다. 주주이익은 축소지향적이며 생산제품은 저가품이라는 수식어를 달고 다닌다. 기업의 경영목표에 주주도 구성원도 그리고 상품도 없다. 기업은 기계부속품도 공장도 아니다. 하청공장을 우리는 기업이라고 부르지 않는다. 기업과 상품에 본연의 가치가 없기 때문이다. 이익의 우선순위는 행동의 표준을 정한다. 중국기업들은 현재 기로에 놓여 있다. 그들 앞에 선택을 기다리는 주주·고객·제품·직원이 놓여 있다. 기업 그 자신도 포함될 것이다. 습관화된 구호처럼 국가와 인민을 들먹이는 것은 사양하고 싶다. 선택이 늦어지면 방황도 길어질 것이다.

방황 속에서 헤매고 있지만 그럼에도 분명한 사실은 중국이 더 이상 세계의 공장이라 불리길 거부한다는 점이다. 산업고도화를 이룬 생산 클러스터로 도약하지 않는다면 중국은 거대한 철 구조물로 변할 것이다. 후진타오 주석은 2009년 12월 주하이 시찰에서 '중국에서 제조한 것'이 아닌 '중국에서 창조한 것'을 만들길 요구하였다. 여기서 만족하고 멈추면 미래가 없음을 그들은 안다. 기계장비 산업의 질을 끌어올리고 정보통신 산업을 육성하며 디자인의 중요성도 재평가한다. 물질적이지 않고 부르주아적 냄새를 풍기는 디자인의 가치를 인정하고 있다. 환경에 대한 편견의 시각을 버리고 이제는 산업과 연계시킨다. 정보화 산업 선점기회는 놓쳤지만 녹색산업은 주도하겠다는 의지도 드러낸다. 신재생에너지와 환경산업을 육성하고 전략적으로 시장파이를 키운다. 한 걸음 더 나아가 우주산업 강국으로의 부상도 꿈꾼다.

지금도 장삼각과 주삼각 지대를 축으로 넓게 퍼진 무수한 공장들이 의복에서 전자제품까지 다양한 생필품을 만들어낸다. 설계도에 따라 재료를 구매하고 조립하고 수출하는 것으로 그들의 역할은 끝난다. 제품 설계도 작성과 유통은 금단의 영역으로 그들의 몫이 아니다. 소비자는 나이키, 애플, HP 등 다국적 브랜드만 인식하게 된다. 중국기업은 존재하지만 또한 존재하지 않게 된다. 제품가치만 있지 기업가치는 제로이며 이윤은 박하다. 나카소네 전 일본 수상은 국제적 교류에서 소니는 자신의 왼쪽 날개, 도요타는 오른쪽 날개와 같았다고 평하였다. 좋은 기업은 종종 국가이미지와 연결되고 국가 신뢰도를 높인다. 외국인에게는 한국이라는 국가보다 삼성, LG라는 기업 이미지가 더 강렬하다. 믿기 힘들겠지만 이 또한 사실이다.

우리는 반만년 역사를 부르짖지만 제2차 세계대전 후 설립된 신생국가로 알고 있는 이들도 다수이다. 그들의 무지를 비웃으며 냉소적 시선을 보낼 수도 있다. 하지만 다수가 믿는 것이 진실인 시대이다. 제품은 제품이 아닌 예술품이라는 유럽적 사고와 브랜드를 통해 신뢰를 확인하는 습성을 이해하지 못한다면 중국제품은 10년이 흘러도 '값싸고 질 좋은 상품'이라는 자화자찬 속에 머물 것이다. 2007년 중국 GDP에서 하이테크 산업이 차지한 비중은 4.5%에 그쳤다. 제조업 부가가치의 12.4%로 지적재산권을 보유한 기업은 0.03%에 불과했다. 기업매출액에서 R&D 비용이 점하는 비율은 0.56%이다. 미국·일본·한국은 모두 4% 전후이다. OEM과 단순조립에 따른 저마진은 R&D에 투입할 자금을 원천적으로 봉쇄했다. 가공무역은 저마진을 낳고 저마진은 R&D 비용을 제한하는 악의 고리가 형성되어 있다. <그림 1>은 개혁개방 이후 중국 대외무역 변천과정을 살펴본 것이다. 1990년대 이전만 해도 가공무역은 보조적 역할에 머물렀다. 하지만 1990년대로 접어들면서 대외무역 주도권이 가공무역으로 넘어

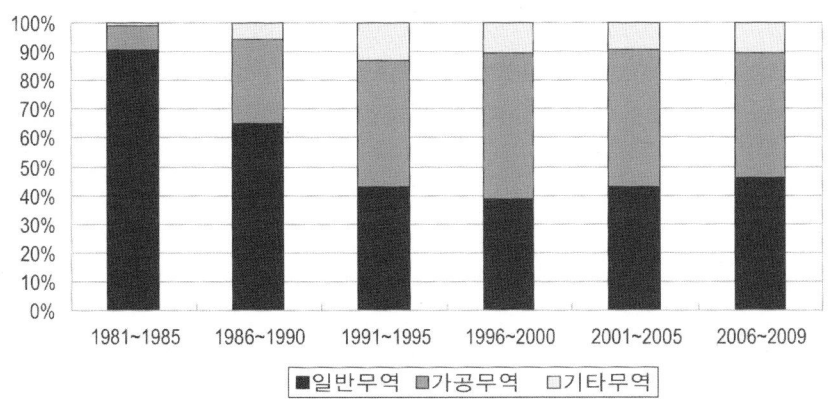

갔으며, 중국은 세계의 공장으로 불리게 되었다.

그러면 세계의 공장이라는 허울 속에 갇힌 중국기업의 한계를 몇 가지 사례를 통해 알아보자. 로지텍 무선마우스 가격은 40달러에 팔리며 제품 대부분이 소주지역에서 생산된다. 무선마우스를 구입하는 순간 브랜드 값으로 8달러가 미 본사 계좌에 직행한다. 40달러에서 브랜드값 8달러를 공제할 경우 32달러가 남는다. 여기에서 13달러가 부속품 값으로 지불되고, 남은 것은 19달러에 불과하다. 하지만 19달러도 온전히 제조업자의 몫은 아니다. 소주공장을 떠난 무선마우스는 다양한 유통채널을 거쳐 고객의 손으로 떨어진다. 그 과정에서 16달러가 대충 떨어져나간다. 결국 제조공장은 판매가의 10분의 1에도 못 미치는 3달러를 가져가며 이 금액을 모아 임금과 관리비 등을 지불하게 된다. 마진이 그럭저럭 괜찮다는 전자부분에서 일어나는 일이다.

전 세계 시계생산의 80%가 중국에서 이루어지지만 1개당 평균출고가는 1.3 달러에 불과하다. 2~3달러에 하청을 받은 액세서리와 완구는 유럽과 미국에서는

10배 이상 높은 값으로 팔리고 있다. 디자인부터 색깔, 심지어 접착제 종류까지 바이어의 지시에 따라 조립된다. 80달러 전후에 팔리는 중국산 MP3는 중국기업에게 1.5달러만을 남겨줄 뿐이다. 제품당 이익은 달러가 아닌 센트로 짜여지며 노동비란 이름으로 중국에 돌아간다. 2.5조 달러 외환보유고는 몇십 년 동안 13억 인구가 밤낮으로 손발을 놀려 축적한 피 같은 돈이다. 기존 생산 시스템도 점차 한계에 봉착하고 있다. 중국 노동자들이 이제 그만이라고 외치고 있기 때문이다.

2010년 5월 중국은 노동자들의 권리 표출로 뜨겁게 달구어졌다. 폭스콘에서는 연쇄자살을 통해 그들이 기계가 아닌 인간임을 부르짖었고 혼다에서는 유례를 찾아볼 수 없을 정도로 조직화된 파업이 이루어졌다. 비슷한 시기에 이루어진 두 노동사건은 중국 사회와 글로벌 기업에게 남다른 의미로 다가왔다. 세계화와 경제성장의 과실이 극소수에 몰린 상태를 더 이상 좌시하지 않겠다는 신호를 던진 것이다. 폭스콘 대변인은 30% 임금인상을 발표하면서 "근로자들이 자신의 생명에 대해 긍정적 자세를 가져주길 바란다"고 말하였다. 하지만 폭스콘의 임금체계와 작업환경은 긍정이 비집고 들어갈 틈조차 주지 않았다. 폭스콘에 대해 간략히 알아보자.

폭스콘(Foxconn Technology Group)은 대만 홍하이정밀공업(Hon Hai Precision Industry Co., Ltd; 鴻海精密工業股份有限公司) 산하 세계최대 전자제품 하청업체로 애플·소니·델·HP· 인텔 등 글로벌 IT기업들이 주 고객으로 있다. 전 세계 직원 수는 90만 명이며 그 가운데 82만 명이 중국 본토에 있다. 심천법인 직원 수는 45만 명이다. 그 가운데 90% 이상이 18~24세의 젊은이들로 채워졌다. 45만 명을 수용한 폭스콘 공장은 하나의 요새이다. 두 개의 고속도로가

공단지대를 관통하고 있다. 기계적 반복작업과 군대식 관리에 길들여진 노동자는 자기가 조립하는 부속품처럼 거대한 공장을 돌리고 있다.

2007년 주요 폭스콘 계열 중국법인 매출액은 2,200억 위안을 넘어섰다. 2005년 매출이 75% 이상 급신장하며 716억 위안에서 1,256억 위안으로 뛰었으며 그 이후 연 30% 매출 신장세를 기록하고 있다. 문제가 불거진 심천법인 단독으로 1870억 위안 이상을 벌어들였다. 중국에 진출한 상위 100대 다국적기업들 가운데 매출액 최대로 2위인 노키아와는 두 배 이상 차이가 난다. 2008년 수출총액은 556억 달러로 중국 전체 수출액의 3.9%를 차지하였다. 외양은 화려하지만 내부는 어떠할까? 아이패드(iPad)를 예로 한번 살펴보자.

500달러짜리 아이패드를 제조하면 99%는 모두 애플에 귀속되고 폭스콘에는 4달러가 떨어진다. 그러나 4달러도 모두 순이익은 아니다. 4달러에는 관리비, 전력비용, 토지임대료, 시설건축비 등 각종 부대비용이 포함되어 있다. 우리는 흔히 착취의 주체를 폭스콘으로 오해한다. 그러나 폭스콘의 노동비는 폭스콘이 아닌 애플의 지침에 따라 결정된다. 애플은 폭스콘에게 생산지 즉 심천의 최저임금에 최대가능 노동시간을 곱한 값으로 임금을 산출할 것을 요구한다. 무슨 변명을 늘어놓더라도 이것은 분명히 착취이다. 생산의 모든 과정은 애플에 의해 완전히 관리·통제되며 부속품 하나도 폭스콘 임의로 구입할 수 없다. 세부 지침을 위반할 경우 가혹한 벌금이 부과되고 임원은 전화 한 통화로 목이 잘린다. 폭스콘은 기업이 아닌 더러운 일을 전담하는 인력관리회사인 셈이다.

자살이 꼬리를 물자 비난 화살은 폭스콘을 넘어 애플로 모아졌다. 애플은 조사단을 파견했으며 마진율 2% 싱승에 동의하였다. 그러나 임금 인상분을 흡수하기에는 불충분했으며 폭스콘은 연해지역에서 중서부 지역으로 공장 이전 계획을 내놓았다. 최저임금이 낮은 지역을 찾아 떠도는 것이다. 공장 이전의 주체는 폭스콘이지만 그걸 현실화시킨 이는 애플과 같은 원청업체였다. 심천과 홍콩의 네온사인은 노동자의 것이 아니었으며 그들은 도시의 어두운 일면일 뿐이었다. 폭스콘이라는 새장 속에서 24시간 2교대로 몸을 혹사시키며 그들은 삶을 내려놓았다. 중국만의 일은 아니며 한국에도 만연된 현상이다. 어쩌면 세계에 흩어진 대다수 공장에서 반복되는 일상사일지도 모른다. 부는 퍼지는 것이 아니라 집중하는 경향이 있다. 따라서 낙수효과(落水效果)는 그 유의성이 의문시된다.

88만원 세대, 800유로 세대라는 말이 한국과 유럽을 물들이듯이 중국에는 900위안 세대가 존재한다. 중국에 있어 법정 근로시간은 무의미하다. 24시간 2교대로 노동자를 돌리며 기본급은 최저 생계비인 900위안에 묶여 있다. 시간당 1.5배 높은 잔업을 통하지 않고서는 가계를 짊어질 수가 없다. 900위안으로는 혼자 살기도 벅차다. 하루 8시간인 표준 근로시간은 서류상의 수치로 24시간 2교대로 이루어지는 잔업은 선택이 아닌 필수이다. 주택가격은 천정부지로 치솟고 물가는 앞으로만 내달린다. 하지만 실질임금은 여전히 제자리를 맴돌고 있다. 노동자는 절망을 노래하지만 텔레비전은 밝은 미래를 그리고 확성기는 긍정적 사고를 설파하고 있다.

마르크스는 자본론을 통해 "노동자는 필연적으로 사라지지만 화폐는 자본으로 재탄생하려는 의지를 가진다. 따라서 시장은 노동의 중단 없는 등장을 요구한다. 살아있는 생물이 생식에 의해 본인을 영구화하듯이 노동자도 생식에 의해 자기 자신을 영구화한다. 소모와 사망으로 시장에서 빠져나가는 노동력은 적어도 같은 크기의 새로운 노동력에 의해 끊임없이 보충된다. 노동자에게 지불되는 임금에는 자식 세대의 부양비도 포함되며 그 결과 자본가는 시장에서 영원히 존속하게 된다"고 역설하였다. 이 글에서 우리는 당시 자본가들이 근로자를 노동자와 가장이라는 두 가지 신분으로 바라보았음을 유추할 수 있다. 임금도 아마 이 기준에 따라 책정되었을 것이다. 물론 그들이 선해서도 그리고 자비심이 풍부해서도 아니다. 노동력의 지속창출이 곧 자본축적의 전제조건이었기 때문이다.

그러나 세계화와 분업이 결합된 현재 자본가들은 근로자의 이중신분을 더이상 인정하지 않는다. 개별 노동자를 한 단위의 노동으로만 계산하려고 한다. 공장과 노동자 모두 아웃소싱으로 해결하면 되기 때문이다. 세계의 공장 중국과 그에 버금가는 노동력을 보유한 인도가 그것을 가능하게 한다. 자본 축적을 제한하던 노동과 생산의 한계는 세계화와 분업이라는 환경 속에서 극복되었다. 다만 노동력 착취는 사회의 최소 단위인 가정이 붕괴된다는 측면에서 보수주의의 칼끝 앞에 있고, 인간의 삶이 퇴화된다는 의미에서 진보주의의 비난을 피해갈 수 없다.

중국 노동조합은 당의 통제하에 있는데, 노동조건 향상이라는 본연의 임무보다는 노동자를 억압하는 데 더 열을 올리고 있다. 1982년 헌법 개정 때에는 노동자의 파업권 조항이 사라졌는데, 현재 법적으로 파업과 시위를 금지하고 있지는 않지만 또한 명문적으로 규정하고 있지도 않다. 노동자의 권리를 헌법의 사각지대에 놓아둔 채 노조대표는 기업과 부패관료의 이익을 대변하는 관변단체로 변모하였다. 폭스콘과 혼다사태가 터지자 2010년 6월 중화전국총공회(중국 노동조합 최고기관)는 다급히 통지를 발송하며 홍콩, 대만 등을 포함한 외자기업이 공회조직에 적극적으로 나설 것을 주문하였다. 이 통지를 통해 중화전국총공회는 '공산당이 공회조직을 주도하고 공회는 당의 방침을 따른다'는 원칙하에 공회를 조직하고 공회가 제 기능을 발휘하도록 노력할 것을 지시하였다. 노동분규가 자칫 통제범위를 넘어 체제비판으로 연결될 것을 우려한 조치로 노동자 권익은 고려의 대상이 아니었다.

　앞으로 노사 갈등은 점점 심각해질 것이다. 저임금과 열악한 근로환경에 노동자들이 분명히 'No'라고 외치고 있으며 그 외침이 반향을 일으킨다. 혼다는 40% 임금인상안을 내놓았고 폭스콘은 900위안에서 1,200위안으로 임금을 30% 올린 후 일주일도 되지 않아 2,000위안으로 두 번째 인상안을 내놓았다. 자살사태 이전보다 임금이 2배 이상 상승한 것이다. 임금인상 물결은 향후 중국 전역으로 번질 것이고 외자기업은 선택의 기로에 직면할 것이다. 글로벌 분업의 하단에서 값싼 노동력을 제공하던 '중국'의 역할이 의문시되고 임금인상과 복지개선 비용은 누적될 것이다. 다국적 기업과 하청업체와 머리를 맞대고 비용을 어떻게 분담할 것인가를 토의할 시기가 다가온 것이다.

　중국은 과거 10년처럼 부르주아의, 부르주아에 의한, 부르주아를 위한 곳이 될 수는 없다. 정권도 노골적으로 뒷배임을 내세우기는 힘들 것이다. 그렇다고 부패가 사라질 것으로 생각하지는 않는다. 부패는 아마 중국 사회의 본성일 것이다. 뜨거웠던 2010년 5월의 중국 노동현장 배후에 공권력이 있고 중국정부가 조직적으로 '외국기업 죽이기'에 나서고 있다는 음모론도 있지만 그 주장에 높은 점수를 주지는 못한다. 개별적이고 일시적인 사건이 아닌 중국의 노동환경 구조 자체가 바뀌고 있는 것이다. 폭스콘과 혼다사태는 지엽적인 징후에 불과하다. 예전의 노동환경으로 돌아가지는 못할 것이다. 중국은 외국계 기업에게 중국을 '생산기지로 볼 것인가' 또는 '시장으로 볼 것인가'에 대한 물음을 던지고 있다. 생산기지 그 이상을 원하지 않는다면 짐을 꾸려야 할 시간은 점점 다가올 것이다.

끝으로 애덤 스미스가 분업에 대해 논한 글귀로 본 단락을 마무리하고자 한다. '분업이 발전함에 따라, 노동자의 직업은 몇 가지 단순한 일에 한정된다. 사람들의 이해력은 대부분 그들의 일상업무에 따라 필연적으로 형성된다. 단순한 작업에 일생을 허비한 사람은 의외의 난관을 극복하는 데 필요한 이해력과 창조력을 발휘할 기회를 가지지 못한다. 따라서 그는 이해와 창조를 통해 난관을 이겨내려는 습관을 잃게 되며 둔하고 무지한 인간으로 변모한다. 정신은 마비되어 어떠한 이성적 대화에 참여할 수 없게 된다. 너그럽고 고상하며 부드러운 어떤 감정을 느낄 수도 없다. 그 결과 생활 속에서 짊어질 대다수 의무에 관한 정당한 판단을 내릴 수 없다. 이들은 자국의 이해관계에 대해 전혀 판단할 수 없으며 전쟁이 발생해도 자국을 방어할 수 없다. 단조로운 생활에 매몰된 나머지 용기는 사라지고 군 생활을 꺼리게 된다. 활발한 육체적 활동이 불가능하며 타성에 젖은 일 이외에 어떤 직업에도 활기차고 인내성 있게 제 능력을 발휘하지 못한다. 노동자의 특화된 기교는 지적·사회적·군사적 덕목을 희생해서 얻은 것이다. 정부의 탈피노력이 없는 한 노동빈민은 필연적으로 상기 상황에 빠지게 된다.' 중국은 21세기 첫 10년 분업이라는 마약에 빠져들었다. 이제 벗어날 때가 되었다.

드러나는 성장 모형의 한계

찬란한 미래를 약속한 고도성장 모델이 현재 삐거덕거리고 있다. 중국 생산에서 중국 창조로 사고의 전환이 요구된다. 조화사회는 경제성장의 결과가 아니라 성장의 전제조건이기 때문이다.

중국의 부상과 역동적인 발전상은 찬탄과 더불어 우려를 자아낸다. 신흥 경제강국이라는 껍질을 깨뜨리고 이제는 미국과 함께 G2로 발돋움하고 있다. 중국을 제외하고는 글로벌 어젠더의 도출이 점점 불가능해지고 있다. 미국이라는 초강대국을 지탱하는 5개 기둥을 넘어 우뚝 선 뿔로 돋아나자 중국위협론, 버블붕괴론, 사회주의 실패론 등 각종 논쟁들이 봇물처럼 터졌다. 중국은 이 모든 것이 편견과 정치적 의도에 출발한 것이라고 불편한 감정을 표하며 중국을 요괴로 몰고 가는 어떤 시도도 단호히 거부할 것이라고 밝힌다. 세계 각국은 때로는 전략적 동반자로 때로는 전략적 경쟁자로 부르며 중국에 대한 의

심의 눈길을 거두지 않고 있다. 변두리로 밀려났던 중국이 글로벌 중심으로 빠르게 이동하면서 곳곳에서 마찰이 일어나고 있다. 중국은 근 2000년 동안 글로벌 지배권을 행사한 국가이며, 반만년 역사에 있어 변두리로 취급된 시대는 극히 일부이다.

중국은 1970년대 말 개혁개방 정책을 추진하면서 독특한 정치체제에 맞는 새로운 경제 발전 모형을 모색하였다. 당시 중국식 사회주의는 현재 우리가 생각하는 중국식 사회주의와는 분명 달랐다. 중국이 계획경제에 대한 종언을 고한 것은 20세기가 아닌 21세기였다. 1980년대 중국식 사회주의는 시장체제를 인정하고 탐색하는 수준이었지 이를 경제운용의 핵심으로 승화시킨 정도는 아니었다. 시장기능의 다변화, 시장효율성, 소유권 등은 아예 논의선상에 거론되지도 못했다. 일례로 주식시장은 40여 년간의 암흑기를 거쳐 1991년 비로소 선을 보였다. 시장을 둘러싼 논란은 1990년대 중엽 가라앉았으며 이때부터 시장주의로의 체제전환이 탄력을 받았다. 중국은 동아시아 모델을 토대로 다양한 성장모형을 연구했는데, 그 가운데 특히 한국의 성장방식을 주목하였다.

1970~80년대 비약적으로 성장한 아시아 4마리의 용 가운데 싱가포르와 홍콩은 일국이 아닌 도시국가라는 한계가 존재했다. 산업구조도 금융, 서비스업 중심으로 공업대국을 꿈꾸는 중국의 발전 방향과도 거리감이 있었다. 대만은 역사적 동질성에도 불구하고 산업구조가 수평적으로 짜여져 국가 주도의 경제 발전이 힘들며 관리가 힘들다는 단점이 존재하였다. 한국의 성장방식은 이런 점에서 중국의 입맛에 딱 맞았으며 대국적 자존심과 함께 군수(軍需)에 대한 고려도 충족시켰다. 군수체제로의 전환을 염두에 둔 산업구조는 2010년 현

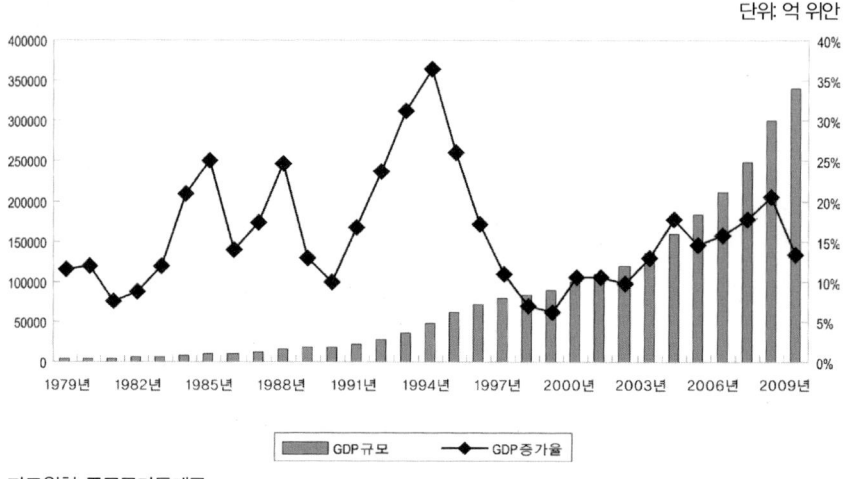

〈그림 2〉 70년대 말 개혁개방 정책 이후 국민총생산 변천과정

단위: 억 위안

GDP 규모 ◆ GDP 증가율

자료원천: 중국국가통계국

재에도 비공식 지침으로 작용한다. 현재의 도시개발과 배치도 거점지역을 외곽에서 둘러싸는 형태로 이루어지고 있다.

다른 아시아 3마리 용과 달리 한국은 수직적 발전모델을 택하였다. 재벌을 핵으로 주위에 가지를 친 생산구조는 공권력이 경제에 체계적으로 투사될 수 있도록 하였다. 경공업보다 중공업을 주축으로 삼은 경제개발은 군수문제에 대한 중국 군부의 불안감을 누그러뜨렸다. 대형 국유기업들은 한국의 재벌과 그 역할이 겹쳤으며 자본시장보다 화폐시장을 통해 이루어진 자금흐름도 중국실정과 부합하였다. 빈약한 자원, 풍부한 노동력이라는 산업토양도 유사했으며 권위주의적 사회환경도 닮았었다. 시장주의가 운명이라면 한국형 발전모델은 중국에 있어 최고의 나침반이었다.

하지만 1997년 불어닥친 동남아 금융위기로 동아시아 모델이 붕괴되고 한국이 주저앉자 중국은 당혹감이 빠졌다. 개혁개방 정책의 이론적 토대가 흔들렸으며 중국은 새로운 발전모델을 모색하게 되었다. 한국식 개발논리의 문제점이 연구되었으며 그 대안으로 '중국식 신자유주의' 모델이 떠올랐다. 중국 사회과학원은 '신자유주의 연구팀'을 긴급히 조직하여 적용 가능성을 타진하였다. 중국 특색의 사회주의 발전모델이 동아시아 발전모델을 거쳐 이제는 중국식 신자유주의 모델로 변태한 것이다. 현재도 중국정부는 중국 특색의 사회주의 모델 단 하나만을 인정한다. 그러나 현실화된 모습은 중국 특색의 사회주의 모델보다 중국식 신자유주의 모델에 더 가깝다.

<그림 2>는 개혁·개방 이후 국민총생산 변화 과정을 그려본 것이다. 중국식 신자유주의 모델에 대한 대·내외적 평가가 어떠하든지 외양적 결과는 성공적이다. 1978년 3,645억 위안에 머물던 국민총생산은 2009년 34조 위안으로 94배 넘게 증가하였다. 산출평균으로 계산한 명목 GDP 증가율은 연 16%에 달하였다. 세계적으로도 중국과 같은 대규모 경제가 근 30여 년간 고도성장을 지속한 사례는 찾아보기 힘들다. 일본과 한국의 고도성장이 자본주의체제에 동양적 요소가 가미된 것이라면 중국은 이들과 달랐다. 서구는 다른 체제하에서 이룬 중국의 기적에 관심을 가지고 연구를 거듭했으며 그 가운데 특히 베이징 컨센서스라는 개념이 주목을 받았다.

베이징 컨센서스는 2004년 라모(Joshua Cooper Ramo) 청화대 교수가 만든 신조어로 당시 그는 골드만삭스 고문으로 재직하였다. 베이징 컨센서스의 주논지는 각국이 고유한 가치를 보존한 상태에서 세계화라는 큰 주류와 보조를

맞추자는 것이다. 중국식 사회주의 개념을 참고한 것 같다. 중국의 모호한 사상 및 용어 체계에 비추어 서구에 중국식 사회주의를 명확히 전달하기는 힘들었을 것이다. 따라서 미국의 워싱턴 컨센서스에 빗대어 베이징 컨센서스라는 이름을 붙인 것 같다. 중국학계는 베이징 컨센서스라는 말을 '중국경험' 또는 '중국모형'의 이론적 개괄 정도로 해석한다. 대외경제 분야로 한정해 중국식 사회주의라는 큰 틀의 한 갈래로 보는 것이다.

개인적으로는 베이징 컨센서스를 국가 주도의 신자유주의 모델로 본다. 신좌파 자유주의에 근접한 개념으로 워싱턴 컨센서스가 선진국에 의한 개발도상국 착취 논리로 이용되었다면 베이징 컨센서스는 세계화를 향한 일국의 개발논리로 한정된다. 베이징 컨센서스는 국가의 역할을 인정하고 실행단계에서 타국을 전제로 두지 않는다. 쉽게 말해 워싱턴 컨센서스는 협상대상이 국가이지만 베이징 컨센서스는 개별경제 주체이다. 따라서 개발도상국들이 좀 더 쉽게 세계화를 받아들일 수 있는 것이다. 같은 철학적 토양에서 핀 꽃이라도 그 색깔은 다를 수 있다. 이해충돌 주체가 국가가 아닌 개별경제 단위라는 차이점이 있을 뿐 미국식이든, 중국식이든 신자유주의는 신자유주의인 것이다.

2~3세대 지도층이 서구의 시장경제를 중국식 시장경제로 탈바꿈시켰듯이 4세대는 신자유주의를 중국 특색의 신자유주의로 변형하였다. 성장과 균형의 조화를 통해 신자유주의 문제점들을 극복할 의도였지만 현실은 부조화로 정의되고 있다. 경제성장과 민생안정이라는 딜레마는 지금도 4세대 지도층의 발목을 잡는다. 다가올 5세대도 동일한 문제에 부딪칠 것이다. 양극화라는 고질적인 병폐는 신자유주의 모델이 뿌리 내린 그 어느 국가보다 심각한 상태이다.

현재 미국식 신자유주의 모델은 쇠퇴하고 시장주의는 도전을 받고 있다. 최전선에서 신자유주의를 강력히 밀어올렸던 '효율'이라는 개념도 의문시되고 있다. 전체 인구의 90%에게 불공정한 효율을 효율이라 볼 수 있을까? 12억 인구를 비효율적 인간으로 내몰고 있는 시스템을 중국이 추구할 필요가 있는가? 라는 원초적 의문이 중국 사회에 씨앗을 뿌리고 있다.

지난 교훈을 토대로 중국은 새로운 발전논리를 모색하고 있다. 중국 생산에서 중국 창조로 개념을 전환하고 효율에 소득분배와 환경 개념을 적용한다. 신흥 전략산업을 육성하고 자원개발과 보존을 병행하고 있다. 2010년부터는 민간자본의 역할을 인정하고 대대적으로 이들이 전면에 나설 것을 독려한다. 정부 주도형 시장에서 이제는 민간 주도형 시장으로 변화를 꾀하고 있다. 최종적인 골격은 5세대 지도층이 권력을 인수할 2013년 전후로 만들어질 것이다. 다만 5세대가 추구할 그것이 신자유주의를 완전히 탈피할지는 불분명하다. 중국의 정치실정이 신자유주의와의 단절을 막고 있다. 중국은 고도성장이라는 숫자에 강박관념을 갖고 있다. 이념적으로는 계획주의와 결별을 표했지만 경제영역 곳곳에 계획주의의 잔재가 묻어 있다. 숫자와 목표에 대한 히스테리적 반응은 권력의 상층부로 갈수록 더 치열하다. 8% 경제성장률을 천명으로 받들며 전쟁을 치르듯 광기에 휩싸인 채 물자를 투하하고 있다.

한때 공산주의 이념 그 자체가 권력의 정당성을 보장하였던 시절이 있었다. 그러나 지금은 분명 아니다. 중국이 공산주의 국가가 아님을 중국인들도 깨닫고 있다. 공산주의는 권력독점과 부패를 가리는 환상이며 습관화된 나팔구호로 간주된다. 권력 정당성은 이제 공산주의가 아닌 경제 발전으로 대체되었다. 경제 발전은 덩샤오핑 이래로 중국을 지배하는 이데올로기이며 현 정치권력이 내세울 수 있는 유일한 정통성이다. 덩샤오핑은 때로는 조카인 건문제의 목을 치고 황제의 자리에 오른 연왕 주체와 겹친다. 마오쩌둥으로부터 시작된 정권의 정통성은 화궈펑을 끝으로 사실상 단절되었다. 따라서 고도성장은 정통성을 상실한 권력이 집권 정당성을 유지하는 명맥으로 자리 잡았으며 지도층의 권위를 지키는 상방보검으로 변질되었다.

지금도 매년 3월이면 천안문 광장 서쪽에 있는 인민대회당에서 장엄한 모습으로 국무원 총리가 한 해 목표성장률을 발표한다. 제례의식을 거행하듯이 목표성장률을 고하고 하늘에 이를 기도한다. 경제성장률은 확률이 아닌 절대 영역으로 넘어간다. 하늘이 내린 임무를 완수하지 못함은 권위의 상실로 연결되고 천명을 배반하는 것으로 간주된다. 역천을 행하는 황제를 받들 백성은 없으며, 의식 속에서 중국 지도층은 그것을 스스로 주입시킨다. 경제는 실현되는 것이지 만들어지는 것은 아니다. 경제를 하늘과 연결시킬수록 주민의 삶은 빈곤해진다. 5세대에도 성장을 주로 삼고 분배를 보조로 두는 경제모형이 유지될 것이다. 중국이 경제대국을 넘어 경제강국으로 비약하려면 현실 속에서 모형이 발화되는 형태로 가꾸어가야 될 것이다. 조화사회는 경제성장의 결과가 아닌 성장의 전제조건이기 때문이다.

3
제조업 기반이 침식되고 있다

점(點)에서 선(線)으로 그리고 면(面)으로 경제 발전 동력을 확대할 때만이 중국의 지속성장은 가능하고 소비문제는 풀릴 것이다. 그것이 제조업 부흥의 길이기도 하다. 이 모든 연결고리를 관통하는 것은 분배다.

2008년 글로벌 원자재 가격이 사상최고를 기록할 당시 월마트는 기업원가 상승분을 소비자에게 전가하지 않는다는 경영정책을 내놓으며 전 세계 공급상들에게 자체적으로 소화할 것을 요구하였다. 2년이 지난 현재 월마트의 중국 구매량은 축소지향적이고 인도·베트남 등은 확대지향적이다. 급변하는 생존환경에서 중국기업이 예전과 같은 OEM 방식만을 고집한다면 점점 고사되어갈 것이다. 경영전략의 전환이 요구되는 것이다. 그러면 중국 대기업들은 격변기에 무엇을 하고 있을까? 답은 '생산능력 확대'이다. '기업'이 아닌 '공장'이라는 본성을 여전히 버리지 못한 것이다. 가치창조가 아닌 규모효과로 위기를 돌파하려고 한다. 소비능력을 넘어선 생산규모는 양날의 칼과 같다. 효과는 일시적 이고 부작용은 뚜렷하다. 중국기업은 현재 탈출구가 아닌 늪 속으로 뛰어들고 있 는 것이다.

21세기 중국은 역사상 처음으로 산업공황을 겪고 있다. 미국과 달리 중국 은 '세계의 공장'이라고 부를 만큼 생산시설이 밀집되어 있다. 1970년대 산업공 황을 거친 후 미국은 사유화와 함께 제조업을 해외로 대거 이전시켰다. 과잉생 산에 따른 공황 가능성은 극히 낮으며 생산, 즉 제조가 차지할 자리를 부동산 과 금융이 대신하고 있다. 과잉생산이 사라진 자리를 부동산 버블, 증시 버블이 대체하고 있다. 마르크스는 공업대국에 있어 공황 발생은 노동의 전환을 하나 의 사활의 문제로 변형시킨다고 보았다. 21세기 중국이 직면한 현실이 바로 이 와 같다. 산업공황의 음영이 짙게 깔린 가운데 과잉 생산능력, 낮은 마진율 및 치열한 경쟁, 노동과 환경비용 상승 등으로 경영환경이 악화되고 있다. 기업들 은 생산에 투입할 자금을 부동산과 증시로 이전시킨다.

일본의 유명한 경영컨설턴트인 오오마에 겐이치는 "중국 기업가는 돈 벌 이에 관심이 있지만 일본 기업가는 제품 생산에 흥미를 느낀다. 도요타는 영원 히 자동차로 대표될 것이다"고 말하며 중국기업가와 일본기업의 차이를 진단 했다. 한국 기업가도 염두에 둘 필요가 있는 좋은 관점이다. 일본에는 한 우물 을 파는 기업들이 다수 존재한다. 1889년 화투 제조업으로 출범한 닌텐도는 한 세기가 넘게 게임분야에 매진해, 게임기 하나로 연간 24조 원의 매출을 올리고 있다. 중국 기업가는 현재 부동산과 주식투자로 이익 확대를 꾀하고 있다. 이익 크기가 모든 것을 압도한다. 제품연구와 기업체질 개선은 관심 밖이다. 제품판매 이익보다 투자와 사채놀이를 통해 얻은 이익이 크다면 그 자체로 선(善)이다. 흑묘백묘(黑猫白猫)이론의 그릇된 적용이 중국 기업계에 만연해 있다.

경기부양책으로 풀어낸 10조 위안(통화공급 확대) 가운데 일부는 부동산 및 증권 투자에 전용되었다. 사채놀이에 이용된 경우도 있다. 감독기관은 부인으로 일관하지만 신뢰성을 담보하지는 못한 것 같다. 심지어 경기부양자금 전용은 2009년 중국 주식시장의 투자재료였다. 연 7% 금리로 대출을 받아 민간 금융시장에서 연 100% 이자를 받을 수 있다면 힘들게 제조업을 운영할 기업가는 드물 것이다. 국유기업은 습관적으로 공장을 돌리고 민영기업은 제조업 탈출 러시를 벌인다. 2008년 중소기업 40%가 파산했다지만 고의파산도 다수 있을 것이다. 일부 공장은 대출용도로 운영되고 있는 실정이다.

정부는 시장에 돈을 쏟아붓지만 중소기업은 항상 유동성 부족에 내몰리고 있다. 금융권을 회전하는 자금은 국유기업을 유일한 탈출구로 삼아 몰려든다. 2009년 상반기 풀린 7.4조 위안 대출 가운데 6.3조 위안이 비금융권으로 유입되었지만, 중소기업의 몫은 그 어디에도 없다. 일부 국유기업 대출은 투자확대보다는 은행의 권고에 따라 이루어진 경우도 있으며 재대출로 전용된 사례도 존재한다. 중앙정부와 은행감독위원회에서 중소기업 대출확대를 독려하고 있지만 창구에서는 비국유기업 대출에 난색을 표한다. 일례로 단기대출 가운데 민영기업에 유입된 비율은 3.4%에 불과하다. 국유기업은 정부가 최종 담보자로 부실대출을 떠안지만 사기업의 경우 그 책임이 은행에 직접 떨어지기 때문이다. 참고로 2008년 세수의 70% 이상을 민영경제가 차지한 반면 국유기업은 17% 수준에 머물렀다. 다급히 민간자금을 제도권으로 유인하고 차스닥을 개설

〈그림 3〉 중국 4조 위안 투자세부 내역

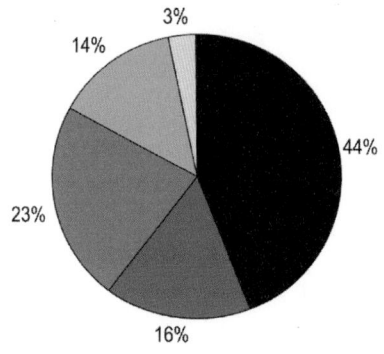

- ■ 민생부문　■ 구조조정,절전,환경생태 등　■ 기초 인프라 건설
- ■ 사천지진 회복작업　□ 기타

자료원찬: 국가발전개혁위원회

하고 제3시장 규범화에 나서며 중소기업의 자금숨통을 틔우고 있지만 효과는 제한적이다.

　〈그림 3〉은 중국이 내놓은 4조 위안 경기부양책의 자금집행 영역을 그려본 것이다. 민생부분이 44%로 가장 높고 그 다음은 기초 인프라 건설과 구조조정, 절전 및 환경생태가 차지한다. 사천대지진 회복작업에도 14%가 배정된 것으로 나타난다. 여기서 민생부분이란 우리가 흔히 생각하는 저소득층 지원, 노년층 복지확대, 무료 의료보험, 학비면제 등을 말하는 것이 아니다. 일부분이 여기에 집행되기도 했지만 절대다수는 시멘트와 철근으로 대변되는 주택건설과 도시개발사업에 투자되었다. 구조조정, 절전, 환경생태 사업도 소프트웨어보다는 시멘트와 철근을 앞세우는 하드웨어적 처방으로 물들였다. 기초 인프

차이나 이펙트

라와 사천대지진 사후 재건사업은 언급할 필요도 없을 것이다. 주기적 과잉생산 사이클에 놓여 있던 철강·시멘트·유리 업종은 4조 위안 경기부양책으로 거품이 한층 심화되었으며 억 톤 단위 이상의 생산과잉으로 이어졌다.

중국 경제 전체가 과잉생산 단계인지에 관해서는 논란이 존재할 듯하다. 발전 단계로 보면 과잉생산은 아니다. 하지만 사회적 소비능력을 대입시키면 과잉이다. 중국은 현재 45%의 도시인구가 70%의 소비를 담당하고 있다. 생산이 넘치는 것이 아닌 소비가 부족한 것이다. 개발도상국이 가지는 근본적 한계 이외에 소득불균형이 문제를 심화시킨다. 꼬인 분배체제가 동맥경화를 일으키고 있다. 중국은 '세계의 공장'이라 부리는 것은 수많은 이유가 있지만 단적으로 보면 중국내수가 아닌 세계 소비를 상대로 생산기반이 가동되고 있다는 말과 같다. 글로벌 경기가 좋을 때는 오버슈팅하지만 나쁠 때는 깊게 추락하는 발전 구조이다. 세계경기가 수급 균형점을 이동할 때마다 중국은 큰 폭으로 출렁이며 몸살을 앓는다.

세계 소비를 크게 구분해 보면, 중국을 제외한 소비와 자체소비 즉 내수로 나뉜다. 중국을 제외한 소비는 침체국면에 접어들었으며 중국이 제어할 수 있는 영역도 아니다. 경기침체를 탈출하기 위해 중국정부가 개입할 수 있는 부분은 내수에 국한된다. 중국정부의 경기활성화 정책은 크게 4가지로 나눌 수 있다. 첫째는 4조 위안 경기부양책으로 대변되는 정부 주도의 인프라 건설이고 둘째는 금융권을 통한 자금지원 확대이다. 셋째는 이구환신(以舊換新, 낡은 것을 새것으로 교체한다), 가전하향(家電下鄕, 농촌에 가전제품 보급을 넓힌다) 등과 같은 소비촉진 정책이며 넷째는 규제철폐와 세제혜택 같은 행정적 지원이다. 이 모든 것을 최대한 동원한 결과 2009년 8.7%의 경제성장률(2010년 7월에 2009년 GDP 증가율을 9.1%로 재조정하여 발표함)을 달성했고 4분기 단독으로는 10.7%까지 성장률을 끌어올렸다.

내수 확대를 부쩍 강조하고 미지의 개척지인 농촌지역에 역량을 집중하였다. 농촌지역 내 전자·자동차 소비 확대를 위한 한시적 조치들이 2010년까지 1년 연장되었으며 시범범위와 품목도 늘었다. 오토바이의 경우 2013년 1월까지 그 기간이 늘어났다. 절전, 신에너지 차량에 대한 우대정책이 13개 성시에서 20개 성시로 확대되었으며, 5개 성시를 선택해서 그 지역에 한하여 보조금도 지급하였다. 저배기량 차량에 대한 구입 우대정책(7.5% 감세)이 2010년까지 연장되었으며 노후차량 교체보조금은 5,000위안에서 18,000위안으로 한층 확대되었다. 모든 조치들은 글로벌 소비위축이 단기간에 마무리되지 않을 것임을 중국정부가 알기 때문이다.

하지만 사회동원령으로 획득한 경기회복은 중국 경제에 광범위한 부작용을 낳았다. 효과보다 부작용이 더 빨리 그리고 더 깊게 찾아온 것이다. 중국정부는 부동산 과열을 묵인했고 비틀린 자금흐름을 못 본 척했다. 자동차산업을 떠받치고 전자산업을 지원했으며 과잉생산 문제를 덮어버렸다. 재정과 통화 정책이라는 쌍두마차를 통해 짧은 시간에 급속히 경기를 끌어올릴 수는 있다. 단기효과에 대한 실증자료는 분기별로 치솟은 GDP 수치를 통해 관찰된다. 2009년 1분기 중국 경제성장률은 6.2%로 1999년 이후 최저치로 떨어졌다. 중국정부가 융탄폭격을 퍼붓고 인위적으로 추세를 비튼 결과 2분기 경제성장률은 7.9%로 회복되었으며 3분기에는 9.1%를 찍으며 예전 수치로 돌아왔다. 4분기 경제성장률을 10.7%로 한층 끌어올린 결과 연 GDP 8% 성장을 이루

〈그림 4〉 투자와 소비 부문 GDP 성장률 공헌도(1979~2010년 1분기)

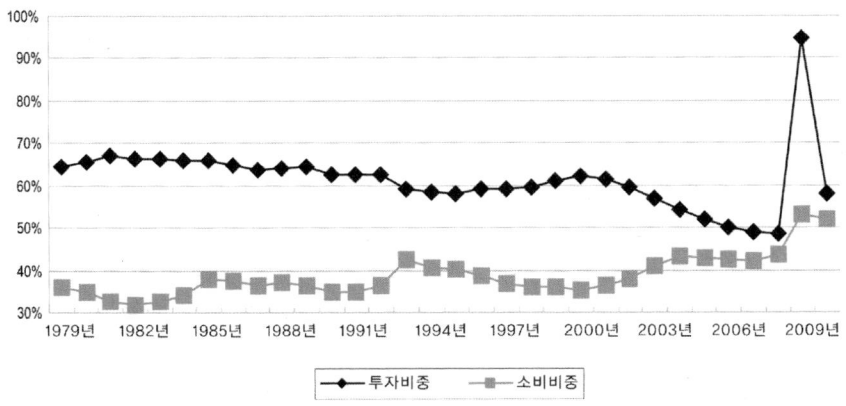

자료원천: 중국국가통계국, 중국경제정보분석(CEIA)

었으며 그 기세를 받아 2010년 1분기는 11.9%까지 치솟았다. 상반기 전체로는 11.1% 경제성장률을 기록하였다. IMF는 2010년 하반기 세계경제전망 보고서를 내면서 2010년과 2011년 중국 경제성장률을 각각 10.5%와 9.6%로 추정하였다.

경기침체에서 이제는 경기과열로 문제의 본질이 넘어가고 있다. 경기회복의 지속력은 결국 시장의 몫이다. 과도한 유동성에 따른 부작용은 이미 현실화되고 있다. 2009년 12월 중앙경제공작회의를 통하여 중국은 '적극적 재정확대와 느슨한 통화정책'이라는 2009년 정책기조를 2010년까지 이어갈 것을 표면적으로 공포하였다. 하지만 그 내부를 들여다보면 경제성장방식 전환이 다시 전면에 떠오른다. 무엇보다도 '거시경제조절'이 최우선 과제임을 분명히 언급하였다. 참고로 21세기로 넘어오면서 거시경제조절을 최우선순위로 삼은 때는 2004~2006년 과열기 기간뿐이다. 파도를 타듯 크게 출렁이는 경기는 경제주체들의 예측을 어렵게 하고 투자의욕을 침식시킨다. 중국 지도부로 갈팡질팡하는 것 같다. 2010년 하반기 글로벌 더블딥 우려가 부쩍 제기되자 거시경제조절보다 정책안정과 연속성이 더 중요하다는 뉘앙스를 연속적으로 풍기고 있다.

<그림 4>는 1978년부터 2009년까지 GDP 증가율에서 투자와 소비가 차지하는 비율을 조사한 것이다. 중국은 경제성장방식 전환이라는 대(大) 전제하에서 서비스 산업과 내수를 육성하였다. 그 결과 2001년부터 2009년까지 GDP 증가율에서 소비부문이 차지하는 비중은 대체로 상승곡선을 그렸다. 2003년 40%를 돌파한 이후 2008년까지 43% 전후에서 수치가 형성되었다. 1980~1990년대 소비공헌도가 30~40% 수준에 머문 사실을 고려하면 불만족스러운 가운데 올바른 방향으로 나아감을 관찰할 수 있다. 다만 2009년 투자·소비·대외부문으로 나뉜 기존추세 흐름이 크게 비틀어지면서 중국 경제 리스크를 키웠다.

한편 2009년 한 해 투자부분의 GDP 성장률 공헌도는 94.6%로 역사상 최대치를 기록하였다. 소비공헌도 역시 53%를 기록하며 이전 최고치 43%를 약 10% 이상 경신하였다. 4조 위안 경기부양책과 함께 각 지방에서 너도나도 착수한 개발공사 그리고 업체들의 과잉투자가 맞물려 일어난 결과이다. 소비도 가전하향·이구환신·자동차 보조금 지급 등과 같은 내수활성화 정책에 힘입어 43%에서 53%로 약 10% 상승했지만 투자와 대비할 경우 상대적으로 왜소해 보인다.

투자와 소비 부문의 돌출은 대외부분인 순 수출입 공헌도의 하락으로 설명된다. 1993년 이래 처음으로 마이너스 공헌도를 기록했으며 그 수준은 근 50%에 이른다. 95%에 근접했던 투자공헌도는 극히 특별한 현상으로 2009년 글로벌 경제를 설명할 유일한 문구인 '특별한 상황에 따른 특별한 대책'의 결

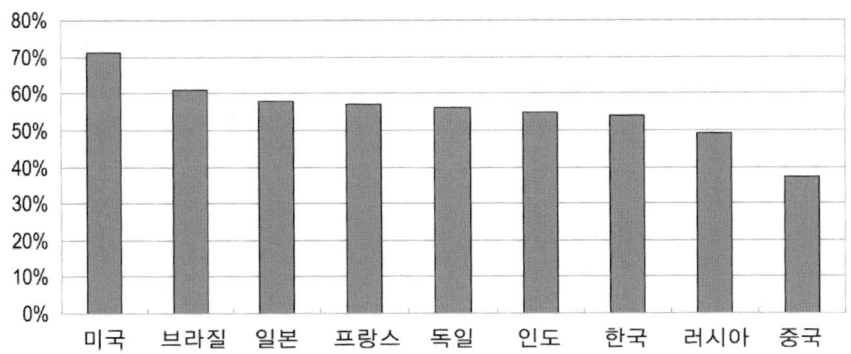

〈그림 5〉 2008년 GDP 대비 민간소비 비중

자료원천: 국제연합(UN), National Account

과로 생각된다. 2010년 1분기 들어 각 부분의 역할은 정상궤도로 점차 회복했으며 투자와 소비 공헌도는 각각 58%와 52% 정도를 기록하였다. 대외부문이 여전히 마이너스 10%를 나타내지만 시간이 흐름에 따라 교정될 것으로 판단된다. 장기적으로 중국정부는 소비공헌도를 높이고 투자공헌도는 50% 밑으로 떨어뜨리려고 한다. 대외부분은 플러스(+)형 중립상태를 지향하고 있다.

하지만 '불균형(不均衡)'이라는 세 글자가 여전히 발목을 잡고 있다. <그림 5>는 그것을 너무나도 선명하게 드러낸다. <그림 5>는 2008년 각국 GDP에서 민간소비가 차지하는 비율을 나타낸 것이다. 조사대상에는 중국과 함께 브릭스(BRICs)로 묶이는 브라질·러시아·인도도 포함되어 있다. 소비대국인 미국의 경우 민간소비가 GDP의 71%를 차지하고 있다. 일본·프랑스·독일로 대변되는 선진국은 56~58%에 걸쳐져 있으며 브라질과 인도는 각각 61%와 55%를 기록하였다. 러시아도 49%로 중국보다 12% 높다. 수출 지향적인 한국 역시 54%를 보이지만 중국은 37% 수준에 머물러 있다. ASEAN에 속하는 말레이시아(45%)·태국 (54%)·베트남(67%) 등도 중국보다는 명확히 높게 나타나고 있다. 사회와 경제를 포함해 중국이 안고 있는 문제는 선진국과 개발도상국, 서구와 아시아, 내수와 수출지향 등의 이원적 시각으로는 설명할 수 없다. 모든 시각을 함축해 보아도 중국은 분명히 문제가 있다. 앞 장에서 살펴본 중국의 한계와 양적팽창에 집중된 생산구조 그리고 기존 성장모델의 문제점들이 혼재된 채 파열음을 내고 있는 것이다. 그 결과가 <그림 5>로 상징되어 나타내고 있는 셈이다.

중국은 현재 생산과 소비, 내수와 무역, 산업과 산업, 지역과 지역 사이의 불균형이 만연해 있다. 사회적으로는 부의 불균형이, 지역적으로는 도농 간 불균형이 깊게 뿌리내렸다. 또한 동부 연안도시와 중서부 내륙도시로 극명하게 나뉜 발전상은 중국 경제의 구조적 한계를 결정짓는다. 소득불균형으로 소비가 침체된 면도 있지만 꽉 막힌 물류와 지역 간 장벽도 한 몫을 단단히 한다. 도시화 수준은 낮지만 인구밀도가 높은 잠재 소비시장으로 흔히 충칭, 성도, 쓰촨, 허난, 허베이, 후난, 후베이, 안휘 등이 언급된다. 이들 모두는 내륙에 위치하고 있으며 주위 경제권을 가지고 있다. 특히 충칭은 3,000만 명 이상의 인구를 보유한 도시이다. 도시화율이 80%를 넘어선 상하이, 베이징과 같은 1선 도시보다 50% 미만의 충칭이 앞으로 더 크게 다가올 것이다. 상하이가 레드오션이라면 충칭은 블루오션이다. 1선에서 2, 3선 도시로 발전동력은 전이되고 있다. 점(點)에서 선(線)으로 그리고 면(面)으로 경제 발전 동력을 확대할 때만이 중국의 지속성장은 가능하고 소비문제는 풀릴 것이다. 그것이 제조업 부흥의 길이기도 하다. 분배라는 연결고리가 이 모든 것을 관통하고 있다.

4
중국은 만들고, 외국은 소유하고

지금까지는 중국이 만들면, 타국이 소유하는 구조였다. 그러나 앞으로는 중국
이 생산하고 또한 소유하는 구조로 변화할 것이다.

'메이드 인 차이나(Made in China)'라는 이름으로 세계 최대 생산량을 기록
하고 있는 상품들만 170여 개에 달한다. 하지만 상품 속에 찍힌 브랜드는 중국
의 것이 아니다. 중국에서 제조되는 상품 가운데 10%만이 자체 브랜드를 달고
수출된다. 전 세계에 공급되는 스포츠용품의 약 80%가 중국에서 제조되지만
우리에게 친숙한 중국 브랜드는 없다. 개혁개방의 첫발을 내딛던 1981~1985년
당시만 해도 중국 전체수출입에서 가공무역이 차지하는 비중은 8.3% 수준에
불과하였다. 외자기업 대부분이 홍콩과 대만을 필두로 한 화교자본이었으며
지금처럼 다양한 국적으로 나뉘지는 않았다. 냉전시대라는 이데올로기 틀 속
에서 미덥지 않은 중국에 대규모 자금을 투입할 서구기업은 드물었다.

그러나 1980년대 중반 이후 경제논리가 냉전이념보다 더 우선시되면서 중국도 글로벌화의 물결 속으로 빠져들었다. 1986~1990년 대외무역 규모는 약 2배 가까이 늘었으며 가공무역 점유율은 8.3%에서 29.2%로 뛰었다. 천안문사태라는 정치격랑 속에서도 개방속도는 탄력을 받았고 민주와 인권은 경제논리에 의해 침묵되었다. 1991~1995년 무역규모는 이전 5년보다 2배 이상 확대되었고 가공무역 비중은 30%를 넘어 44%까지 치솟았다. 세계 경제에 중국이라는 두 글자가 새겨진 것도 이때부터이다. 하지만 '세계의 공장'으로 불릴 정도는 아니었다. 5년간 무역총액은 2007년 한 해 무역액의 절반수준에 불과했으며 해외기업의 진출도 다국적기업보다 중소기업 중심으로 각개약진 하는 상태였다.

새로운 시장과 성장동력에 목말라 하던 세계 경제는 13억 인구를 보유한 중국을 점차 주목하였다. 다만 13억 시장보다 생산기지에 대한 매력이 더 크게 작용하였을 것이다. 중국의 부상과 함께 중국 진출은 트렌드로 다가왔다. 일부는 시대흐름에 뒤떨어졌다는 압박감에 직면하였다. 중국 진출이 곧 미래 기업가치 상승을 의미하기도 하였다. '21세기는 중국'이라는 표어가 호소력을 발휘한 것이다. 1996~2000년 동남아 외환 위기에도 1.6배 성장하면서 '세계의 공장'이라는 수식어가 붙었다. 당시 가공무역 비중은 51%로 사상 최대를 기록하였다. 세계의 공장은 중국신화의 상징으로 중국에 무한한 자신감을 심어주었다.

위기를 딛고 중국 경제는 급속히 팽창하였으며 4대 신흥경제대국, 즉 브릭스(BRICs)를 이끄는 선두주자로 부상하였다. 2001~2005년 중국의 무역규모는 2.7배 확대되었으며 5년간 무역총액이 그 이전 20년 합계를 1.3배 앞섰다. 공장 클러스터에서 경제대국으로 위상의 전환이 이루어졌다. 유수한 다국적 기업이 물밀듯이 밀려왔으며 글로벌 투자자금을 블랙홀처럼 빨아들였다. 외상 실질투자액은 2000년 400억 달러 수준에서 2005년 600억 달러로 확대되었으며 외환보유고는 1,656억 달러에서 8,189억 달러로 약 5배 늘어났다. 중국은 어느덧 세계화의 최대 수혜자로 떠올랐다. 무역적자에 대한 미국의 관념변화도 중국 경제의 빠른 성장에 공헌하였다. 다만 2005년 한 해 수출입 총액의 58.5%가 외국투자기업에 의해 실현된 사실은 세계화의 과실이 순전히 중국의 몫만은 아님을 암시한다. 참고로 외국인 지분이 20% 이상이면 중국은 해당 기업을 외국투자기업으로 분류한다.

보통 무역적자는 부정적 의미로 받아들여진다. 본국의 부가 해외로 이전됨을 뜻하기 때문이다. 따라서 각국은 보호무역주의를 채택하고 금은 유입은 장려하고 그 유출은 제한한다. 부의 이전이 일방적인 형태를 띨 경우 즉 한쪽의 무역적자가 다른 쪽의 무역흑자로 고착화된다면 무역마찰이 심화되고 무력충돌이 발생하기도 한다. 근대에 발생한 수많은 전쟁들이 무역불균형에 대한 반발로 일어났다. 미국은 상기논리에 100% 동의하지 않는데, 이는 금 본위제 붕괴와 글로벌 기축통화인 달러 때문인 것 같다.

쇠락을 논하지만 달러는 지금도 여전히 교환의 척도이다. 1980년대를 거치면서 미국경제는 빠르게 고부가가치 산업으로 전환되었으며 무엇보다 금융산업이 크게 신장되었다. 미국에서 퇴출된 산업은 아시아로 넘어왔다. 글로벌 스탠더드라는 표준하에서 시스템적 분업체계가 확립되었으며 미국은 먹이사슬의 최상단에 놓였다. 1995년 1,737억 달러에 불과했던 무역적자 규모는 5년 만에 3,389억 달러로 2배 정도 늘어났다. 미국은 1980년 이후 1,000억 달러 이상의 무

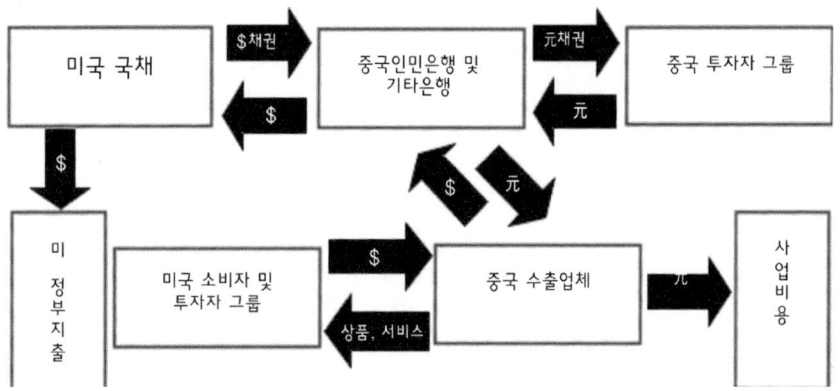

<그림 6> 중국인민은행 통화 프로세스

미국 국채 — $채권 → 중국인민은행 및 기타은행 — 元채권 → 중국 투자자 그룹

$ / 元

미 정부지출 | 미국 소비자 및 투자자 그룹 — $ → 중국 수출업체 — 元 → 사업비용

상품, 서비스

자료원천: USCC(US-China Economic and Security Review Commission)

역적자를 매년 실현하고 있다. 무역적자의 최저 마지노선이 1,000억 달러인 셈이다. 부시행정부가 들어서면서 무역적자는 한층 커졌으며 사상 최대 기록을 연속 5년 갱신하였다. 2006년 한 해만 해도 7,639억 달러 무역적자를 기록하였다. 마치 부채가 아닌 지폐뭉치로 생각하는 것 같다. 달러가 기축통화이기 때문에 가능한 사고이며 달러에 대한 도전은 미국에 선전포고하는 것과 다름없다.

　미국의 무역파트너들이 가진 또 다른 신분은 미국의 채권국이라는 것이다. 이들은 상품, 자원, 노동력을 헐값에 판매한 대가로 달러를 벌어들인다. 벌어들인 달러는 미국에 재투자되며 투자영역은 주로 달러화 채권과 주식 등이다. 자세한 프로세스는 <그림 6>을 참고하길 바란다. 이런 순환과정을 통하여 미국은 막대한 적자와 신용팽창 상태에서도 물가를 낮게 유지할 수 있었다. 미국에 있어 순환되는 것은 종이일 뿐이고, 얻는 것은 세계 각국에서 쏟아져 들어오는

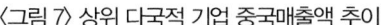

〈그림 7〉 상위 다국적 기업 중국매출액 추이

단위: 억 위안

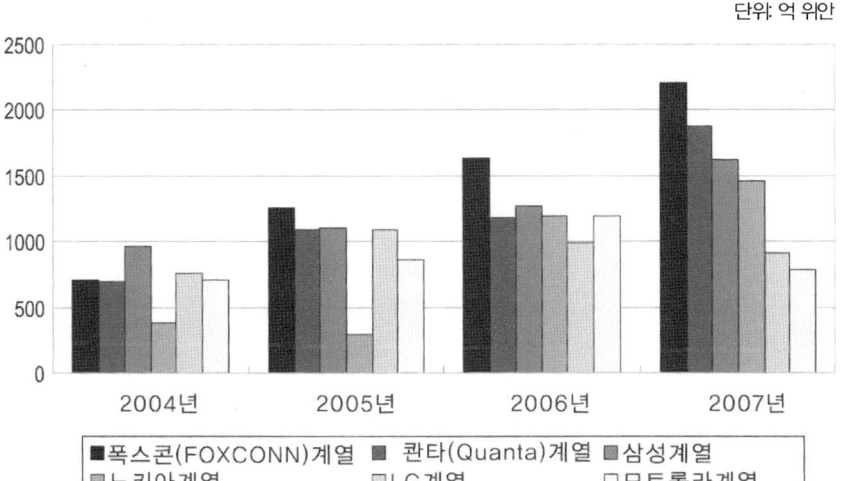

자료원천: 중국투자지남, 중국경제정보분석(CEIA)

실물 상품이다. 빛과 같은 속도로 지폐를 찍어내도 물가상승률이 낮았던 비밀
은 여기에 있다. 부시 집권 8년간 미 물가상승률은 2% 수준에 불과했으며 이는
저금리를 정당화시켰다. 앨런 그린스펀은 지금도 '저금리 정책은 옳았으며 문
제는 소비와 무역이었다'고 말한다. 신용팽창을 용인하지 않았다면 그의 변명
은 좀 더 설득력을 가졌을 것이다.

　　〈그림 7〉은 중국 내 주요 다국적기업의 매출액 추이를 나타낸 것이다.
LG와 모토롤라 계열처럼 매출규모가 축소지향적으로 바뀐 업체도 있지만
대체로 뚜렷한 상승곡선을 그리고 있다. 특히 OEM의 대표주자인 폭스콘
과 콴타 계열의 약진이 눈부시다. 노키아의 경우 2006년 큰 폭으로 성장을 이

Chapter 3 세계의 공장, 중국의 붕괴

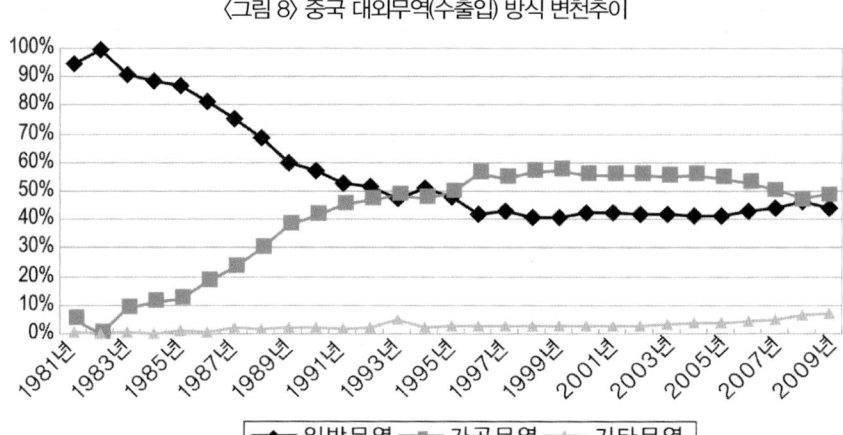

<그림 8> 중국 대외무역(수출입) 방식 변천추이

| 일반무역 | 가공무역 | 기타무역 |

자료원천: 중국국가통계국, 중국 상무부

룬 것 같다. 중국제품을 떠난 일상생활은 생각조차 할 수 없다는 말은 더 이상 농담이 아니다. 지역과 문화를 불문하고 비슷한 반응을 나타낸다. 2003년 중국의 미국 침대가구 시장점유율은 53%로 예전부터 미국인의 밤 과반은 중국의 지배하에 놓였다. 한국도 의식주 전 부문에 걸쳐 중국을 떠나서 살 수 없다. 2010년 하반기 배추파동이 일어나자 SOS를 친 곳도 중국이다.

가공무역은 앞서 말했던 세계의 공장의 함의, 중국모델의 한계, 제조업 기반침식 등의 구체적 모습이다. 중국 성장방식의 문제와 한계는 뚜렷하고 통상마찰은 매년 반복된다. 중국은 현재 산업구조 재편과 함께 오염 유발, 자원소모형, 저부가가치 산업 퇴출작업을 벌인다. 이들 대부분이 가공무역과 연결된다. <그림 8>은 중국 무역방식 변천 추이를 알기 쉽게 그려본 것이다. 1986년까

차이나 이펙트

지는 일반무역이 수출입에서 차지하는 비중이 80% 이상이었다. 1987년 82%에서 71%로 드라마틱하게 떨어진 후 1989년 60%까지 재추락했다. 개혁개방을 타고 가공무역이 급격히 세를 확대했지만 그래도 1980년대는 일반무역의 시대였다. 1991년 최초로 일반무역이 50% 밑으로 떨어졌으며 1994년에는 가공무역이 일반무역을 제쳤다. 당시 가공무역 비중은 44%, 일반무역은 41%, 그 외는 기타로 편입되었다. 1994년부터 2007년까지 가공무역은 줄곧 일반무역을 앞섰으며, 특히 1994년부터 1998년 두드러졌다.

2000년 49% 정도로 떨어진 후 2006년까지 가공무역 비중은 정체현상을 보였다. 규모는 물론 팽창을 거듭하고 있었다. 2007년에는 2% 하락한 45%를 기록했으며 2008년에는 또다시 4% 떨어지면서 41%까지 밀렸다. 2009년 가공무역 비중은 41.2%로 2008년과 별다른 변화가 없다. 수출입 회복과 산업 구조조정이 탄력을 받으면서 2010년 상반기 가공무역 비중은 39%로 떨어졌다. 이는 1990년 이래로 가장 낮은 수치이다. 가공무역 절대치는 여전히 상향곡선을 그리지만 그 속도는 규모체감 효과를 보인다. 가공무역 비중이 하락하는 원인을 내외부적으로 나누어 간략히 살펴보자.

내부적으로는 2007년 4월 가공무역금지상품목록을 발표하면서 중국이 더이상 가공무역을 반기지 않을 것임을 명문화하였다. 단순한 구호에 그치지 않고 구체적 품목을 열거하면서 실질적 조치에 들어간 것이다. 중국은 저부가가치 제품을 통해 외화를 획득할 필요성이 사라졌다. 가공무역의 존재 의의는 외화획득이 아닌 취업난 해소로 전환되었으며 장려보다는 현상유지에 무역정책의 초점이 모아졌다. 외부적으로는 통상마찰 해소와 더불어 노동비를 포함한

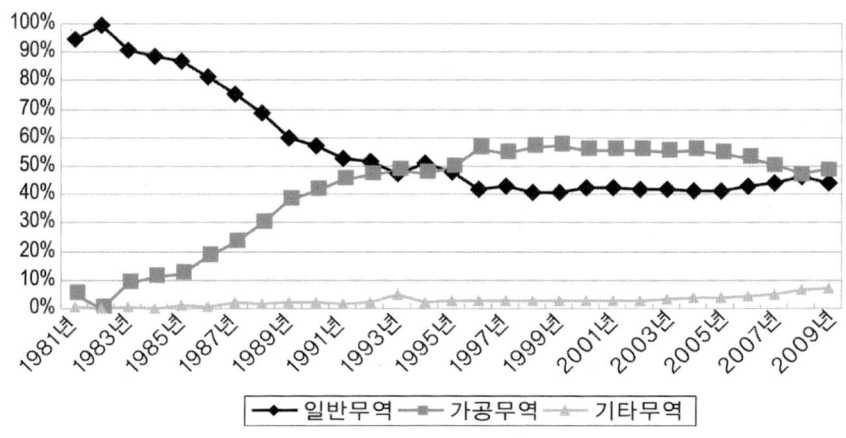

일반무역 ── 가공무역 ── 기타무역

자료원천 중국국가통계국, 중국 상무부

각종 생산원가 인상으로 일부는 폐업하고 일부는 동남아 등지로 생산시설을 이전하였기 때문이다. 가공무역이 1~2년 안에 30% 밑으로 하회하지는 않을 것이다. 그러나 10년 이내에는 분명 30% 아래로 떨어질 것이다. 그렇지 않다면 중국 경제과 제조업의 미래는 밝지 않다.

　　<그림 9>는 수출만 따로 떼어 살펴본 것이다. 전반적인 추세는 앞서 그림과 비슷하다. 다만 수출입을 놓고 보면, 수입보다는 수출부문에서 가공무역의 강도가 더 큰 것으로 나타났다. 1998년을 기점으로 수출에 있어 가공무역 비중의 상승곡선은 일단락된 것 같다. 2006년부터 하락세가 두드러졌으며, 2008년 근 13년 만에 처음으로 50% 밑을 돌파하였다. 2008년 수출부문 가공무역 비중은 47.2%로 1994년 이래로 최저치를 기록했다. 2009년 48.8%로 소폭 상승한 것

으로 나타났지만 하락추세를 되돌리는 의미는 아닌 것 같다. 수출이 마이너스로 떨어진 영향이 작용한 것 같다. 2008년 17% 증가에 그친 중국수출액은 2009년 16% 감소로 돌아섰다.

당장은 아니지만 앞으로는 중국이 만들고 외국이 소유하는 구조에서 외국이 만들고 중국이 소유하는 형태로 조금씩 전환될 것이다. 자원영역은 이미 현실화되고 있다. '자원이 있는 곳에 중국이 있다'는 말이 낯설지 않을 만큼 중국은 세계 곳곳을 누비고 있다. 아프리카는 중국의 자원보고로 불리고 이제는 남미로 눈을 돌린다. 아프리카와 남미는 '조우추치(走出起, 해외진출)' 전략의 시범무대인 것이다. 2008년 중국기업의 해외투자는 521억 달러로 2007년보다 2배 이상 늘어났다. 2009년 3월 중국 상무부는 <해외투자관리방법>을 발표해 중국기업의 국제화전략을 지지하였다. 중국이 생산의 세계화가 아닌 소유의 세계화를 이룰 수 있을지 지켜보기로 하자.

세계의 공장에서
금융대국으로

2010년 9월 중국은 대작 다큐멘터리 '월스트리트(Wall Street)'를 방영하며 자본
시장의 필요성과 정당성을 역설하였다. 2006년 11월 방송된 '대국굴기(大國崛
起)'가 강대국의 흥망을 통해 21세기 중국의 길을 모색했다면 이로부터 4년 후
방송된 '월스트리트(Wall Street)'는 그 길 하나를 제시하고 있다. 바로 금융대국
의 길 말이다.

경제대국은 생산과 자본의 결합으로 탄생된다. 중국은 이미 세계의 공장으로
불리며 생산 강대국으로 도약하였다. 앞 장에서 다룬 세계의 공장으로써의 한
계는 그들 자신도 직시하고 있으며 성장방식 전환을 통하여 궤도를 조정하고
있다. 강산이 두 번 바뀔 시기면 충분히 해소될 수 있을 것으로 판단된다. 남은
것은 금융대국으로 도약하는 것이다. 생산대국과 금융대국이라는 두 바퀴가
안정적으로 돌아갈 때만이 불멸의 경제대국으로 우뚝 설 수 있다.

이 장은 크게 네 단락으로 구성되어 있다. 첫 번째 단락에서는 중국금융의 현
주소와 잠재력을 살펴본다. 두 번째 단락에서는 은행권을 사례로 중국금융의
한계를 드러낸다. 세 번째 단락에서는 글로벌 증시의 핵으로 부상하고 있는 중
국증시를 점검하고, 아시아로 시장의 힘이 이동하고 있음을 보여준다. 마지막
단락에서는 투기라는 주제를 통하여 양날의 칼 속에 떨어진 중국을 상기시킨다.

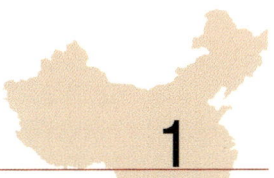

1

금융대국을 꿈꾸는 중화의 혼

글로벌 금융중심의 가능성 유무보다는 언제 될 것인지를 토의하는 것이 더 생산적이다. 사고의 표준은 중국에 의해 결정될 것이며 위안화는 그래서 더욱 매력적이다.

　2009년 한 해 주식·채권·화폐 시장 전체 거래총액은 196.7조 위안으로 사상 최대를 기록하였다. 상품선물 거래금액은 130.5억 위안으로 2008년보다 81.5% 증가하였다. 2009년 채권시장을 통해 2008년보다 약 70% 확대된 4.9조 위안을 모집했으며 주식시장도 64% 증가한 5,967억 위안을 조달하였다. 2009년 은행 간시장, 채권시장, 황금시장, 주식 및 선물시장의 총 거래금액은 2008년 대비 약 51% 늘어난 332.7조 위안으로 집계되었다. 2009년 말 현재 채권예탁액과 주식 시가총액은 15.98조 위안과 24.39조 위안으로 15%와 100.1% 확대되었다. 상하이 와 심천 증권거래소에 상장된 회사는 1,718개에 달한다. 2009년 말 기준 증권회사 총 자산규모는 2.03조 위안이며 자본총계는 3,832억 위안이다. 순이익은 933억 위안 내외로 나타났다. 60개 펀드관리회사에서 보유중인 자산은 3.1조 위안이며 2009년 한 해 118개 펀드가 신규 설립되어 3782억 위안을 모집하였다.

중국은 2009년 7월 상하이·광저우·선전·주하이·동관 5개 도시에 정식으로 대외 위안화 결제업무를 실시한 이후 2009년 말 현재까지 409건, 35.8억 위안의 거래가 이루어졌다. 외자은행이 중국은행 홍콩법인에서 개설한 계좌 수는 53개로 잔고는 486억 위안에 달한다. 2009년 증권시장을 통한 직접융자 비중은 19.5%로 2008년보다 1.9% 상승하였다. 지방채 발행, ETF, 위안화 채권발행, 신용융자 및 대주거래, 주가지수 선물 등 신규 상품들이 속속 선을 보이고 있다. 그러나 이 모든 것이 20여 년 이전만 해도 가능할 것 같지가 않았다. 50년대 이래로 증권시장은 근 40년 동안 긴 잠에 빠져들었으며 화폐는 자본주의와 동일시된 채 경계의 눈초리를 받았다. 시장경제에 대한 이념논쟁이 사그라지고 세계화가 진행되던 90년대 중반에도 중국의 화폐화는 100% 이하였다.

우리는 화폐화 수치로 두 가지 측면을 분석할 수 있다. 한편으로는 국민경제가 정부에서 시장으로 이양되는 수준을 가늠할 수 있고 다른 한편으로는 시장 유동성을 측정할 수 있다. 일국의 화폐화 수준이 높다는 것은 실물경제보다 허구경제가 크다는 점을 의미한다. 허구경제의 대표주자가 바로 금융이다. <그림 1>은 1990년부터 2009년까지 중국 화폐화 수준을 조사한 것이다. 경제규모, 화폐화 수준과는 별개로 유통되는 현금은 상대적으로 비중이 낮다. 현금이 풍부해지면 통화관리가 힘들어지고 물가상승 압력이 가중된다. 낮은 M0/M2 수치비율은 각국에서 공통적으로 관찰되는 현상이다.

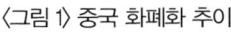

〈그림 1〉 중국 화폐화 추이

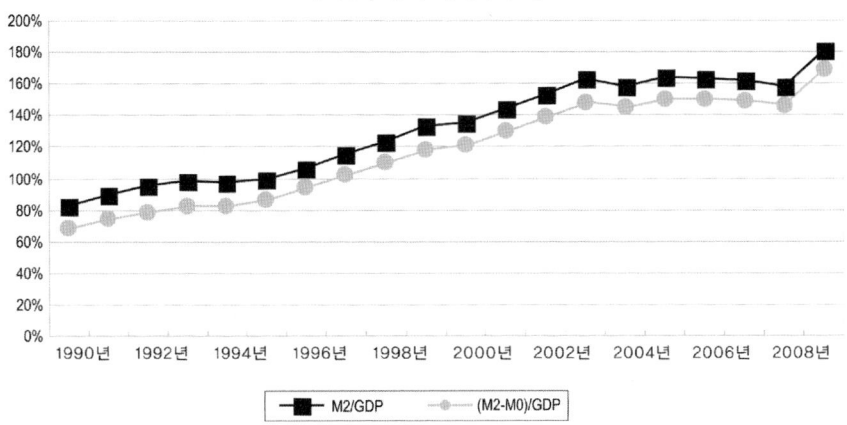

자료원천: 중국국가통계청, 중국인민은행, 중국경제정보분석(CEIA)

　　외환위기가 동남아시아를 덮치기 바로 한 해 전 중국 경제는 패러다임 전
환이 이루어졌다. 허구경제가 실물경제를 넘어섰으며 중국은 자본주의로의 첫
발을 내딛었다. 1996년 GDP 대비 총통화(M2) 비율은 106.9%로 중국이 개혁개
방 정책을 실시한 지 17년 만에 상품은 화폐에게 주도권을 내주었다. 마르크스
는 "자본은 화폐이고 자본은 상품이다"라고 정의하였다. 총 통화를 화폐로 국
민총생산을 상품으로 대체한다면 자본은 화폐이고 상품이지만 1996년 이래
로 상품과 노동력으로 표현된 자본은 더 이상 화폐로 표현된 자본을 넘어서지
못하였다. GDP는 한 국가가 1년간 생산한 재화와 용역의 시장가치를 말한다.
1990년 82.5%에 머물렀던 GDP 대비 총통화(M2) 비율이 2009년 180.8%로 2.2배
확대되었다. 특히 160% 전후를 맴돌던 비율이 2009년 180%로 뛴 사실을 통해

중국의 글로벌 경제위기 대책도 신용팽창이었음을 추론할 수 있다. 금융영역이 아닌 실물경제에 자금을 투하했다는 점에서 미국과는 다르다.

신용팽창 정책은 적극적 재정정책과 느슨한 통화정책으로 표출되었다. 2005년부터 감소세를 보이던 GDP 대비 총통화(M2) 비율은 2009년 그 이전보다 22.8% 상승하였다. 중국이라고 위기와 신용의 악순환 궤도를 벗어나 있지는 않다. 다만 한국의 3분의 1 수준에 불과한 화폐화를 놓고 경제붕괴 원인을 신용팽창에 두는 것은 좀 억지스럽다. 현실경제가 감당한 한계를 오버한 상태는 아니며 빠른 상승에 따른 부작용이 부각될 따름이다. 자산버블 현황은 중국이 한국보다 양호하다. 다시 말해 한국이 중국보다 경제위기 개연성이 월등히 높은 것이다. 동일한 비율이라도 글로벌 지위에 따라 다른 결과로 나타난다. 중국의 낮은 화폐화 수준은 통화정책의 투사력을 강화시키고 있다. 다만 정책이 아직은 시장을 압도한다.

허구경제 수준을 점검하는 또 다른 지표로 금융심화율이 있다. 금융심화율은 흔히 금융연관배율이라고도 불리는데, 한 국가의 금융자산총액을 국민총생산으로 나눈 값을 뜻한다. 또한 금융심화율은 일국의 금융시장 발전 잠재력을 가늠하게 해준다. 높은 금융심화율은 수확체증보다는 수확체감 법칙이 더 클 것임을 암시한다. 한국의 금융심화율은 미국·일본 등 여타 금융 선진국보다 낮지만 이미 900%를 넘어선 상태이다. 이는 금융시장 성장잠재력이 한계에 직면했음을 의미한다. 통일과 같은 요인으로 경제규모가 획기적으로 늘어나지 않는 한 한국증시가 한 단계 더 도약하기는 힘들 것이다. 그러면 중국의 금융심화율은 얼마나 될까? <그림 2> 자료에 의하면 2003년 200%를 돌파한 이

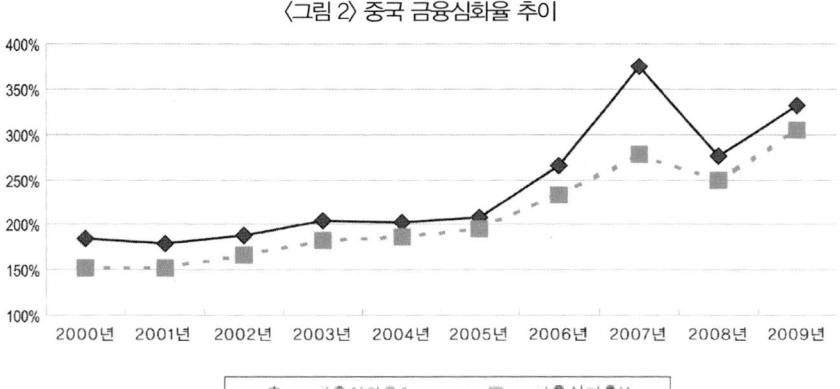

〈그림 2〉 중국 금융심화율 추이

자료원천: 중국경제정보분석(CEIA)
〈참고〉 금융심화율 A는 전체 주식 시가총액, 금융심화율 B는 유통주 시가총액 기준 산출

후 2005년까지 정체된 양상을 보였다. 2005년 당시 한국의 금융심화율은 660% 내외로 중국보다 3배 정도 높았다. 한국 금융시장의 눈부신 성장과 아울러 실물경제가 위축되고 있음도 내포한다.

한편 중국의 금융심화율은 2007년 370%를 찍으며 사상최대를 구가하였다. 2008년 증시폭락과 함께 300% 이하로 떨어졌지만 2009년 재차 330%를 찍으며 금융화 추세가 일시적 현상이 아님을 나타낸다. 금융심화율이 상하로 크게 움직이며 불안한 행보를 보이지만 그것이 중국 금융시장의 전체 모습은 아닐 것이다. 금융자산총액에서 큰 비중을 차지하는 주식시장에 한정된 현상으로 그 외 은행·보험·채권시장은 안정적 성장을 보이고 있다. 중국은 여전히 화폐시장, 즉 은행을 중심으로 자원배분이 이루어진다. 자본시장이 화폐시장을 크게 앞지르지 않는 한 금융불안 요인으로 중국 경제가 침몰될 가능성은 낮다. 화폐시장 불안은 중국정부에 의해 관리·제약될 것이다.

일반적으로 대중은 화폐시장보다 자본시장을 위한 세금투입에 강한 거부 감을 가지고 있다. 피 같은 세금이 투기꾼들의 향락을 위해 투입된다는 상상만 으로도 대중은 잠 못 이룬다. 정치적 논란은 둘째치고라도 여론의 뭇매는 피해 갈 수 없다. 따라서 증시구제의 신속성은 떨어지고 수단은 제약받고 크기는 제 한된다. 중국도 예외일 수는 없다. 아마 군중의 반감은 여타 국가보다 한층 격 렬할 것이다. 2007년 한때 상하이종합지수는 6,000포인트를 넘어섰다. 그러나 그해 10월 이후 계속 폭락해 1,500포인트도 위협받았다. 증시 구제책을 요구하 는 다양한 목소리가 제기되었지만 여론이 부정적으로 돌아섰으며 학자들 간에 는 때 아닌 이념논쟁이 불거졌다.

정책성공은 논외에 두고라도 정치실패가 확실한 증시구제책을 지지할 정 치세력은 아직 중국에 없다. 부르주아의 홍위병이라는 역사적 과오는 낙인처럼 그와 후대의 앞길을 막을 것이다. 결국 중국정부는 1,500포인트 지지에 관한 비 공식 발언으로 증시를 다독거렸고 대규모 IPO·증자·전환사채 발행과 같은 양 적팽창 작업을 근 2년 동안 동결시키며 증시부담 해소에 사력을 다하였다. 자 원배분 기능은 2010년에야 비로소 회복되었으며 차스닥 상장과 함께 대규모 증자물꼬가 트였다.

시장규모로 보면 중국은 지금도 금융대국이다. 글로벌 시가총액 Top 10 은 행에 공상은행과 건설은행이 1, 2위에 나란히 올라 있다. 중국 본토는 세계 2대 주식시장이며 홍콩과 대만을 포함할 경우 일본증시 시가총액보다 1.8배 크다.

금융 선진국의 3분의 1 수준에 불과한 금융발전단계로 이루어낸 성과이다. 금융심화율이 한국과 비슷한 수준으로 올라선다면 중국은 미국을 제치고 최대 금융대국으로 부상할 것이다. 그때쯤 우리는 중국을 글로벌 금융중심이라 부르고 달러가 아닌 위안화를 교환의 척도로 삼을 것이다. 미래의 사고의 표준은 중국에 의해 결정될 것이다.

새장 속에 갇힌 공룡은행

덩치 큰 초식동물이 비정한 육식주의자로 거듭날 때 금융대국의 길은 앞당겨
지고 세계는 좀 더 긴박해질 것이다.

    중국 은행계를 논하기에 앞서 그 구성원들을 살펴보기로 하자. 2009년 말
현재 중국에는 정책성 은행 및 국가개발은행이 3개, 공상은행을 필두로 한 대
형상업은행이 5개 존재한다. 주식제 상업은행은 12개이며 도시상업은행은 143
개가 있다. 외자법인 금융기관은 37개가 현재 중국에 진출한 상태이다. 한편 농
촌상업은행과 농촌합작은행이 각각 43개와 196개 있으며 도시신용사 11개와
농촌신용사 3,056개도 사업을 영위하고 있다. 우체국 예금기관은 1곳이며 금융
자산관리공사도 4개 포진해 있다. 신탁회사는 58개, 기업재무관리공사도 91개
존재한다. 금융리스회사는 12개, 화폐중개회사와 자동차 할부회사도 각각 3개
와 10개가 있다. 도시도 농촌이 아닌 시골은행이 148개, 대출회사가 8개, 농촌자

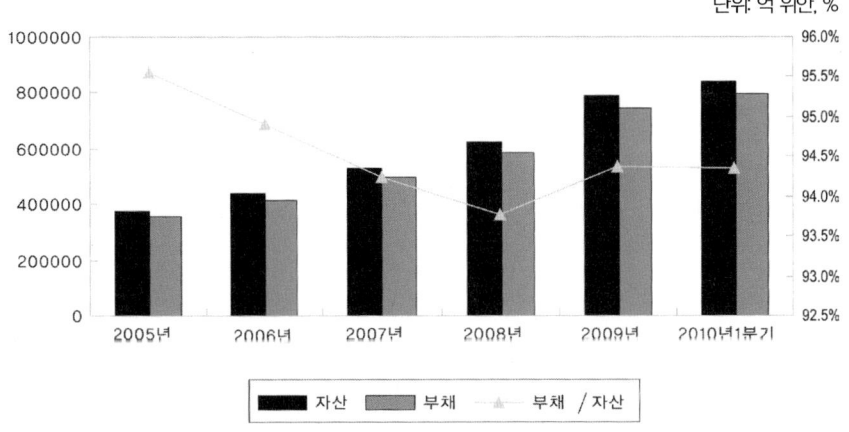

〈그림 3〉 중국은행계 자산 및 부채 현황

단위: 억 위안, %

금공제회사도 16개 운영되고 있다. 이들을 모두 합할 경우 은행권 금융기관은 3857개로 영업망은 19.3만 개이다. 종사인원은 약 285만 명으로 우리나라 인천 인구와 맞먹는다.

〈더 뱅커스The Bankers〉의 자료에 의하면 2009년 전 세계 1000대 은행들의 총 자산규모는 2007년 대비 약 4조 달러 감소한 것으로 나타났다. 하지만 동기 간 중국 은행계는 약 50% 이상 자산규모를 늘였다. 일례로 2009년 말 현재 중국 은행권 자산총계는 78.8조 위안으로 2005년보다 2.1배 신장된 것으로 조사 되었다. 4년 남짓한 사이에 몸집을 2배 이상 불린 상태로 빠르면 2010년 안에 100조 위안을 돌파할 수도 있다. 참고로 중국은행감독위원회 자료에 따르면 2010년 상반기 말 현재 은행권 자산규모는 87.2조 위안으로 집계되었다. 반년

Chapter 4 세계의 공장에서 금융대국으로

만에 약 9조 위안 늘어난 셈이다. 한편 공상은행·건설은행·중국은행은 시가총액 순위 세계 10대 은행에 포함되어 있으며 2010년 하반기 IPO를 실시한 농업은행도 시티그룹을 밀어내고 곧 10대 그룹에 진입할 것으로 전망된다.

규모가 아닌 질적인 면도 뚜렷이 개선되고 있다. 전체 은행권 평균 자기자본비율은 11.4%로 국제결제은행(BIS) 권고치 8%보다 3.4% 높은 상태이다. 은행분류로는 주식제 상업은행이 10.3%로 평균보다 낮고 도시상업은행은 13% 비교적 높게 조사되었다. 2010년 주식제 상업은행은 자기자본비율을 높이기 위해 분분이 증자 및 전환사채 발행에 나섰다. 한때 20%를 넘어섰던 불량대출비율은 중국정부의 자금투입과 4대 자산관리공사에 불량대출자산을 떠넘김으로써 2009년 말 현재 1.58%까지 떨어졌다. <그림 4>를 통하여 우리는 국유상업은행과 주식형 상업은행의 불량대출률 추이를 살펴볼 수 있다. 또한 대손충당률을 150% 이상 쌓아두면서 리스크 관리에 나서고 있다. 대형상업은행의 대손충당률은 147.3%로 연초보다 37.4% 늘어났고 주식제 상업은행은 201.8%로 은행권 평균보다 50% 정도 높다.

은행분류별로 자산 점유율을 살펴보면 다음과 같다. 그 비중이 조금씩 감소하고 있지만 여전히 대형상업은행이 50.9%를 점하고 있으며 주식제 상업은행은 15% 전후에서 기복을 보인다. 도시상업은행은 2005년 5.4%에서 2009년 7.2%로 점유율을 늘이며 빠르게 성장하고 있다. 그 외 기관은 2008년 한때 28.2%를 기록하며 지분을 좀 넓혔지만 대체로 26% 수준에서 안주한다. 은행권 자산시장에 대한 외자은행 점유율은 2% 미만으로 아직은 그 역할이 미미하다 연도별 자산 점유율 추이는 <그림 5>를 살펴보길 바란다. 최근으로 넘어올수

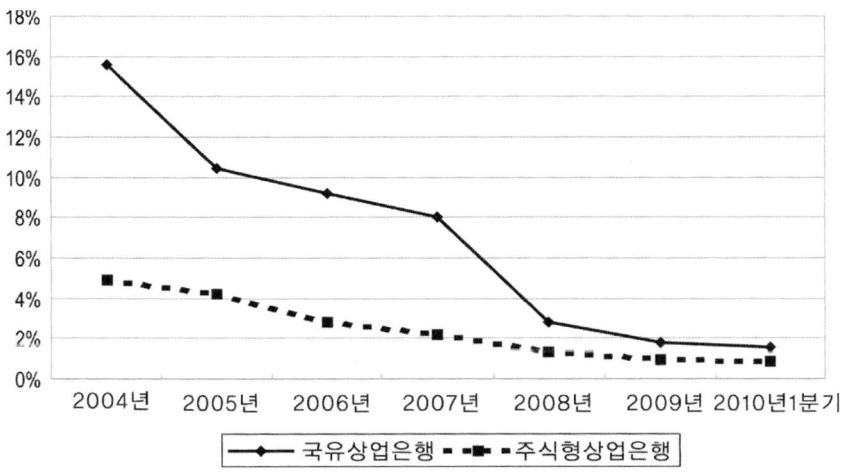

〈그림 4〉 국유 및 주식형 상업은행 불량대출률 추이

자료원찬: 중국은행감독위원회

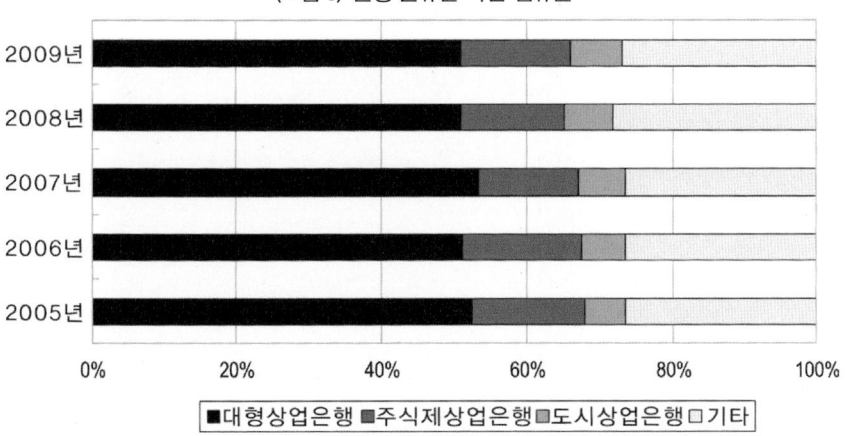

〈그림 5〉 은행 분류별 자산 점유율

자료원찬: 중국은행감독위원회

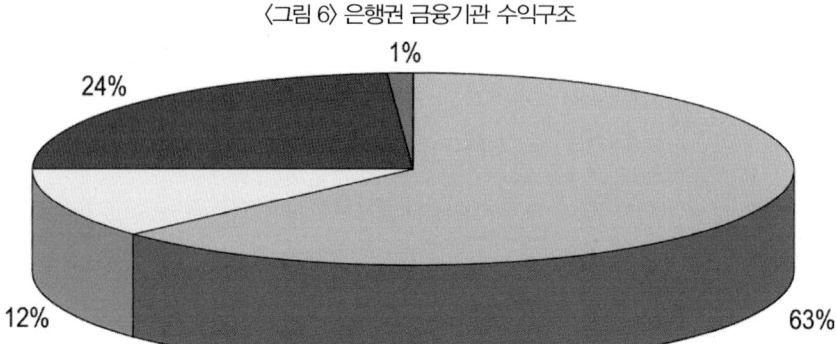

〈그림 6〉 은행권 금융기관 수익구조

1%

24%

12%

63%

□ 이자수입 □ 중개수수료 ■ 투자수익 ■ 기타

자료원찬: 중국은행감독위원회

록 대형상업은행의 점유율이 조금씩 하락하지만 지배적 위치는 여전하다

한편 2009년 기준 중국 은행권 세후이익은 6684억 위안으로 자기자본이
익률(ROA)은 16.2%에 이른다. 상기 수치는 2010년 1분기 기준으로 신한은
행(17.5%)보다는 약간 낮지만 기업은행(16.3%), 우리은행(13.6%), 하나은행
(12.2%), 국민은행(10.8%)보다는 높은 수준이다. 또한 총자산이익률은 0.9%로
수익의 63%가 이자수입으로 채워지고 있다. 그 외 24%는 투자수익이며, 중개
수수료도 12% 비중을 차지한다. 자세한 내용은 <그림 6>을 참고하길 바란다.
또한 2008년 중국 은행권 총자산이익률은 0.94%로 한국(0.5%)보다 약 2배 가
까이 높고 일본(0.26%), 영국(0.24%), 미국(-0.23%), 독일(-0.42%) 등과는 비교를
불허한다.

그러면 중국 은행권의 대외개방 정도를 간략히 살펴보자. 2009년 말 현재 46개 국가에서 194개 은행이 229개의 대표연락소를 개설하였다. 또한 33개 외상 독자은행이 199개의 지점을 설립했으며 합자은행과 외상독자재무공사가 각각 2개씩 있다. 참고로 대표연락소는 영업을 할 수 없으며 시장조사와 연구, 연락 사무만 담당할 수 있다. 71개 외국은행이 중국에 진출해 지점 95개를 설립했으 며 그 가운데 49개 지점이 위안화 업무를 허가받았다. 외자은행 32곳도 위안화 업무를 담당하고 있으며 파생상품 거래자격이 있는 곳도 54개에 달한다. 외자 은행의 중국 은행권 자산과 부채점유율은 각각 1.71%와 1.59%이며 자기자본 비율은 21.2%에 달한다. 양적으로는 2005년 7,155억 위안에서 2009년 1조 3,492억 위안으로 약 2배 늘어났지만 비중은 정체상태를 보이고 있다. 중국정부가 은행 권 개방에 신중한 자세를 견지하고 있고 정부가 사실상 국유기업을 통제함에 따라 외국 금융기관에 대한 배타적인 분위기는 한동안 지속될 것이다.

중국기업의 해외진출과 맞물려 대형 상업은행들도 해외시장에 조금씩 눈 을 돌리고 있다. 공상은행을 필두로 5대 상업은행은 아시아·미주·아프리카 등 에 86개 영업망을 설립하였다. 또한 5군데 해외 금융기관 지분을 인수했으며 주식제 상업은행들은 해외에 설립한 대표연락소와 분점을 통해 M&A 업무도 수행한다. 하지만 세계 최대수출국이며 2010년 2분기 말 현재 세계 2위의 경제 력 보유한 곳 치고는 존재감이 떨어진다. <더 뱅커스The bankers> 잡지가 발표 한 2009년 글로벌 은행순위 자료를 통해서는 우리는 이런 면모를 재확인할 수 있다.

<표 1>과 <표 2>는 <더 뱅커스The bankers>가 발표한 자료를 토대로 상

<표 1> 2009년 자본총계 Top 10 은행들

단위: 억 달러

순위	은행	국적	금액
1	JP. Morgan Chase	미국	1,361
2	Bank of America	미국	1,208
3	Citigroup	미국	1,188
4	Royal Bank of Scotland	영국	1,018
5	HSBC	영국	953
6	WellsFargo	미국	864
7	Mitsubishi Financial Group	일본	772
8	ICBC	중국	747
9	Credit Agricole Group	프랑스	717
10	Santander Central Hispano	스페인	663

자료원찬 The bankers

위 10위권 은행을 간추려 본 것이다. 자본총계 10위권에 포함된 은행 과반수 이상이 영미계로 일본계는 미츠비시금융(Mitsubishi Financial Group)이 772억 달러로 7위에 올라있다. 중국 최대은행인 공상은행은 8위에 간신히 턱걸이하였고 자본총계는 J.P 모건의 55% 수준에 불과하다. 중국은행과 중국건설은행은 11위와 12위를 차지하며 10위권을 넘보고 있다.

자산총계를 보면 상황은 더욱 비참하다. 1~10위권에 포함된 중국은행은 한 곳도 없으며 아시아에서는 일본의 미츠비시금융이 유일하다. 영국계인 스코틀랜드 왕립은행이 3.5조 달러를 굴리며 부동의 1위를 유지

<표 2> 2009년 자산총계 Top 10 은행들

단위: 억 달러

순위	은행	국적	금액
1	Royal Bank of Scotland	영국	35,010
2	Deutsche Bank	독일	30,653
3	Barclays Bank	영국	29,927
4	BNP Paribas	프랑스	28,887
5	HSBC	영국	24,180
6	Credit Agricole Group	프랑스	22,304
7	Mitsubishi Financial Group	일본	20,258
8	Citigroup	미국	19,385
9	UBS	스위스	18,944
10	ING Bank	네덜란드	18,534

자료원천: The bankers

하고 있으며 도이치뱅크가 3조 달러로 그 뒤를 쫓고 있다. 중화권에 강점을 보이는 HSBC는 2.4조 달러로 5위에 랭크되었다. 미국에서는 시티은행이 유일하게 1.9조 달러로 10위권 내에 포함되어 있다. 이상의 자료를 통하여 우리는 글로벌 금융시장에 짙게 깔린 영미계의 그림자를 느낄 수 있다

중국 은행계는 해외보다는 국내시장에 과도하게 안주하고 있으며 경쟁보다는 과점형태로 시장을 분할한다. 국유기업과의 공생관계를 통하여 손쉬운 예대업무에 집중하며 그 배후에는 중앙과 지방정부가 있다. 높은 저축률과 독과점적 지위로 타국보다 우량한 수익성을 보이지만 은행의 본질적 기능, 즉 자

원배분문제는 외면하고 있다. 대다수 대출이 국유기업에 집중되어 있고 그 속에서 불법적인 거래가 자행되고 있다. 자영업자를 포함한 중소기업은 외면되고 스스로 시장크기를 제약한다. 고리대금업으로 이동된 고객들은 높은 이자를 감당하지 못하고 파산하며 그 결과 발굴 가능한 영역은 사라져 버린다. 당장은 고도성장에 따른 플러스 효과가 이를 상쇄하고 있지만 장기적으로 이익공간은 축소될 것이다. 왜냐하면 중국 금융시장을 두드리는 영미계의 북소리가 가까이 울려 퍼지기 때문이다.

시장이 아닌 정부에 기댄 구조는 결국 중국 은행계의 자기조절 능력을 떨어뜨리고 불량채권 문제는 언제 돌출될지 모른다. 나날이 거세지는 금융시장 개방 압력하에서 정부 보호에 의한 폐쇄형 구조를 영원히 끌고 갈 수는 없을 것이다. 수위권을 다투는 시가총액이 중국금융 그리고 은행권에 대한 미래가치 반영이 아니라 주식투자자들을 함정에 빠뜨린 결과라면 금융대국을 향한 중국의 발걸음은 상당히 더디어질 것이다. 중국이 글로벌 금융중심으로 부상할 확률은 대단히 높다. 전쟁 및 내란 같은 큰 소용돌이가 중국을 강타하지 않는 한 그 물결은 거의 확정적이다. 하지만 그 속에서 중국 은행권이 가장 큰 과실을 수확할지는 미지수다. 굼뜬 공룡의 최후가 어떠한지는 생존의 역사들이 알려준다.

3
글로벌 증시 양대산맥으로

중국 증시는 다크호스를 지나 글로벌 증시의 핵으로 부상하였다. 중국의 눈은 아시아를 넘어 세계로 향하며 세계를 그 속에 담으려고 한다.

상하이는 20세기 초 이미 뉴욕·런던과 어깨를 나란히 하는 글로벌 금융중심이었다. 중국에서 최초로 발행된 증권은 외국인이 발행한 것으로 당시 외국 기업은 필요자금 대부분을 중국 현지에서 자체 조달하였다. 그로부터 한 세기가 흐른 2010년 오늘날 중국은 상하이를 글로벌 금융허브로 육성하기 위해 국제판 출범을 서두르고 있다. 국제판은 글로벌 기업들이 중국 본토에 상장해 위안화 자금을 조달할 수 있도록 마련한 시장을 의미한다. 중국에 나타난 최초의 증권거래소는 '차관(茶館)'으로 이곳에서 정보를 교환하고 주식을 거래하였다. 거래규모가 점차 확대되고 신용보다는 규범화된 거래체계가 요구됨에 따라 1914년 증권교역상 협회는 중국 최초의 증권거래소인 상하이주식상업공회를 설립하였다. 참고로 중국은 거래소를 교역소로 부른다. 상하이증권거래소(上海證券去來所)의 중국식 표기는 상하이증권교역소(上海證券交易所)다.

북양(北洋)정부는 1914년 증권거래소법을 발표하였는데 당시 992개에 불과했던 주식회사 수는 3년 만에 1924개로 확대되었다. 국내와 달리 중국에서는 '주식회사'라는 타이틀을 상장회사만 붙일 수 있다. 2009년 말 현재 A,B주를 포함해 중국증시(상하이 및 심천)에 상장된 기업 수는 1,718개다. 이 점만으로도 당시 중국증시의 규모와 발전 정도를 짐작할 수 있을 것이다. 1920년에는 상하이증권상품거래소가 설립되어 유가증권 이외에 면사·금·은 등의 상품도 거래하였다. 하지만 1922년 상하이중외증권물품교역소 파산을 계기로 증시버블이 붕괴되었으며 100개에 이르던 상하이지역 증권거래소 가운데 6개만 명맥을 유지하게 되었다. 중일전쟁 후 1946년 상하이증권거래소가 설립되었지만 공산당이 집권함에 따라 단명한 채 역사의 뒤안길로 사라졌다.

그 후 증시는 반세기 동안 암흑기를 맞이하였다. 1970년대 말 개혁·개방의 물결을 타고 시장경제가 중국에 들어오고 채권발행이 회복되었지만 주식은 여전히 금기시되었다. 채권과 달리 주식은 자본의 상징물처럼 여겨졌기 때문이다. 경제규모가 커짐에 따라 은행에 점차 과부하가 걸렸으며, 자금통로 다변화가 요구되었다. 또한 퇴직연금 부족문제가 불거지고 기업책임제 효율성이 비판받게 되자 증시를 통해 이런 문제점을 일거에 해결하려는 시도가 발생하였다. 그 결과 1990년 12월 상하이증권거래소가 설립되었고 이듬해 7월 심천증권거래소가 문을 열었다.

말하자면 중국증시는 경제성장의 과실을 배분하는 통로가 아닌 공산주의

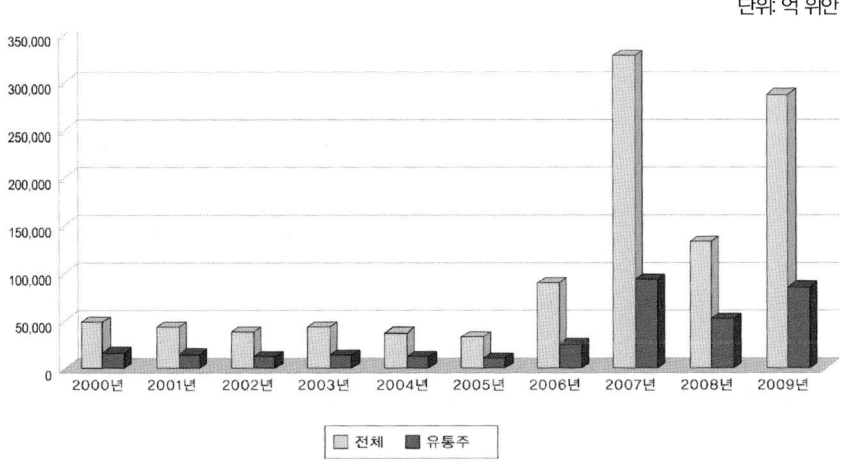

단위: 억 위안

자료원천: 중국증권감독위원회

경제가 야기한 역사적 문제를 해결하는 수단으로 도입된 것이다. 이런 태생적 한계는 중국증시 성장을 제약했으며 '비유통주'라는 구조적 모순을 탄생시켰다. 비유통주는 국가가 보유한 보호예수물량을 일컫는다. 2005년 주권분리개혁 작업을 통해 정치적 장애는 제거되었지만 지금도 보호예수 해제물량이 몰리는 달이면 중국증시는 홍역을 치르고 있다. 2009년 말 현재 주식수로는 48.7%, 시가총액으로는 62.7%가 비유통주이다. 연도별 흐름은 〈그림 7〉을 참고하길 바란다.

주권분리개혁 작업과 함께 공상은행·건설은행 등을 필두로 대형상업은행과 국유자산관리위원회 산하 국유기업들이 증시에 분분이 상장되었다. 2000년

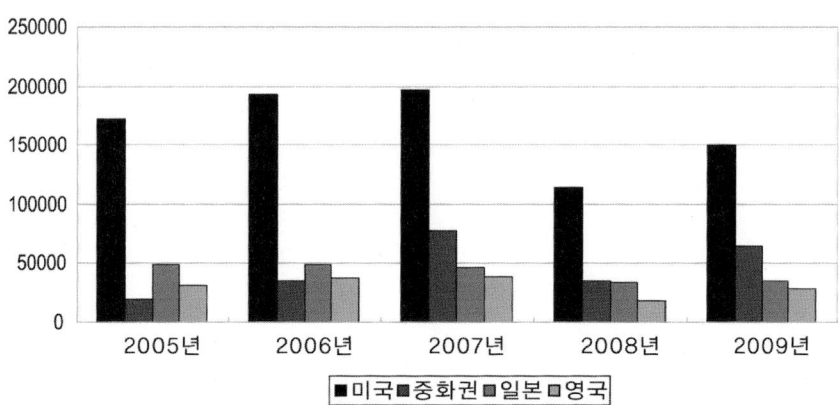

〈그림 8〉 주요 글로벌 증시 시가총액

단위: 억 달러

■미국 ■중화권 ■일본 ■영국

자료원천: 세계증권업협회

1,088개에 불과했던 상장회사 수는 2009년 1,718개로 630개 늘어났으며 그 수는 지속적으로 팽창할 것이다. 한편 IT 버블붕괴로 근 10년 동안 논의만 지속하던 차스닥이 2010년 중소기업판에 이어 정식으로 개장되었다. 국제판만 문을 연다면 다층적 주식시장 체계에 대한 기본적 로드맵은 완성되는 셈이다. 전체 자본시장을 놓고 보아도 큰 틀은 갖추어진 것 같다. 상품선물시장은 세계 1~2위권으로 중국의 움직임에 따라 글로벌 상품시장이 요동치고 있다. 2009년 말 현재 대련·상하이·정주 3곳의 상품선물 거래금액은 130.5조 위안으로 당해 연도 중국 GDP보다 3.9배 정도 많다. 주식시장도 일본을 넘어 아시아 최대증시로 부상했다. 2010년 4월 주가지수 선물을 개장하며 파생상품을 정규시장의 틀 속으로 불러들였다. 주가지수 옵션도 곧 뒤따를 것으로 전망된다.

차이나 이펙트

<그림 8>은 주요 글로벌 증시 시가총액을 연도별로 살펴본 것이다. 글로벌 증시 속에서 중화가 차지하는 역량을 이해하기 위해 중국 본토, 대만, 홍콩을 한데 묶어 중화권으로 명칭 하였다. 2006년 이전만 해도 중화권의 경쟁자는 미국과 일본이 아닌 영국이었다. 2005년 중화권 증시 시가총액은 미국의 18% 수준에 불과했으며, 일본과 비교해도 그 과반에 못 미쳤다. 하지만 2년 후 중화권은 영국의 2배 규모로 성장했으며, 일본증시는 중화권의 60% 수준에 그쳤다. 미국과 비교하자면 여전히 40% 미만에 머물러 있다. 2008년 국제금융위기를 거치면서 글로벌 증시가 모두 동반 폭락했으며 중화권 증시도 2007년 7.8조 달러에서 2008년 3.5조 달러로 55% 이상 줄어들었다.

　　그 이전과는 확연히 구분되지만 2009년 말 현재 미 증시는 11.5조 달러에서 15.1조 달러로 회복되었다. 다만 2005년과 비교해 여전히 2조 달러 이상의 격차를 보인다. 반면 중화권 증시는 6.5조 달러로 재도약하며 2007년 정점과는 약 1.3조 달러 격차를 보일 뿐이다. 이는 2005년 당시보다 3.4배 확대된 수치이다. 2009년 현재 중화권 증시는 미국의 43% 수준에 불과하다. 하지만 2조 달러 퇴보와 3.4배 규모 확대는 성장의 방향이 어디에 있는지 잘 드러내준다. 5년간의 변화가 이러할진대 향후 10년 후는 어떨지 상상해보는 것도 괜찮을 듯싶다.

　　<그림 9>는 아시아 증시만을 따로 분리해 본 것이다. 일본증시는 2007년 이전엔 독보적이었다. 2006년 중국증시는 일본증시의 23% 수준에 불과했으며 그 자신의 파편에 불과한 홍콩증시에도 못 미쳤다. 당시 홍콩증시 시가총액은 1.7조 달러로 중국증시보다 약 5,700억 달러 많았다. 하지만 1년 후 중국증시는 일본증시와 대등한 수준으로 뛰어올랐으며 홍콩증시를 한참 뒤로 제쳤다. 2007

〈그림 9〉 주요 아시아 증시 시가총액

단위: 억 달러

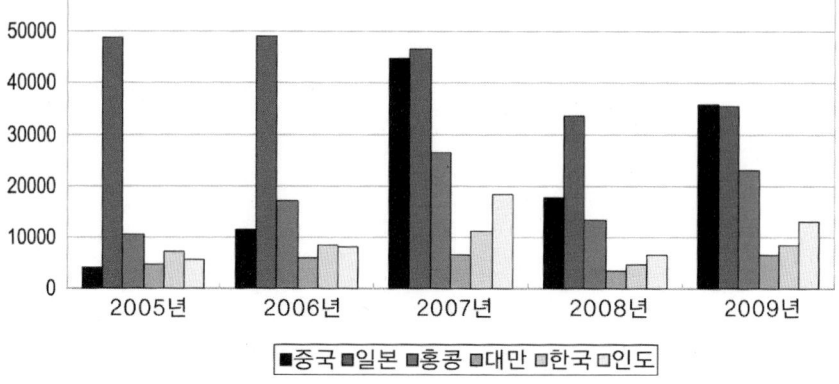

■중국 ■일본 ■홍콩 ■대만 □한국 □인도

자료원천: 세계증권업협회

년 홍콩증시는 중국증시의 59%에 그쳤으며 한국증시는 이보다 더 초라한 4분의 1 수준에 머물렀다. 이때부터 세계 각국은 변방의 아웃사이더에 불과했던 중국과했던 중국증시를 눈여겨보았으며 그 향방에 촉각을 기울였다. 2009년 중국증시 시가총액은 3.6조 달러로 2년 전보다 9,057억 달러가 적다. 그럼에도 중국증시에 있어 2009년은 분명히 뜻 깊은 한 해였다. 처음으로 일본을 제치고 아시아 최대증시로 발돋움한 날이기 때문이다.

앞으로 일본증시가 중국증시를 넘어서기는 힘들 것이다. 중국의 눈은 아시아를 넘어 세계로 향한다. 과거 중국이 아시아의 다크호스였다면 이제 그 자리는 인도에게로 넘어갈 것 같다. 2005년 인도증시는 한국증시보다 1,600억 달러 이상 적었지만 2년 후 인도증시는 7,000억 달러 정도 많아졌다. 2009년 인도

차이나 이펙트

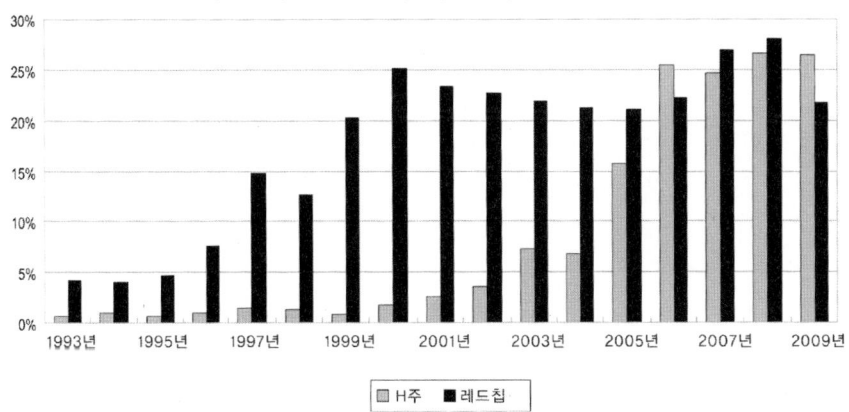

〈그림 10〉 중국 관련주(H주, 레드칩) 시가총액 비중

30%

25%

20%

15%

10%

5%

0%
1993년 1995년 1997년 1999년 2001년 2003년 2005년 2007년 2009년

▢ H주   ■ 레드칩

자료원천: 홍콩증권거래소

증시 시가총액은 1.3조 달러로 한국과 대만 증시를 합한 값과 비슷한 규모이다. 중국은 글로벌 강좌로 우뚝 올라서고 홍콩은 중국에 편승해 활력을 찾는 가운데 인도는 부상하고 한국증시는 퇴보한다. <그림 10>은 홍콩증시 내 중국 관련주(H주와 레드칩) 시가총액 비중을 그린 것이다. 2008년 한때 54%를 기록하기도 했지만 2009년 말 기준으로는 48%를 그리고 있다. 2005년부터 이루어진 H주의 눈부신 비약도 관찰할 수 있다. 대만도 중화권의 틀 속에서 한국증시와의 격차를 줄여나가고 있다. 중국은 글로벌 증시로 한국은 아웃사이더로 추락하는 듯하다. 이것이 비단 증시에 국한된 것만은 아닐 수 있다.

투기광풍에 뜨겁게 달구어지는 중국

투기할 수 있는 것은 모두 투기하라. 그것이 경제와 사회를 갉아먹어도 게임의 법칙을 가로막을 장벽이 되지는 못한다. 유일한 명제는 공리가 아닌 수익 극대화다.

중국인에 있어 투기대상은 크게 전통적 투기대상과 비전통적 투기대상으로 나뉜다. 전통적 투기대상이란 부동산·주식·황금 등을 말하고 비전통적 투기대상은 상품을 일컫는다. 극단적으로 풀어냈지만 전통적 투기대상은 또한 투자대상이기도 하다. 투기자금 원천에 있어서 전통적 투기대상은 대개 국내와 해외자금 모두를 포함하지만 비전통 투기대상은 짧은 투자주기로 인해 국내 자금이 주류를 이룬다. 최근 논란이 되고 있는 비전통적 투기대상을 먼저 훑어본 후 전통적 투기대상으로 넘어가기로 한다.

중국은 현재 투기할 수 있는 것은 모두 투기하라는 테제가 기승을 부리고 있다. 비전통 투기대상은 부동산·주식·황금처럼 투자패턴이 일정하지 않다. 투기상품을 번갈아가면서 '치고 빠지기' 식으로 판을 벌린다. 상품투기의 첫 테이프는 동충하초가 끊었다. 1983년 1그램당 0.2~0.3위안에 거래되었던 동충하초는 20여 년 만에 200위안에 팔려 나갔다. 물가상승을 경제성장률 수준으로 잡고 산출해도 1그램당 동충하초 가격은 3위안이면 충분하다. 적정가격보다 58배 이상 뛴 것이다. 사스와 신종플루를 계기로 동충하초는 면역력이 높은 최고의 상품으로 부풀려졌다. 풀뿌리에서 일약 불로초로 둔갑한 것이다.

동충하초의 뒤를 이은 것은 자단목이었다. 2002년 톤당 2만 위안에 팔리던 자단목은 몇 년 사이에 800만 위안으로 400배 이상 폭등하였다. 여담이지만 자단목의 '자(紫)'는 황제가 머물면서 중국을 통치하던 자금성(紫禁城)의 첫머리 글자와 같다. 자단목은 고대 황실에서 주로 애용된 목재로 은은한 향이 심리적 안정감을 준다고 알려졌다. 탄탄한 재질로 인해 목재 예술품으로써의 가치는 떨어지고 자금성을 받치는 기둥으로 이용될 뿐이다. 미신과 재물에 열광하는 중국 부호들의 필수 아이템인 것은 분명하다.

자단목이 휩쓴 자리는 푸얼차로 대체되었다. 한때 '푸얼차 1그램 가격이 황금 1그램과 같다'는 말까지 나왔다. 푸얼차는 운남지방에서 생산된 발효차로 거래의 60%가 광동에서 이루어진다. 푸얼차를 말이나 당나귀에 싣고 티베트, 네팔 등지에 판매하는 길을 '차마고도'라고 부른다. 푸얼차는 햇볕이 내리쬐고 비바람이 몰아쳐도 땅바닥에 그래도 둔 채 건조가 이루어진다. 그 결과 각종 나뭇잎과 부산물들이 찻잎과 함께 뒤섞인다. 독특한 향과 색은 바로 이에 연유한다. 비타민이 부족한 티베트, 네팔 인에게 푸얼차는 종합 비타민제이지만 한족에게는 싸구려차에 불과했다.

청 이전만 해도 푸얼차는 빈곤한 서민들이 마셨던 차로 한국의 보리차 정도로 취급받았다. '명차'의 반열로 올리기에는 제조법부터 격이 떨어졌다. 그러나 '만수용단' 사건과 함께 운남성이 대대적으로 '푸얼차'를 홍보하면서 '푸얼차'라는 세 글자는 세인의 뇌리에 깊게 박혔다. 만수용단이란 자금성 지하창고를 정리하면서 발견한 푸얼차를 일컫는다. 청나라 광서제(1874~1908년) 때 진상된 것으로 알려지며 150년이 넘은 현존 최고(最古)의 차이다. 숙성년도가 가격을 좌우하는 푸얼차 특성을 감안한다면 '2.5킬로그램 만수용단'은 그야말로 무가지보와 같다. 푸얼차의 뒤는 곧 '마늘'이 떠받쳤다. 최근 2년 사이 중국 마늘가격은 100배 이상 뛰었으며 1킬로그램 마늘 가격은 같은 무게의 돼지고기 가격보다 비싸졌다. 작황부진에 신종플루 백신효과가 있다는 소문이 퍼지며 투기열기가 고조된 것이다. 그 영향으로 한국의 마늘가격도 뛰었다.

이상의 몇 가지 상품투기 사례에서 우리는 공통점을 추출할 수 있다. 첫째, 투기대상 모두 중국정부가 가격동향을 긴밀히 체크하지 않는 품목이라는 점이다. 기사화되고 사회문제가 되기 전에는 동충하초, 자단목 등의 가격이 몇십 배 오르든 개입에 나설 소지가 적다. 일반 생필품의 경우 주간단위로 가격을 확인하고 관리에 나서고 있다. 돼지고기·쌀 같은 경우 근본적으로 투기대상이 되기 힘든 셈이다. 2010년 7월 국가발전개혁위원회 등 3개 부분은 소규모 품종의 가격동향도 엄격히 관리할 것이라 밝혔다. 둘째, 생산량과 출하지가 한정되어 있다. 쉽게 매점매석이 가능하고 유통경로에 대한 관리가 용이하다. 공급을 통제할 수 없다면 시세조작은 불가능에 가깝다. 셋째, 유행과 여론조성에 적합한 품목이라는 점이다. 동충하초와 마늘은 만병통치약이라는 환상을 대중에 심어 주었다. 소득이 높아지면 건강과 특권의식에 집착한다는 것을 꿰뚫어본 것 같다.

2010년 3월 이강 중국외환관리국 국장은 "투기자금은 지하경제를 통해 마치 외국인 직접투자인 것처럼 중국 내부로 흘러들어 온다"라고 말했다. 해외 투기자금을 추정하는 방법은 크게 세 가지로 나뉜다. 첫째는 해외직접투자와 상품수지를 이용하는 방법이고 둘째는 해외직접투자와 경상수지 자료를 적용하는 것이며 마지막은 국제수지표의 오차와 누락항목을 그대로 투기자금으로 여기는 것이다. 오차 및 누락항목은 국제수지표상에 공식적으로 포착되지 않

〈표 3〉 중국 외환현황 지표

단위: 억 달러

연도	순 FDI	상품수지	경상수지	외환보유고 증감	오차 및 누락
2000년	375	345	205	109	(119)
2001년	374	340	174	466	(49)
2002년	468	442	354	742	78
2003년	472	447	459	1168	184
2004년	531	590	687	2067	271
2005년	678	1,342	1,608	2,089	(168)
2006년	603	2,178	2,499	2,475	(129)
2007년	561	3,154	3,718	4,619	164
2008년	402	3,607	4,261	4,178	(486)
2009년	368	1,961	2,317	4,531	(190)

원천: 중국외환관리국, 상무부, 중국경제정보분석(CEIA)

는 외환거래를 반영한다. 일반적으로 첫째와 둘째 방법이 많이 쓰인다. 다만 서비스수지와 기타 조정항목이 포함된 경상수지는 자금흐름을 모호하게 할 개연성이 있다. 이 책에서는 중국에 유입된 투기자금 규모를 외환보유고 순 증감에서 순 직접투자금금액(FDI)과 상품수지(혹은 경상수지)를 차감한 금액으로 정의한다. 단순하지만 그만큼 직관적인 기법이다.

<표 3>은 투기자금 측정에 필요한 주요 지표들을 연도별로 정리한 것이다. 순 직접투자금액은 2005년 678억 달러를 정점으로 하락세를 보이고 있다. 글로벌 경기침체로 유입강도가 둔화된 측면이 있지만 돌이켜보면 중국의 활발한 해외진출의 한 반증일 수도 있다. 탄력은 둔화되었지만 2008년까지도 상품과 경상수지는 상승세를 이어 갔다. 무역수치만 보면 중국의 실질적 경기침체는 2008년이 아닌 2009년에 이루어졌다. 외환보유고 수치는 한 가지 흥미로운 현상을 우리에게 알려준다. 대외실적이 좋았던 2008년 외환보유고 순 증가규모가 축소된 반면 2009년에는 오히려 확대되었다. 2006년 수준으로 경상수지가 줄어든 상황에서 발생한 일로 투기자금 유출입과 밀접한 관련이 있을 것으로 짐작된다. 참고로 2003년 이전에는 상품수지 흑자규모가 경상수지 흑자규모를 초과했지만 그 이후로는 경상수지 대비 85% 전후에서 형성되고 있다.

투기자금 유출입 현황을 <그림 11>을 통해 살펴보기로 하자. 중국 학계는 2004년 1,000억 달러 정도가 유입된 것으로 추산했다. 본 그래프도 비슷한 결론을 내고 있다. 참고로 2003년에도 184~250억 달러 상당의 핫머니가 스며든 것으로 나타났다. 당시 미국과 일본은 줄기차게 위안화 절상 문제를 제기하였다. 이들 투기자금은 주식보다 부동산 쪽으로 몰린 것 같다. 해외 투기자금을 기반

〈그림 11〉 중국 내 투기자금 유출입 현황

단위: 억 달러

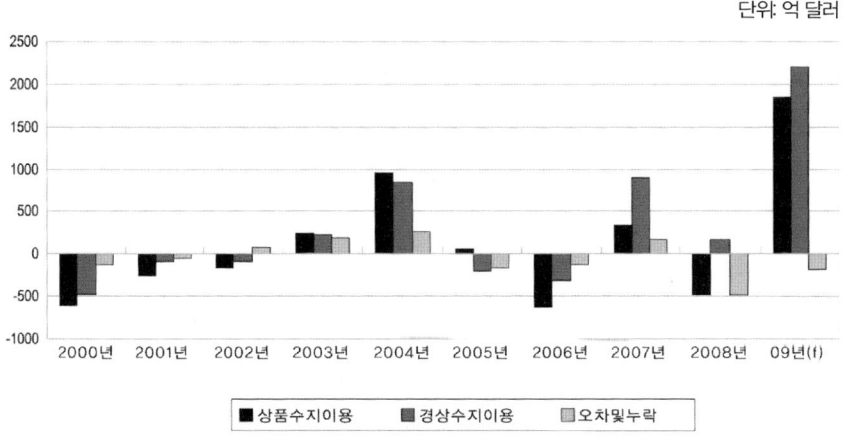

■상품수지이용   ■경상수지이용   □오차및누락

자료원천: 중국경제정보분석(CEIA)

으로 중국 부동산은 본격적으로 가열되었으며 화교들이 전세기를 빌려 돌아다니며 단체로 아파트를 사들이는 풍경도 연출되었다. 2005년 일부 핫머니들이 이익을 현실화했으며 2006년 핫머니의 유출강도는 더욱 뚜렷해졌다. 최대 630억 달러 정도가 빠져나간 것으로 추산된다.

종합해 보면 2003년, 2004년 들어온 부동산 투기자금이 2005년과 2006년 두 해에 걸쳐 수익현실화에 나선 것이다. 2007년은 투기자금의 손 바뀜 현상이 벌어졌다. 부동산에서 증시로 말을 갈아탄 것으로 보인다. 이전에 유입된 자금과 대기자금 등을 감안할 때 고점기준 최대 2,400억 달러까지 기승을 부린 것으로 판단된다. 이들이 중국과 홍콩증시 폭등을 촉발하였다. 2008년은 증시폭락과 경기침체로 유출이 가속화되었다. 보수적 수치인 오차와 누락 규모만으로도 500억 달러에 육박한다. 과거 패턴을 보면 투기자금은 2년 간격으로 유출입 포지션을 변경하고 투자대상을 갈아타는 면모를 보였다. 하지만 예외적으로 2009년 2,000억 달러 내외가 유입된 것으로 나타났으며 부동산과 증시에 모두 그 흔적을 남겼다. 시장 자율보다는 정부의 인위적인 경기부양책, 신용팽창, 위안화 절상에 대한 기대감 등으로 자금방향이 선회한 것 같다. 2011년은 유출 쪽으로 무게중심이 옮겨갈 것이다. 다만 그것이 꼭 증시하락을 의미하지는 않는다. 굳이 바람을 잡고 주목을 끌지 않아도 금융대국으로 점점 다가서고 있는 중국에 있어 '투기'라는 두 글자는 떨쳐버릴 수 없는 족쇄와 같다.

중국은 세계에
어떤 의미로 다가오는가

중국은 다양한 가면을 쓰고 있다. 미국과 어깨를 나란히 하는 G2인 동시에 세계 최대의 개발도상국이기도 하다. 그러면서도 세계경제 성장의 과반을 책임진다. 2009년 중국의 세계경제 성장률 공헌도는 50%에 달한 것으로 조사되었다. 몇억 명이 하루 1달러 이하의 빈곤 속에 있지만 사치품은 불티나게 팔리고 있다. 2020년경에는 미국을 제치고 세계 최대 소비시장으로 부상할 것으로 전망된다. 매년 막대한 무역흑자를 실현하고 있지만 아프리카, 남미 반국들과의 거래에서는 적자를 보인다. 연례적으로 유럽을 횡단하며 비즈니스 쇼핑을 즐기지만 유럽으로부터 자금을 유치하기에 혈안이다. 미국과 다른 듯 하면서 또 다른 미국의 모습을 보인다. 저가상품과 '산자이(山寨)'라는 꼬리표를 달고 있지만 역설적이게도 대다수는 그것을 벗어난 삶을 생각하지 못한다. 환경오염과 파괴를 논할 때면 빠짐없이 거론되지만 그 자신이 또한 최대 피해자이기도 하다. 세계에서 재생에너지 개발과 이용에 가장 적극적인 국가이기도 하다. 인터넷 보급률은 한국의 과반에도 못 미치지만 그 이용인구는 남한 전체인구의 9배에 달한다. 1970~80년대 한국을 연상시키는 풍경들이 곳곳에서 관찰되지만 전자 IT산업은 최첨단을 달린다. 지금, 중국은 한마디로는 표현할 수 없는 오묘함을 세계에 던져주고 있다.

1
글로벌 중심으로 부상하는 중국

중국의 '천하'는 예부터 중국만을 의미하지는 않았다. 세계의 공장에서 세계의 창조 그리고 세계의 시장으로 진화하는 중국의 모습에서 우리는 누에껍질을 벗고 날아오르는 한 마리 나비를 상상하게 된다.

중국철학 세계에서 '천하'는 인문·세계적 개념이다. 사회와 제도·문화를 통칭하는 말로 가계-일국-천하로 이어지는 정치·사회 계층은 국가가 아닌 천하가 사유의 최대공약수임을 밝힌다. 중국과 달리 서구는 국가를 최대 정치 단위로 본다. 따라서 세계는 단순한 지리적 개념으로 제도와 문화적 의의를 갖추지 못한다. 중국에 있어 천하라는 개념이 중요한 이유는 국가 척도로 사고 및 행위의 합리성을 변론할 수 없고 그 합리성은 세계라는 척도를 통해서만 유지될 수 있다고 보기 때문이다. 개인의 합리성이 개인이 아닌 사회를 통해 실현되는 것과 같은 이치이다. 인(仁)은 일국이 아닌 천하 곳곳에 보편타당하게 받아들여지는 도덕수양과 자기 제약적 도덕관념을 의미하고 예(禮)는 자신의 분수에 맞게 행동하고 책임지는 자세에서 상호 조화로운 삶을 영위하는 것을 일컫는다.

천하에 대한 중국의 개념정의는 외교전략 곳곳에 영향을 미친다. 1990년대 초 덩샤오핑은 세계는 두 가지 전략적 난제에 직면해 있다고 보았다. 하나는 화평(和平)문제이고 다른 하나는 경제문제이다. 화평은 동서문제를 말하고 경제는 남북문제를 의미한다. 10여 년이 흐른 현재 후진타오는 덩샤오핑의 관점을 확대해 현 세계는 대변혁의 조정기에 있으며 화평과 발전문제는 여전히 시대주제로 화평을 추구하고 발전을 모색하며 협력을 촉진하는 것은 막을 수 없는 역사의 물결이라고 본다. 다극화세계는 운명적이고 국제협력관계 심화는 필연적으로 생각한다. 그는 또한 국제역량이 세계의 평화로운 발전에 유리한 형태로 전개되고 있으며 전반적 국제형세가 안정적이라고 판단하였다. 주기성을 보이는 패권주의가 교체단계에 들어섰다고 여긴다. 다만 미국의 패권이 뚜렷한 쇠퇴국면에 빠진 것은 아니라고 판단한다.

국제관계 변화를 말할 때 중국은 두 가지 문제를 우선 고려한다. 첫째, 국제체제가 중대한 변화 국면에 놓여 있는지 그리고 변화가 현 체제의 본질을 건드리는지의 여부이며, 둘째는 국제체제가 전환을 경험하고 있다면 패권이론에서 말하는 전환기의 대국 간 전쟁과 충돌은 필연적으로 수반될 것인지, 체제의 평화로운 전환 가능성은 없는지 하는 문제이다. 이 문제에 대해 중국은 아직 근본적 변화를 추구할 시기가 아니라는 결론을 내놓고 있다. 글로벌 단위가 아닌 지역적 변화에 역량을 집중할 단계라는 뜻이다. 이런 관점에서 우리는 중국의 지역적 움직임을 관찰할 필요가 있다. 아프리카를 시작으로 중남미·유럽·미국·아시아로 중국의 발자취를 쫓아가 보자.

　중국과 아프리카의 외교관계는 크게 세 단계로 발전하였다. 첫째는 1958년부터 1978년으로 정치적 영역에 한정된 상호인정 수준에 불과하였다. 중국은 아프리카 독립을 지지하고 아프리카는 중국이 단일국가라는 것을 인정하는 것이었다. 중국이 개혁개방 정책을 실시한 1970년대 말부터 20세기 말까지 쌍방 모두 민족독립에서 민족경제 발전으로 초점이 이동했으며 중국과 아프리카 관계는 정치에서 경제영역으로 전환되었다. 21세기로 넘어오면서 중국은 아프리카와 정치·경제·사회·문화 등 전방위적에 걸쳐 교류를 확대했으며 양 지대는 전략적 협력관계로 도약하였다.

　중국과 아프리카 무역규모는 21세기 첫 해 106억에 불과했지만 2007년에는 736억 달러로 7배가 확대되었다. 중국은 이미 미국·프랑스에 이어 아프리카 3대 무역국으로 발돋움하였다. 연례행사처럼 중국의 최고위층은 아프리카를 순방하면서 원조와 협력관계를 강화하고 있다. 2009년 11월 개최된 중국-아프리카 협력포럼(FOCAC) 정상회의에서 중국은 향후 3년간 100억 달러의 양허성 차관을 제공할 것을 밝혔다. 그 해 중국인민정치협상회의는 아프리카, 남미 등 저개발국가를 지원하기 위해 최대 5,000억 달러 규모의 펀드를 조성할 필요가 있다고 건의하였다. 제안 수준에 불과하지만 마샬플랜을 떠올리는 대단위 프로젝트를 아프리카와 남미에 펼쳐 보이려는 중국의 포부에서 우리는 강력한 힘을 느낄 수 있다. 중국은 유무상 원조와 철도·도로·전기·수도 등 기간산업을 건설해 주고 아프리카로부터 자원을 공급받고 있다. 중국산 생필품은 아프리카에서 지배적 위치를 점하며 확고히 뿌리내렸다.

아프리카는 전통적 이해관계를 가진 유럽과 새로운 진출자 중국의 틈바구니에서 주도권을 상실할 것을 두려워한다. 따라서 아프리카 연합, 유럽 그리고 중국의 삼각협력 체제 속에서 경제 발전, 환경 및 인권문제 등을 다루길 원한다. 아프리카에 대한 미국의 태도는 전략적 협력보다는 개별 접근과 국가안전 문제에 집중된 경향이 높다. 미국은 아프리카를 테러리스트의 기지로 그리고 민주화 확산대상으로 바라본다. 아프리카 각국의 내정문제가 미국의 이익과 이념에 어긋날 때는 때로는 제재를 가하고 정권을 전복하기도 한다. 한 손에는 채찍을 다른 한 손에는 당근을 든 미국의 행위는 노예생활의 비참함을 떠올리게 한다. 따라서 아프리카 국가들에 있어 미국은 노예상인 이상의 감흥을 불러일으키지 못한다.

이에 반하여 중국은 어떤 정권이 들어서든지 크게 신경을 쓰지 않는다. 인권문제도 눈감아 줄 준비가 되어 있으며 가끔은 거부권 행사로 문제정권의 버팀목이 되기도 한다. 중국의 이익을 침해하지 않는다면 그것으로 만족한다. 교환되는 상품이 중요한 것이지 거래자가 누구인지는 논외이다. 중국, 유럽, 미국 가운데 아프리카 국가들의 마음이 어디로 쏠릴지는 명약관화하다. 아프리카에 있어 중국은 동반자이고 유럽은 지렛대이며 미국은 이들을 견제하기 위한 옵션인 셈이다.

중국은 이제 아프리카 자원개발에 집중했던 전략을 벗어버리고 미국의 뒷마당인 중남미로 눈길을 돌린다. 브라질 국영통신 아젠시아 브라질은 유엔 산하 중남미·카리브 경제위원회(Cepal)의 보고서를 인용하면서 2015년경 중국이 중남미의 제2위 교역국이 될 것으로 전망했다. 중남미·카리브 경제위원회는 향후 10년간의 통상·투자 전망 보고서를 통해 "2015년에는 중국이 유럽연합(EU)을 제치고 미국에 이어 중남미의 2위 교역국이 될 것이다"고 밝혔다. 실제로 중국은 이미 브라질과 칠레의 최대 통상파트너로 부상하였다.

중국의 중남미에 대한 투자는 자원을 전제로 한 차관형식이 주를 이룬다. 브라질과 아르헨티나는 각각 100억 달러, 베네수엘라와는 2010년 4월 단독으로 200억 달러 규모의 차관협정을 체결하였다. 2010년 7월에는 아르헨티나와 향후 2·5년간 총 100억 달러 규모의 철도건설 프로젝트를 체결하면서 통상문제로 상대적으로 껄끄러운 관계에 있던 아르헨티나의 마음을 얻었다. 계약체결을 기하여 방중한 아르헨티나 대통령은 아르헨티나와 중국 양국 간 새로운 관계가 재정립된 기념비적 계약이라고 의미를 부여하였다. 중국은 이렇듯 중남미 국가에 실질적인 패키지를 안겨 줄 능력이 된다. 원하는 것은 그들이 보유한 지하자원에 대한 접근과 개발 권리이다.

중국은 칠레·페루·아르헨티나·브라질·코스타리카 등의 주요 수출시장이기도 하다. 특히 곡물·에너지·금속·광물 등에 대한 중국의 수요가 늘면서 남미경제에 활기를 불어넣고 있다. 중남미·카리브 경제위원회는 2009년 중남미지역 전체 수출에서 중국이 차지하는 비중은 7.6%에 불과하지만 2020년경에는 19.3%로 확대될 것으로 보았다. 미국은 38.6%에서 28.4%로 축소될 것으로 전망했다. 한편 수입부문은 중국이 미국과 EU를 넘어 2020년경 1위로 도약할 것으로 판단된다. 2005~2009년 사이 브라질·칠레·베네수엘라 등에 대한 수출이 3배가량 증가한 것으로 나타났다.

중국은 또한 유럽에 대규모 사절단을 파견하여 연례적으로 비즈니스 쇼핑

Chapter 5 중국은 세계에 어떤 의미로 다가오는가

을 즐긴다. 옛 공물외교의 발자취를 보는 듯하다. 공물외교는 중국의 오랜 외교전략 가운데 하나로 무력이 아닌 금력으로 주위 국가를 아우르는 책략이다. 21세기 공물외교를 통하여 중국은 직언을 서슴지 않는 유럽의 입을 틀어막고 중국의 영향력을 확대시킨다. 2009년 원자바오 총리는 인권과 티베트 문제를 물고 늘어진 프랑스를 순방국에서 제외시킴으로써 불편한 심기를 노출시켰다. 2009년 중국은 1.5억 유로 상당의 면세품을 쓸어 담으며 러시아를 제치고 프랑스 최대 면세품 구매국이 되었다. 국가권력이 정치권력과 경제권력의 야합이라는 점에서 중국이 뿌리는 돈은 적어도 중국내부 문제에 관한 다른 목소리를 유럽에 불어넣는다. 또한 핵심기술과 무기이전에 있어 두 세력 간의 견해충돌을 야기할 수도 있다. 중국문제에 대해 유럽은 국가내부와 외부에서 의견통일이

〈그림 1〉 EU 15개국 브릭스 직접투자 포지션

단위: 억 유로

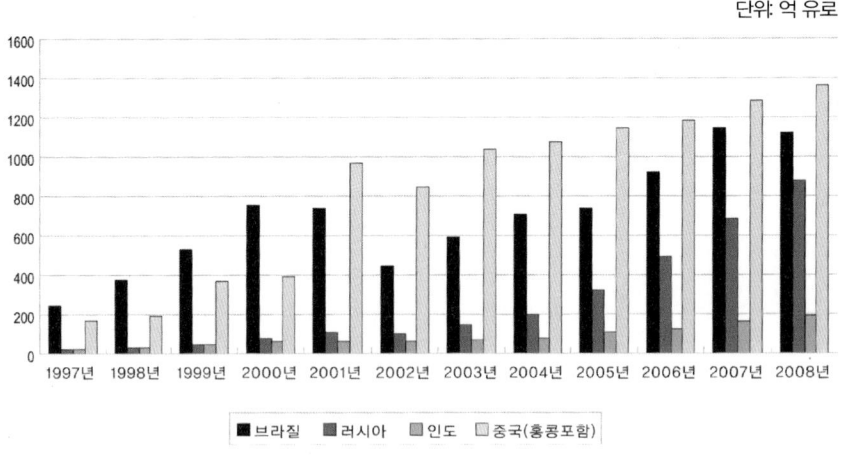

자료원천: Eurostat

라는 절차를 거치며 그 와중에 판단타이밍은 늦어지고 부정적 결론은 최소화된다. 구체적 경로와 배경은 다르지만 미국과 일본도 비슷한 처지에 놓여 있다.

<그림 1>은 1997년부터 2008년까지 EU 15개국의 브릭스 직접투자 포지션을 나타낸 것이다. 2000년까지는 브릭스 4개국 가운데 브라질이 주 투자 대상국이었음을 관찰할 수 있다. 중국수치는 홍콩을 포함한 것이다. 브라질을 제외한 나머지 3개국(러시아, 인도, 중국)을 포함해도 브라질의 70% 수준에 머물렀으며 러시아와 인도는 각각 25억 유로 전후에 불과했다. 2001년 중국의 WTO 가입과 동시에 유럽의 자금은 중국으로 몰려들었으며 중국과 브라질의 관계는 역전되었다. 중국이 브릭스 4개국 가운데 유럽의 최대 투자처로 부상한 것이다. 2001년 한 해 중국으로 유입된 직접투자자금은 572억 유로에 달하며 이는 단일년도 최고 기록이다.

직접투자자금이 중국으로 지속적으로 유입됨에 따라 브라질은 2000년 포지션을 2005년까지 회복하지 못했다. 2000~2005년은 중국의 부상과 브라질의 쇠퇴로 표현할 수 있다. 2003년 유럽 15개국의 중국 직접투자 포지션은 1,000억 유로를 돌파했으며 2008년 현재는 1,360억 유로를 기록하고 있다. 참고로 1,360억 유로 가운데 65%는 중국 본토가 아닌 홍콩에 투자되었다. 유럽은 중국으로 편입된 직접투자자금의 3분의 2는 홍콩, 나머지는 중국 본토에 배정하고 있다. 이는 특정년도에 국한된 사항은 아니며 10여 년 동안 꾸준히 준수되고 있는 규칙이다.

2003년 이후 중국을 향한 유럽의 투자열기가 주춤하면서 러시아가 새로운 투자처로 떠올랐다. 2002년 100억 유로에 불과한 포지션이 2006년 493억 유로로

단위: 억 달러, %

주요 수출국				주요 수입국			
순위	지역	금액	증감률	순위	지역	금액	증감률
1	미국	1,629	30.4	1	일본	1,005	6.5
2	EU	1,437	34.1	2	한국	768	23.4
3	홍콩	1,245	23.4	3	ASEAN	750	19.1
4	일본	840	14.3	4	대만	747	15.3
5	ASEAN	554	29.1	5	EU	736	5.0
6	한국	351	26.2	6	미국	487	9.1
7	대만	166	22.2	7	호주	162	40.1
8	러시아	132	45.2	8	러시아	159	31.0
9	캐나다	117	42.8	9	사우디	123	62.8
10	호주	111	25.2	10	홍콩	122	3.6

근 5배 뛰었으며 2007년과 2008년에도 직접투자 강도는 둔화되지 않았다. 2008년 EU 15개국의 러시아 직접투자 포지션은 877억 유로로 꾸준한 증가세를 보인다. 브라질도 2006년 한 해 180억 유로 이상이 몰리면서 옛 영광을 재현했으며 중국과의 격차를 좁혔다. EU 15개국의 인도 직접투자는 중국의 14%, 러시아의 22% 정도에 그치고 있다. 빈약한 기초 인프라와 만연된 부패 그리고 중앙과 지방으로 복잡하게 얽힌 권력구조가 투자를 제약하는 것 같다.

　　<표 1>과 <표 2>는 2005년과 2009년도 중국 10대 수출입국 현황을 나타낸 것이다. 2009년 말 현재 중국의 최대수출국은 EU와 미국이며 그 뒤를 홍콩,

<표 2> 2009년 중국 10대 수출입국 현황

단위: 억 달러, %

주요 수출국				주요 수입국			
순위	지역	금액	증감률	순위	지역	금액	증감률
1	EU	2,363	(19.4)	1	일본	1,309	(13.1)
2	미국	2,208	(12.5)	2	EU	1,278	(3.6)
3	홍콩	1,662	(12.8)	3	ASEAN	1,067	(8.8)
4	ASEAN	1,063	(7.0)	4	한국	1,026	(8.5)
5	일본	979	(15.7)	5	대만	857	(17.0)
6	한국	537	(27.4)	6	미국	774	(4.8)
7	인도	297	(6.1)	7	호주	394	5.4
8	호주	207	(7.2)	8	브라질	283	(5.3)
9	대만	205	(20.8)	9	사우디	236	(23.9)
10	러시아	175	(47.1)	10	러시아	213	(10.7)

자료원찬 중국 상무부

ASEAN, 일본이 뒤따르고 있다. 한국은 일본에 이어 6위를 차지했다. 수입국을 살펴보면 일본이 선두를 점하고 그 뒤를 EU와 ASEAN이 뒤쫓는다. 한국과 대만은 나란히 4, 5위를 기록하고 있다. 2005년과 비교해 주요 특징을 꼽는다면 EU의 약진과 브라질, 인도의 부상 그리고 한국의 점진적 쇠퇴를 들 수 있다.

2005년 한국은 중국의 2대 수입국이었다. 하지만 4년 후 4대 수입국으로 순위가 하락하였다. 2005년 대비 EU의 대중 무역적자 규모는 380억 달러 이상 늘어났다. 2009년 한 해만 해도 1,000억 달러 이상 무역적자를 기록하였다.

Chapter 5 중국은 세계에 어떤 의미로 다가오는가

그러나 시야를 좀 넓고 길게 본다면 EU는 분명 이기는 싸움을 하고 있다. 미국의 중국시장 진입은 제자리를 맴돌고 있지만 EU는 시장점유율을 높이고 있다. EU의 수출품은 일회성 원자재가 아니다. 기계와 같이 수입이 또 다른 수입을 부르는, 다시 말해 뒤로 갈수록 수입이 체증하는 품목으로 중국시장을 공략하고 있다. 2010년 상반기 중국과 EU 간 교역액은 37.2% 늘어난 2,194억 달러로 집계되었다. 미국은 그 뒤를 이어 30.2% 증가한 1720억 달러로 나타났다. 일본과 ASEAN이 각각 3, 4위를 기록했으며 교역액은 1,366억 달러와 1,365억 달러를 보였다. 참고로 브라질과의 교역액은 264억 달러로 60% 이상 늘어난 것으로 나타났다.

중국에 있어 EU와 미국은 황금알을 낳는 시장이고 일본, 한국 그리고 대만에게는 역으로 중국이 황금알을 낳는 시장이 된다. 동북아에서 더 이상 중국의 심기를 거스리고 편할 나라는 존재하지 않는다. ASEAN은 중국의 영향권 테두리에 깊숙이 놓여 있다. 하토야마 전 일본 수상이 동아시아 공동체를 구상하고 대미관계를 점검하고 대아시아 관계를 강화하겠다고 신 외교구상을 내세운 것은 단순히 그가 민주당에 소속되어 있기 때문이 아니다. 국제환경이 일본의 외교정책 변경을 요구하는 것이고 그는 그 변화에 순응하겠다는 의사표시를 한 것뿐이다. 민주당에 밀린 자민당이 집권하여도 일본 국익을 위해서는 아시아로 고개를 돌릴 수밖에 없다. 어떤 의미에서 민주당의 승리는 기업으로 표현되는 경제권력이 자민당으로 대변되는 정치권력에 등을 돌릴 것으로 볼 수도 있다.

중국은 아시아 유일의 유엔안보리 상임이사국이며 거부권이라는 절대권

차이나 이펙트

력을 미국 눈치를 보지 않고 휘두를 수 있는 유일한 국가이다. 2010년 새해 벽두부터 중국의 대(對) 이란 제재 거부 의사로 미국은 난관에 봉착하였다. 패트리어트 미사일 대만판매라는 강수를 두었지만 중국의 GMD(Ground-Based Midcourse Defense) 시험발사 성공으로 체면만 구겼다. 영국은 19세기 중엽 아편전쟁으로 중국에 씻을 수 없는 치욕을 안겨주었지만 이제는 자국 마약밀수범이 형장의 이슬로 사라지는 것을 바라만 본다. 프랑스는 섣부른 인권문제 제기로 순방국 세외라는 보복을 당했으며 러시아는 부상하는 중국을 긴장된 눈길로 본다.

중·미 사이의 이해관계가 격렬히 충돌하는 글로벌 어젠다는 일단 제외되며 환경·핵 안보·G20·이란과 북핵 문제와 같은 굵직굵직한 의제들은 원만한 합의를 위해 일단 중국의 손을 거쳐야 한다. 미국이 제안하고 기타 강대국들이 의견을 표시하던 구도에서 이제 미·중 사이에 합의된 제안만 논의되는 형태로 바뀌고 있다. 힘의 이동에 따라 국제역학 관계가 변하고 있는 것이다. 유럽은 양자구도가 아닌 삼자구도로 판을 재편하려고 힘겨운 노력을 기울인다. 러시아는 캐스팅보드 역할을 통해 현 강대국 지위를 유지하려고 한다. 인도·브라질·일본과 같은 이등 강대국들은 글로벌 헤게모니가 좀 더 다원적으로 변화되길 바란다.

<그림 2>는 국가별 세계 소비시장 비율을 나타낸 것이다. 미국이 30% 정도로 절대적으로 높은 비중을 차지한다. 일본과 독일은 8%와 6% 내외를 기록하고 있으며 중국은 이보다 낮은 5% 선을 유지한다. 프랑스, 이탈리아보다는 높지만 G2로 불리는 중국의 위상과는 거리감이 있다. 하지만 이 모든 것은 GDP 대비 40% 미만의 민간소비로 달성한 기록이다. 미국은 중국보다 소비비중이

〈그림 2〉 국가별 세계 민간소비시장 비율

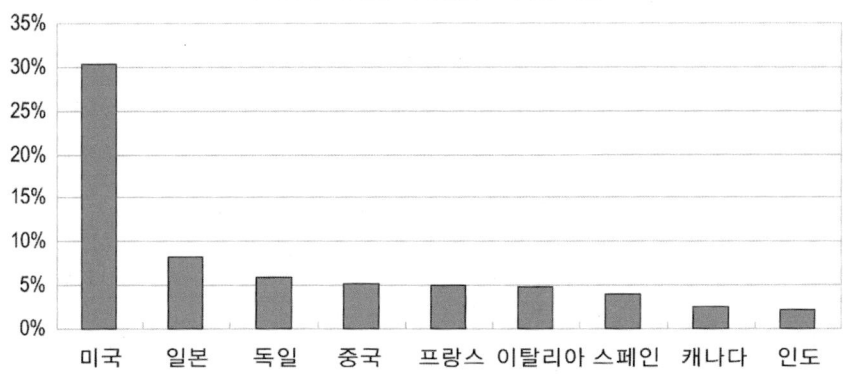

자료원천: Credit Suisse

30% 이상 높으며, 일본과 독일도 20% 정도 높다. 매킨지는 소득증가로 중국의 중산층이 넓게 자리 잡을 것이며, 2020년경 개인소비액이 2.5조 달러를 넘어 미국(11.3조 달러), 일본(3.4조 달러)에 이어 제3대 소비시장이 될 것으로 전망하였다. 크리티트 스위스는 매킨지보다 한층 낙관적인 전망을 내놓고 있다. 크리티트 스위스는 2020년경 세계 민간소비시장에서 중국이 차지하는 비중을 21% 이상으로 보고 있으며, 그때쯤이면 미국을 추월해 세계 최대소비 시장이 부상할 것이라 예측하였다. 중국이 만약 일본과 비슷한 소비비중을 기록했다면 10년 이후가 아닌 2008년 데이터만으로도 일본에 버금가는 민간소비 규모를 보였을 것이다.

시간이 흐르면서 세계의 공장에서 세계의 시장이라는 이미지가 덧칠해지고 있다. 중국은 세계 자동차 브랜드의 집합장으로 2009년 자동차 생산 및 판매에서 미국을 제치고 세계 1위를 기록하였다. 자동차 산업이 미 전통제조업의 상징임을 감안한다면 미국이 느끼는 심리적 충격은 적지 않았을 것이다. 세계 사치품 시장에 대한 중국의 입김은 더욱 거세다. 중국 사회과학원은 2009년 중국 사치품 시장 규모를 94억 달러로 추정하였다. 이는 일본에 이어 세계 2위의 규모이다. 글로벌 경기침체로 주요 선진국들의 사치품 시장이 축소된 반면 중국은 30% 확대되었다고 밝혔다. 또한 5년 이내에 일본을 제치고 연 146억 달러로 세계 1위에 올라설 것으로 전망된다. 중국의 외환보유고는 일본의 두 배로 현 기세를 유지한다면 3조 달러도 곧 눈앞에 펼쳐질 것이다. 강한 소비욕구와 그걸 실현시킬 능력을 갖춘 중국에 각국은 러브콜을 보내고 있다.

이제 중국 관료는 세계 1, 2위라는 평가에 관심이 없음을 은근히 밝히고 있다. 중국을 압도할 유일한 나라는 미국이며 미국과의 격차는 몇 년 안에 극복될 성질의 것이 아님을 중국도 직시하고 있다. 중국은 미국을 쫓고 인도는 중국을 쫓는다는 거만스러운 사고도 드러낸다. 우리는 이제 아시아라는 영역에서 중국을 흔들 세력이 없음을 받아들여야 한다. 아시아 국가들에게 남은 선택은 중국 영향권으로의 편입유무가 아니다. 얼마나 빨리 그리고 얼마나 깊게 편입될 것인가라는 선택 정도가 눈앞에 있을 따름이다. 2010년을 끝으로 중국은 순위의 다툼에서 탈피할 것으로 판단된다. 세계의 공장에서 세계의 창조 그리고 세계의 시장으로 진화하는 중국의 모습에서 우리는 누에껍질을 벗고 날아오르는 한 마리 나비를 상상하게 된다.

2
中・美, 오월동주(吳越同舟) 향기는 희미해지고

권력은 나누는 것이 아니라 쟁취하는 것이다. '한 산에 두 마리 호랑이가 살 수 없다'는 속담은 몇천 년간 내려온 권력의 속성을 풀어낸다. 서로 발톱을 숨긴 채 웃고 있다는 말이 공존의 당위성을 보장하지는 않는다.

미 주류는 중국을 글로벌화의 과실만 따먹고 책임을 거부하는 도둑심보를 가진 국가로 묘사한다. 이에 대해 중국 정치가들은 미국의 탐욕으로 글로벌 불균형이 초래되었다고 생각한다. 중국의 과잉생산은 단지 미국의 수요를 충족시키기 위한 시장결과로 판단한다. 양국은 책임지는 중국, 절제된 미국을 요구하고 상호 비방하고 있다. 원자바오 총리는 2009년 다보스 포럼에서 금융기관에 대한 통제실패와 함께 금융기관의 과도한 팽창, 낮은 저축과 과소비의 유지 불가능한 발전모델이 복합적으로 작동하여 현 위기를 초래되었다고 힐난하였다. 특정 국가를 명시하지는 않았지만 그것이 미국이라는 것을 모두 알고 있다. 2009년 2월 파이낸셜 타임즈와의 인터뷰에서는 과소비를 일삼는 일부 국가들이 그들에게 돈을 빌려준 상대국을 비난하는 것은 문제를 호도하는 행위이며 이런 적반하장은 완전히 잘못된 것이라고 주장하기도 했다.

이쯤에서 양국의 관점을 간단히 정리하면 미국은 중국이 수입 장벽을 높인 채 각종 정책지원을 통하여 자체 해결하지 못하는 막대한 물량을 저가로 미국에 뿌리고 있다고 본다. 따라서 미국 산업기반은 갈수록 취약해지고 과소비는 조장되었다고 여긴다. 반면 중국은 미국이 자신의 탐욕을 충족시키기 위하여 중국자원과 노동력을 쥐어짜고 남은 찌꺼기만 던져준 채 문제의 근원을 중국에 돌린다고 생각한다. 양쪽 모두 극심한 불신과 피해의식에 사로잡혀 있는 것이다. 미국은 중국의 현행 17%의 부가세율 적용상의 문제로 2008년 한 해 550억 달러 상당의 손실을 보았다고 말한다. 수출업체에게는 때때로 리베이트 형식을 빌어 부가세를 경감시켜 주지만 수입상에게는 예외 없이 부과한다는 것이다. 2008년 12월에는 3,770개 이상의 품목이 상기의 제도적 혜택을 받았는데, 이는 중국 수출품의 약 30%에 해당하는 수치이다.

에너지 섹터 부분에서 지방정부 규칙을 강요하는 경우가 자주 발생하고 있는데, 그 대표적 사례가 바로 태양열 발전소 건설에 80% 이상의 중국산 제품을 사용할 것을 요구하는 것이다. 2009년 초에 발주된 25개의 대형 풍력터빈 계약이 모두 중국기업에 넘어갔으며 이 계약에 입찰한 6개 해외기업들은 기술부문에서 모두 자격미달 판정을 받았다. 자동차 산업 역시 중국 지방정부의 불공정 관행으로부터 편익을 취하는 대표적 부문이다. 베이징은 수입부품을 일정비중 이상 사용한 완성차는 현지 생산품이 아닌 수입품으로 보고 25%의 수입관

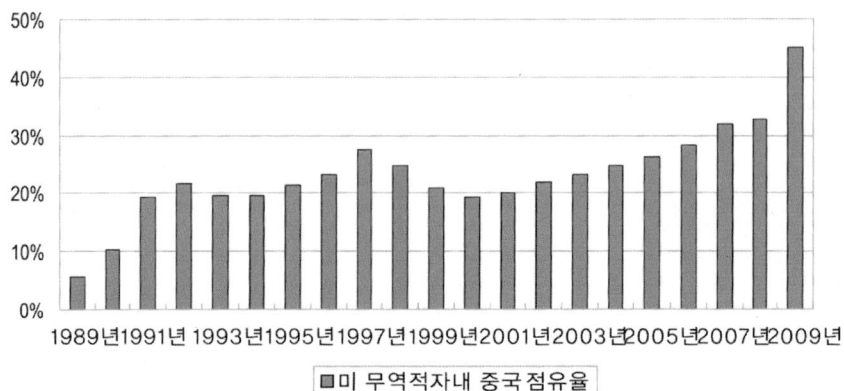

〈그림 3〉 미 상품무역 적자에서 중국이 차지하는 비율

자료원찬: 미 상무부 국제무역부

세를 부과하고 있다.

　〈그림 3〉은 미 상품무역적자에서 중국이 차지하는 비율을 그려본 것이다. 1990년 10%를 간신히 넘겼던 비중은 그 다음 해 근 20%로 두 배 가까이 뛰었다. 예외적으로 1997년 27%를 넘겼지만 2005년 이전까지는 대체로 25% 이하에서 머물렀다. 미운 털로 눈총을 받던 일본은 2000년을 기점으로 중국에 그 자리를 넘겼다. 미국의 상품무역적자에서 중국이 차지하는 비율은 2005년 26%에서 상승을 거듭한 끝에 두 해만에 30%를 넘겼다. 동 기간 일본의 미 상품무역적자 비중은 10%를 유지하였다. 중국은 2009년 미 상품무역적자의 45%를 점하며 2010년 통상마찰의 서막을 예고하였다. 일본은 8.9%로 떨어지면서 미국의 시선에서 사라져 버렸다.

　앞서 〈그림 3〉과 또 다른 의미에서 〈그림 4〉는 왜 중국에 미국의 집중포화

차이나 이펙트

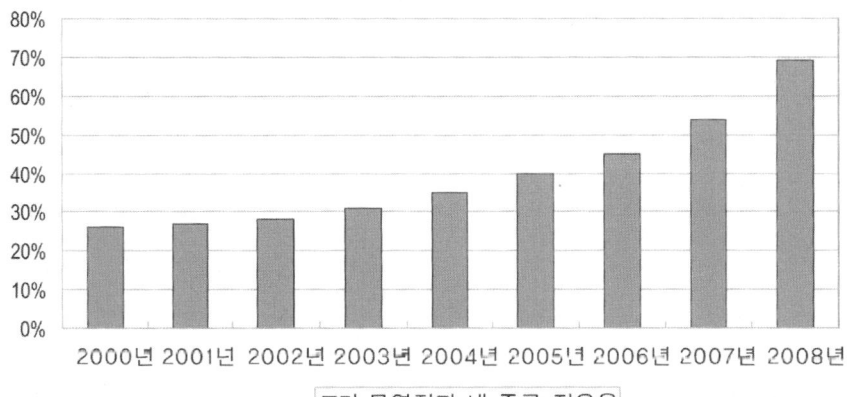

〈그림 4〉 미 상품무역 적자 가운데 중국이 차지하는 비율(석유제품 제외)

■ 미 무역적자 내 중국 점유율

자료원천: USCC

가 퍼부어지는지를 드러낸다. <그림 4>는 석유제품을 제외한 무역적자에서 중국이 차지하는 비율을 나타낸 것이다. 베네수엘라, 사우디 등이 매년 상당한 대미 무역흑자를 실현하고 있지만 이들을 향해 미국은 총구를 겨누지는 않는다. 외교와 지정학적 문제로 베네수엘라와는 불편한 관계에 있지만 무역분쟁은 아니다. 이들의 수출품은 석유로 미국은 오히려 더 많은 물량을 원하고 있다. 가격만 맞다면 기꺼이 달러를 투하할 준비가 되어 있다.

그러나 중국에서 구매하는 품목은 그렇지 못하다. 전략물자가 아닌 생필품으로 미 노동자들의 취업기회를 위협하고 있다. 2000년만 해도 미 무역적자에서 중국이 차지하는 비율은 26%에 불과하였다. 비록 2001년과 2002년 2년 연속 상승했지만 30% 미만으로 눈여겨보는 단계에 머물렀다. 무역불균형과 위

Chapter 5 중국은 세계에 어떤 의미로 다가오는가

안화 환율을 연계해 중국을 압박하기 시작한 해는 2003년으로 이때 미 무역적자에서 중국이 차지하는 비율은 31%였다. 30%를 넘어선 시점부터 노골적으로 불편한 심기를 표출한 셈이다. 2003년 30%를 넘어선 후 딱 2년 만에 40%로 뛰어올랐으며 다시 2년이 흐른 2007년 이 수치는 54%를 기록하였다. 미 무역적자의 과반이 중국에 의해 실현된 것이다.

국제 금융위기와 글로벌 경기둔화로 통상마찰은 수면 아래로 가라앉았지만, 폭발력은 더욱 누적되었다. 국제공조라는 틀 속에서 억눌린 분노는 각자 살길을 모색하는 기류가 분명해지고 있는 2010년 서서히 끓어오르고 있다. 미국도 중국의 값싼 생필품으로 인해 미 소비자가 경제적 효익을 누리고 있음을 알고 있다. 하지만 그것을 전제한다고 해도 양국 간 무역불균형은 한계치를 넘어섰다. 실물을 생산하고 지폐를 가져오는 중국과 실물을 소비하고 지폐를 주는 미국 가운데 누가 진정한 이익을 누리는가를 논하기 앞서 경제영역에서 정치영역으로 문제가 넘어가 버렸다. 이는 전략의 틀 속에서 양국이 해법을 찾아야 된다는 의미이다. 미 무역적자에서 중국이 차지하는 비율은 2007년 54%에서 2008년 69%로 그리고 2009년에는 80%를 넘어설 것으로 예측된다. 경제로 풀 수 있는 단계는 지났다. 2010년 6월 개최된 중미전략경제회의는 그걸 논의하는 자리였다.

2010년 벽두부터 오바마 미 대통령은 중국을 필두로 한 아시아 수출국들에게 환율이 통상회담의 초점이 될 것임을 명시하였다. 미국은 '환율'이라는 마법지팡이를 뽑으며 세상을 일거에 변화시키려고 한다. 사실 '무역불균형 해소'보다는 '부의 약탈'이라 부르는 것이 더 타당할 것이다. 항공모함을 이끌고 함

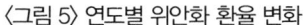

〈그림 5〉 연도별 위안화 환율 변화

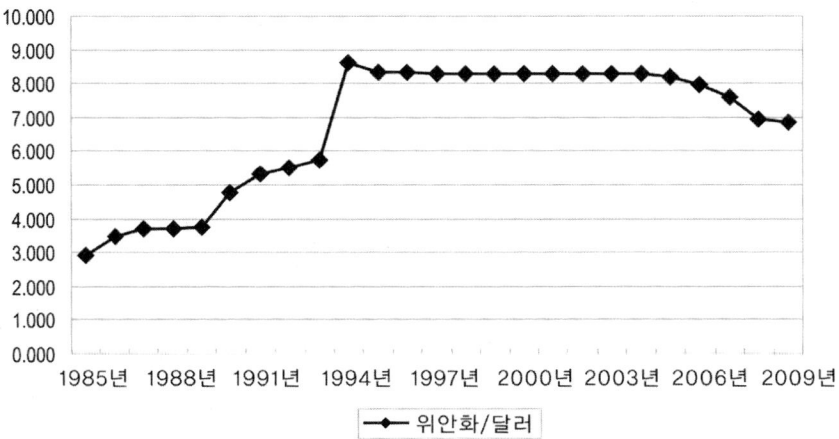

자료원천: 중국국가통계국

포외교를 하는 것은 중동에나 어울릴 법하지 아시아에는 적합하지가 않다. 동맹국들의 우려는 둘째치고라도 자칫 잠자는 북극곰 러시아와 승천의 기회를 엿보는 중국을 깨울 수 있다. '총칼'보다는 '환율과 금융'이라는 세련된 기법이 더 유용할 것이며 함포는 이를 순조롭게 하는 도구에 불과하다.

그러면 위안화 환율을 바라보는 중·미 간의 시각차를 살펴보자. 〈그림 5〉는 연도별 달러 대비 위안화 환율변화를 도출한 것이다. 1995년부터 2005년 10년 동안은 환율은 거의 변동이 없었으며 2005년 외환제도 변경과 함께 약간 절상된 이후 2008년, 2009년 제자리를 맴돌고 있다. 중국은 통화 바스켓에 의한 변동환율제도라고 부르짖지만 미국에 있어서 중국의 외환시스템은 달러화에 고정된 환율 체계인 것이다. 혹자는 그럼 왜 유독 미국만 두드러지게 위안화 환

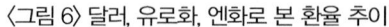

〈그림 6〉 달러, 유로화, 엔화로 본 환율 추이

자료원천: 중국인민은행

율문제를 거론하는지 의문을 가질 것이다. 2008년 수치를 놓고 보면 중-EU 간 무역규모는 4,256억 달러 정도로 중·미 간 수치인 3,337억 달러를 훨씬 초과한다. 그러나 유럽은 미국과 달리 적극적으로 위안화 환율 문제를 제기하지 않는다. 비록 2010년 10월 공세를 개시하고 있지만. 일본도 몇 년 집중 거론한 이후 최근 에는 잠잠하다. <그림 6>을 통해 우리는 그 이유를 일부나마 알 수 있다.

<그림 6>은 2008년 1월 초를 100으로 둔 각국 통화별 위안화 환율변화를 그려본 것이다. 달러와 달리 유로화와 엔화 기준 환율은 상하로 최대 30% 이상 의 변동을 보이면서 흐르고 있다. 미국에 있어 위안화 환율은 고정환율이지만 유럽과 일본에게는 변동환율로 작동되는 것이다. 위안화 환율문제로 유럽과

단위: 억 달러

년 도	미국통계			중국통계			차 액
	수출	수입	무역적자	수출	수입	무역적자	
2000년	163	1,000	837	543	262	281	556
2001년	192	1,023	831	521	224	297	534
2002년	221	1,252	1,031	925	339	586	445
2003년	284	1,524	1,240	699	272	427	813
2004년	347	1,967	1,620	1,249	447	802	818
2005년	418	2,435	2,017	1,629	486	1,143	874
2006년	552	2,878	2,326	2,034	592	1,442	884
2007년	652	3,215	2,563	2,327	694	1,633	930
2008년	697	3,378	2,681	2,523	814	1,709	972
2009년	695	2,964	2,269	2,208	775	1,433	836

자료원천: 중국해관, USSR, 미 상무부 국제무역부(ITA)

일본이 중국을 물고 늘어질 여지는 많지 않다. 유독 미국만 억척을 부리는 것처럼 비칠 수도 있다. 미국처럼 중국도 월척만 잡고 유럽과 일본 같은 물고기는 중립상태로 붙들어 둔다. 대부분의 외환거래가 달러화 베이스로 움직이는 현실에서 굳이 유럽과 일본을 적으로 돌릴 필요는 없기 때문이다. 참고로 2010년 6월 현재 달러 대비 위안화 일일변동 폭은 ±0.5%, 유로화와 엔화는 ±3%이다. 왜 유로화와 엔화가 달러화보다 그 변화가 크게 그려지는지 이해될 것이다.

미국은 석유제품을 제외한 2008년 미 무역적자의 70%가 중국에 의해 초래된 것으로 파악된다. 하지만 중국의 입장도 그러할까? 답은 'No'이다. 무역수치 통계에 있어 미국과 중국의 시각차는 상상을 초월한다. 2007년 기준 양국 간 무역수치 오차는 930억 달러에 달한다. 미국으로 보면 중국이 흑자규모를 930억 달러 과소 계상한 것이고, 중국에 있어서는 미국이 930억 달러 부풀린 셈이다. 무역흑자를 둘러싼 양국 간의 오차 규모는 한 해 대미무역의 30%에 해당한다. 이에 대한 자세한 자료는 <표 3>을 참조하길 바란다. 이렇듯 중·미 양국은 서로가 통계를 조작하고 현실을 왜곡한다고 힐난하고 있다. 무역수치 이 한 면만으로도 우리는 상호간의 불신의 깊이를 느낄 수 있다. 이런 불신이 무역에 한정된 것은 아닐 것이다. 정치와 군사 등 전방위에 걸쳐 비슷한 괴리가 잠재되어 있다.

천더밍(陳德銘) 중국 상무부장은 2010년 3월 전국인민대표대회 기자간담회 석상에서 중·미 사이에 일부 무역마찰이 존재하지만 윈윈(Win-Win)전략이라는 큰 틀에는 변화가 없음을 역설하였다. 또한 중국 상무부 부부장은 미 상무부 및 미국무역협상대표를 방문해 양국간 무역통계 자료 차이에 관한 문제를 심도 깊게 논의하였다. 2010년 3월 4일 중·미 쌍방은 연구결과를 공동 발표하였는데, 이 자료에 따르면 2006년 미국의 대중무역 적자규모는 26% 과대 계상된 것으로 나타났다. 앞으로도 중·미 양국은 통계산출에 관한 깊이있는 대화를 나눌 것이며 이는 신뢰회복에 도움을 줄 것이다. 다만 천더밍(陳德銘) 중국 상무부장이 '경솔히' 라는 과격한 표현을 써가면서 무역과 환율 문제를 연관시키려는 시도에 강한 불만을 표시한 사례에서 보듯이 양국 행정부의 근본적 시각변화를 기대하기는 아직 힘들 것 같다.

〈그림 7〉 중화권 미 국채 보유 추이(2009.06~2010.04)

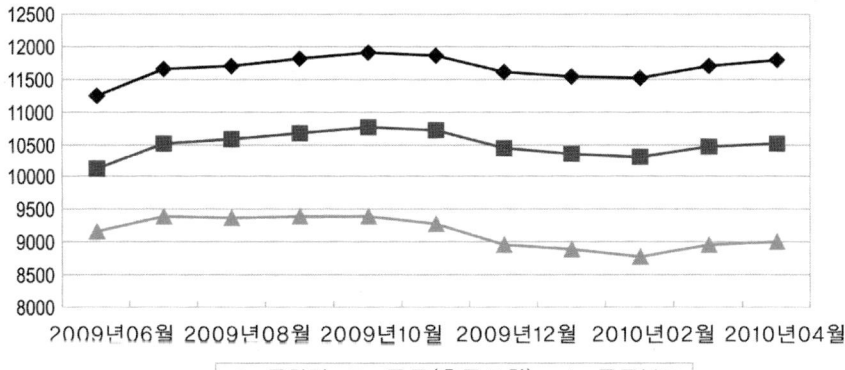

자료원천: 미 재무부 TIC

    미국이 환율카드를 꺼내며 중국과 아시아 각국을 위협하는 이유는 무엇일까? 미국이 환율조작국을 언급하고 보복관세를 부과하며 고삐를 죄는 가운데 2010년 2월 미 재무부는 전년 12월 중국의 미 국채보유액이 342억 달러 감소했다고 밝혔다. 11월 93억 달러 감소에 이어 두 달 연속 중국이 미 국채 보유량을 줄인 것이다. 2009년 11월부터 2010년 2월까지 4개월 동안 중국이 감소한 미 국채물량은 600억 달러를 넘어섰다. 미국이 환율과 무역불균형 카드로 중국을 압박한 이면에는 외환보유고 다변화 정책에 대한 불쾌감도 깔려 있다. 유로화로 글로벌 기축통화가 바뀌는 것을 미국은 원하지 않으며 또한 달러와 유로화가 같은 위치에서 경쟁하는 것도 탐탁지 않게 생각한다. 미국은 유로화가 유로라는 울타리에서만 노는 것으로 선을 긋는다. 유로가 서구가 아니었다면 이것도 아마 불가능했을 것이다. 아시아 지역, 특히 중국이 달러에 대한 신뢰를 거두면 달러는 큰 난관에 부딪치게 된다. 달러의 위기는 또한 미국의 위기이다.

글로벌 위기에서 오월동주로 묶여 타협하던 G2가 이제는 파열음을 낸다. 중국은 이란 제재와 6자 회담으로 미국을 흔들고 미국은 대만무기 판매와 2010년 2월 달라이라마 접견으로 중국에 반격을 날렸다. 미국이 최대주주로 있는 국제통화기금(IMF)의 수석경제학자 올리버 블랜차드는 2010년 2월 위안화 가치 20% 절상은 미 GDP를 1% 정도밖에 끌어올리지 못한다고 중국을 압박하였다. 위안화 절상이 미 경제의 지속성장을 위한 전제조건이 아니라는 투로 말하지만 그 내면은 20% 절상이라는 선을 분명히 제시한다. 5% 양보만으로 만족할 수 없으니 1달러당 6.8위안인 현 수준을 5.4위안 정도까지 낮추라는 의미이다. 골드만삭스 진 오닐 수석 이코노미스트도 때를 같이해 위안화 5% 절상 가능성을 흘렸다. 초기는 5% 정도로 시작해서 차츰 20% 선까지 맞추라는 뜻일 것이다.

중국은 환율문제는 내정으로 외부간섭을 불허한다는 입장을 반복한다. 일부 극단주의자의 언사를 통해 미 국채의 무기화 의도도 내비친다. 중미 양국은 오월동주 관계를 청산할 듯이 마찰음을 내고 있다. 그러나 실제 위기로 비화될 확률은 높지 않다. 서로의 역량과 의도를 가늠하면서 주도권 쟁탈에 나서고 있을 따름이다. 2010년 6월 중국은 5% 절상이면 대부분 파산이라는 논조를 접고 방직업도 5%까지는 견딜 수 있을 것이라고 한 발짝 물러났다. 모든 뉴스와 정보가 의도를 품고 있지만 특히 골드만삭스의 것은 색안경을 끼는 것이 좋다. 곧이곧대로 듣다가는 낭패를 당할 수 있다. 미 증권거래위원회(SEC)는 2009년 4월 '아바쿠스'에 관한 내부정보를 투자자들에게 알리지 않아 손실을

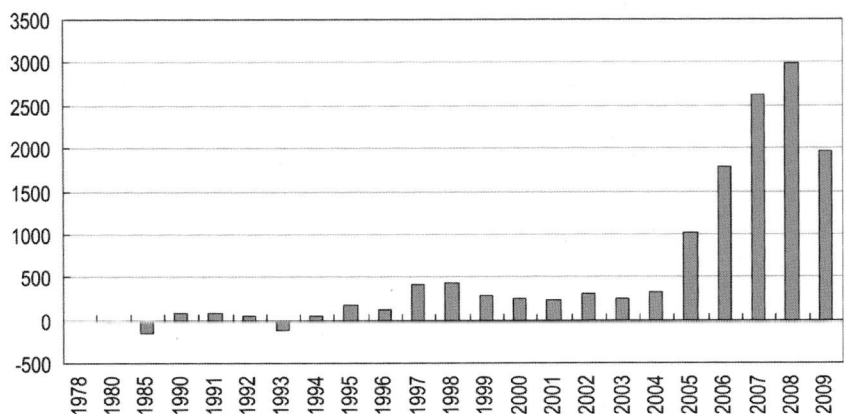

〈그림 8〉 1978~2009년 중국 상품수지 추이

단위: 억 달러

자료원천 중국국가통계국, 중국상무부

입혔다고 골드만삭스를 법원에 고소하였다. 골드만삭스는 SEC 제소에 벌금
6억 달러를 물고 화해할 것을 제안하였다. 이와 별도로 호주의 한 헤지펀드도
2007년 팀버울프 부채담보부증권(CDO)의 가치산정이 잘못되었다며 10억 달러
이상의 소송을 뉴욕법원에 제출하였다. 그리스 총리는 꼭 짚어서 말하지 않았
지만 골드만삭스를 염두에 둔 발언을 내뱉으며 미 투자은행들에 대한 법적 대
응에 나설 뜻을 비추었다. 참고로 2010년 7월 골드만삭스는 5억 5,000만 달러 벌
금을 내기로 하고 미 증권거래위원회와 화해하면서 고소사건을 종결하였다.

중국에서도 이와 비슷한 일이 발생하였다. 2008~2009년 당시 골드만삭스는 중
국 국영기업들과 원유 관련 파생상품 계약을 체결하였는데, 골드만삭스의 주
장과 달리 유가가 폭락하면서 이들은 수십억 달러의 손실을 입었다. 또한 골

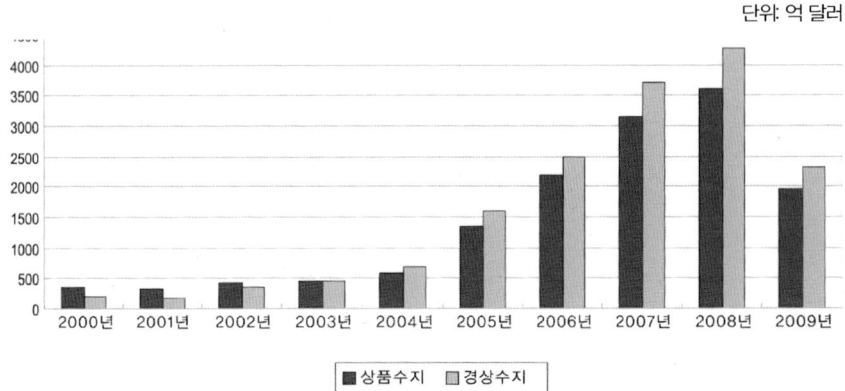

단위: 억 달러

자료원천: 중국국가통계국, 중국 상무부

드만삭스는 중소 제약업체인 헤파링크(002399.SZ)에 490만 달러를 투자했는데, 이 회사는 2010년 5월 중소기업판에 상장되었다. 상장차익으로 골드만삭스는 10억 달러 이상을 벌어들였다. 230배 이상의 잭팟을 터뜨린 것이다. 참고로 헤파링크는 혈액응고 방지물인 헤파린을 생산하는 업체로 사노피 아벤티스, 노바티스 등 글로벌 제약회사에 제품을 공급하고 있다. 증권사들은 헤파링크가 중국 최초로 미 식품의약국(FDA)의 승인을 받았다고 연일 비중확대 보고서를 뿌리고 있지만, 알 말한 사람은 그것이 거짓임을 안다. 업계 관계자들은 헤파린을 생산하는 타 기업들도 미 식품의약품 승인을 이미 획득했다고 밝힌다. 작전이란 무엇인가를 보여주는 모범 매뉴얼이다. 상장 첫날 장중 188위안까지 치솟은 헤파링크 주가는 2010년 6월 30일 현재 120위안 밑으로 떨어졌다.

'21세기경제보'를 필두로 다수의 신문들이 중국에서의 골드만삭스 행태를 비난하며 농업은행 IPO주간사에서 골드만삭스를 탈락시킬 것을 요구하였다. 2010년 5월 중미전략경제대화에서 힐러리 클린턴은 아마 월스트리트의 중국시장 진출을 강력히 요구했을 것이다. 그녀의 남편인 클린턴 전 대통령은 아바쿠스와 관련해 '골드만삭스가 어떤 위법행위도 하지 않았음을 확신한다'고 두둔하고 나섰다. 이 같은 그의 발언은 골드만삭스에 재직 중인 예비사위 때문이라는 추측도 있다. 워런 버핏 역시 '골드만삭스는 어떤 불법행위도 하지 않았다'고 힘을 실어준다. 골드만삭스가 중국에서 집중포화를 받는 가운데 월스트리트의 제황 JP모건은 어부지리 격으로 중국에서 첫 발을 내딛었다. 중국 정부는 2010년 6월 중국선전의 퍼스트캐피탈과 JP모건의 합작사 설립을 승인하면서 골드만삭스보다는 JP모건의 손을 들어주었다. 현재 HSBC, 시티그룹, 매쿼리그룹 등도 중국 증권업 진출을 타진하고 있는 것으로 알려진다.

한편 조우샤오촨(周小川) 중국인민은행 행장은 2010년 3월 기자간담회에서 "중국 외환보유고와 금융·상업계에서 보유한 달러화 자산 각도로 보면 달러자산 가치변화는 당연히 주목할 만한 일이다. 그러나 달러 강세 또는 약세, 미 연방준비제도이사회의 화폐정책 변화, 미국정부의 채무상황 등은 다양한 형태로 세계 경제와 중국 경제에 영향을 미치고 있으며 그 영향력은 다각도로 분석할 필요가 있다. 유리한 면도 있고 불리한 면도 있다. 자산은 단지 이 문제를 살펴보는 하나의 각도에 불과하다"는 견해를 표명하였다. 달러화 자산은 단순히 투자만의 문제가 아님을 분명히 밝힌 셈이다.

미국은 환율을 무역불균형 관점에서 제기하지만 이 문제는 결국 부와 헤게모니 이동으로 연결된다. 위안화 환율 20% 인상은 중국이라는 단순조립 공장을 붕괴시킬 것이다. 경제성장의 60% 이상을 소비가 떠받치지 못한 현 구조에서 전개될 환율급변은 중국 경제를 한참 되돌릴 수 있다. 2005년 불어닥친 환율 충격만으로도 중국은 비틀거렸으며 경제적 부작용은 명확하였다. 기업인의 제조업 탈출 러시는 부동산과 증시를 버블로 몰고 갔으며, 중국정부에게는 실업문제라는 짐을 던졌다. 실물경제는 크고 느리게 움직이지만 부의 이동은 신속하고 즉각적이다. 중국에 있어 위안화 20% 절상은 달러화 표기자산의 20%가 사라진다는 것과 동일하다. 동일한 의미에서 중국에 투자한 외국인의 자산가치는 20% 확대될 것이다. 대내외 노출금액을 3조로 추산한다면 20% 절상만으로 6000억 달러 정도가 중국에서 타국으로 이전되는 효과가 발생한다.

미국 이외에서 유통되고 있는 달러는 8,700억 달러로 그 가운데 74% 내외가 100달러 지폐로 발행된 것이다. 글로벌 단위로 볼 때 미 정부는 엄청난 세뇨리지(Seigniorage)를 획득하고 있다. 지배권으로 표현되는 광범위한 이익은 내려놓더라도 지폐를 찍는 행위 그 자체만으로 미국은 충분한 편익을 획득하는 셈이다. 지구상에서 최고의 부가가치 상품을 꼽으라면 필자는 달러를 언급할 것이다. FRB는 한 걸음 더 나아가 달러에 이자를 붙여서 판다. 말도 안 되는 시스템이 말이 되도록 돌아가고 있음을 통해 우리는 제국의 힘을 느낀다. 향후 중국의 최대 수출품은 장난감이 아닌 위안화일 것이다.

중국 제조업 몰락이 미 무역흑자로 연결되지는 않을 것이다. 일회성(One-Step) 위안화 절상이 일어난 2005년부터 중국의 상품 및 경상수지 흑자규모는 오히려 폭발적으로 확대되었다. 2004년 590억 달러에 머물던 상품수지 흑자규모는 2005년 2배 이상 늘어났다. 2008년에는 3,607억 달러로 2004년 대비 6배 이

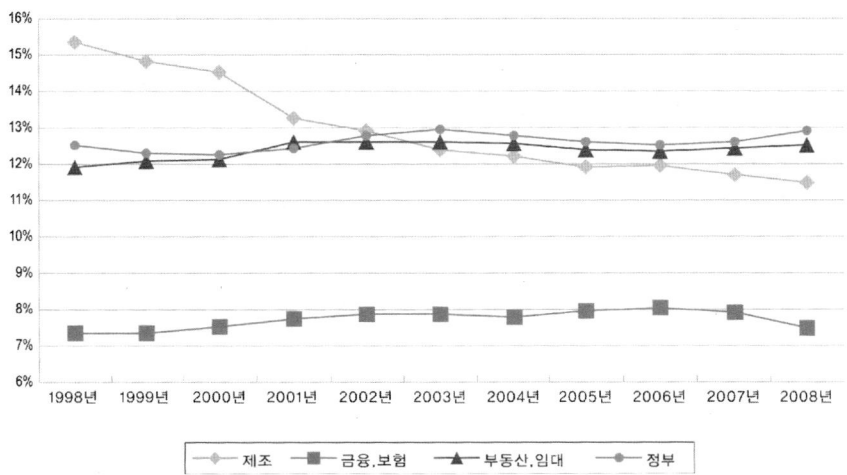

자료원천: 미국연방준비제도이사회

상 증가했다. 무역흑자 규모가 축소된 때는 환율이 거의 고정된 2009년에 일어났다. 무역수지는 위안화 환율이 아닌 글로벌 경제에 의해 좌우된다는 점을 증명한 셈이다. 위안화 환율절상이 중국 제조업 몰락을 촉발할 수는 있겠지만 그것이 미국의 무역흑자로 연결될 것 같지는 않다. 좀 더 솔직히 말하자면, 미국은 단지 2005~2009년, 단 5년 만에 1조 달러 이상 벌어들인 중국에 배가 아픈 것이다. 1조 달러를 쌓기까지의 비참한 현실에는 눈을 감고 1조 달러라는 숫자만 머릿속에 그리고 있는 것이다. 어릴 때 읽었던 '개미와 배짱이' 우화 그 이상도 그 이하도 아니다. 미 산업구조는 이런 주장의 타당성을 높여준다.

　　미국은 '무역불균형' 원인으로 환율을 지목하지만 사실은 미 산업구조 자체가 그것을 초래하고 있다. 미국은 현재 '세계화와 분업'이라는 늪에 빠졌다. <

그림 10>은 1998년부터 2008년까지 10년간 미 산업별 GDP 비중을 간략히 살펴본 것이다. 위안화 환율과 관계없이 미 제조업의 구조적 하락(15.4% → 11.4%)을 관찰할 수 있다. 정부와 부동산 영역(임대 포함)은 횡보와 소폭의 상승을 그린다. 금융과 보험부분은 2006년 8.1%에서 2008년 7.5%로 0.6% 떨어졌다. 환율이 아닌 미 산업구조와 탐욕적인 소비가 무역적자를 부르고 있는 것이다. 중국이 아닌 다른 곳에서라도 생활용품은 수입되어져야 하고 중국이 맡고 있는 역할은 언제든지 인도, 동남아로 이동될 수 있다. 현재는 그 시기가 아닐 뿐이다. 무역불균형의 본질은 '무역 파트너'가 아닌 '자국'에 있다.

3
산자이(山寨), 경멸과 위협

대중은 산적의 비천함이 아닌 그들의 잔악함으로부터 멀어진다. 불법과 합법 그리고 회색지대를 자유롭게 넘나들면서 산자이는 중국의 경쟁력을 끌어올린다. 도전과 무모함은 종이 한 장 차이에 불과하며 중국은 산자이로부터 많은 것을 기대하지는 않는다.

경제와 부 축적에 있어 중국은 경계가 없다. 본능적 탐욕이 정치를 건드리지 않는 한 시장에서의 완전경쟁을 보장한다. 2006년 제작된 '누가 전기자동차를 죽였는가?(Who killed the electric car?)'라는 다큐멘터리는 메이저 정유사와 자동차 재벌 그리고 그들의 뒷배인 정치권이 한줌의 기득권을 움켜쥐기 위해 어떻게 미국의 미래와 대중의 이익을 포기했는지 잘 보여주고 있다. 이 다큐멘터리는 세계 최초의 상용 전기자동차 'EV1'이 어떻게 시장에서 매장되었는지를 파헤친다. 사용자들의 격렬한 반대에도 EV1은 미 정부에 의한 강제회수 되어 비밀장소에서 폐차되었다.

　미 클린턴 행정부는 환경친화적인 자동차 생산을 원했으며 법률제정을 통해 자동차 메이커를 압박하였다. 이때만 해도 전기자동차 시대가 곧 펼쳐질 것처럼 보였다. 그러나 전기자동차는 이를 직접 시승해본 선도 소비자를 제외하고는 누구의 관심도 받지 못했다. 정유회사는 그렇다고 해도 자동차 메이커는 왜 전기자동차를 반대했을까? 자동차업체에 있어 중요한 것은 자동차 판매대수이지 그 동력은 아니질 않는가! 하지만 자동차 메이커들은 전기자동차를 극렬히 반대하고 나섰다.

　왜 그들은 스스로 잠재시장을 사장시키는 멍청한 짓을 벌인 것일까? 답은 의외로 간단하다. 매연가스를 내뿜는 굴렁쇠보다 전기자동차가 돈이 안 되기 때문이다. 자동차 메이커의 수익구조는 완성차보다는 부품에 의존한다. 전기자동차는 기존 휘발유자동차보다 잔고장이 적으며 부품교체 주기도 길다. 따라서 자동차 제조업체에 있어 전기자동차는 부품교체에서 오는 파생적 이익, 그러나 그것이 또한 본질적 이익인 부문을 협소하게 만들고 글로벌 정유업체로 보면 사업 자체를 사라지게 만드는 것이다.

　클린턴에서 부시로 권력이 이양되자 전기자동차는 사장되고 수소자동차가 논의선상에 올랐다. 당장 제조가 가능한 전기자동차를 버리고 그 기한이 언제일지도 모를 수소자동차가 생뚱맞게 대체품으로 떠오른 셈이다. 수소자동차는 전기자동차보다 전기료를 3배 정도 더 소요하는 것으로 알려진다. 논점을 흐리는 전형적인 물타기로 볼 수 있다. 이렇게 EV1 배터리를 제조한 기업은 GM을 거쳐 정유회사의 손으로 지배권이 떨어졌으며, 전기자동차는 어두운 동굴 속으로 숨어버렸다.

아이러니한 것은 '누가 전기자동차를 죽였는가?'라는 다큐멘터리가 제작된 후 채 2년도 버티지 못하고 미 3대 자동차 메이커들이 줄줄이 폐차장 신세로 떨어졌다는 것이다. 기업이 창조와 도전정신을 잃고 그 스스로 시장과 고객을 버리면 어떤 결말이 찾아오는지 생생하게 보여준 사례다. 미국은 1세기 넘는 자동차 역사를 가진 종주국이다. 그러나 진보는 없고 퇴보만 지속하고 있다. 석유의 무한성을 신뢰하는지 배기량이 높은 구식 자동차들이 도로를 뒤덮고 있다. 한 세기가 넘는 자동차 역사를 가진 미국과 21세기 이제 막 진용을 갖춘 중국을 비교해 보라! 상위 10대 메이커들이 87% 시장을 점유하며 한 해 근 1,200만 대를 팔고 있지만 소규모 영세업체들도 몇백 개 있다. 자동차산업 효율성 저하의 주범으로 눈총을 받고 있지만 변변찮은 생산공장에서 500만 원짜리 전기자동차를 뚝딱 만들어 매 해 몇십만 대를 시장에 풀고 있다. 현대자동차가 공개한 국산 1호 고속전기차 블루온은 대당 가격이 최소 5,000만원으로 전망된다. 기능적으로 뚜렷한 격차가 있겠지만, 단순한 가격만 놓고 보면 10배 정도 차이가 난다.

이렇듯 21세기 전기자동차 시대 개막은 자동차 종주국 미국도, 최고의 기술력을 자랑하는 독일도 그리고 대중화를 선도하는 일본도 아닌 촌구석에서 얼렁뚱땅 만들어져 팔리는 중국에 의해 주도되고 있다. 참고로 2009년 중국에서는 24개 자동차 메이커가 48종류의 신에너지 제품 목록을 제출했으며 공업정보화부는 39페이지 상당의 신에너지 자동차 표준을 발표하였다. 신에너지 자동차 시범보급 지역을 20곳에서 25곳으로 늘리고 12차 5개년 규획과 발맞추어

Chapter 5 중국은 세계에 어떤 의미로 다가오는가

1,000억 위안(16조 원 정도)의 지원금을 책정해두고 있다. 자원절약형, 환경 친화적인 자동차가 아직은 보편화되지는 않았지만 관련기준을 제정하면서 발 빠르게 제도적 기틀을 마련하고 있다. 소규모 영세업체들에 의해 중구난방 이루어진 전기자동차 시장을 이제 성장초점으로 보고 키우려는 것이다. 원자바오 총리도 2010년 11월 광저우 지역을 시찰하면서 자주혁신, 절전 및 환경보호, 전기자동차 분야를 가장 주목하고 있다고 밝혔다. 중국은 또한 2010년 8월, 16개 중앙기업으로 구성된 '전기자동차 산업연맹'을 출범하였다. 이 연맹에는 일기자동차, 동펑자동차, 장안자동차와 같은 완성차 업체 이외에 항천과기, 항천과공, 동방전기 등과 같은 배터리 및 전기전자 부품업체도 포함된다. 무엇보다도 미국과 달리 시노펙, 페트로차이나, 국가전망과 같은 대형 석유화학 및 전력 공급업체를 울타리에 포함시킴으로써 업종간 이해관계 충돌로 전기자동차 발전이 저해될 구실을 사전에 차단하였다.

중국 과학기술부는 2010년 10월, 2010년 말까지 공공교통 부문에 2만 대의 신에너지 자동차를 배치할 것이라고 밝혔다. 전기자동차 영역은 중국이 야심차게 기획하고 있는 7대 신흥 전략산업에도 포함된다. 세계 최초로 전기택시를 상용화한 비야디(BYD)는 비즈니스 위크가 선정한 '2009년 세계최고 업적을 기록한 100대 과학기술 기업'에서 애플을 제치고 중국기업으로는 사상 처음으로 1위를 달성했으며, 2010년 발표한 세계 50대 혁신그룹 9위에 랭크되기도 했다. 2008년 비야디 지분 10%를 매입한 워런 버핏은 2010년 9월 비야디 본사를 방문한 자리에서 비야디 지분을 늘리는 방안을 회사 관계자와 논의하였다.

이처럼 경제영역도 국제 관계처럼 영원한 친구도, 영원한 적도 없다. 영원한 이익만 존재할 뿐이다. 본인의 시간대는 제자리 속에 냉동시킬 수 있어도 세상은 그렇지 않다. 세상을 선도하든지 적응하든지 또는 도태되는 길이 있을 뿐이다. 사회와 인류는 진보하고 그 사회가 필요로 하는 제품들은 누군가에 의해 생산되기 마련이다. 미 자동차 메이커는 'EV1'을 버렸지만 미국은 중국에서 전기자동차를 수입하고 미국인은 그걸 타고 있다. 기업은 멈추면 사라진다. 그것이 비즈니스 세계의 진리이다. 창의와 경쟁을 제약하는 사회는 이류로 추락할 것이며 힘의 재편 속에서 외부로 튕겨나갈 것이다.

시대 흐름을 역행한다면 오늘의 도요타가 내일의 포드가 될 수 있다. 진보와 혁신을 멈추면 중국이 그들을 삼켜버릴 것이다. 연 1,400만 대를 생산하는 중국도 점차 내수시장이 한계에 몰리고 있다. 그러나 운명의 수레바퀴가 돌아가듯이 생산규모는 확대지향적이다. 지금은 10대 메이커가 중국을 분할하지만 2020년쯤이면 5대 메이커로 재편될 전망이다. 그때쯤이면 상하이자동차, 일기자동차, 동펑자동차 모두 생산능력이 500만 대를 훨씬 넘어설 것이다. 단독으로 천만 대에 육박하는 메이커가 등장할 수도 있다. 이는 중국 자동차업체들이 내부에서 외부로 총구를 돌릴 것이라는 말과 같다. 마치 가전제품처럼. 가까운 장래에 세계 자동차시장은 대격변을 겪을 것이다. 멸종될 시간은 충분하지만 생존할 시간은 부족하다.

그러면 '산자이(山寨, 산채)'의 의미를 알아보는 것으로 본 단락의 주제를 논해 보자. 산자이는 원래 '도둑들의 소굴'을 뜻한다. 하지만 그곳의 도둑은 못된 악당보다는 양산박의 의협에 더 가깝다. 중국인에 있어 산적은 남이 아닌 바로 자신이다. 예로부터 헐벗고 가난한 농민들이 폭정을 참지 못하고 도망간 곳이 산채이며, 그 속에서 새로운 왕조를 세운 인물도 나왔다. 한 제국의 문을 연 유방과, 원을 내쫓고 명나라를 세운 주원장 모두 그 출신은 비천한 산적무리와 다를 것이 없었다. 중국에 있어 산자이는 부정보다는 긍정에 가깝다. 모조품에 산자이라는 명칭을 붙인 것에서 그들의 관대한 시선을 느낄 수 있다.

도대체 중국에 얼마만큼의 산자이가 똬리를 틀고 있을까? 이에 대한 정확한 수치는 그 누구도 알 수 없다. 회색지대에 존재하는 이들, 즉 산자이는 때로는 선량한 농민으로 때로는 산적으로 수시로 신분을 바꾼다. 산자이라는 간판을 걸고 공장을 운영하는 제조업체는 없다는 뜻이다. 따라서 우리는 소규모 영세업체들이 주를 이루는 사영기업 현황을 토대로 가늠해 볼 수밖에 없다. 1993년 중국에는 23만 개의 사영기업이 존재하였다. 그러나 10년이 흐른 2003년에는 13배 확대된 300만 개로 늘어났다. 2007년 현재 이 수치는 다시 550만 개를 넘어선 것으로 파악된다. 한편 이들이 고용한 취업자는 5,900만 명에 육박한다. 이 수치는 '불법'이라는 주홍글씨를 새기고 이들을 박멸하는 것이 비현실적임을 대변한다. 자칫 정부가 소홀할 수 있는 영역에 대한 사회 안전망 역할도 일부 담당하고 있다. 사영기업의 75% 이상은 자본금 100만 위안 이하의 소규모 영세업체들로 60% 이상이 동부연해 10개 성시에 집중되어 있다. 중서부 지역은 각각 15% 정도를 점한다.

산적들이 특허권, 저작권 등을 지키는 일은 드물 것이다. 이들이 만든 것은 자연히 모조품이 되며 우리는 이를 '짝퉁'이라 부른다. 언어를 좀 더 순화시키면 모방, 복제 정도로 풀어쓸 수 있다. 엄격히 따지면 산자이 제품은 장물과 같다. 아이디어·기술·디자인·브랜드는 기업의 무형자산으로 글로벌 분업의 최상단에 놓인 다국적기업에 있어 핵심경쟁력과 같다. 좋은 아이디어는 그것을 실현시켜 줄 기술이 필요하고 디자인은 제품을 더욱 돋보이게 한다. 또한 생산자와 소비자의 깊은 신뢰는 브랜드를 통해 구현된다. 복제는 또한 창조성을 퇴색시키고 개발의 욕을 둔화시킨다. 있는 길을 걷기는 쉬워도 그 길을 닦는 것은 힘든 법이다.

하지만 도로를 놓았다는 것이 무거운 통행료의 정당성을 보장하지는 않는다. 자연은 그의 것이 아니며 만인의 것이다. 창조와 모방의 경계는 희미하다. 음양이 변하듯이 창조와 모방은 상호 순환한다. 노력 이상의 과한 대가와 그것을 독점하려는 욕망은 시장을 수축시키고 재탄생을 힘들게 한다. 인간은 신이 아니며, 애초에 모든 것을 알고 태어나지는 않는다. 중국에 있어 산자이 제품 그 자체는 비난의 대상이 아니다. 산자이에 대한 불만은 '모방'이라는 행위가 아닌 '제품의 질'을 통제하지 못한 데 있다. 모조품 생산라인 앞에 '정익구정(精益求精, 훌륭한 것을 더욱 훌륭하게 한다)'이라는 네 글자를 달아둔다면 산채가 자금성이 될 수도 있다. 얽매이지 않는 자유와 부에 대한 집착 그것이 바로 중국 제조업의 잠재력이다.

그러면 산자이가 세력을 떨칠 수밖에 없는 사회적 배경을 되짚어보자. 중국의 1인당 국민소득이 3,000달러를 넘어섰으며 일부 도시는 10,000달러를 돌파하였다. 그러나 극심한 부의 편차는 대중의 소비능력을 하락시켰다. 1달러 이하로 하루를 연명하는 수억의 인구가 현존하며 이들에게는 여가보다 생존이 더 급선무이다. 몇백 달러의 정품 소프트웨어 구입을 권유하는 것 자체가 난센스이다. 신 소비세력으로 바링허우(80後)가 부각되고 있지만, 모든 바링허우가 부유한 것은 아니다. 트렌드를 느끼지만 트렌드를 쫓아갈 여유가 없는 이들이

다수이다. 산자이에 대한 수요가 꿈틀거리는 셈이다. 여기에 애국심이라는 민족감정이 살짝 덧칠되면서 산자이 구입에 대한 감정적 합법성이 넓은 공감대를 형성한다.

비슷한 공정을 거친 제품은 비슷한 가격에 팔리는 것이 도리라고 생각하는 중국인에게 있어 나이키·HP·애플이라는 브랜드, 즉 그들에게 있어서는 단순한 그림과 기호에 불과한 것들이 중국산 제품원가의 다수를 점하는 현실은 쉽게 납득되지 않는다. 아직은 물질문명이 정신문명을 강하게 압도하고 있다. 한편 제조업자는 299달러짜리 애플단말기를 만들어 4달러 수익을 올리는 것보다 150달러짜리 산자이 제품을 제조해 15달러 이익을 얻는 것이 더 효율적이라고 여긴다. 일부 구매자는 제품의 효용보다 그 상징성에 더 무게를 둔다. 지방정부는 그것이 정품이든 산자이 제품이든 세수를 확대하고 경제에 도움이 될 수 있다면 눈을 감는다. 취업문제 해결과 국부 유출을 막는다는 명분도 있다.

생산자에게도 소비자에게도 그리고 정부에게도 산자이가 존재할 사회·경제적 이유가 있는 것이다. 산자이 제품에 대한 단속은 소비자 보호보다는 통상마찰 회피에 주원인이 있다. 현실적으로는 산자이에 대한 우호적 기류가 넓게 존재한다. 지적재산권 소송에 다국적기업이 승소한 사례는 드물다. 산자이 제품이 가진 폐단을 깊게 인식하기 전에는 근본 해결책은 없다. 외부의 눈에는 경멸의 대상이지만 산업구조를 보면 긍정적 효과도 일부 있다. 산자이는 불법과 합법 그리고 회색지대를 자유롭게 넘나들면서 시장을 발굴하고 육성시킨다. 이것이 때로는 산업 경쟁력을 높인다. 경제성을 이유로 사장된 전기자동차가 중국에서는 농촌 곳곳을 누비고 있다. 한국 중소기업들이 대규모 진출한 산동성에서만 해도 연간 10만 대 정도가 시장에 풀리는 것으로 추정된다. 한국은 전기자동차 한 대에 들어가는 배터리 가격만 천만 원을 훌쩍 넘어선다고 손사래를 치지만 중국에서는 완성차가 500만 원 수준에서 생산된다.

　유행에 민감한 고객도 있지만 싼 가격에 굴러가기만 해도 만족하는 이들도 존재한다. 중소기업이 가꾼 전기자동차 시장을 이제는 중형 제조업체들이 골격을 갖추고 있다. 중형 제조업체들이 저변을 넓히면 대형 메이커들이 대량 생산 체제를 가동시킬 것이다. 투자위험이 높은 영역에 산자이로 대변되는 수많은 중소기업이 뛰어들면서 기술과 경험을 축적하고 있다. 이들이 현실과 이상 사이의 간격을 메워 주면서 중국을 기술대국으로 끌어올린다. 결코 자동차 영역에 국한된 문제가 아니다. 전 산업에 걸쳐 동일한 일이 벌어지면서 선진국과의 기술격차를 좁히고 있다. 부족한 기술은 모방과 경험으로 메운다. 수많은 시행착오 속에서 건져질 보물 한두 개만으로도 중국은 남는 장사를 한 셈이다. 그 최전선에 산자이가 있다.

4
파괴자로 그리고 선구자로

'목마른 사람이 우물을 판다'는 속담은 환경 분야에서도 그대로 적용된다. 중국은 환경파괴자임과 동시에 녹색성장에 가장 적극적이다.

환경파괴는 지역과 국가별로 나타나지만 그 영향력은 세계로 퍼져나간다. 중국 공장에서 흘러나오는 매연과 유독 물질은 중국과 중국인에게만 해로운 것이 아니라 지구와 전 세계인이 직간접적으로 피해를 입는다. 그물망처럼 잘 짜여지고 시원하게 펼쳐진 도로를 쌩쌩 달리는 자동차들이 품어내는 배기가스는 창공에 구멍을 내고 빙하를 녹인다. 유럽과 일본, 한국이라고 다를 것이 없다. 정도의 차이는 있지만 환경은 꾸준히 위협받고 있다.

<그림 11>을 통해 알 수 있듯이 매일 공기 중에 배출되는 이산화탄소의 대부분은 공업대국과 선진국의 몫이다. 아프리카와 남미의 푸르름을 담보로 공업대국과 선진국들은 환경과 자연을 파괴하고 있다. 아시아 지역만큼 북미와

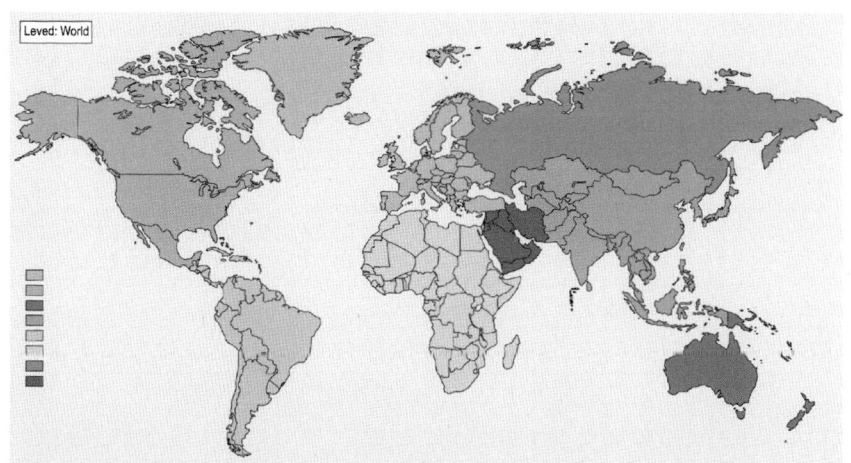

자료원천: 국제에너지기구(IEA), 이산화탄소 배출량이 많은 지역일수록 짙은 색채로 표시되어 있다.

유럽의 이산화탄소 배출도 선명하지만 여론의 표적은 항상 중국을 필두로 한
신흥공업대국과 개발도상국에 머문다. 과거와 현재보다는 미래가 더 우려스럽
기 때문일 것이다. 참고로 미국의 1인당 쓰레기 배출량은 세계 평균의 3배이며
이산화탄소는 세계 평균의 8배이다.

　　환경은 국경에 대한 경계가 희박한 부문이다. 장강과 황허를 따라 흐르는
오폐수는 해양으로 흐르며, 토양오염으로 유독물질을 흠뻑 품고 있는 농작물
은 세계로 수출된다. 식품검역을 받지만 전수조사는 아니며 가공품은 또 다른
일이다. 중국에서 산출된 온실가스는 중국의 온난화만 일으키는 것은 아니다.
지구온난화는 인류의 공통된 과제이다. 개발도상국의 절대적 환경기준이 선진
국보다 못하다는 것은 이론의 여지가 없다.

환경파괴 속도와 절대치에서 중국은 이미 선두그룹에 포함되어 있다. 강력한 통제와 합의가 이루어지지 않는다면 상황은 한층 심각해질 것이다. 미 환경보호국 직원은 2만 명 정도로 추정된다. 그러나 중국은 고작 300여 명에 불과하다. 자금광업의 오폐수 누출사고가 지방 현 정부에 의해 한 달간 감춰진 채 축소 왜곡된 일은 새삼스러울 것도 없다. 환경오염 문제를 다룬 기자는 관련 기업들의 회유와 폭력에 시달리고 심지어 살해 위협을 받기도 한다. 정경유착을 넘어 정경일치에 가까운 기업환경은 오염문제에 대한 느슨한 태도를 유발한다. 오염배출 업체와 감독기관이 한 몸인 것이다. 어떤 의미에서 환경문제는 부패문제와 밀착되어 있다. 그 고리를 끊지 않는다면 뜬구름 잡는 소리로 끝날 가능성이 높다.

환경보호라는 개론에는 동의하지만 세부 각론으로 들어가면 각국별 의견충돌이 첨예한 것도 제각각 놓인 상황이 다르기 때문이다. 아직 중국은 선진국이 제시하는 높은 환경기준을 만족시키기 힘들다. 2차 산업 및 가공무역 중심이라는 산업구조, 상대적으로 더딘 사회발전 단계는 동일한 현상에 대한 다른 시한다. 환경파괴와 오염문제를 중국이 저평가하고 있다는 주장은 성급한 것 같다. 어느 나라보다 사안의 심각성을 깊이 인지하고 있다. 왜냐하면 어느 국가보다도 그 유해성을 깊게 체험하고 있기 때문이다.

13억 인구의 90% 정도가 공장으로 둘러싸인 중부와 동부 연안을 따라 조밀하게 몰려 있다. 인간이 살기에 적합한 토지는 전 국토의 35% 미만에 불과하며, 그것도 점차 사막화되고 있다. 개발논리에 파묻혔던 농지 황폐화, 유독 물질로 인한 식수오염, 황사와 도시를 뒤덮고 있는 스모그 등을 이제는 경제적 손

〈그림 12〉 중국 연도별 경작지 추이와 건설용지 세부항목

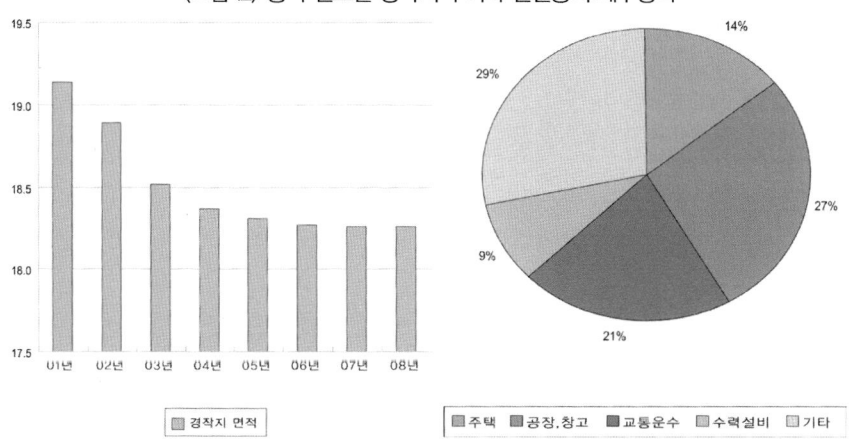

자료원천: 중국 국토자원부

실로 산출한다. 환경보호를 이유로 성장엔진을 멈추지는 않을 것이다. 하지만 환경을 '파괴'가 아닌 '경제적 비용'으로 보는 인식의 변화는 발생하고 있다. 미래로 갈수록 그 비용이 누적될 것임을 중국도 안다. 다만 아직은 경제적 잣대로 보호비용과 경제적 손실을 가늠해보는 단계에 머물러 있을 따름이다. 환경을 위해 경제개발을 포기한 사례는 거의 드물다. 개발에는 이권이 존재하지만 보호에는 이권이 없기 때문이다. 개발과 연결된 환경만이 보호된다. 대표적 사례가 바로 전기자동차, 태양광, 풍력 분야이다.

중국은 더 이상 가공무역을 반기지 않는다. 자원 소모형, 오염유발 산업에 대한 장벽을 높이고 기존 업체는 도태시키고 있다. 외상투자기업에게 서부지역으로 옮길 것인지 아님 본국으로 돌아갈 것인지를 냉엄한 눈길로 묻는다. 내부

Chapter 5 중국은 세계에 어떤 의미로 다가오는가

적으로는 산업구조를 조정하고 환경비용을 높인다. 자원효율성이 떨어지는 기업들은 폐쇄와 M&A로 가지치기를 한다. 진척은 더디지만 방향은 올바르다. 구호에 불과할지라도 '환경' 두 글자를 중국만큼 입에 달고 사는 나라도 드물다.

2008년 한 해 순 감소 경작지는 1.9만 헥타르에 이르는 것으로 알려진다. 감소 경작지를 원인별로 살펴보면 건설로 인한 경작지 점용이 19만 헥타르, 재난에 의한 소실이 2.5만 헥타르, 생태적 요인이 0.8만 헥타르 정도이다. 2008년 한 해 신규 개간한 경작지는 23만 헥타르 정도로 집계되고 있다. 중국은 지금도 남한 면적의 19%에 해당하는 경작지가 매년 소실되고 있다. 무분별한 건설로 감소되는 경작지는 남북한을 합한 전 국토 면적에 육박한다. 참고로 2008년 건설용지로 허가된 면적을 항목별로 살펴보자. 공장 및 창고가 4분의 1 이상을 차지하고 있으며, 교통운수와 주택부문은 각각 21%와 14%를 점한다. 수력설비 건설용은 9% 정도이고 나머지 29%는 기타로 잡힌다. 개발 지역별로는 동부 지역이 40%로 가장 활발하고, 서부와 중부는 각각 30% 내외로 보인다.

또한 전체 수자원총량은 2007년보다 7.4% 확대된 2.7조㎥로 집계된다. 그러나 용수량은 0.4% 증가한 5,840억㎥에 불과하며 농업용수는 오히려 0.2% 감소되었다. 청정수역표준에 못 미치는 비율은 2001년 17.3%에서 2008년 13.7%로 3% 이상 떨어졌다. 수치상으로는 중국해역의 오염도가 하락하고 있다. 한편 중국은 전 국토의 13% 정도를 산림보호구역으로 설정해 놓고 있다. 2008년 완료한 조림 면적은 477만 헥타르로 나타났다. 2008년 한 해 농산물 피해 면적은 18.4% 감소한 4,000만 헥타르로 조사되었으며, 한파와 폭설로 인한 손실액은 1,600억 위안에 이른다. 일부 자연재해는 환경변화에 따른 현상임을 중국도 알고 있다. 혹자는 사천대지진 원인을 산샤아댐 건설에 따른 것으로 주장하기도 한다.

　중국 산림 면적은 1.7억 헥타르로 산림이 전체 국토에서 차지하는 비중은 18.2%에 불과하다. 홍수로 인한 피해가 클 수밖에 없다. 참고로 중국농민의 60% 정도가 짚과 땔감을 주 생활연료로 이용하고 있다. 미국도 19세기 말까지 석탄이 목재를 압도하지 못하였으며, 한국도 1970년대까지 땔감이 주 생활연료였다. 세계 평균수준의 60%, 1인당으로는 5분의 1 이하에 불과한 산림이 무분별한 벌목으로 파괴되고 있다. '세계의 공장'의 또 다른 이면인 셈이다. 그 외 초원 면적은 4억 헥타르로 국토의 42%를 차지하지만 사막화로 0.9억 헥타르는 이미 소실된 것으로 알려졌다. 중국발 황사로 한중일 모두 막대한 경제적 손실을 입고 있다. 한국 단독으로 연 5조의 손실을 기록한다는 보고도 나왔다. 일례로 미세먼지는 정밀기계 부분에 치명적이며 항공·운수 부문도 황사의 그늘을 피해갈 수 없다. 현재도 매년 133만 헥타르의 초원이 사라지고 있다. 중국은 2008년 사막화 방지를 위하여 10만 헥타르 규모의 산림을 조성한 것으로 알려진다.

　중국에서는 현재 농촌기업의 과반수 이상이 벽돌·주조·시멘트·코르크 생산에 종사하고 있다. 도시에서 떨어진 외딴 곳에서 관리되지 않은 채 이들은 오염물질을 방출한다. 참고로 중국 이산화탄소 방출량의 6분의 1이 농촌기업에서 이루어지는 것으로 집계된다. 중국 농촌은 맑은 공기와 푸른 하늘의 요람이 아닌 것이다. 도시근교에 기반을 둔 소규모 제지·시멘트·화학·코르크 생산시설에 대한 폐쇄작업 결과 오염산업들이 속속 농촌으로 몰려들었다. 도시생활 쓰레기 등 각종 오염물질을 처리할 매립장 역시 농촌에 무분별하게 세워지고 있다.

경작지 오염이 갈수록 심화되는 것은 당연한 결과이다. 그러나 중국 중앙정부가 2008년 농촌환경보호에 배정한 예산은 5억 위안에 불과하다.

35% 비료 이용률만으로도 중국은 세계 최대 화학비료·농약 사용국이라는 타이틀을 달고 있다. 2007년 화학비료 생산량은 5,100만 톤으로 1980년보다 4배 이상 확대되었다. 전국 하천의 80% 정도가 다양한 수준에서 질소비료에 오염된 것으로 추정된다. 2007년 기준 농약사용량은 160만 톤을 넘어섰으며 농지 잔류율이 과반수를 초과한다. 매년 가금류들이 배출하는 분뇨는 25억 톤으로 대부분 정화작업 없이 그대로 하수구에 배출된다. 전국 90% 이상의 대규모 양식장이 환경영향평가 없이 운영되고 있다. 매년 농촌지방에서 생산하는 생활오수는 80억 톤이며 생활폐기물은 1.2억 톤에 달한다. 70% 상당의 생활폐기물이 무해성 처리 없이 방치되고 있다. 이는 중국과 중국인만의 문제가 아니다. 한국은 중국에 먹을거리를 의존하고 있다. 결국 우리의 입으로 들어오는 것들이다.

이런 부정적인 자료에도 불구하고 중국은 규모면에서 재생에너지 이용률이 가장 높은 국가이다. 소규모 수력시설 발전량은 세계 과반수를 점하고 있으며 태양열 부문도 150만 킬로와트로 세계 최대를 기록한다. 전체 수력발전 용량은 1.72억 킬로와트로 집계되고 있다. 한편 풍력발전용량은 1,200만 킬로와트로 2008년 한 해 신규 건설한 것이 600만 킬로와트에 달한다. 풍력제조업은 이미 일정한 산업규모를 형성하고 있다.

세계풍력에너지위원회(GEWC)가 발표한 2008년 세계풍력에너지 보고서에 따르면, 미국과 독일은 세계풍력설비 용량의 20.8%와 19.8%를 점하는 것으로 나타났다. 그 뒤를 스페인(13.9%)과 중국(10.1%)이 뒤쫓고 있다. 그러나 2008

년 한해 증가분만 살펴보면, 중국의 눈부신 도약을 관찰할 수 있다. 여전히 30.9%로 미국이 선두를 유지하고 있지만 2위인 중국(23.3%)과의 격차는 앞서보다는 작다. 참고로 2009년 중국 풍력설비용량은 2008년 대비 114% 확대되었다. 중국 풍력발전설비 시장점유율은 내국업체와 해외업체가 각각 7:3 비율로 나누고 있다. 하지만 이는 표면적 결과일뿐 기술적인 부문을 들여다보면, 해외기업에 거의 의존하고 있음을 알게 된다. 라이센스 또는 공통개발이 절대 다수를 차지하고 있다.

한편 중국은 세계 60% 이상의 태양열 온수기 사용량을 기록하고 있다. 2008년 말 현재 2,800만 가정이 메탄가스를 이용하고 있으며, 중대형 메탄가스 시설도 8,000여 개에 육박한다. 중국은 세계최대 태양열 패널 제조산업을 거느리며 유럽과 미국에 그들 생산량의 95% 이상을 수출하고 있다. 미국은 2008년 녹색경제 분야에서 96억 달러 정도의 적자를 실현하였다.

팍스 차이나의 첨병, 문화와 IT

"국가발전, 민족진흥을 위해서는 강대한 경제역량이 요구된다. 하지만 이보다 더 필요한 것은 강대한 문화역량이다"라는 말보다 더 정확하게 문화에 대한 중국의 입장을 대변하는 글이 또 있을까?

원자바오 총리는 전국인민대표대회에서 '국가발전, 민족진흥을 위해 강대한 경제역량도 요구된다. 하지만 이보다 더 필요한 것은 강대한 문화역량이다'라고 역설하였다. 대만 여류작가 롱잉타이(龍應台)는 문명굴기를 통해 중국몽(中國夢)을 실현할 것을 주장하였다. 미국은 이를 소프트파워라고 부른다. 문화는 그 자체가 경제임과 동시에 무기이다. 문화적 친밀감은 상대방에 대한 호의를 품게 한다. 같다는 느낌은 친숙함과 안정감을 선사하고 그것은 소비와 경제적 지원으로 연결된다. 동질성의 반대편에는 배타성이 잠복해 있다. 같은 무리에 대한 외부공격은 자신을 위협하는 듯한 인식을 우리에게 던져준다.

최근 영국 하원 외교위원회는 '세계안보: 영국-미국 관계'라는 보고서를 통해 '특별한 관계'라는 표현을 더 이상 쓰지 말도록 권고하였다. '특별한 관계'라는 표현은 1946년 처칠 영국 전 총리가 제2차 세계대전 당시 영국과 미국이 나치 독일에 함께 맞서 싸운 점과 문화·역사적 동질성 등을 들어 처음 사용한 말이다. 이후 영국과 미국은 '특별한 관계'라는 틀 속에서 국제문제에 되도록 한목소리를 내었다. 토니 블레어 전 총리는 '부시의 푸들'이라는 오명을 받아가면서 미국의 입장을 적극 지지하였다. 미국·영국·호주·뉴질랜드가 영어권과 앵글로색슨이라는 울타리 속에서 보조를 맞추듯이, 중국도 좁게는 중화권 넓게는 아시아 문화의 틀에서 문화인류학적 동맹국을 포섭한다.

과거 중국정부는 공자를 '반동'의 전형으로 보고 비림비공(批林批孔) 운동을 통해 공자의 흔적을 지웠다. 그러나 지금은 각국에 공자대학을 세우며 그의 사상을 전파한다. 영화 '공자-춘추전국시대(2010년)'의 전국상영과 해외수출에도 발벗고 나선다. 후진타오 주석은 호 메이 감독을 만난 자리에서 "영화 '공자-춘추전국시대'는 중국만이 아닌 전 세계적으로 매우 중요한 도전으로 지금이야말로 공자의 사상과 위대한 업적을 세계에 다시 한번 알릴 수 있는 기회"라고 말하였다. 중국 국가주석이 일개 영화감독을 그것도 '건국대업' 같은 애국주의 정치물이 아닌 봉건주의 상징물인 '공자'를 다룬 제작자를 찾은 것은 극히 이례적이다. 대외적으로는 '공자'를 통해 아시아에 넓게 퍼져 있는 유교문화를 깨우고 중국이 유교문화의 종주국임을 드러낸다. 중국이 아시아 문화의 패자로 있던 옛 향수를 불러일으키는 것이다. 내부적으로는 '유교'로 대변되는 수직적 위계질서와 충효사상을 통해 공산당과 현 권력층에 대한 반발기제를 잠재우며 권위에 대한 정당성을 획득하려는 것 같다. 지배층과 비지배층은 다르다는 것을 각인시키는 셈이다. 또한 유교는 천하를 놓고 국가별 서열관계를 당연시 여긴다.

중국적 가치 전파에 대한 적극적 자세는 미디어 산업을 통해서도 알 수 있다. 중국은 2009년 1월 외국어 뉴스방송을 확장하기 위해 약 66억 달러를 투입할 계획이라고 발표하였다. 이런 움직임은 정치·군사·경제 이외에 문화적 영향력을 확보할 때만이 글로벌 지배권이 온전해짐을 알기 때문이다. 문화는 그 저변이 넓고 지속력이 오래간다. 남미 국가들은 아직도 포르투갈과 스페인어를 사용하고 아프리카 상당수 국가들은 프랑스어권이다. 영어는 만국공통어로 미국적 가치를 각국에 심는다. 아시아에 뿌리 깊게 내린 중국적 가치는 문화 영향력의 위대함을 느끼게 한다. 미디어 제국을 건설하려는 목적은 단순히 중국적 가치와 문화를 전파하고자 하는 좁은 의미가 아니다. 중국의 부상은 필연적으로 국가 간 마찰을 불러올 것이다. 유독성 문제에 관해 제대로 된 반론도 못해 본 채 식료품과 완구산업이 타격을 입고 중국 이미지가 추락된 사건은 체계적 여론관리의 중요성을 깊게 인식시켰다. 글로벌 여론전에서 밀리지 않을 때만 중국의 이익이 보장된다는 것을 느낀 것이다.

따라서 중국공산당 선전부와 증권감독관리위원회는 뉴미디어에 대한 광범위한 시스템 개혁을 추진하고 있다. 그 통로로 자본시장이 떠오르고 있는데, 최종목표는 신화통신, 인민일보, CCTV 등과 같은 대형 미디어의 전면적 IPO일 것이다. 1990년대 이후 진행된 국유기업의 주권개혁 절차를 보면 공통적으로 나타나는 특징이 있다. 그것은 바로 소기업으로 탐색하고 중형기업으로 시장을 키우며 대형기업으로 마무리한다는 것이다. 상기 정책의 연장선에서 10여 개 인터넷 뉴스사이트를 현재 물망에 올려놓고 있는데, 2010년 시범적으로 1~2개 기업을 상장할 계획이다. 현재 동방망(東方網)과 중국의소리(華聲在線)가 유력시되고 있다. 동방망은 주식제로의 전환을 이미 완료했으며 중국의소리도 상장계획을 제출한 후 승인을 기다리고 있는 상태이다. 이들 중소형 기업의 IPO 성과를 지켜본 후 대형 미디어가 차례로 뒤따를 것이다.

참고로 2009년 중국의 신문·출판업 매출은 20%대 성장에 그쳤지만 인터넷을 포함한 뉴미디어는 40%대를 기록하였다. 2009년 중국 디지털 출판물 매출 규모는 750억 위안으로 집계되었으며, 중국신문출판총서는 2010년 9월 전통출판업계에 2020년까지 디지털화할 것을 요구하였다. 2010년 9월 28일 중국신문

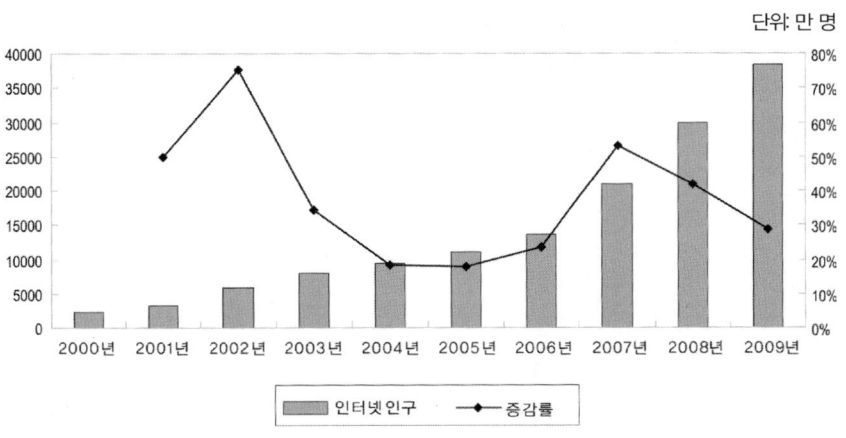

〈그림 13〉 중국 인터넷 인구와 증감률 추이

자료원천: 중국공업정보화부

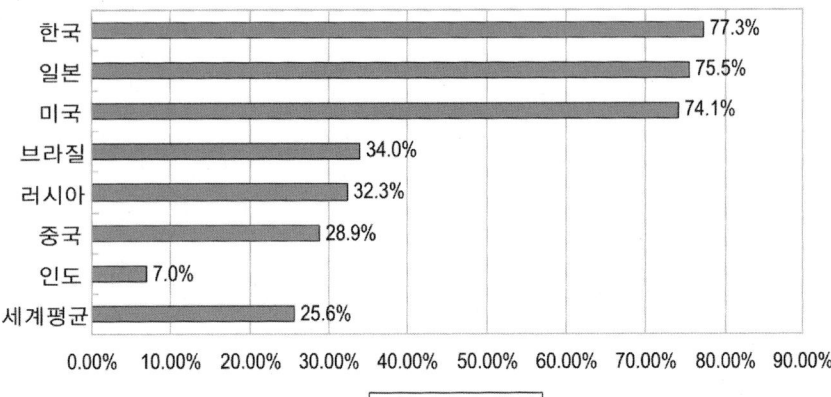

〈그림 14〉 2009년 주요 국가별 인터넷 보급률 현황

한국	77.3%
일본	75.5%
미국	74.1%
브라질	34.0%
러시아	32.3%
중국	28.9%
인도	7.0%
세계평균	25.6%

0.00% 10.00% 20.00% 30.00% 40.00% 50.00% 60.00% 70.00% 80.00% 90.00%

■ 인터넷 보급률

자료원천: 중국인터넷정보중심

출판총서는, 중앙부문 산하 148개 출판사의 개혁작업이 순조롭게 진행되고 있으며, 학습출판사를 필두로 한 6개 출판사의 개혁작업이 완료되었다고 밝혔다.

앞으로 문화적 가면을 쓴 채 정치적이고도 경제적인 일들이 자주 발생할 것이다. 중국의 미디어 산업육성은 전방위적으로 일어날 것이며 취업창출이라는 부수적 효과도 달성할 것이다. 중국은 IT 부분에서 한국을 이미 넘어선 것 같다. 중국에서 우리는 1970년대의 한국, 80년대의 한국, 90년대의 한국 그리고 2000년대의 한국을 발견할 수 있다. 지금도 전반적 중국은 전반적 한국보다 못하다. 그러나 어떤 분야는 2010년대의 중국이 2010년대의 한국보다 앞서가고 있다. 한국 방송사들과 CCTV를 비교해 보길 바란다. 하드웨어와 소프트웨어를 포함한 모든 면에서 20세기와 21세기의 격차를 뼛속 깊이 느낄 수 있을 것이다.

중국의 인터넷 보급률은 30%에 못 미치지만 인터넷 인구는 3.8억 명을 넘어섰다. 이는 남한 전체 인구의 9배에 해당한다. 10년도 채 못 되어 중국의 인터넷 인구가 18배 정도 늘어난 셈이다. 한국은 한때 중국의 온라인게임시장의 70% 내외를 점유하였다. 그러나 현재 시장점유율은 20~30% 수준에 머물며 지금도 입지는 계속 좁아지고 있다. 최신 IT제품들이 매장에 속속 깔리며 중국시장은 글로벌 메이커의 각축장으로 변모하였다. 한때 국내 산업계는 일본과 중국 사이에 낀 샌드위치 신세를 걱정했었다. 그때가 즐거운 시절임을 알기까지는 그리 오랜 시간이 걸리지 않았다. 지금은 중국을 쫓아가야 할 품목들도 속속 등장하고 있다. IT 부분도 그 가운데 하나일 것이다. 세계 IT산업은 한국이 아닌 중국을 중심으로 돈다. 이제는 우리도 이것을 직시할 필요가 있다.

중국의 검열과 해킹에 으름장을 놓고 뛰쳐나갔던 구글도 체면을 구긴 채 중국인터넷 영업허가(ICP) 갱신을 신청하였다. 결국 구글은 주 사업영역인 검색분야는 빠진 채 음악·전자상거래·번역 3가지 영역에 한하여 ICP 갱신을 얻을 수 있었다. 중국시장에 대한 철수는 성장포기를 의미한다. 비단 IT 부분만을 의미하지는 않는다. 구글은 긁어 부스럼을 만든 결과를 내놓았으며 해외 다국적 기업에게는 중국의 파워를 다시 한번 각인시켜 주는 선례를 남겼다. 다만 표면적 몇 가지 사례로 IT산업에 대한 중국의 의지를 오판해서는 안 된다. 빈번한 인터넷 검열이 IT산업에 대한 중국의 확고한 전략을 흐리지는 못한다.

중국은 IT산업을 차세대 신흥 전략산업으로 묶어 큰 틀에서 관리한다. 정책의 일관성은 체계적 리스크를 다운시키고 넓은 시장규모와 성장 잠재력은 투자 불확실성을 제거한다. 정권변천과 상관없이 IT산업에 대한 지원의 강도는 점차 강화되고 체계화될 것이다. 산업구조 조정과 실업문제 해결의 연결고리에 IT산업이 놓여 있으며 문화산업과도 상승작용을 일으킬 수 있다. 한국의 온라인게임산업은 동력을 잃었지만 중국은 이제 막 기지개를 켜고 있다. 우리가 그걸 인정하지 않을 뿐이다. 중국 IT산업의 성장속도 및 발전 범위를 전망하는 것은 무의미한 일이다. 중국 IT산업에 있어 21세기 10년이 태동기였다면 다음 10년은 보편화로 가는 과도기일 것이다. 중국 IT산업 미래는 그 이후 논해도 늦지 않다.

그 증거를 몇 가지 들어보자. 중국은 전 세계 광케이블 사용량의 48%를 점하고 있다. 2011년에는 중국 전체도시와 대부분의 농촌지역에 3G망이 깔릴 것으로 전망된다. 중국 공업정보화부는 3대 통신사업자를 휘몰아쳐 통신망과 3G 인프라 건설에 박차를 가하고 있다. 2010년 6월에는 방송·인터넷·통신을 통합한 3망 융합 작업을 시범실시 했으며 콘텐츠 개발에도 열을 올리고 있다. 한국이 독점과 이권보장으로 IT문화를 사장시킬 때 중국은 선을 그어둔 채 개방형으로 산업을 몰고 간다. 간단히 말해 한국은 IT산업을 폐쇄형으로, 중국은 관리개방형으로 육성한 것이다. 애플의 아이폰은 한국 IT 산업모델의 실패를 알리는 전주곡이다.

중국이 흥미로운 이유는 '정치'라는 단 하나의 경계선을 넘지 않는 한 기업을 무한경쟁으로 몰고 가기 때문이다. 대륙적 기질과 다민족·다문화 영향으로 한국보다 훨씬 개방된 마인드를 소유하고 있다. 이해(利害)를 눈앞에 두고 망설이지도 않는다. 판단과 행동의 우선순위는 '머니(Money)'이다. 법과 관습도 이것을 뛰어넘지는 못한다. 혼란스러움 속에서도 질서가 존재하며 그들만의 게임의 룰은 잘 지키고 있다. 그들에 있어 산자이는 범법자도 또한 아웃사이더도 아니다. 산업 전체를 구성하는 주요 일원일 뿐이다. 한때 회색지대에 놓인 사모펀드 규모가 뮤추얼펀드를 능가했던 적이 있다. 그럼에도 큰 물의는 일어나지 않았는데, 이는 자체 논리에 따라 문제를 해결했기 때문이다. 즉 사모펀드 운영자 본인의 출자금부터 손실을 차감하는 형태로 이루어졌던 것이다. 오히려 문제가 터진 것은 공모펀드쪽이였다. 중국 나름의 경쟁시스템을 도입한 것으로 볼 수 있다.

또한 중국에서는 로밍서비스를 위해 줄을 서는 촌극도 벌어지지 않는다. 무선인터넷은 5년도 훨씬 이전에 보편화되었다. 중국 전자상가에는 모델별로 최신 스마트폰이 즐비하며 특정제품을 몰아주는 기류도 없다. 긴장을 놓으면 산자이가 바로 치고 들어온다. 거대한 시장은 규모의 효과를 배가시키고 초기 비용에 대한 우려를 불식시킨다. 노예화된 IT산업과 관리된 IT산업 가운데 누가 더 꽃망울을 활짝 피울지는 말할 필요도 없다. 힘의 논리와 함께 한류(韓流)가 아닌 한류(漢流)가 밀려올 것이다. 간식으로 주식의 가치를 평할 수는 없다.

CHAPTER 6

경제를 둘러싼
패권의 움직임

미국 외교정책의 근간을 세운 조지 캐넌(George Kennan)은 미국이 고대 아테네의 길을 걸어서는 안 된다고 진단하였다. 그는 아테네의 무한팽창 욕구가 스파르타의 두려움을 불러일으켰으며 결국 그리스 시대의 몰락을 가져왔다고 보았다. 그러나 시간은 점점 미국과 중국의 선택을 강요하며 체스판의 말들은 빈번히 움직인다. 국가는 서로를 불신하기에 항상 최악의 상황을 가정한다. 미국은 중국을 고립된 섬으로 만들려고 하고 중국은 미국이 펼쳐놓은 그물망을 찢고서 세계로 힘을 투사하려 한다. 중·미는 거의 모든 분야에서 마찰을 빚고 있으며 외교·군사적 동인이 아닌 경제적인 이유에 의해 갈등은 촉발된다. 전쟁은 그 자체로 경제이며 강대국 간의 충돌은 경제적 행위이다.

1

지는 제국, 떠오르는 제국

중국이라는 용을 찻잔에 가두려는 시도가 노골화되고 있다. 시간은 점점 미국과 중국의 선택을 강요하며, 체스판의 말들은 빈번히 움직인다.

브레진스키는 미국에 있어 "억제(deterrence)는 전쟁을 피하는 핵심운영 원리였으며, 봉쇄(containment)는 유라시아의 서쪽과 동쪽을 절대세력에게 빼앗기지 않기 위한 공식이었다"고 『제국의 선택』에서 논술한다. 또한 20세기 초 루즈벨트는 "미국은 말은 부드럽게 하되 몽둥이는 커다란 것을 들고 다녀야 한다"고 말하였다. 그로부터 1세기가 흐른 후 부시 정부는 루즈벨트의 말처럼 커다란 몽둥이를 세계에 선보였으며 후임인 오바마 정부는 부드러운 말로 새가슴이 된 약소국, 의심의 눈초리를 보이는 동맹국, 도전적인 경쟁국들을 어루만지고 있다.

글로벌 주도권은 19세기 영국을 거쳐 20세기 미국에 안착했으며 21세기 현재 중국이 그것이 움켜쥐려 한다. 미국은 찻잔 속의 용으로 중국을 가두려 하고 이를 위해 지배자의 3가지 절대 권력을 행사한다. 중국이 필요로 하는 바로 그 3가지 권력 말이다. 3가지 권력을 간략히 살펴보면 다음과 같다. 첫째는 발언권이고, 둘째는 가격결정권, 셋째는 자원 배분권이다. 발언권의 사전적 의미는 '자신의 의견을 말할 수 있는 권리'이다. 누구나 자신의 의견을 표현할 권리를 가지고 있다. 하지만 현실은 소수에게만 그 권리를 부여하고 소수 가운데서도 극소수의 말만이 깊은 반향을 불러일으킨다. 벽에 대고 자신의 생각을 말하는 것은 발언이 아니다. 아무도 그 말에 귀를 기울이지 않는다면 독백에 불과하다. 정치·경제에서의 발언권이란 자신의 의견을 말할 권리와 그 말이 타인의 행동과 의식세계에 영향을 미칠 수 있는 능력을 의미한다. 우리는 과거 권력으로부터 소외되었던 주체들, 예를 들어 개발도상국, 비정부기구(NGO), 노동자, 소수계급 등의 발언권이 상승하고 있다는 뉴스를 가끔 듣는다. 통속적으로 보면 권력이 분화되는 징조이다.

세계를 움직이는 두 개의 뿔 가운데 하나로 칭송받지만 중국의 발언권은 여전히 불충분하다. 때와 장소를 가리지 않고 누구에게나 할 말을 하고 의사를 표시하지만 중국이 제안한 내용이 국제적 반향을 불러왔던 경험은 여전히 낯설다. 그렇다고 언제나 그 자리에 머물러 있지는 않을 것이다. 권력에 민감한 계층일수록 이미 중국이 제시한 암묵적 표준을 따르고 있다. 중국을 긍정하고 호의를 표하는 학자들에게 중국은 공동연구·학술지원·초청 등을 통해 보답한다. 주요 정책에 대해 친절한 설명을 듣고 권력의 정점에 있는 사람들과 찍은 한 장의 사진은 학자로써의 권위를 상승시킨다. 현실과 이권을 벗어난 학계는 상상하기도 힘들다.

　이에 반해 비판적 보고서를 내고 대립 각을 세우는 이들에게는 중국은 가혹한 패널티를 부여한다. 짐짓 없는 듯 무시하는 태도를 보이기도 한다. 폴 크루그먼이 대표적 케이스다. 뉴욕타임스 기고문을 통해 중국에 대한 쓴소리를 연일 내뱉고 있으며, 2009년 5월 베이징과 상하이 공개강연에서도 중국을 '트러블메이커', '환율조작국' 등으로 표현하며 중국학자들과 치열한 논쟁을 벌였다. 2008년 노벨 경제학상 수상자임에도 중국에서는 로버트 먼델 교수보다 더 중고품처럼 느껴진다. 중고품이라는 표현은 세월의 전후를 표현한 것이지 이들 위대한 학자들을 평한 것은 아니다. 의식과 무의식의 중간에서 학자들은 미국에 그러하듯이 중국의 기분을 거스르지 않도록 자기검열 과정을 거치며 단어 선택에 유의한다. 거의 전 영역에서 비슷한 움직임이 꿈틀거린다. 부쩍 신장된 중국의 발언권은 위안화 절상논란에서도 관찰된다.

　미국에 힘을 실어주었다. 미 상원은 위안화 절상 관련 법안을 제출했으며, 폴 크루그먼 교수도 공세를 바짝 조였다. 위안화 절상이 진정 '무역불균형' 문제를 해소할 수 있다고 믿는 것일까? 그에 대한 솔직한 답변은 의외로 유엔무역개발회의(UNCTAD)에서 나왔다. UNCTAD는 위안화 환율을 시장에 맡길 경우 세계 경제에 더 큰 위기가 찾아올 수 있다고 경고하였다. 세계은행과 IMF로 표현되는 금융세력은 위안화 절상을 찬성하는 입장이고, 남북문제 해결이 주 관심사인 UNCTAD는 반대에 가까운 견해를 내놓았다. 미국과 유럽 일부 국가를 제외한 대부분의 국가들(특히 개발도상국)이 중국과의 무역에서 흑자를 실현하고 있음을 감안한 논평일 수 있다. 미국과 기타 선진국들의 일사분란한 지휘 속에서 모든 국제기구들이 한목소리를 내는 시대는 지난 것이다.

또한 중국 상무부는 중국에 진출한 미 다국적 기업들이 위안화 문제에 대한 견해와 요구를 표명하길 희망한다는 발언을 내놓았다. 본국에 대한 로비를 암묵적으로 요청한 것으로 로버트 포젠 MFS 인베스트먼트 매니지먼트 회장은 위안화가 10~15% 절상이 미 경상수지 적자해소에 큰 영향을 미치지 못한다고 화답하였다.

또한 스티브 로치 모건스탠리 아시아 회장은 폴 크루그먼 교수를 야구방망이로 때려야 한다는 원색적인 비난을 쏟으며 중국 지도층에 눈도장을 찍었다. 아마 중국은 블랙과 레드 2개 리스트를 꺼내놓고 위안화 입장에 따라 선별작업을 벌릴 것이다. 폴 크루그먼은 블랙리스트, 스티브 로치는 레드리스트에 편입될 것이다. 미 기업들도 입장표명 유무에 따라 각기 다른 리스트에 담길 것이며 그 결과는 중국 사업에 대한 배려와 제약으로 이원화될 것이다.

가격결정권은 한국에는 좀 생소한 표현이다. 경제학 서적을 통해 우리는 가격은 시장에서 수요와 공급에 의해 결정되는 것으로 배웠다. 독점과 과점은 자유주의 시장경제에서 있을 수 없는 이단적 현상이지만 우리에겐 상당히 친숙하다. 가격결정권이라는 말 자체를 인정하는 순간 주류 경제학자들은 보따리를 싸고 강단을 떠나야 할 것이다. 그들의 가르침이 무용하고 현상의 판단이 단순하게 흐르기 때문이다. 가격결정권이라는 말은 금언이다. 적어도 주류 경제학자들에게 있어서는. 현실 세계는 독과점이 특수한 예외사례가 아님을 알려준다. 가격은 시장이 아닌 테이블 밑에서 그리고 수급이 아닌 협상을 통해서 결정된다. 송사리는 시장에서 결정되더라도 대어는 협상과 지배를 통해 책정된다.

일례로 국제 철광석 가격은 발레, BHP빌리튼, 리오틴토 3사에 의해 좌우된다. 철강업체는 매입하지 않을 권리는 있지만 이들이 제시한 가격을 거부할 권리는 없다. 글로벌 철강업체는 대개 장기협상 가격을 통해 글로벌 3사와 이해관계를 조정하였다. 협상테이블에 낄 자격이 없는 중소형 철강업체로 보면 배타적 담합이지만 대형 철강업체에게는 쌍방 협상이었다. 그러나 2010년으로 들어서면서 이런 기류에 변화가 생겼다. 3대 메이저 철광업체들이 장기에서 분기로 협상주기를 변경한 것이다. 중국철강협회는 이에 격렬히 항의했으며 심지어 보이콧도 선언하였다. 현실적 대안이 전무한 상태에서 연대는 깨어졌지만 가격결정권에 대한 경계심을 한층 끌어올리는 계기가 되었다. 가격결정권은 자원에 대한 지배권을 전제로 한다.

자원 배분권은 자원소유권과는 다른 개념이다. 자원을 소유한다는 것이 그것을 배분할 권리를 의미하지는 않는다. 배분권은 자원을 배치할 수 있는 권리를 뜻한다. 월마트와 중국 하청기업의 관계를 떠올리면 될 듯하다. 산업에 따라 유통업체의 권한이 제조업체를 넘어서며 배급이 곧 흥행을 좌우하기도 한다. '구슬이 서 말이어도 꿰어야 보배'라는 속담이 있다. 생산과 소유만으로는 불충분하다. 동북아로 운송되는 해상루트를 봉쇄하는 것만으로도 우리는 자원 배분권을 획득할 수도 있다. 중국을 두고 미국이 아시아에 넓게 쳐놓은 그물망은 마치 19세기 초 나폴레옹의 대륙 봉쇄령을 연상시킨다. 해군 현대화에 박차를 가하고 중국이 연안해군에서 대양해군으로 전략을 수정한 것도 확보와 배분은 분리될 수 없음을 꿰뚫어보았기 때문이다.

근대와 현대에 발생한 모든 전쟁들의 밑바닥에는 식민지와 개척지의 자원

단위: 억 달러

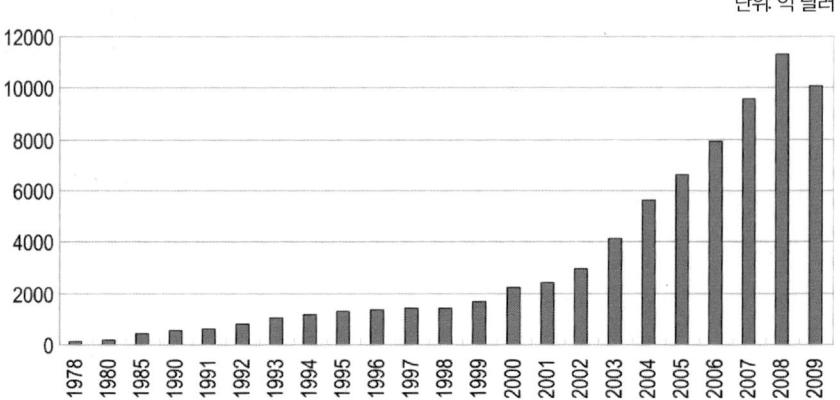

자료원천 중국국가통계국, 중국 상무부

배분권이 존재하였다. 자원 배분권을 가진 국가는 흥했으며 이를 상실한 곳은 역사의 뒤편으로 사라져 갔다. 포르투갈·스페인·네덜란드·영국이 그렇게 영멸해 갔다.

　미국 오바마 대통령은 5년 이내 수출을 두 배 이상 늘려 미국을 최대 수출 대국으로 올려놓겠다는 야심찬 포부를 밝혔다. 무역대국의 향수를 불러일으 키려는 그의 시도는 글로벌 갈등을 심화시킬 것이다. 중국은 현재 세계 무역량 의 1/10 정도를 점하고 있다. 2008년 무역총액은 2.56조 달러로 1978년보다 124배 확대되었다. 글로벌 경기침체로 2009년 14% 정도 무역액이 감소했지만 수출입 액은 여전히 2.2조 달러를 기록하였다. 무역대국에 대한 미국의 의지는 필연적 으로 중국시장으로 눈을 돌리게 한다. 중국의 연 수입액은 1.2조~1.4조 달러에 불과하지만 과거 10년 사이에 5~6배 이상 확장된 잠재력 앞에서는 섣부른 예단을 불허한다. <그림 1>을 잘 살펴보면 이런 주장에 고개가 끄떡여질 것이다. 중국 경제는 내수 및 수출과 맞물려 자기확대를 거듭하고 있다. 시장파이는 저절로 커질 것이다. 관건은 그 속에서 각국이 얼마나 챙겨갈 수 있는지 여부다.

불행히도 미국의 강한 의지와 달리 중·미 양국 간의 거래목록은 뚜렷한 차이를 보인다. 중국은 미국의 수출제한 조치에 불편한 감정을 숨기지 않는다. '무역불균형 문제를 해소하기를 원한다면 왜 불공평하고 제한적이며 불편하기까지 한 환경 속에 양국을 던져놓는가' 하고 반문한다. 또한 '이런 상태에서 어떻게 양국 간 무역균형이 이루어지고 환율과 무역관계를 상호 논할 수 있는가' 하고 역설한다. 중국의 무역총액과 흑자규모는 과거 제국들이 누렸던 수준에 훨씬 못 미치며 19세기 중엽보다도 낮다.

아편전쟁의 밑바탕에는 대중 무역적자가 자리 잡고 있다. 영국은 차 수입에 필요한 은이 고갈되었는데, 아편은 이를 만회할 좋은 품목이었다. 아편전쟁을 달리 양차전쟁(兩茶戰爭)이라고 부르는 것도 이 때문이다. 170여 년 전처럼 중국에 포화를 쏟아 붓지는 않지만 포신이 중국을 향하여 서서히 돌아가고 있다.

국제 금융위기로 2,981억 달러에 달하던 중국의 무역흑자가 2009년 1,961억 달러로 대폭 줄어들었다. 2009년 중국의 대외 무역흑자에서 미국이 차지하는 비중은 73% 정도이며 유럽은 55%를 점한다. 달리 말해 다른 국가와의 거래에서는 약 1,200 달러 규모의 적자를 기록했다는 말과 같다. 세계 50여 개 빈곤국과의 거래에서 중국은 적자를 실현했으며 남미 40~50개 국가들과의 무역에서

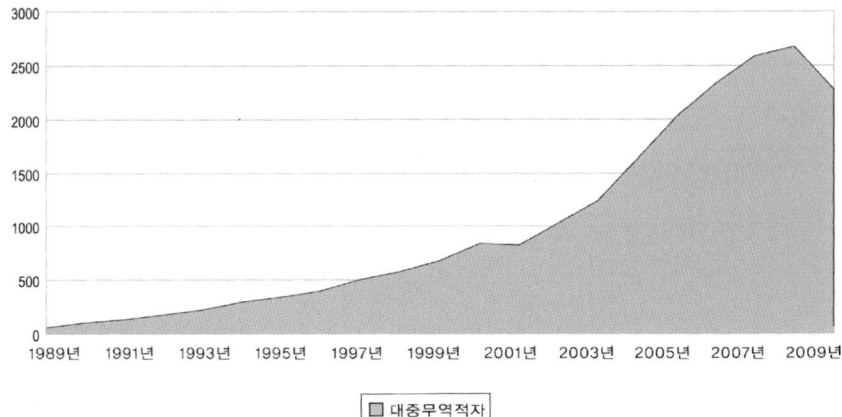

〈그림 2〉 미국의 대중 상품무역적자 추이

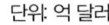
단위: 억 달러

자료원찬: 미 상무부 국제무역부(ITA)

도 적자상태에 놓였다. 완전개방형 자유무역하에서 환율과 무역은 일정한 관계를 가진다. 그러나 무역 자유화가 아닌 불평등한 상태, 다시 말해 거래상품과 양에 제한이 붙는다면 무역흑자(또는 적자)는 그 수치가 가진 진정한 의미를 반영하지 못한다. 상무부 부장은 일부 미 경제학자들이 오바마 행정부가 온화한 보호주의 정책을 택하고 있다고 불평하면서 더욱 강력한 무역 보호주의 노선을 견지할 것을 주장한다고 말한다. 그는 냉소적인 시선으로 이들 경제학자들의 주장을 해석한다. 강력한 보호주의를 요구하는 경제학자들은 보호주의를 채택하고 있음을 인정이라도 하지, 회담 파트너들은 미국이 보호주의 무역정책을 취한다고 절대 인정하지 않는다는 것이다.

애덤 스미스는 "중상주의의 모든 규제가 낳은 불행한 결과들은 국가의 상태에 아주 위험한 무질서를 가져올 뿐 아니라, 적어도 얼마동안 그보다 훨씬 더 큰 무질서를 야기하지 않고는 종종 치료하기 어려운 무질서를 가져온다"라고 말했다. 자유무역주의를 강력히 지지하고 보호무역주의를 배격한다고 연일 부르짖는 것만 보면 애덤 스미스의 적자는 미국이 아닌 중국인 것 같다. 다만 중·미 간의 산업구조를 들여다보면 표어보다는 현실이 눈에 띤다. 우리는 젓가락·인형·모자·저가 가전제품을 생산하는 미국을 상상할 수 없다. 미국이 중국에 팔 수 있는 물품은 제한적이며 이들 다수는 전략물자로 묶여 있다. 가까운 장래에 <그림 2>로 표현된 막대한 무역적자가 골짜기 밑으로 향하지 않을 것임을 의미한다.

수많은 기업들이 중국 상무부에 구매목록을 제출하고 정부까지 발 벗고 나서며 구매의향을 내비치지만 미국은 거부의사를 분명히 한다. 이들 모두가 전략물자라는 딱지가 붙어 있기 때문이다. 미국은 중국을 꼭 짚어 매우 엄격한 수출관리제한 제도를 적용하고 있다. 1949년부터 1994년까지 미국은 코콤조약 (대 공산권수출통제 조정위원회, COCOM : Coordination Committee for Export Control)을 통하여 자국뿐만 아니라 유럽의 대 중국무역수출을 제한하였다. 코콤조약은 이후 중국을 포함한 19개국을 수출 제한국으로 묶는 신 코콤조약으로 대체되었으며 2007년부터는 중국을 단독 분류해 다른 국가보다 한층 엄격한 제약을 가하고 있다.

대중 수출상품목록이 제한된 가운데 양국 간 무역불균형은 필연적이며 손익구조는 일방적 형태로 흐른다. 중국이 자유무역주의를 주장하고 미국의 보호무역주의를 원색적으로 비난하는 것도, 대미 무역흑자와 환율은 별개임을 역설하는 이유도 상기의 구조적 배경에 기인한다. 전략물자를 풀고 무역불균형을 완화시킬 수도 있다. 그러나 경쟁국에 신무기를 넘기는 듯한 찜찜함이 여전히 미국의 발길을 붙잡는다. 경제위기와 전략위기의 시계추 속에서 전략물자에 대한 처분이 바뀔 것이다. 다음 단락에서는 향후 판세를 지정학적으로 읽어보기로 하자.

차이나 이펙트

2
인도양을 지키고 태평양을 확보하라

중국은 역사상 최초로 대양에 대한 의지를 활활 불태우고 있다. 중국이 이처럼 대양을 갈구한 적은 결코 없었다. 앨프리드 머핸(Alfred T. Mahan)은 『해양력이 역사에 미치는 영향(The Influence of Sea Power Upon History)』에서 '이제 대륙적 팽창이 완수된 만큼 미국은 해양제국 건설을 위한 기지확보에 매진해야 한다'고 주장하였다. 한 세기가 지난 현재 그 말은 미국이 아닌 중국에 꼭 들어맞는 문구 같다.

2010년 9월 오바마는 아세안 국가와의 뉴욕 정상회담에서 아시아 태평양 국가로서 미국은 아시아 지역에 거대한 이해관계를 갖고 있다고 말했다. 이에 앞서 7월 힐러리 클린턴 미 국무부장관은 난사군도 문제의 평화적 해결이 미국의 이익과 직결된다고 발언하였다. 이에 중국은 미국이 아시아 문제에 개입한다고 직격탄을 날렸다. 하지만 미국의 아시아 회귀 움직임은 이미 2009년에 표면화되었다. 2009년 11월 도쿄 연설에서 그는 자신을 미 최초의 태평양계 대통령이라 칭하며, 동아시아 정상회담에 정식으로 참여하고 싶다는 뜻을 밝혔다. 참고로 동아시아 정상회담은 ASEAN 10개국과 한국, 중국, 일본, 인도, 호주, 뉴질랜드 6개국이 참여하는 회의이다. 현재 미국은 호주와 뉴질랜드를 통하여 간접적으로 영향력을 행사하고 있다. 아시아로의 회귀를 본격 선언한 것이다.

　클린턴 전 행정부는 아시아태평양에 상당한 이해관계를 갖고 적극적인 개입자세를 보였다. 하지만 부시 행정부가 들어서면서 외교의 주축이 중동, 즉 테러와의 전쟁으로 옮겨갔으며 그 공백을 타고 중국이 이 지역에서 세력을 확장하였다. 미국은 전략적 동반자 개념하에서 중국에 관리권 일부를 이행했으며, 이에 따른 책임 있는 자세를 요구하였다. 즉 테러와의 전쟁에 대한 중국의 적극적 개입을 요구한 것이다. 다만 미국의 예상보다 중국의 부상이 빨라지고 그 저변이 넓어지자 미국은 서둘러 이라크 문제를 접고 힘의 축을 아프가니스탄으로 이동하였다. 9월 뉴욕 정상회담에서도 미국이 아프가니스탄에서 지도적 역할을 하기를 희망한다는 뜻을 분명히 하였다.

　25억 인구를 가진 중국과 인도가 21세기 경제의 주축이 될 것은 자명하다. 미국을 제외한 세계경제 2, 3위 국가가 동북아에 몰려 있으며, 글로벌 힘의 역학 관계도 아시아로 점차 이동하고 있다. 일본, 한국, 호주 등 전통적 우방국의 존재는 진입장벽을 낮추어주며, 미 경제의 미래를 보장해준다. 미국이 현재의 미국으로 존재하기 위해서는 아시아 회귀는 선택이 아닌 필수이며, 그 발판을 놓친다면 역사가 직시해주듯이 몰락이 앞당겨질 것이다. 한편 미국은 중국을 억

지하려 하지 않을 것이라는 점을 누차에 밝히고 있다. 또한 중국과의 긴밀한 관계가 동맹국과의 소원함을 의미하지는 않는다고 다독인다. 미국은 아시아 지역의 미래상을 정립하는데 직접적이고 적극적으로 참여할 뜻을 비치고 또한 그러기를 희망한다고 밝힌다. 이에 중국은 미국이 주도국이며 전략적 파트너 임에는 분명하지만 아시아 국가는 아니라고 선을 긋는다. 이런 양국 간의 견해 차이와 태도가 광범위한 범위로 충돌과 마찰을 야기하는 것이다. 그 심층에는 물론 이해관계가 자리 잡고 있으며 제3자에게는 이것이 패권다툼으로 비추어 진다.

패권에 대한 철학적 논의는 현 시대가 아닌 역사에 물어보는 것이 옳을 듯 하다. 중국은 BC 8세기부터 BC 3세기까지 춘추전국시대라는 변혁기를 겪었다. 춘추시대와 전국시대는 같은 듯하면서도 다른데, 그 기준은 명분의 존재유무 이다. 당시 주 왕실의 권위는 많이 퇴색된 상태였다. 이민족으로부터 주 왕실을 보호한다는 명분으로 주위 제후국들을 복속·통합시키면서 춘추시대는 전국시 대로 다가섰다. 패권(覇權)이라는 말 역시 이때 등장하였다. 패권은 군사를 동 원하여 다른 제후국을 제압하는 정치, 즉 패정(覇政)을 통하여 권력을 잡는다 는 의미이다. 전국시대로 넘어서면서 명분과 의리보다는 자국 실리가 행동지침 으로 자리 잡았다. 약육강식 시대가 도래한 것이다.

그 당시 지배세력으로 부상한 곳을 전국7웅(위·한·조·연·제·초·진)이라 일컬 으며 현대와 비슷한 동맹이라는 개념도 탄생하였다. 흔히 합종연횡이라고 부 르는 것이 바로 그것이다. BC 4세기 말 진(秦)이 슈퍼파워로 부상하자 주위 패 권국들은 위협을 느끼기 시작했다. 그리하여 동방에 있던 조·한·위·연·제·초 6국은 종적으로 연합하여 진에 대항하는 동맹을 맺었다. 이를 합종이라 하며, 합종책을 주도한 사람은 소진(蘇秦)이었다. 그 뒤 진은 6국의 대진동맹을 깨는 데 주력해 위나라 사람 장의(張儀)로 하여금 6국을 설득하여 진과 6국 각각이 횡적인 평화조약을 맺도록 했다. 이것을 연횡이라고 한다. 이것으로 진은 6국 사이의 동맹을 와해시키는 데 성공했으며 차례로 이들을 복속시켜 중국을 통일하였다. 참고로 장의·소진을 비롯하여 소대(蘇代)·진진(陳軫) 등 전국시대에 활약한 외교 전술가들을 종횡가(從橫家)라고 부르며 이런 종횡가들의 책략을 모은 것이 바로 전국책(戰國策)이다.

브레진스키가 '지배인가 혹은 리더십인가'라는 부제를 『제국의 선택』에 단 이유는 미국이 명분을 가지고 이끌어나갈 것인가 아니면 군사력에 기댄 제압정책을 택할 것인가라는 물음을 던진 것으로 볼 수 있다. 역사적으로 소프트파워만으로 강대국이 된 사례도, 하드파워만으로 장기간 제국의 영화를 유지한 국가도 없다. 패권은 융합과 통합이 아닌 대립적 개념이며 또한 일방적이다. 제국의 힘이 충만하다면 타국과의 협상이 비능률적이며 소모적으로 느껴질 것이다. 소국은 배제한 채 강대국 간의 협상에 우선하며 시간이 지남에 따라 협상 테이블에 놓인 의자의 수는 줄어들 것이다. 따라서 패권 의지는 명확해지고 협상 의지는 퇴색된다. 퇴로는 막힌 채 남은 것은 승부를 가리는 길뿐이다.

또한 테이블에서 밀려난 강대국과 소국은 그들 나름의 생존을 모색할 것이다. 역사적으로 강대국 연합은 패권국과의 직접 충돌을 통하여 의지를 분출했지만 결과는 그리 이상적이지 않았다. 종종 패망과 흡수라는 결말이 이들을 기다렸다. 그렇다고 패권국이 승리의 과실을 딴 것도 아니다. 강대국과의 전쟁은 동원 가능한 모든 물자와 인력을 투입해야 하는 총력전이다. 제국의 적은 사라졌지만 권력층의 전환 또는 내부 분열로 영멸해 간 경우가 대부분이다. 충만한 제국의 힘은 전란 속에서 기운이 쇠잔해지고 이는 또 다른 제국을 불러온다. 새로운 질서가 탄생하는 것이다.

그러면 세계는 왜 미국이 패권주의에 빠질 것을 우려하는 것일까? 제2차 세계대전 이후 세계는 미국과 소련을 중심으로 냉전시대로 넘어갔다. 두 초강대국은 경계선을 설정한 채 무한경쟁을 시작하였다. 가장 치열했던 분야가 바로 군사영역이다. 글로벌 경제와 금융 지배권을 바탕으로 미국은 빠르게 소련을 압도하였다. 글로벌 기축통화로써의 달러는 무한한 에너지를 미국에 공급하였다. 소련은 조폐공장과 머니게임이라는 최악의 선택을 했으며 그 결과 소련은 해체되었다.

미국식 패권주의는 꼭 군사적 얼굴을 하고 있지는 않다. 레짐(Regime)과 같은 기형적인 개념으로도 현실화된다. 레짐은 변화가 아닌 복제, 일원화를 요구한다. 네오콘들이 추종한 개념으로 이들은 이분법적으로 나쁜 레짐과 좋은 레짐을 두고 전 세계는 '좋은 레짐' 하나로 통일되어야 한다고 보았다. 판단 기준은 물론 그들이 정한다. 세계 단일정부가 최종 목표인 듯하며 다양화된 정치·문화사회는 설자리를 잃을 것이다. 종교를 위한 자리도 아마 없을 것이다.

미국은 1945년 이후 주기적인 패권충동에 사로잡혔다. 패권욕망은 민주당보다 공화당이 강렬했지만 실현 의지는 민주당이 더 뚜렷하였다. 제국에 있어 패권은 당의 노선이 아닌 이해관계에 좌우된다. 제2차 세계대전과 한국전쟁은 민주당 주자인 루스벨트와 아이젠하워 집권기에 일어났다. 베트남전쟁의 개시와 확전도 케네디와 존슨 행정부에서 발생하였다. 신자유주의의 첫 걸음은 레이건이 내딛었지만 마무리는 클린턴이 찍었다. 패권은 제국의 본능이며 그 욕망은 정치에 영향을 받지 않는다. 1890년 앨프리드 머핸(Alfred T. Mahan)은 『해양력이 역사에 미치는 영향(The Influence of Sea Power Upon History)』에서 '이제 대륙적 팽창이 완수된 만큼 미국은 해양제국 건설을 위한 기지확보에 매진해야 한다'고 주장하였다.

미국은 평화유지활동을 포함한 중국 해군의 활발한 국제움직임을 지지하는 듯한 모습을 보인다. 미국이 짊어진 부담 일부를 전가함과 동시에 중국을 탐색하려는 의도도 나타낸다. 미국은 일부 군부세력이 중국 군사력에 대한 과도한 자신감으로 양쪽 모두 의도하지 않은 의외의 사태가 발생할 것을 우려한다. 전쟁에 대한 넓은 욕구를 수면 위로 부상시키는 것은 사소한 마찰이다. 이에 대한 미세조정을 주기적인 군사회담을 통하여 해소하고자 한다. 중국 석유 수입의 80%가 동남아시아 말라카(Malacca) 해협을 통해 이루어지지만 중국해군은 이 루트방어에 대한 충분한 능력을 보유하지 못하고 있다. 해적과 같은 비 전통적 위협에 대한 중국의 적극적 지지와 참여도 이런 관점에서 해석될 수 있다.

중국 최고지도층은 다양한 장소를 빌어 석유와 같은 핵심자원의 수입루트 확보가 극도로 중요함을 역설한다. 자원에 관한 한 중국과 미국은 같은 입장을 견지한다. 우선순위와 역량의 차이는 있지만 모든 국가에게 통용되는 원칙일 것이다. 중국은 걸프만에서의 미국과의 직접적 충돌은 회피한 채 말라카(Malacca) 해협에 역량을 집중하고 있다. 중국 지도층은 전쟁 같은 전통적 위협은 외교와 억지를 통하여 감소시킬 수 있다고 판단한다. 하지만 비전통적 위협은 국내외적으로 파생되는 문제로 다루기 쉽지 않다고 본다. 중국 해군의 활동은 기본적으로 국제활동과 보조를 맞추는 루트로 발전하고 있다.

미국도 글로벌 안정화를 위한 중국의 활동은 공공의 선에 부합하며 미국에게도 이익이 될 수 있다고 본다. 다만 설정된 한계를 넘어선 과도한 진출은 미국의 개입과 더불어 주변국들의 신경을 곤두세울 것이다. 미국은 단지 미국이 관리 가능한 범위 내에서 중국 해군의 적극적 해외활동을 지지하는 셈이다. 이런 사고는 2010년 7월 클린턴 미 국무부장관의 발언을 통해서 재확인된다. 그녀는 남중국해 문제를 공식 거론하며 '남중국해에서의 자유로운 항해와 아시아의 공동수역에 대한 제한 없는 접근에 미국은 국가적인 이해관계를 가진다'라고 말하였다. 한 걸음 더 나아가 미 7함대 사령관은 남중국해를 국제수역으로 판단한다고 밝히고 있다. 남중국해를 중국의 이해가 걸린 국제분쟁 지역으로 간주하는 중국 정부의 시각과 큰 괴리가 있다. 참고로 중국해양석유총공사 산하 연구원은 남중국해의 석유매장량이 230억 톤에 달한다고 밝혔다. 이는 2009년 원유수입량의 113배에 해당하는 규모이다. 만약 중국이 남중국해 석유광구를 확보한다면 에너지 안보라는 고질적인 문제 해결과 함께 1세기 동안 원유수입에 투입될 자금을 경제, 복지, 군사 등 타 분야로 전용할 수 있다는 이점도 존재한다.

2010년 중국 군사과학학회 부비서장인 루어위엔 소장은 미국이 중국을 타원형으로 둘러싸는 보름달형 포위전략을 이미 구축했다고 보고, 중국이 이와 같은 적대적 행위에 대응할 필요가 있다고 주문한다.

중국의 1차 해군투사력 범위는 만월의 4분의 1조각이며 나머지 4분의 1조각은 인도양에 펼쳐져 있다. 이 둘을 합치면 해양에서 반달 형태로 중국의 진출은 가로막히게 된다. 나머지 반달은 해양이 아닌 육지에 펼쳐져 있다. 아프가니스탄을 축으로 아래로는 인도, 위로는 러시아가 웅크리고 있다. 한반도 영해에서의 한미 군사훈련에 중국이 히스테리적 반응을 보이며 강경발언을 내뱉은 것도 중국을 둘러싼 그물망을 빠짝 조이는 것으로 느끼기 때문이다.

중국군의 팽창은 혁명적이기보다는 진화적이다. 개선이 아닌 패러다임 전환을 이루고 있다. 몇몇 지역을 대상으로 해외활동을 넓히고 있지만 아직 글로벌 범위로 작전을 수행할 능력은 부족하다. 1990년대 중반부터 중국은 군 현대화 작업을 실시하였다. 새롭게 주목을 받는 해군을 살펴보면, 구축함은 2000년 17% 수준에서 46%로 3배 정도 상승하였다. 프리킷함은 25%에서 40%, 잠수함은 9%에서 29%로 현대화 정도가 높아졌다. 미측 자료(USCC 연차 보고서)에 의하면, 2008년 현재 해군과 잠수함 현대화는 25%와 45% 정도 진척된 것으로 알려진다. 공군력과 항공방어 체제는 이보다 조금 떨어진 20%와 35% 수준이다. 현대화가 50% 수준을 넘어선다면 영토와 연해에 머문 수동적 방어전략에서 적극적 공격개념으로 변경될 것이다.

홍콩의 사우스차이나 모닝포스트지는 2010년 4월 중국해군이 일본 오키나와섬과 미야코 군도 사이의 해협, 대만과 필리핀 사이의 바시해협, 난사군도(南沙群島) 주변 해역에서 군사훈련을 실시했다고 보도하였다. 국제전략연구소의 게리 리 연구원은 중국이 이와 같은 대규모 해양훈련을 한 사례는 없었다고 밝혔다. 그는 특히 중국 북해함대가 남중국해까지 기동해 훈련한 것은 상

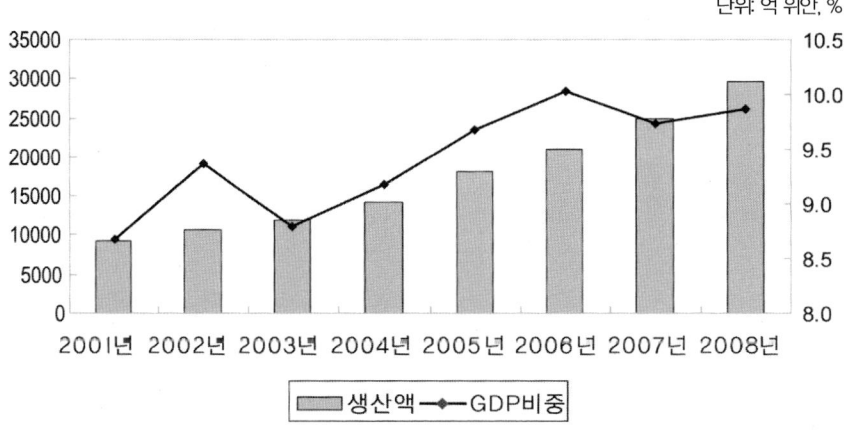

〈그림 3〉 중국 해양산업 규모와 GDP 비중

단위: 억 위안, %

자료원천: 중국교통운수국, 중국경제정보분석(CEIA)

당히 중요한 의미를 가진다고 논평하였다. 중국 해군은 기존 작전개념을 조금씩 전환하고 있다. 군이 원해서가 아니라 경제가 그것을 요구하기 때문이다. 중국 GDP의 65% 이상이 동부연해 지역에서 달성된다. 중국 상위 20개 도시 가운데 18개가 여기에 분포해 있다. 동부연해를 따라 형성된 광범위한 경제벨트는 한편으로는 중국의 성장 동력이지만 다른 한편으로는 아킬레스건이다. 동부연해 도시가 파괴 혹은 봉쇄된다면 중국 경제는 깊은 심연으로 빠질 수밖에 없다.

　　안보요인 이외에 해양은 그 자체로 경제벨트이다. 이 주장은 <그림 3>을 통해서 확인될 수 있다. <그림 3>은 GDP에서 해양산업이 차지하는 비중을 연도별로 나타낸 것이다. 매년 GDP의 10% 내외가 해양부문에서 달성되고 있는데, 증가속도는 연 GDP 증가율을 상회한다. 2001년 중국 해양산업 규모는

9,300억 위안에 불과했지만 7년 만에 3배 이상 몸집을 부풀렸다. 2008년 산업규모는 전년보다 19% 확대된 2.9조 위안을 기록하였다. 중국 해군의 팽창은 해상 운송루트와 경제구역 방어라는 안보적 의미 이외에 중국 경제 확대와도 맞물려 돌아간다.

이는 후진타오 발언을 통해서도 재확인된다. 2005년 중앙경제공작회의에서 후진타오 주석은 '에너지 문제는 중국의 전반적인 경제·사회발전의 주요 전략과제이다'라고 밝혔다. 그로부터 5년이 지난 2010년 중국은 에너지 문제를 전략적으로 통합관리하기 위하여 국가에너지위원회(NEC)를 설립하였다. 국가에너지위원회는 에너지 개발전략, 에너지 안보, 국제협력 등의 정책을 담당할 것으로 알려진다. 원자바오 총리가 최고책임자 직책을 담당하고 리커창 부총리가 부주임을 맡고 있다. 부처 간 유기적 공조를 위하여 양제츠 외교부장, 천더밍 상무부장, 저우샤오촨 인민은행장, 장핑 국가발전개혁위원회 주임 등 정부부처 수장 21명은 위원으로 선임되었다. 부서에 머물러 있던 '에너지 문제'를 국가급으로 격상시킨 것이다. 무엇보다도 장친성 중국인민해방군 부참모장이 국가에너지위원회 위원에 포함된 사실에서 경제적 시각만으로 에너지문제를 접근하지 않음을 알 수 있다.

역사를 평가하는 현 기류 속에서도 이런 내심이 고스란히 드러난다. 청나라에서 강희제와 건륭제가 주목을 받았다면 명나라에서는 영락제가 유일하게 호평을 받는다. 그는 북벌군을 지휘하면서 몽고족을 만리장성 이북으로 밀어냈으며, 수도를 남경에서 베이징으로 천도하였다. 무엇보다도 중국 역사상 처음으로 해양세력으로 거듭날 꿈을 중국인에게 심어 주었다. 정화는 대함대를 이끌고 동남아시아 전역에 그의 즉위를 알렸으며 이들과 조공관계를 맺었다. 또한 동남아시아를 거쳐 페르시아만 그리고 아프리카에 이르는 광활한 항로를 개척하였으며 각지에서 종주권을 인정받았다. 영락제에 대한 재조명은 21세기 해양세력으로써의 중국 위치에 대한 내부논란을 차단시킨다. 낯선 것이 아닌 500년 전에 이미 선례가 있음을 중국인에게 알린다. 육지의 울타리를 벗어나 해양으로 뻗어나가려 하며 그 속에서 중국은 대국의 길을 찾을 것이다.

3

중앙아시아에 방어막을 쳐라

고립된 섬, 중국은 천라지망(天羅地網)을 찢고 바다로 그리고 육지로 세력을 뻗어나가려고 한다. 반면 미국은 자신을 둘러싼 네트워크를 끊고 그 속에서 침체되는 경향을 보인다.

브레진스키는 그의 명저 『제국의 선택』에서 '억제(deterrence)는 전쟁을 피하는 핵심운영 원리였으며, 봉쇄(containment)는 유라시아의 서쪽과 동쪽을 절대 세력에게 빼앗기지 않기 위한 공식이었다'고 밝혔다. 이 말은 아무리 자주 언급해도 지나치지 않는다. 전략의 핵심을 관통하고 있는 키워드이다. 현재 미국은 군사력의 축을 이라크에서 아프가니스탄으로 이동하고 있다. 이라크와 같은 석유의 보고도 아닌 삭막한 대지와 계곡에 둘러싸인 국가에 막대한 화력을 쏟아내고 있는 것은 산처럼 쌓인 무기를 낭비하고자 함인지 또 다른 이유가 있는지 고민해볼 필요가 있다. 경제적 이익을 담보하지 않은 전쟁은 획득이 아닌 소비이다. 그런 점에서 미국은 소비전쟁을 벌였다. 하지만 2010년 6월 1조 달러 지하자원 발견 보고를 내놓으며 소비전쟁이 아닌 생산전쟁임을 각인시키고자 했다.

그러나 이는 전혀 새로운 뉴스가 아니다. 아프가니스탄 정부는 1970년대 이미 지하자원 조사를 실시했으며 1980년대에는 소련 지질학자들이 자원분포 지도까지 만들었다. 미국도 이 보물지도를 바탕으로 2007년부터 본격적인 탐사에 들어갔으며 2010년 6월 마침내 1조 달러 지하자원을 발견이라는 소식을 타진하였다. 개괄적으로 매장 지하자원을 살펴보면 철광석과 구리가 4,200억 달러와 2,700억 달러 정도로 가장 크고, 그 다음은 리튬과 코발트이다. 국민총생산이 120억 달러 전후인 아프가니스탄에 있어 1조 달러는 근 1세기동안 놀고 먹을 수 있는 금액이다.

혼란한 아프가니스탄에 있어 지하자원 발견은 긍정적일까? 준비되지 않는 자에 있어 보물은 종종 재앙으로 작용한다. 석유로 인해 전쟁의 포화에 항상 노출된 중동과 내전의 소용돌이에 빠진 콩고판 시나리오의 재현이 펼쳐지지 않을까? 자본투입으로 인프라 문제는 해결한다손 치더라도 치안불안과 부패는 어떻게 풀 것인가? 일례로 아프가니스탄 광산부장관이 2009년 300억 달러를 받고 구리광산 채굴권을 중국에 넘긴 사례도 있었다. 주민 대다수가 UN주둔군을 약탈자로 인식하는 상태에서 자원개발이 제대로 이루어질지도 미지수이다. 경제성에 대한 평가도 감안할 필요가 있다. 매장된 자원이 모두 경제적 가치를 가지는 것은 아니다. 그리고 미국의 의도대로 일이 풀리지 않을 수도 있다.

뉴스가 터진 타이밍도 세간의 의심을 불러일으킨다. 자원발견 소식은 미상원 외교위의 아프가니스탄 청문회를 앞둔 시점에 나왔다. 막대한 인적·물적

자원 투입만 있고 산출이 없는 가운데 '아프가니스탄 재건과 테러와의 전쟁'이라는 허무한 깃발에 모인 상황에 모두 지쳐가고 있다. 필립 크롤리 미 국무부 대변인은 아프가니스탄 경제의 오르막길이 보인다는 투로 1조 달러 지하자원 발굴을 평했지만, 미국에 있어서는 내리막길이 될 수도 있다. 1조 달러라는 말이 나온 지 얼마 되지 않아 와히둘라 샤라니 광산부장관은 1조 달러는 보수적 추정치로 실제로는 3조 달러에 이를 것이라는 견해를 표했다. 첫 삽을 뜨기도 전에 벌써 숫자놀음에 빠져든 듯하다. 광산개발 입찰권을 좀 더 높은 가격에 떠넘기려는 마케팅 일환일 수도 있다. 높은 수익을 안겨주는 황금주로 변모할지, 패가망신을 앞당길 작전주로 변할지는 세월이 알려줄 것이다.

스티클리츠 교수는 2008년 『3조 달러 전쟁: The Three Trillion Dollar War』이라는 책을 내놓았는데 그는 이 책에서 직간접적인 이라크와 아프가니스탄 전비는 3조 달러이고 실제비용은 아마 제2차 세계대전을 넘어설 수도 있다고 밝혔다. 물가상승률을 감안한 제2차 세계대전 비용은 약 5조 달러 정도로 추론된다. 신뢰성은 극히 떨어지지만 아프가니스탄 광산부장관의 발언이 맞다면 3조 달러의 지하자원은 미국의 전비와 상쇄될 듯싶다.

전략이라는 큰 틀에서 보면 아프가니스탄의 중요성은 두드러진다. 아프가니스탄은 지리적으로 유라시아의 역린에 속한다. 위로는 옛 소련 연방국가들이 포진해 있고 좌로는 중국, 우로는 이란이 위치한다. 아래로는 파키스탄, 인도가 놓여 있다. 21세기에도 미국이 글로벌 지배권을 유지하려면 아프가니스탄이라는 고리에 말뚝을 박아둘 필요가 있다. 테러리스트와의 전쟁은 큰 전략에 수반되는 소규모 전투에 불과하다. 설혹 이란을 공습하더라도 그건 전투장소가 늘어난 것에 지나지 않는다. 진정한 전쟁은 이후 찾아올 미국과 중국의 충돌이다.

중앙아시아에 대한 중국의 이해관계는 다방면에 걸쳐져 있다. 우선적으로 에너지 영역을 점검해 보자. 페트로차이나는 카자흐스탄 최대 석유회사와 공동으로 카스피해에서 신장에 이르는 3천 킬로미터의 파이프라인을 건설하였다. 이 라인을 통해 중국은 일 20만 배럴을 확보할 계획이다. 투르메니스탄과는 7.3억 달러 규모의 가스관 건설계약을 체결하였다. 중앙아시아 가스 파이프라인으로 불리는 이 시설은 우즈베키스탄을 통과하는데 연 생산량은 400억 큐빅미터로 알려진다.

또한 중국 수출입은행은 카자흐스탄 에너지 기업들의 지분확보 대가로 50억 달러의 대출 패키지를 내놓았다. 중국은 발걸음을 한층 재촉해 2009년 6월에는 세계 5대 매장지역으로 불리는 남욜로탄(south yolotan)을 개발하기로 하고 40억 달러 차관을 제공하였다. 중국과 중앙아시아 교역규모는 2002년 10억 달러에서 2007년 180억 달러로 18배 정도 확대되었다. 중국은 중앙아시아 인프라사업에 깊숙이 개입하고 있으며 아프가니스탄, 아제르바이잔 등 7개국을 가로지르는 신 실크로드 프로젝트에 180억 달러를 투입할 계획이다. 이 프로젝트에는 유럽과 동아시아를 연결할 6개의 도로망 건설도 포함된다. 프로젝트가 순조롭게 완공된다면 중국은 중앙아시아를 거쳐 중동과 유럽으로 향하는 통로를 확보할 것이다.

중국은 경제력을 바탕으로 중앙아시아에 대한 입김을 강화하고 있다. 후진타오 주석은 2009년 6월 상하이협력기구 회의석상에서 100억 달러의 신용지원을 약속하였다. 중국의 부상은 이해관계가 얽힌 러시아와 미국을 긴장시켰다. 이라크에서 아프가니스탄으로의 미 전략축 이동은 중국·러시아·인도·중동을 노린 다목적 표적일 것이다. 테러와의 전쟁은 부차적 옵션이다. 글로벌 전략지도를 펼친다면 아프가니스탄이 유라시아를 관통하는 핵심 말뚝임이 들어난다.

2005년 상하이협력기구는 우즈베키스탄 미군기지를 염두에 두고 중앙아시아에서의 미군철수를 요구하였다. 2009년 2월 카자흐스탄은 중국의 서쪽 관문에 가까운 미군기지 철수를 요청하였다. 요청을 철회하고 미군의 공군기지 주둔을 인정했지만 이를 관철시키기 위해 미국은 상당한 대가를 지불했을 것이다. 힘의 논리로만 접근하면 우리는 중앙아시아 국가들을 허수아비로 판단하는 오류를 범할 수 있다. 하지만 우즈베키스탄과 카자흐스탄처럼 일정한 면적과 인구를 보유한 나라는 자국의 전략적 가치를 인식한다. 영원한 우방도 영원한 적도 없다는 외교명언은 강대국에게도 약소국에게도 모두 적용된다.

끝으로 중국이 추진 중인 재미있는 프로젝트 하나를 소개하고자 한다. 홍콩 사우스차이나모닝포스트는 고속철도 전문가인 왕명수 베이징 교통대 교수 발언을 인용해 중국이 국내 고속철도와 아시아 및 유럽 17개국을 연결하는 프로젝트를 관련 국가들과 논의하고 있다고 밝혔다. 그의 발언에 따르면 중국은 현재 3가지 고속철도 노선을 구상하고 있는 것 같다. 첫째는 유라시아 횡단 고속철도로 우루무치(烏魯木齊)를 출발해 카자흐스탄, 우즈베키스탄, 투르크메니스탄 등 중앙아시아 국가들을 거쳐 독일까지 연결된다. 둘째는 동남아시아 종단철도로 쿤밍(昆明)을 기점으로 베트남·태국·미얀마·말레이시아를 거쳐 싱가포르까지 연결되는 것이다. 셋째는 러시아 대륙 횡단철도로 헤룽지앙(黑龍

江)에서 러시아 대륙을 거쳐 유럽까지 가는 노선이다. 러시아 대륙횡단철도는 남북한 철도망이 연결될 경우 일본까지도 연장될 수 있을 것이다.

상기 프로젝트는 중국이 기술과 장비, 자금을 지원하고 기타 국가들은 자원을 제공하는 형태로 진행될 가능성이 높다. 왕명수 교수는 협상내용에 약간의 시간차는 존재하겠지만 2025년까지 주요 노선이 완료될 것으로 전망한다. 고립된 섬, 중국은 현재 천라지망을 찢고 바다로 그리고 육지로 세력을 뻗어나가고 있는데, 미국은 자신을 둘러싼 네트워크를 끊고 그 속에서 침체되는 경향을 보인다. 외교·전략적 측면에서 테러와의 전쟁의 최대 수혜자는 중국일 수도 있다. 아프가니스탄에 방어막을 쌓고 중국의 투사력을 제한하려는 미국과 그 방어막을 돌파하려는 중국의 움직임은 점점 표면화될 것이고 그 승패에 따라 21세기 주도권 향방이 정해질 것이다.

우주에 방패와 무기를 깔아라

중국은 21세기가 우주의 시대임을 힘차게 부르짖는다. 근대 무역로와 신 대륙을 놓고 강대국이 흥망을 거듭했듯이 먼 미래는 우주공간에서 비슷한 움직임이 벌어질 것이다. 중국은 우주 속에서 현재와 미래를 찾고자 한다.

2006년 11월 중국은 '대국굴기(大國崛起)'라는 12부작 역사 다큐멘터리를 방송하였다. 이 다큐멘터리는 스페인·포르투갈·네덜란드·영국·프랑스·독일·러시아·일본·미국 순으로 강대국의 발전과정을 더듬어 보고 이들이 부상하게 된 원인을 국내외 정세·경제·산업·제도 등을 통해 다각도로 분석하였다. 마지막 12편인 '대도행사(大道行思)'에서는 중국이 나아갈 길을 제시하는 듯 카메라 앵글이 창공을 비상하는 우주선을 비추고 있다. 이전 강대국들이 해양과 지상을 바탕으로 패러다임 변화를 이끌었다면 21세기는 우주의 시대임을 그리고 그 문은 중국이 열 것임을 암시한다.

우주에 대한 중국의 발걸음은 빠르게 진행되고 있다. 1970년 첫 인공위성을 쏘아올린 후 중국은 이미 70여 개의 인공위성을 발사하였다. 1999년 11월 20일에는 '선조우 1호'를 창공에 올리며 우주시대의 막을 열었고, 2001년 1월과 2002년 3월에 '선조우 2호'와 '선조우 3호'를 각각 쏘아올렸다. 2003년 10월에는 러시아와 미국에 이어 세계 세 번째로 유인우주선 발사에 성공함으로써 항공기술에 대한 논란을 차단시켰다. 2005년 10월 '선조우 6호'에 이어 2008년 9월에는 '선조우 7호'를 쏘아올리며 우주유영에도 성공하였다. 여기서 멈추지 않고 달 착륙·우주정거장 건설·유인탐사선 화성발사 같은 굵직굵직한 계획을 세워놓고 있다.

마오쩌둥은 '미국과 소련이 하면 우리도 한다'라는 의지를 바탕으로 중국의 길을 고민하였다. 그의 신념은 현재 여러 부문에 걸쳐 다양한 결과물을 내놓고 있다. 과학기술의 척도로 불리는 슈퍼컴퓨터도 그 가운데 하나이다. 슈퍼컴퓨터는 일국이 우주 강대국으로 도약하기 위한 필수 아이템으로 항공기 설계, 탄도계산, 기후분석 등에 이용된다. 중국은 미국에 이어 세계 두 번째로 연산속도가 빠른 광성성운(曙光星雲, 초당 1.27페타플롭)을 보유하고 있다. 세계 10대 슈퍼컴퓨터 가운데 2대가 중국에 있으며 상위 500대로 넓힐 경우 34대가 중국에 속한다. 일본(18대), 인도(5대)를 한참 따돌리고 있는 것이다.

우주는 상징적 영역이 아니다. 그 밑에는 항공산업이 존재한다. 중국은 2010년 발표한 7대 신흥전략산업에 첨단장비제조 부분을 포함했으며, 그 카테고리 첫 영역을 항공우주 산업으로 채우고 있다. 세계 항공산업 규모는 2008년 4,300억 달러에서 2020년에는 7,000억 달러로 확대될 전망된다. 특히 민항기와

〈그림 4〉 중국 항공우주 산업 부가가치액

단위: 억 위안

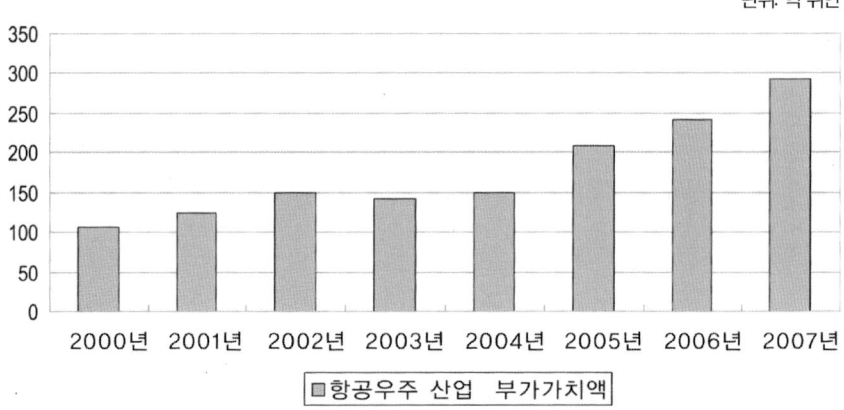

자료원천: 중국교통운수국

항공정비 서비스 분야는 빠르게 팽창할 것이다. 중국은 세계 2대 항공시장으로 2,300대에 이르는 민간항공기 대부분이 수입품이다. 중국 단독으로 향후 20년 동안 약 3,200대의 항공기 수요가 있을 것으로 예상된다. 돈으로 환산하면 4,000억 달러에 달하는 금액이다. 항공우주 분야는 중국 내수시장만으로도 규모의 경제가 가능하다.

　〈그림 4〉는 연도별 중국 항공우주 산업 부가가치 추이를 나타낸 것이다. 2003~2004년 일시 정체된 모습을 보였지만 대개 15~20% 사이의 신장률을 보인다. 2007년 부가가치 총액은 근 300억 위안에 근접한 것으로 나타났다. 2007년 기준 항공우주 산업 R&D 규모는 한 해 부가가치 총액의 15.4%인 42.6억 위안으로 집계되었다. 다만 1인당 노동생산성은 9.7만 위안으로 전체 하이테크 산업

가운데 가장 낮고 제조업 평균(13.7만 위안)보다도 떨어진다. 안개 속에 존재할 수 있는 수치들이 있어 단정할 수는 없지만 중국 하이테크 산업의 노동생산성은 제조업 평균과 큰 차이가 없는 것 같다. 기업규모로 보면 67% 내외가 대형기업이고 그 외는 중소형기업인 것으로 조사되었다. 군수를 염두에 둔다면 앞서 통계치가 가지는 의미는 크게 퇴색될 것이다.

중국 공군사령관인 쉬치리앙(許其亮) 상장은 공군창설 60주년을 맞이하여 "공군의 임무는 우주에서의 작전 능력개발이며 우주공간을 장악하는 나라가 군사 지배권을 획득할 것이다. 21세기는 창공의 세기로 각국의 군사력 경쟁은 우주영역으로 확장되고 있으며 이는 역사적 필연이며 뒤집을 수 없는 시대적 대세이다"라고 밝혔다. 중국은 2007년 지상에서 탄도미사일을 발사하여 낡은 기상위성을 요격함으로써 우주공간에서의 군사적 작전능력을 선보였다. 당시 미국은 위성요격무기(ASAT) 체계가 완성되었음을 알리는 신호탄이 아닌가, 하고 촉각을 곤두세웠다. 중국은 또한 자체 GPS 시스템인 북두(北斗) 개발에 매진하고 있으며 2020년까지 5기의 정지위성과 30기의 궤도위성을 배치하여 세계를 손금 보듯이 들여다볼 계획을 수립하고 있다. 중·미 군부 사이의 불신은 무역수치를 둘러싼 중·미 상무부의 시각차만큼 넓고도 깊다.

1966년 미국과 구소련은 우주 이용에 관한 조약 초안을 국제연합(UN)에 제출했으며 이를 기반으로 1967년 우주조약(Outer Space Treaty)이 발효되었다. 이 조약에 따라 핵무기 또는 기타 모든 종류의 대량살상무기를 궤도나 달 또는 다른 천체에 설치하는 것이 금지되었으며 어느 나라도 달이나 그 밖의 천체에 대한 주권을 주장할 수 없게 되었다. 또한 각국은 우주비행시설과 운반체들을 호혜적 바탕하에서 공개하고 우주활동은 국제법에 따라 공개적으로 수행되어야 했다. 한마디로 우주는 만인의 것이며 평화적으로 이용되어야 한다는 것이 주 논지이다.

그렇지만 현실은 조약상의 내용과 다르며 우주의 군사화는 급격히 진행되고 있다. 미 레이건 행정부는 1980년대 현 MD 체제(Missile Defense, 미사일방어체제)의 전신인 스타워즈 계획을 입안하였다. 스타워즈 계획은 SDI(Strategic Defense Initiative, 전략방위구상)의 별칭으로 구소련의 대륙간 탄도미사일 무력화를 주목적으로 한다. 구소련 붕괴 이후 중국이 새롭게 부상하자 2005년에는 공상과학 영화에서나 등장할 법한 레이저 광선의 무기화를 계획한다. 일명 '글로벌 스트라이크' 프로그램으로 우주공간에서 레이저광선을 쏘아 탄도미사일을 폭파시킨다는 것이다.

2006년 10월에는 한술 더 떠 '신 우주정책(U.S. National Space Policy)'을 선보이며, 미국은 우주에서 최대한의 자유를 가지며 미국의 국익을 저해하는 어떠한 적대적 행위에 대해 반격할 권리를 가진다고 선언하였다. 1967년 체결된 우주조약의 전면적 부인과 같다. 미국의 우주정책 전환이 중국의 우주 무기화를 촉진했는지 아니면 중국의 우주군사적 기술이 미국을 호전적으로 바꾸었는지 그 인과관계를 단언하기는 힘들다. 분명한 것은 우주공간이 점점 무기로 채워진다는 것이다. 2004년 일본도 우주개발 기본전략을 비군사적 이용에서 비침략적 이용으로 전환하며 군사화 가능성을 열어두었다.

타행성에서의 자원채굴에 관한 경제적 가치만 입증되면 우주는 새로운 신 대륙으로 떠오를 것이다. 근대 무역로와 신 대륙을 놓고 강대국이 흥망을 거듭했듯이 먼 미래는 우주공간이 그 역할을 대신할 가능성이 높다. 우주공간을 놓고 중국은 부분적으로 미국과 군비경쟁에 나서고 있다. 군사 억제력 확보와 더불어 후대를 위한 가능성도 열어둔다. 2010년 1월에는 세계 두 번째로 GMD(Ground-Based Midcourse Defense) 시험에 성공하며 미국의 턱밑까지 따라붙고 있다. 참고로 GMD란 궤도중간 단계에 이른 미사일을 요격하는 시스템을 말한다. 미 국방부는 즉시 관련자료 제출을 중국에 요구했지만 그 말이 얼마나 공허한 소리인지는 미 국방부가 더 잘 알 것이다. 미국과의 군비경쟁이 몰락의 길임을 너무나 잘 아는 중국은 '선택과 집중', '점진과 신중'을 원칙으로 우주에 영향력을 투사하고 있다.

CHAPTER 7

자원전쟁의 서막

헨리 키신저는 식량을 통제하는 사람이 모든 인류를 통제한다고 말하였
다. 중국은 식량무기화에 대해 고도로 경계한다. 농업대국에서 공업대국으로
변모한 중국에 있어 자원확보는 경제문제가 아닌 생존문제이다. 13억이라는
인구는 절대적 풍족을 평균적 부족으로 되돌린다. 중·미 양국은 신재생에너지
협력관계를 구축한 것 같다. 석유는 전략자원으로 독특한 위치를 점하고 있다.
석유에 대한 중국의 집념은 강렬하고 뚜렷하다. 중국은 확보에서 비축으로, 소
모에서 지배로 사고를 전환하고 있다. 중국과 자원경쟁을 한다는 의미는 머니
게임과 더불어 무력충돌도 감내하겠다는 의사표시인 것이다.

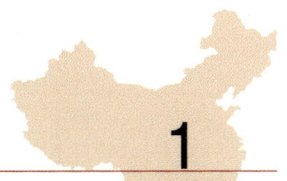

1
자원은 경제성장의 젖줄이다

중국은 농업대국에서 공업대국으로 전환하였다. 이는 순한 양에서 거친 늑대로 변모했음을 의미한다. 중국과 자원경쟁을 한다는 것은 머니게임만을 뜻하지 않는다. 무력충돌도 감내하겠다는 의사표시이다.

　　페르낭 브로델은 그의 명저 『물질문명과 자본주의』의 첫 장을 '수의 무게'로 수놓았다. 인구가 사회 및 경제 분석의 전제라는 사실을 명확히 직시한 것이다. 그는 "인구는 훌륭한 지표로 성공과 실패의 대차대조표를 드러낸다"고 하였다. 그러면 13억 인구를 보유한 중국은 성공 가도를 달리고 있는 것일까? 그럴 수도 있고, 또한 아닐 수도 있다. 13억 인구는 중국 경제가 가진 역량임에는 분명하다. 하지만 그 숫자는 또한 자원의 한계를 설정한다. 중국과학원은 인구와 주요 자원을 놓고 중국의 인구한계를 조사한 적이 있다. 이 자료에 따르면 중국이 감당할 수 있는 최대치는 16억 명이며 이상적인 수치는 7억~10억 명으로 나타났다. 주요 자원별 인구한계를 살펴보면 한 해 식량산출량 기준으로는 12.6억 명 이하가 최선이고, 에너지 부하로는 11.5억 명이 한계이다. 베이징·상하이 등과 같은 랜드마크 도시를 제외하고는 지금도 정전현상이 보편적이다. 총 국토면적은 9,572,900㎢로 세계 세 번째로 크지만 인간이 생활하기에 적합한 지역은 35% 미만에 불과하다. 토지가 수용할 수 있는 최대치는 10억 명이다.

인구지리학자인 후환용(胡煥庸)은 1935년 중국지도를 펼쳐놓고 대각선으로 중국을 양분한 적이 있다. 그 선의 출발점은 헤룽지앙성 애휘(愛琿), 종착점은 운남 텅총(騰沖)이었다. 이 대각선을 따라 위쪽에 자리한 서북지역에 중국 국토의 64%, 인구의 4%가 자리 잡았다. 아래에 놓인 동남지역은 36% 국토에 인구의 96%가 몰렸다. 1935년에서 2000년으로 시간의 축을 변경해도 그 결과는 변함이 없다. 4.3억 명에서 12.2억 명으로 인구가 늘어났을 따름이지 그 비율은 거의 비슷하다.

담수공급량, 즉 식수문제는 한층 심각하다. 4.5억 명이 이상적인 한계치로 추산되었다. 중국 수도인 베이징은 세계 최대의 물 부족 도시로 유명한데, 1인당 수자원 양은 전국평균의 10분의 1에 불과하며 세계평균과 비교할 경우 30분의 1로 떨어진다. 중국인이 냄새나고 더럽다는 세간의 비난과 편견은 민족이 아닌 척박한 환경에 쏟아져야 할 것이다. 생존경험에 따라 습득된 그들만의 삶의 방식일 뿐이다. 중국에서는 빈부고하를 막론하고 사치는 인정되지만 낭비는 존중을 받지 못한다.

절대치로 보면 중국은 자원대국에 속한다. 다만 자원이 지역적으로 산재해 있고 그 질이 떨어진다는 문제는 존재한다. 석탄은 북쪽에, 천연가스는 서쪽에 몰려 있다. 철광의 철 함량은 세계 평균보다 10% 낮다. 2008년 기준 석탄매장량은 3261억 톤으로 전 세계 매장량의 11% 정도를 차지한다. 석유는 2.6%로 세계 11위이며 천연가스는 14위이다. 특히 몇몇 희소자원 생산량은 세계 1위이다. 지르코늄는 90%가 중국에서 가공 생산되며 그중 85%가 수출된다. 텅스텐과 인듐은 중국에서 80% 이상이 생산되며 게르마늄은 50%가 중국산이다. 몰리브덴의 5분의 1 정도가 중국에서 산출된다. 첨단산업의 비타민이라 불리는 희토류도 중국의 눈치를 보는 대표 자원이다. 휴대폰·LCD·광학렌즈 등에 이어 전기자동차·풍력발전기 등에 희토류가 소요됨에 따라 수출물량 제한에 나서고 있다.

덩샤오핑은 몇십 년 전 이미 중동에 석유가 있다면 중국에는 희토류가 있다고 말하며, 희토류의 전략적 중요성을 언급하였다. 중국은 전 세계 희토류 매장량의 36%, 생산량의 97%를 점하고 있다. 자원 전략화의 물결 속에서 2010년부터 희토류 산업의 구조조정을 단행하고 있으며, 수출물량을 2009년보다 40% 정도 감축하였다. 중국은 2010년 9월 디아위다오 사태에서 대일 희토류 수출을 잠정중단하며 외교무기로 사용한 전례도 있다.

중국의 이런 움직임에 일본은 수입선 다변화, 미국은 자체 수급으로 방향을 틀고 있다. 미국은 1990년대 초까지 전 세계 생산량의 과반을 담당했지만 자원보존, 환경보호 및 경제성 등을 이유로 수입에 의존적 태도를 보였다. 미국 이외에 전 세계 매장량 2, 4위를 차지하고 있는 구소련연방과 호주도 빠른 발걸음을 보이고 있다. 몇 년 이내에 희토류에 대한 중국의 독점적 위치는 붕괴되겠지만 그것이 가격인하를 의미하지는 않는다.

몇몇 자원에서 상위권을 달리고 있지만 이도 13억 인구를 떠올리면 부족해 보인다. 세계 3위의 석탄 매장량을 기록하고 있지만 1인당 매장량은 50위이다. 1인당 석유 및 천연가스 매장량은 세계 평균의 15%와 10%에 불과하다. 동과 알루미늄은 6분의 1과 9분의 1 수준에 그친다. 13억이라는 인구는 절대적 풍족을 평균적 부족으로 되돌린다. 중국이 이룩한 기적도 13억 인구로 나누면 왜소해지고 사소한 문제도 13억을 곱하면 심각해진다. 2009년 현재 세계 3위의 경제대국이지만 1인당 GDP는 100위권을 맴돌고 있다. 중국은 매일 160만 마리의 돼지를 소비하고 13억 킬로그램을 먹는다. 매일 10만 톤의 쓰레기가 매립장에 묻히고 서호 3개 분량의 물이 변기통 속으로 빠져나간다.

13억 인구를 건사하는 것만으로 중국은 세계평화에 공헌을 하고 있다는 덩샤오핑의 말이 귓가에 맴돈다. 13억 인구만으로도 버거운 중국이 지금은 세계 68억 인구의 생필품과 먹을거리에 신경 쓴다. 자원이 화두로 떠오를 수밖에 없다. 예전에는 118개의 자원형 도시가 존재했지만 지금은 5분의 2 정도가 고갈 상태에 빠졌다. 공기오염이 심각한 지역이 5분의 1이며 3억 명 정도는 식수안전을 위협받고 있다.

전 국토의 3분의 1이 산성비에 노출되어 있으며 3분의 1 이상은 수분과 토양 유실문제로 골머리를 앓는다. 90%의 초원이 사막화 과정을 걷고 있다. 글로벌 분업체제의 밑바닥에서 중국의 내부자원은 고갈되고 환경은 파괴되었다. 50% 미만의 도시화로 중국은 이미 메말라가고 있다.

중국 지도층은 세계 곳곳을 누비며 자원외교를 펼친다. 지폐를 풀어 광물자원과 개발지분을 사들이고 있다. 각국은 높은 배팅을 일삼은 중국에 번번이 고배를 마신다. 서구열강이 쳐놓은 바리케이드를 찢어버리고 새로운 자원사냥

꾼으로 부상하고 있다. 중국에 있어 중요한 것은 거래품목이지 거래상대방이 아니다. 인권문제는 무시해 버린다. 타국의 인권보다는 자국의 생존이 더 급선무이다. GDP가 1% 늘어날 때마다 일자리는 80만 개 창출된다고 한다. 중국에 있어 GDP 8% 성장은 640만 명의 신규취업을 의미하며 그것은 자원공급을 통해 지탱된다. 자원확보와 더불어 원자재 가격변화도 면밀히 체크하고 있다. 왜냐하면 높은 원자재 가격은 24시간 돌아가는 기계를 멈출 수 있기 때문이다. 석유가격은 석유화학 제품에 영향을 미치고 금속과 비철금속 가격은 주요 공업원료 가격을 등락시킨다. 산업 연결고리를 타고 이들 공업원료 가격변화는 건축·전기전자·기계장비 업종으로 파급된다. 참고로 중국 GDP에서 건축과 공업부문이 차지하는 비율은 각각 5.6%와 43% 정도이다. 주 원자재 가격을 통제하면 중국 경제 과반을 지배할 수 있다는 말과 같다.

　　구체적 자원통로를 분석하면 심각성이 더욱 깊게 다가온다. 국제 원자재 시장은 소수의 다국적 기업에 의해 독점된 상태이다. 일례로 철광석 가격은 발레, BHP빌리튼, 리오틴토 3사에 의해 좌우된다. 그 가운데 BHP빌리튼은 중국과 자주 마찰을 빚고 있다. 참고로 BHP빌리튼은 2001년 호주의 Broken Hill Proprietary와 영국의 빌리튼이 합병해 생긴 회사로 현재 호주·런던·미국 증시에 상장되어 있다. 최근 리오틴토와 M&A를 선언한 상태로 합병이 승인된다면 세계 철광석 시장의 70%가 이들의 손에 떨어지게 된다. 한국도 철강 원재료의 65%를 이들로부터 공급받고 있다. 중국정부가 리오틴토 직원 4명을 국가기밀누설 혐의로 체포해 한때 중국과 호주 간 외교문제로 비화된 적이 있다. 리오틴토 일부 사업부를 195억 달러에 인수하려는 중국알루미늄(Chalco)의 계획이 좌절되자 중국정부가 격분해 보복조치를 취했다는 설도 있다. 당시 중국알루미늄의 리오틴토 인수안은 호주정부와 영국투자자들의 강력한 반대에 부딪쳤는데, 그 배후로 BHP빌리튼이 자주 언급된다. BHP빌리튼과 리오틴토 주주 간 중첩비율은 70% 정도로 중국이 화풀이 상태를 잘못 고른 것만은 아니다.

또한 중국의 자원수요가 확대됨에 따라 상품선물거래소도 활기를 띠고 있다. 2009년 상하이선물거래소(SFE)는 거래량 기준으로 뉴욕상품거래소(NYMEX)를 누르고 처음으로 1위를 차지했다. 1년이라는 짧은 기간에 6위에서 1위로 도약한 것이다. 거래규모는 2008년보다 3배 이상 확대된 것으로 나타났다. 한편 2008년 1위를 차지했던 뉴욕상품거래소는 대련상품거래소(DCE)에 밀려 3위로 추락했으며 뉴욕상품거래소에 이어 정주상품거래소가 4위로 올라섰다. 글로벌 경기침체로 타 거래소가 휘청거릴 때 중국 상품선물거래소의 고정자산투자를 배경으로 원유·구리·알루미늄 등과 같은 대량상품 거래를 확대하였다. 그 결과 글로벌 상위 5대 상품선물거래소 가운데 3개가 중국의 몫으로 떨어졌다.

중국은 자원과 수송로 확보를 위해서는 외교적 비난과 물리적 충돌도 안중에 두지 않는다. 우리는 이런 행위를 일괄적 잣대로 비난할 수는 없다. 자원문제가 전쟁으로 연결된 수많은 사례들이 존재하며 포클랜드 사태도 그 좋은 예이다. 19세기부터 아르헨티나는 포클랜드와 주변속령이 자국의 영토임을 밝혔지만 영국은 무대응 정책으로 일관했다. 그러자 1982년 아르헨티나 군사정권은 영국 해양수비대가 지키던 포클랜드를 기습 점령하였다. 내부적 갈등을 외부로 돌리기 위한 책략이라는 견해도 있지만 '자원'을 떼놓고 설명하기는 힘들다. 전쟁은 곧 경제이며 또한 이권이다. 75일 동안 이어진 전투로 영국군 255명,

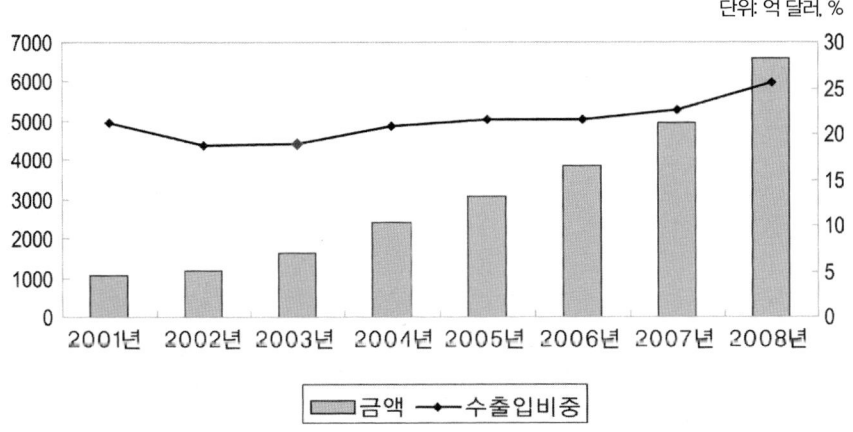

〈그림 1〉 중국 광산물 수출입규모와 비중

단위: 억 달러, %

금액 —◆— 수출입비중

자료원천: 중국국토자원부, 중국경제정보분석(CEIA)

아르헨티나군 649명이 사망했으며 결국 영국의 승리로 끝났다. 그로부터 18년
이 흐른 2010년, 영국 석유회사들은 포클랜드 섬 연안에서 석유시추 작업을 벌
였으며 석유가 발견되었다는 소식이 타전되었다. 또다시 포클랜드를 둘러싼
영국과 아르헨티나 양국의 긴장감이 고조되었으며 아르헨티나 대통령은 영국
에 포클랜드 섬 영유권에 관한 협상을 제의하였다. 제2의 포클랜드와 같은 사
태가 중국 주변에 떠오르지 말라는 법은 없다. 지배권 다툼과 이권이 있으면 피
는 그 대가에 불과하다. 남중국해에 매장된 원유 230억 톤은 피의 향기를 불러오
기에 충분하다.

중국이 농경국가로 머물렀다면 내부자원의 효율적 이용으로도 충분했을
것이다. 하지만 중국은 농업대국에서 공업대국으로 전환했으면 그것은 대규모

269

자원투하를 요구하였다. 자원은 이제 중국을 지탱하는 힘이 되었다. 역사의 수레바퀴가 21세기에서 정지될 것이 아니라면 자원의 보존도 생각할 때이다. 중국은 내부가 아닌 외부로 눈길을 돌리고 '이용'과 함께 '비축'도 고민한다. 지폐는 교환대상으로 전환될 때만 그 가치가 실현된다. 중국은 지폐로 가늠된 부를 자원과 자원에 대한 지배권으로 바꾸려고 한다. <그림 1>에서 보듯이 2001년 1,000억 달러를 상회하던 광산물 무역규모는 2008년 6,500억 달러로 6배 이상 뛰었다. 2004년 한때 50% 수준의 신장세를 보였지만 그 이후로는 25~33% 내외에서 움직이고 있다. 그래도 중국 GDP 증가율을 2~3배 앞선 수치이다. 2001년에서 2008년 사이 대외무역에서 광산물이 차지하는 비중은 21.2%에서 25.7%로 4.5% 상승하였다. 대외무역의 5분의 1 이상이 광산물에서 실현된 것이다.

자원에 대한 중국의 열망은 <그림 2> 지질탐사 투자액으로부터 확인될 수 있다. 2001년 220억 위안에서 2005년 340억 위안으로 그 다음 해인 2006년에 는 500억 위안으로 확대되었다. 국제 원자재 가격상승세가 뚜렷했던 2007년에는 지질탐사 투자액이 780억 위안을 초과하면서 2005년보다 2배 이상 늘어났다. 글로벌 경기둔화로 2008년 720억 위안 수준으로 주춤거렸지만 '자원'이라는 두 글자는 중국인의 뇌리에 깊이 박혔다. 2008년 중국이 개발한 신규 중대형 광산자원은 210개 정도로 그중 31%가 건재와 비금속광산으로 알려진다. 유색금속과 에너지(석탄·석유·천연가스)는 각각 22%와 18%를 점했으며, 철·크롬·망간 등 흑색금속도 13%를 기록하였다. 귀금속도 9%를 나타낸 것으로 알려진다. 중국의 황금생산량은 2009년 세계 최대를 기록하였는데, 이는 활발한 채굴활동 덕택이다. 국제원자재 가격이 고공행진을 거듭할수록 과거 비경제적이라는 이유로 문

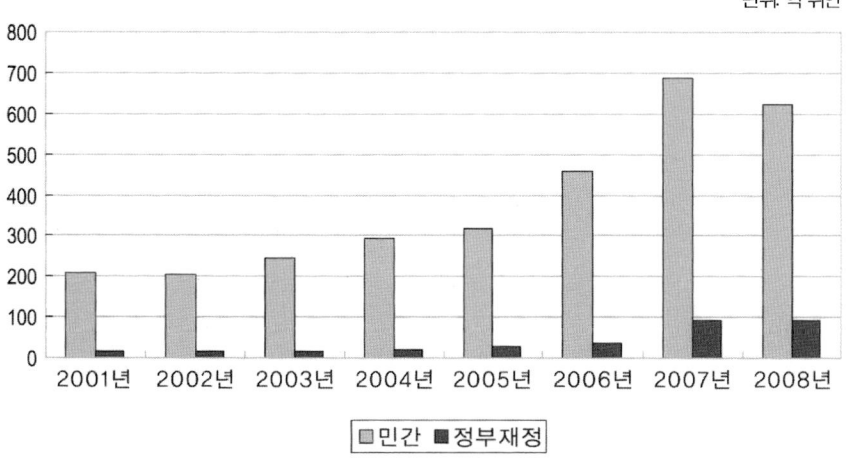

단위: 억 위안

자료원천: 중국국토자원부, 중국경제정보분석(CBA)

을 닫았던 폐광들이 속속 가동되고 있으며 황금광산은 그 대표적 케이스였다.

그러면 중국의 해외광물자원 수입 통로를 한번 점검해보자. 수입 철광석의 절반 정도는 호주에서, 그 외 22.7%와 20.5% 정도는 브라질과 인도에서 공수받고 있다. 철강제련을 위한 필요한 망간은 호주가 30% 내외, 남아프리카공화국과 가봉은 각각 26.2%와 14.5%를 나타낸다. 브라질은 8% 내외로 기록된다. 한편 칠레와 페루는 구리 수입량의 29.3%와 18.1%를 책임지며 호주와 내몽고도 수입물량의 10% 정도씩을 떠맡고 있다. 중국은 세계 구리소비량의 5분의 1 이상을 차지하는데, 구리는 전기·전자제품의 필수 원자재로 철광석이 뼈대라면 구리는 혈관을 만드는 핵심 원료인 셈이다. 중국이라는 나라를 굴리는 최대 자원공급원은 호주이다. 미국이 '시장'으로 중국의 목을 쥔다면 호주는 '자원'으로 중국을 누른다. 여기에 캐나다까지 첨가되면 상황은 그리 긍정적이지 않다. 샌드위치 속 햄 같이 중간에 끼인 채 생산의 첫 단계와 마지막 단계는 영미계에 의해 좌우된다. 이것이 중국의 한계이며 또한 돌파해야 할 장벽이다.

2
신재생에너지를 둘러싼 中·美의 공감대

세계를 움직이는 큰 물결은 시장이 아닌 테이블에서 이루어진다.

12차 5개년(2011~2015) 기간 중국의 에너지 전략은 크게 <신에너지 산업규획>과 <신흥 전략산업 규획>으로 나뉜다. <신에너지 산업규획>을 통하여 전체 골격을 잡고 <신흥 전략산업 규획>을 통하여 한층 구체적으로 에너지 발전 방향을 제시할 것이다. 이 두 전략문건도 세월이 흐름에 따라 수정 보완될 것으로 판단된다. 일례로 기 발표된 <재생에너지중장기발전규획>에 의하면 2020년경 3,000만 킬로와트의 풍력발전 시설을 보유할 것으로 전망되었다. 하지만 이 수치는 10년 앞당겨진 2010년 이미 달성했으며 중국은 현재 목표치를 상향조정하고 있는 국면이다. 최근 자료에 의하며 2020년경 목표치를 3,000만 킬로와트가 아닌 5배 늘어난 1.5억 킬로와트로 설정한 것으로 알려진다. 신에너지에는 전통적인 풍력, 태양광, 생물질에너지 이외에 IGCC, 청결석탁이용, 탄층가스, 혈

암가스 등도 포함된다.

중국은 이미 미국을 제치고 세계 최대 에너지 소비국으로 도약하였다. 중국은 2009년 22억 5200만 TOE에 해당하는 에너지를 소비해, 21억 7000만 TOE를 소비한 미국을 4% 정도 앞질렀다. 참고로 TOE(Ton of Oil Equivalent)란 원유 1톤이 발열하는 열량으로 원유뿐만 아니라 원자력·석탄·천연가스·수력과 같은 재생에너지를 총체적으로 포함한 것이다. 국제에너지기구(IEA) 수석경제학자인 패티 바이럴(Fatih Birol)은 미국은 1900년대 초반부터 글로벌 최대 에너지 소비국 자리를 유지해 왔다고 밝혔다. 중국은 1세기 만에 미국을 누른 것이다. 중국의 부상으로 세계 에너지 역사는 새로운 시대로 접어들었다. 중국의 에너지 수요는 기후환경 변화와 같은 국제적 이슈뿐만 아니라 미국의 외교전략도 변경시켰다.

국내외 언론 및 학계는 2010년 5월에 개최된 중미전략경제대화에서 위안화 문제로 중·미 사이에 첨예한 대립이 벌어질 것으로 전망했다. 하지만 막상 뚜껑을 열자 '위안화'는 언급조차 되지 않았으며 주무 장관인 가이트너 미 재무부장관은 와이셔츠를 걷어 제치고 상해에서 농구만 즐겼다. 1970년대 탁구외교를 농구외교로 대체한 이미지를 던져주었다. 200여 명이라는 사상 최대의 대표단을 이끌고 미국이 농구시합을 하러 온 것은 아닐 것이다. '위안화 환율'은 수단이지 목적이 아니다. 중·미는 공동발표로 총 26개항의 성과물을 제출했는데, 위생·인권·환경·테러리스트·목재 불법채취 대응·중국 교통운수부와 미 해안경찰과의 교류 등 포장물을 제외하고는 모든 초점이 핵과 에너지 부분에 모아졌다.

26개항 가운데 핵과 군축 문제를 언급한 것이 4개항이고 에너지 부분은 9

개항이다. 2010년 개최된 중미전략경제대화의 초점이 무엇인지를 극명하게 드러낸 결과이다. 양국이 다룬 에너지는 영역으로는 셰일가스(Shale Gas), 녹색성장, 에너지와 환경, 청정 전력과 교통, 전기자동차, 석유가스, 재생에너지, 생물연료, 열전산업, 항공생물연료, 스마트그리드, 에너지 수급관련 이해관계 조절 등이 있다. 에너지 대화인 것처럼 보이지만 전략경제대화가 맞다. 에너지가 전략이고 또한 경제이기 때문이다.

2010년 3월 상·하원 합동연설에서 오바마는 미국경제를 완전하게 복원하는 유일한 길은 새로운 일자리, 새로운 산업, 새로운 능력으로 이어지는 장기투자로 청정·재생에너지를 동력으로 삼는 국가가 21세기를 선도할 것이라고 말했다. 그는 미국이 개발한 태양광 기술이 독일과 일본에서 더 많이 응용·생산되는 현실을 개탄하고 지금은 미국이 다시 주도권을 쥘 때라고 포부를 밝혔다. 상·하원 합동연설 이전 오바마는 수출입은행 특별연설에서 5년 이내에 미 수출규모를 배 이상 늘려 최대 수출대국으로 부상하겠다고 공헌하였다. 수출대국의 끝에는 미 실업문제 해결이 놓여 있다. 수출을 통해 미 실업문제의 돌파구를 찾겠다는 것이 오바마의 복안인 것 같다.

위안화 환율이 20% 절상되어도 미 수출이 증가할 것으로 보기는 힘들다. 위안화 환율절상에 따른 혜택은 미국이 아닌 제3국의 몫으로 떨어질 가능성이 높다. 소위 '죽 쑤어서 개 주는 꼴'이 벌어지는 것이다. 미국은 세계 각국이 넓고 광범위하게 중국발 수혜를 입기보다 미국에 특화된 보따리를 선호한다. 대표적 분야가 바로 에너지와 금융이며, 이들은 21세기 미국이 미국다움을 유지하는 원천이다. 위안화 환율절상보다는 IPO 주간사 참여, 합작증권사 설립, QFII

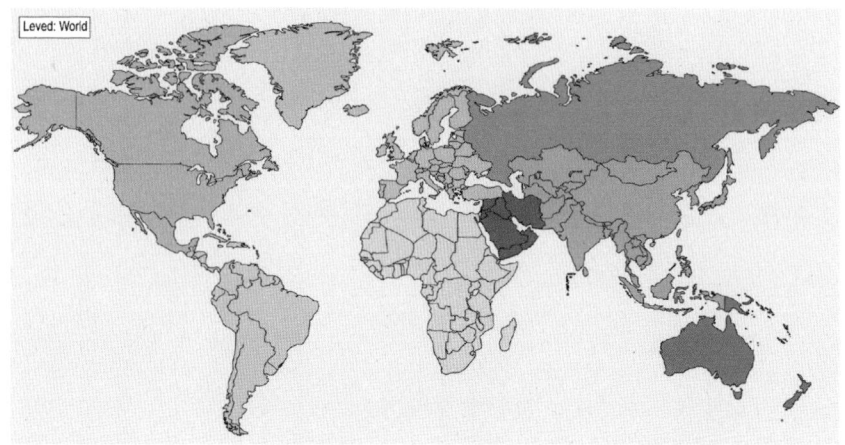

자료원찬 국제에너지기구(IEA). 1차 에너지 생산량이 많은 지역일수록 짙은 색채로 표시되어 있다.

비중확대, 국유기업에 대한 전략투자자 접근허용 등과 같은 구체적 조치들이 더 반가울 것이다. 2010년 7월 장빙(江氷) 중국 에너지 관리국장은 2011년부터 2020년까지 신에너지 부문에 5조 위안을 투자할 것이라고 밝혔다. 그 속에는 분명 미국의 몫도 있을 것이다.

그런 점에서 2010년 5월 중미전략경제대화는 미국의 요구를 흠뻑 들어준 만족스러운 회담이었다. 가이트너가 농구게임을 즐기며 외곽 슛을 날릴 때 실무자들은 A+ 성적표를 챙겼다. 5월 회담을 통해 중국은 에너지시장에 대한 미국의 우선권을 보장했으며 그린경제에 대한 암묵적 담합에 동조하였다. 설혹 중국이 피동적 입장에 놓여 있더라도 중국이 틀어버리면 그린경제는 실현되기 힘들다. 참고로 중미전략경제대화 내 26개항의 성과 가운데 14번째 항, <중미에

너지안전합작연합성명>을 한번 살펴보자.

연합성명은 다음과 같은 내용을 담고 있다. '양국은 세계 최대의 에너지 생산 및 소비국으로 에너지안전보장에 있어 공통된 이익과 책임을 가진다. 공통된 도전에 직면하고 있기도 하다. 호혜합작, 다원화 발전, 협동보장의 원칙하에서 에너지 안전보장을 상호 견지해야 한다. 에너지안전과 청정에너지 간의 상부상조 원칙을 인식하고 국제 에너지시장의 안정 강화를 유의해야 한다. 에너지 다원화공급을 보장하는 한편 에너지 등 영역의 합작을 합리적이고 효율적으로 이용해야 한다.' 경쟁이 아닌 상호 간의 담합에 합의한 것이다. 작전을 벌리기 전 세력 간 사전 공감대를 점검한 것과 같다. 2010년 5월 약속한 신에너지산업에 대한 미국의 이익보장이 지지부진하자 미국은 그 해 10월 위안화에 대한 십자포화를 재개하였다.

<그림 4>는 에너지확보에 있어 중국보다 미국이 더 시급한 위치에 놓여 있음을 드러낸다. 또한 언제나 논란의 중심부에서 한 걸음 비켜서 있지만 유럽의 대외 에너지 의존도가 다른 어느 지역보다 심각함을 알 수 있다. 러시아는 유럽으로의 천연가스 공급중단을 하나의 외교 지렛대로 가끔 사용한다. 이제 그린경제가 본격적으로 부풀어 오를 것이다. 환경보호 및 에너지 산업과 맞물린 형태로 그린경제가 뜨고 있다. 그러나 원인과 결과의 인과관계는 불투명하다. 범죄가 사회불안을 유발하는지, 사회불안이 범죄를 초래하는지 전후의 연결고리는 뚜렷하지 않다. 같은 원리로 환경보호가 그린경제를 부르는지, 그린경제가 환경보호의 당위성을 역설하는지 역시 모호하다. 환경보호론자는 전자일 것이고 기업은 후자일 것이다. 후자의 후견인은 미국이고 넓게 실현될 곳은 중국이

다. 녹색경제에도 세계화와 분업화의 틀은 유지될 것이며 중국에는 다양한 녹색공장들이 속속 들어설 것이다.

일례로 기후변화 위기로 청정에너지에 대한 관심이 높아지는 현재, 태양전지와 반도체 원료가 되는 폴리실리콘이 각광을 받고 있다. 글로벌 생산업체로는 미국 헴록(Hamlock), 독일 바커(Wacker), 중국 GCL-Poly, 한국의 OCI(이전 동양제철화학), 노르웨이 REC, 일본 토규야마 등이 있다. 세계 태양광 시장이 주목받자 폴리실리콘 사업은 황금알을 낳는 거위로 인식되었다. 메이저 업체를 필두로 현재 증설작업에 나서고 있다. 태양광 산업 테마주라는 이유로 주가는 뛰고 투자자금은 쏟아진다. 생산원가가 kg당 20달러대인 글로벌 메이저와 3배 정도 격차를 보이지만 중국기업도 유행을 타고 계속 밀려들고 있다. 참고로 폴리실리콘은 2008년 kg당 400달러까지 치솟았지만 지금은 100달러 미만에서 팔리고 있다.

2008년 기준 중국 태양광 발전용량은 15만 킬로와트시로 2007년 대비 거의 50% 이상 늘어났다. 폴리실리콘 생산량은 2005년 30톤에서 5,000만톤 정도로 급증했으며, 생산능력도 6,000만톤 이상으로 확장되었다. 태양광전지 생산량은 2007년 독일과 일본을 넘어섰으며 2008년 현재 200만 킬로와트에 달한다. 글로벌 생산비중은 2002년 1.07%에서 6년 만에 30%로 훌쩍 뛰었으며 100여개 기업이 이 분야에 종사하고 있다.

중국정부는 폴리실리콘 과잉생산에 우려를 표하며 제동을 걸고 있다. 폴리실리콘 진입표준 마련을 다잡으며 연 3,000톤 이하 중소업체의 합병과 퇴출을 유도한다. 다만 태양광 산업에 대한 정책지원을 선회한 것은 아니다. 태양광

산업은 차세대 전략산업으로 육성시킬 것이다. 실제로 중국은 세계 최대 태양열 패널 클러스터를 조성해 생산량의 95% 이상을 유럽과 미국에 수출하고 있다. 태양열 생산량은 150만 킬로와트로 세계 최대이고, 강소성 단독으로 전 세계 태양전지의 25%를 생산한다. 2010년 6월에는 사상최대 태양광 프로젝트 정부 입찰공고를 내기도 하였다. 국제에너지기구(IEA)는 2050년경 전 세계 전력 생산의 25%가 태양열 발전에 의해 이루어질 것으로 보고 있다. 미국은 그린경제의 최대수혜자로 부상할 것이지만 중국은 보는 각도에 따라 다를 수 있다. 재생에너지는 청정하지만 생산과정은 폐기물 덩어리로 가득 차 있기 때문이다. 재생에너지를 발전시켜야 될까 아니면 사장시켜야 될까? 패스트푸드를 먹어야 될지 말아야 될지 그 선택만큼 고민스럽다. 분명한 점은 중국은 패스트푸드를 집어들 것이라는 사실이다.

석유를 흔히 '피의 원유(Bloody Oil)'라고 부른다. 피 속에서 산출되지만 또한 글자 그대로 피처럼 중요하기도 하다. 아직까지는.

석탄사용에 대한 국제적 이권 충돌은 거의 없다. 환경오염 논란이 있긴 하지만 이는 경제외적인 문제이다. 과거와 달리 중국도 환경오염 문제에 적극적으로 뛰어들고 있는데 이대로 방치할 경우 생존비용이 확대될 것으로 보기 때문이다. 18개 업종을 대상으로 2000개 이상의 낙후생산 시설을 도태시키고자 하는 중국정부의 의지도 자원효율성과 함께 환경보호를 염두에 둔 조치이다. 석탄업체는 190개 정도가 포함될 것으로 전망되고 있다.

석탄과 달리 석유는 전략자원으로 간주되며 국제 파워가 충돌하는 지대이다. 미국은 중국의 석유자원 확보정책을 우려스러운 시선으로 바라본다. 미·중 경제안보조사회(US–China Economic and Security Review Commission)는 매년 미국의회에 제출하는 보고서에 중국 에너지부문을 독립된 단락으로 취급하고 있다. 대부분의 내용이 석유를 다루고 있음은 두말할 필요도 없다.

미국은 중국 해외석유 확보전략을 '락업(lock-up)' 전략으로 본다. 국제석유시장이 아닌 해외유전 지분인수 혹은 개발권 확보를 통해 석유자원을 사전 고정시킨다는 의미이다. 그러나 현 단계에서 중국이 획득한 해외 석유자원은 전 세계 매장량의 0.3% 정도에 불과하다. 중국이 아프리카 지하자원을 휩쓸고 있는 듯 관련 정보들이 쏟아지지만 현실은 우리의 상상과 많이 다르다. 아프리카 전체 석유수출에서 중국이 차지하는 비율은 13% 정도에 불과하다. 기득권 세력인 유럽과 미국은 각각 30% 이상을 점하고 있다. 중국은 이들의 절반에도 못 미치는 물량을 할당받고 있는 셈이다. 또한 아프리카 유전에 대한 중국의 투자규모는 이들 지역에 대한 전 세계 투자총액의 16분의 1 정도에 불과하다.

그럼에도 미국은 중국의 대 아프리카 진출에 민감한 반응을 보인다. 탐욕은 그 끝이 없기 때문이다. 세계 인구의 5%에 불과한 미국이 전 세계 자원의 3분의 1을 소비하고 있다. 1인당 평균 에너지소비량은 세계 평균의 9배이다. 경쟁자는 적으면 적을수록 좋다. 지금의 중국이 미래의 미국이 될 수도 있다. 시기의 문제이지 결국 지배권을 놓고 충돌할 것이다. 최근 미 에너지정보국은 '2007~2034년 에너지전망보고서'라는 리포터를 발표하였다. 이 보고서에 의하면 2035년경 전 세계 에너지 소비량은 2007년보다 49% 늘어날 것으로 추정되었다. 중국과 인도 양국의 비중은 2007년 20% 전후에서 2035년 30%로 약 10% 늘어나는 것으로 전망되었다. 미국은 21%에서 16%로 5% 떨어질 것으로 예상된다. 에너지 수요 감소는 대체로 경제쇠퇴를 의미한다.

중국의 석유정책은 미국의 에너지정책에도 영향을 준다. 미국을 제외할 경우 중국은 세계최대 석유 소비국이다. 하루 소비량은 6.5백만 배럴 이상으로 추정된다. 2009년 미국의 석유생산량은 325MT이고 소비량은 그 2배가 넘는 843MT으로 집계되었다. 중국도 생산보다 수요가 많기는 매한가지이다. 같은 시기 중국의 석유 생산량과 소비량은 각각 189MT와 405MT 정도로 조사되었다. 양국 모두 생산 그 이상을 소비하는 셈이다. 중국에 있어 석유루트 확보는 지속성장의 전제조건이 되었다. 석유산업에 대한 정책개입이 두드러지고 타 산업보다 석유화학 부문의 국유주 비중이 높은 것도 석유가 전략물자이기 때문이다. 공급루트 확보와 함께 최근에는 비축도 염두에 둔다. 중국은 전하이(镇海), 황다오(黃岛), 따이산(岱山), 따리엔(大连)에 국가석유전략비축기지를 건설했으며 이들을 통합 관리할 국가석유비축중심을 설립하였다. 국가석유전략비축기지 4곳이 모두 완공되면 전략석유비축능력은 10일 이상으로 늘어나게 된다. 상용석유 비축시설을 포함한다면 30일 이상이 될 것이다.

　　2006년 국제석유소비 증가의 38%가 중국에 의해 촉발된 것으로 추산된다. 절대소비량은 미국에 못 미치지만 가격형성 메커니즘을 왜곡시킬 수는 있다. 국제석유시장 분석보고서들도 유가폭등 주범으로 중국을 지목하고 있다. 조사기관마다 다르지만 2010년 중국 석유 수요량은 최소 7.3억 배럴, 최대 9.2억 배럴 정도로 추산된다. 2020년에는 11.6억 배럴 이상을 기록할 것으로 전망된다. 중국의 2020년 석유 수입량을 7.1억 톤으로 전망한 국제에너지기구 예측은 그나마 보수적인 수치이다. 미 에너지국(The Department of Energy)은 2030년경 세계 총수요의 13% 정도를 중국이 차지할 것으로 전망한다. 이는 2010년 미 에

〈그림 5〉 2006년 중국의 주요 석유수입 지역

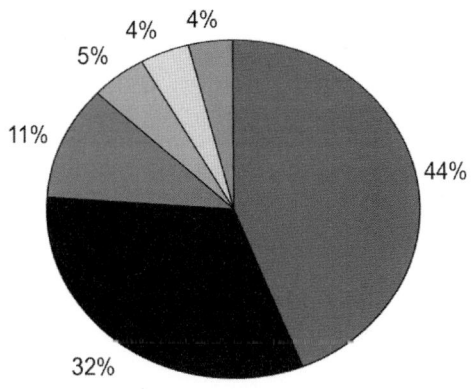

| ■중동 ■아프리카 ■러시아 ■라틴아메리카 □아시아태평양 ■기타 |

자료원천: 중국상무부

너지정보국(EIA) 견해와 같은 맥락이다.

중국의 부상은 국제석유시장을 배급자 우위에서 공급자 우위로 전환시
키고 있다. 글로벌 경기가 예전만 못하지만 유가는 여전히 80달러 대를 유지하
고 있다. 경제·외교적으로 달갑지 만은 않은 상황이다. <그림 5>를 통해 우리는
중국의 주요 석유수입 루트를 확인할 수 있다.중동과 아프리카 지역이 44%와
32%로 대부분을 차지하고 러시아에서도 11%를 공급받고 있다. 2008년 중국은
이란으로부터 196억 달러 상당을 수입했는데, 그 대부분이 원유였다. 이란이 산
유국이 아니라면, 또한 걸프만 원유운송 루트를 틀어막고 있지 않았다면 이란
제재에 대해 중국의 소극적 자세는 없었을 것이다.

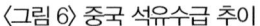

〈그림 6〉 중국 석유수급 추이

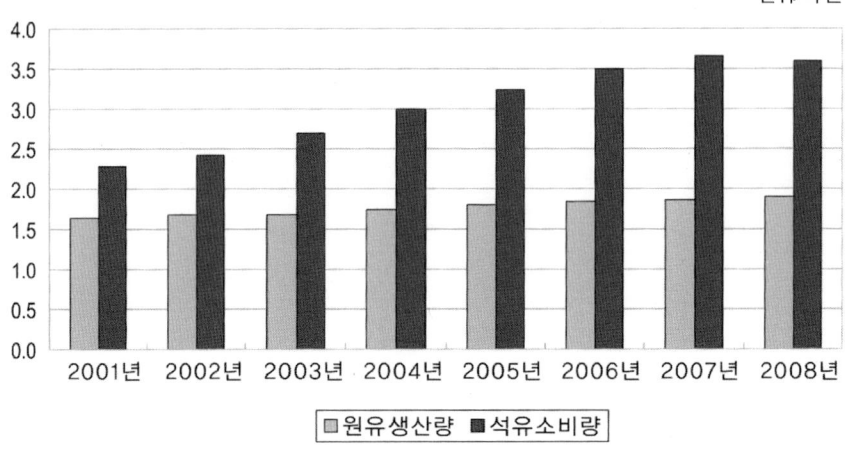

단위: 억 톤

원유생산량 석유소비량

자료원찬: 중국국토자원부, 중국국가통계국

　한편 중국은 미국보다 유가에 대한 저항력이 높다. 페트로차이나, 시노펙과 같은 국유 정유업체를 통해 공급량과 판매가격을 조절할 수도 있다. 지금도 국가발전개혁위원회는 석유·석탄·전력과 같은 주요 전략물자에 대한 빈번한 행정개입을 벌인다. 오일쇼크 속에서는 아마 소비구조 자체를 통제할 것이다. 또한 미국과 달리 중국은 자동차 문화가 보편화된 단계는 아니다. 원유 수요의 대부분은 소비보다는 공업용도로 이용되고 있다. 긴급시에는 곡물과 같이 석유화학 제품에 대한 수출통제 작업을 실시할 것이다. 일례로 미국의 석탄 생산 및 소비량은 540MT와 498MT에 불과하지만 중국은 1,553MT와 1,537MT를 나타내고 있다. 석유 소비량은 미국이 중국보다 2배 많지만 석탄은 미국을

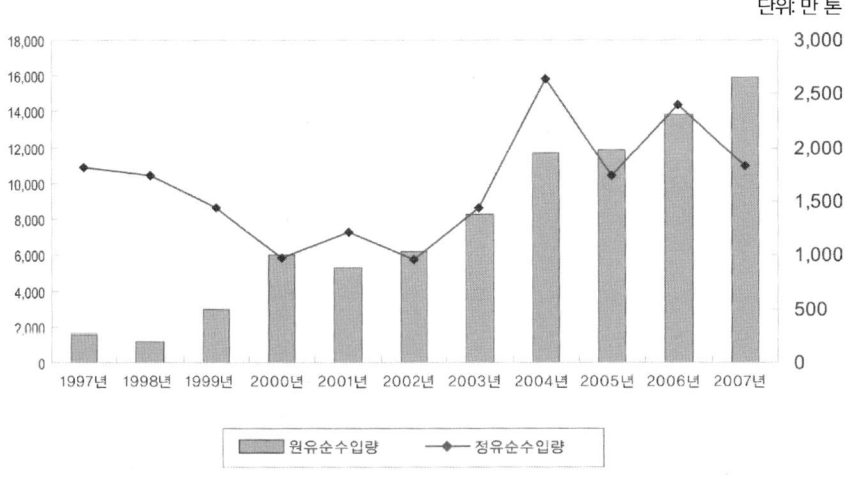

〈그림 7〉 중국, 연도별 원유·정유 순 수입물량

단위: 만 톤

원유순수입량   정유순수입량

자료원찬: 중국 상무부

3배 정도 앞지른다.

경제성장은 생산으로 이루어지고 소비는 각종 자원수요를 유발한다. 경
공업보다는 중공업으로 재편된 산업구조는 석유자원을 한층 더 필요로 한다.
석유화학 제품이 새로운 대체물로 전환되지 않는 한 가격과 별개로 석유 수요
는 꾸준히 확대될 것이다. 대다수 국가들에 있어 석유자원은 핵심 물자이다. 일
본은 미중에 이어 세계 제3대 석유 소비국이고, 독일·인도·한국도 상위권에 포진되어
있다.

그럼에도 중·미의 신경전은 유독 뜨겁다. '한 산에 두 마리 호랑이가 살 수
없다'는 격언을 내세울 필요는 없을 것 같다. 핵심은 석유자원에 대한 중국의

접근방식이 독일·일본·한국과 다르기 때문이다. 후자는 시장을 공략하지만 중국은 미국처럼 생산지를 직접 노린다. 그곳에서 중·미 사이의 이해관계가 충돌한다. 미국이 오일전쟁을 통하여 힘의 논리를 강요하는 것처럼 중국은 아프리카·아시아 부패정권과도 흔쾌히 손을 잡는다. 목표달성을 위해서라면 공통의 선은 무시할 자세와 능력을 양국 모두 가지고 있다. 중·미 양국은 현재 테이블을 마주보고 눈앞에 놓인 음식들을 쓸어 담기에 바쁘다.

석유수출기구(OPEC)는 중국 석유수급 상황을 5년 단위로 분석한 자료를 내놓았다. 이 결과에 따르면 2005년보다 2010년, 2010년보다 2015년 공급부족이 더 심화될 것으로 전망되었다. 2006년 중국의 원유수입 규모는 1억 4,518만 톤으로 2000년 대비 2배 이상 확대되었다. 참고로 2009년 중국의 원유 수입량은 2억 톤에 달하였다. 원유수입 증가율은 GDP 증가율과 같은 궤도선상에 있다. 2006년 중국 GDP는 20.9조 위안으로 2000년 9.9조 위안보다 2.1배 늘어났다. 중국에 있어 석유소비 축소는 경제성장 포기와 같은 의미이다. 2008년 한 해 중국은 42개국에서 원유를 수입하였다. 국가별로는 사우디아라비아가 20.3%로 가장 높고 그 뒤를 앙골라(16.7%)와 이란(11.9%)이 뒤따른다. 이들 3개국이 전체 수입량의 과반을 점하고 있으며 오만(8.2%)과 러시아(6.5%)도 적지 않은 비중을 차지한다.

가까운 장래에 원유가 고갈될 것이라는 암울한 전망이 난무한다. 그러나 한편으로는 비수익 원전의 경제성 회복, 원유 시추기술 향상, 대체에너지 개발, 지정학 문제해결 등을 이유로 향후 100년 이상 원유공급이 가능할 것이라 역설한다. 메이저 석유업체 셀은 지구상에 3,000억 배럴 이상의 원유가 매장되어 있다고 추산한다. 또한 캠브리지 리서치어소시에이츠(Cambridge Energy Research Associate)의 피터 잭슨은 전 세계 유전자료를 토대로 60% 가량의 유전이 미채굴 상태에 놓여 있다고 주장한다.

한 세기 이전만 해도 창공은 실현될 수 없는 꿈이었지만 지금은 개척할 대상으로 변했다. 녹색성장이라는 화두를 던진 채 우리는 전기자동차 보편화 문제를 논의한다. 태양광과 같은 재생에너지 기술도 빠르게 진보하고 있다. 한 세기 이전에 원유가 고갈될 수 있다. 그렇지만 반세기 이전에 원유의 존재의의가 사라질 수도 있다. 새로운 물질들이 원유를 대체하면서 오늘날의 석탄과 같은 위치로 원유를 내쫓을 수 있다. 현재와 가까운 장래에도 석유는 중요한 전략자원으로 존재할 것이다. 하지만 그것이 먼 미래에도 그러할 것이라는 점을 대변하지는 못한다.

4
자원과 지분 사냥에 나서는 중국

지폐보다 더 유익한 종이가 있을까? 라는 중국의 고민은 이제 끝났다. 실탄은 넘치며 과녁들은 곳곳에 산재해 있다. 중국의 움직임은 자원이라는 유형의 물질에서 지분이라는 무형의 지배권으로 점차 옮아갈 것이다.

　이강(易綱) 국가외환관리국 국장은 2010년 3월 "미 국채시장은 글로벌 최대의 채권시장으로 외환보유고가 풍부한 국가들에게 중요한 투자시장을 제공한다. 거의 매일 중국은 미 국채를 매매하고 있으며 이는 정상적인 투자 행위이다. 책임 있는 투자자로서 중국은 상호 이익을 얻을 수 있는 결과를 희망한다"고 밝혔다. 상기 발언은 미 국채 보유비중 축소에 대한 해명임과 동시에 무기화 우려에 대한 부인으로 받아들일 수 있다. 또한 외환 포트폴리오 다변화와 함께 금 비축을 확대할 것이라는 의문에 "자산가치 변동 위험을 줄이기 위해 달러뿐만 아니라 유로·엔화 등으로 외환보유고를 분산·운용하고 있다"고 답하였다. 금 사재기 논란에 대해서는 현재 1,000여 톤의 금을 보유하고 있지만 두 배로 늘려도 300억 달러 대에 불과하다며 금은 중국의 주요한 투자대상이 아님을 분명히 피력하였다.

　중국은 2005년부터 외환보유고를 '외부충격에 대한 방어막' 개념에서 '투자' 개념으로 선회하였다. 2010년 현재도 일부인사는 안심할 단계가 아니라는 논조를 펴고 있지만 큰 반향을 불러일으키지는 못한다. 적정 외환보유고에 대한 논쟁은 2007년 막을 내린 것으로 판단된다. 국제적으로는 일국의 외환보유고가 월 수입총액 혹은 단기부채의 몇 배 수준인지를 놓고 금융위험에 대한 저항력을 측정한다. 2007년 중국은 월 수입총액 대비 19개월, 총 단기부채의 14배에 해당하는 외환을 쌓아놓았다. 동 기간 일본은 각각 18배와 2배 수준에 머물렀으며 한국은 이보다 떨어진 9배와 2배에 그쳤다. 중국정부가 2007년 6월 국부

〈그림 8〉 중국 외환보유고와 증가추이

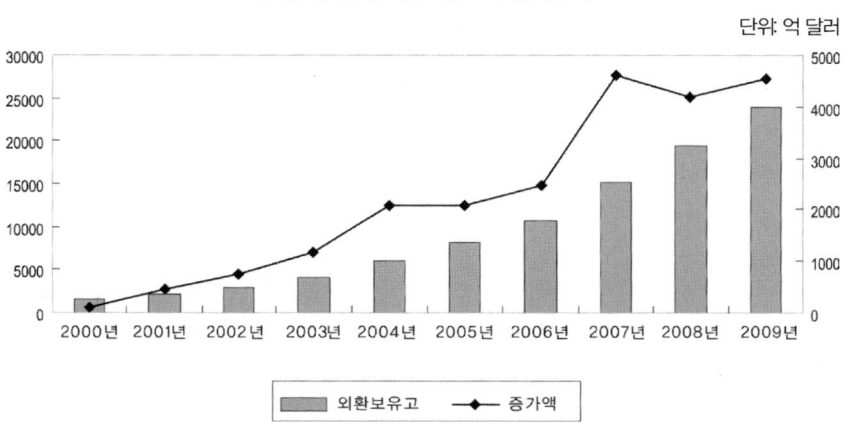

단위: 억 달러

자료원천: 중국인민은행, 중국경제정보분석(CEIA)

펀드인 중국투자공사에 2,000억 달러를 투입한 것도 금융안정성을 담보할 방어막이 이미 구축되었다고 판단했기 때문이다.

2009년 말 현재 중국은 월 수입총액 대비 29개월분의 외환보유고를 확보하고 있다. 그러나 20세기 말만 해도 1,500억 달러를 간신히 넘어섰을 뿐이다. 작은 규모는 아니지만 일본과의 격차는 뚜렷했으며 한국을 비롯한 아시아 신흥공업국과 같은 레벨로 언급되었다. 2001년 2,000억 달러를 찍었지만 세계의 주목을 이끌어내지는 못하였다. 2004년 6,000억 달러 관문을 넘어서자 마침내 세계의 시선이 중국에 모아졌다. 2006년 1조 달러를 돌파하자 중국의 움직임은 세계적 행위가 되었으며 국제금융계는 민감한 반응을 보였다. 다음 해인 2007년 4,600억 달러 이상을 더 보태며 1.5조 달러를 찍었다. 2008년 국제금융 위기가 빠르게 확산되는 가운데 중국은 다시 4200달러 정도를 쌓아올리며 2조 달러에 바짝 다가섰다. 그 어느 국가도 이루지 못한 금자탑을 써내려 간 것이다. 2012년경에는 3조 달러의 문을 열어젖힐 것으로 판단된다.

2008~09년 글로벌 경기침체 속에서 미국은 중국의 눈치를 보았으며 한국·인도네시아·아르헨티나 등은 중국에 지원을 요청하였다. 재정위기로 새까맣게 불탄 그리스는 국제통화기금보다 중국이 소방수에 더 적합하다고 생각하였다. 지금까지 중국의 곳간을 가득 채운 것은 자원도 금도 아니었다. 계좌상의 숫자에 불과하였다. 지폐 가치가 떨어질수록 중국의 상품과 자원소모는 더 크게 다가왔다. 넘쳐흐르는 유동성은 물가를 끌어올리고 투기를 조장하였다. 외환보유고에 대한 재평가와 더불어 효익을 고민하였다. 상품을 주면 상품으로, 지폐를 주면 지폐로, 자원을 주면 자원으로 교환의 룰을 조정할 필요가 제기

된 것이다.

중국은 전 세계에 걸쳐 자원을 쓸어 담고 상품과 기업 쇼핑을 즐기고 있다. 매너리즘에 빠진 투자행태를 고치고 포트폴리오를 다변화하고 있다. 멕시코만 원유유출 사고로 200억 달러의 피해보상금을 마련할 계획인 BP는 100억 달러 자산매각 계획을 수정해 200억 달러로 2배 늘렸다. 피 인수설에 대한 방어 성격으로 400억 달러의 실탄을 마련할 의도인 것으로 시장은 추측한다. 이미 미국·캐나다·이집트 자산은 70억 달러에 미 석유업체 아파치에게 매각하였다. 그 외 아시아 자산들도 매각할 계획인 것으로 전해진다.

정치요인이 아니었다면 BP 자산매각의 최우선 협상자는 아마 중국계 정유회사였을 것이다. 꼭 중국이 아니더라도 몇백억 달러를 배팅할 곳은 많다. 액슨모빌, 셰브론 등과 같은 경쟁자들이 나설 수도 있고 복잡한 금융기법을 통해 월스트리트가 움직일 수도 있다. 국부펀드도 유력한 주자들이다. 그러나 주머니 속 동전을 꺼내듯이 몇백억 달러를 베팅할 수 있는 곳은 중국을 제외하고는 없다. 페트로차이나는 향후 10년간 해외기업 인수에 600억 달러를 투입할 것이라 공언하고 있다. 시노펙은 2010년 3월 25억 달러를 투자해 앙골라 유전 광구 지분 27.5%를 인수하였으며 중국해양석유총공사는 600억 호주달러(66조원 상당)에 달하는 호주산 액화천연가스(LNG) 도입계약을 BG 그룹과 체결하였다. 2010년 3월에는 31억 달러에 아르헨티나 에너지업체인 브리디스 지분 50%를 매입하기도 했다.

중국은 달러화에 집중된 자산구조를 유로화와 엔화로 다양화하고 있다. 급격한 전환보다는 조금씩 긴 시간을 두고 느리게 진행될 것이다. 미묘한 움직임은 지금도 세계 곳곳에서 감지되고 있다. 이전까지 엔화채권 매수가 가장 컸던 연도는 2005년으로 2,500억 엔 이상을 매입한 것으로 알려진다. 그러나 중국은 2010년 상반기 첫 4개월 만에 2005년 한 해 매수액의 두 배를 쓸어 담았다. 5월에는 일본국채 7,352억 엔을 매수했으며 6월에는 다시 4,564억 엔을 보태었다. 일본 재무성 자료에 의하면, 2010년 상반기 말 현재 중국이 보유한 일본국채 총액은 1.73조 엔(201억 달러)으로 집계되었다. 일본정부는 중국의 엔화매입 의도를 의심스러운 눈길로 쳐다본다. 엔화채권의 신속한 확대와 달리 미 달러채권은 5월 325억 달러 감소에 이어 6월에도 240억 달러 축소되었다. 2010년 6월 현재 중국이 보유한 미 국채총액은 8,437억 달러로 2009년 7월 이래 최저 수준이다. 2010년 재정위기로 비틀거리던 유로가 안정을 되찾아가는 배경에는 중국의 움직임이 존재한다. 그 안정이 지나쳤는지 유럽은 유로의 높은 변동성 원인을 중국에서 찾고 있다. 원자바오는 2010년 10월 브뤼셀에서 유로 환율변동의 주범은 위안화가 아닌 미 달러라고 못 박으며, 왜 그 비난의 화살이 중국을 조준하는지 모르겠다고 강한 불만을 표시하였다.

한편 2010년 6월 현재 각국 정부에 예치된 금 보유량을 살펴보면, 미국이 8,100톤 정도로 1위이며 독일이 3,400톤으로 그 뒤를 쫓는다. 국제통화기금도 약 3,000톤에 육박하는 금을 보유한 것으로 알려지며, 이탈리아와 프랑스도 각각 2,500톤에 근접한 금을 확보하고 있다. 첫 문단에서 살펴보았듯이 중국은 1,000톤 정도의 금을 보유하고 있다. 정부의 보유량은 1,000톤에 불과하지만 민간 보유량은 3,000톤을 넘어선 것으로 추측된다. 중국인들의 금 사재기 열풍은 식을 줄 모르고 정부도 비공식적으로 이를 조장하고 있다. 국내외 통화확대는 필연적이고 지폐가치는 하락한다. 금은 안전자산의 대표주자로 최근 몇 년간의 수익률은 기록적이다.

중국은 이미 남아프리카를 제치고 세계 최대 금 생산국으로 도약했으며 최대소비 시장인 인도를 넘어섰다. 중국은 민간보유 금이 어떻게 외환보유고로 전환될 수 있는지 한국 사례를 통하여 관찰하였다. 정부 금 보유는 시장의 주목을 받지만 시냇물처럼 분산되어 흐르는 민간 보유량은 잘 드러나지 않는다. 불필요한 정치논란과 가격급등 부담도 비껴갈 수 있다. 시장행위에 대한 공식적 개입은 어느 누구도 힘들다. 중국 울타리 안이라면 소유 주체는 문제시되지 않는다. 중요한 것은 보유량이다.

『여씨춘추』에 나오는 이야기를 통하여 앞글을 중국인의 사상과 연결시켜 보자. 초나라 사람 중에 명궁을 잃은 사람이 있었다. 그는 이를 다시 찾으려 하지 않고 말하기를 "초나라 사람이 잃어버리고 초나라 사람이 주우면 됐지, 무엇 때문에 이를 다시 찾겠는가?"라고 하였다. 이 이야기를 듣고 공자는 "그의 말에서 '초나라'라는 말만 빼면 훌륭하겠다"고 말하였고, 노자는 공자의 말을 듣고 "공자의 말에서 '사람'이라는 말을 빼어버리면 훌륭하겠다. 즉 잃어버리고 주우면 되었지 무엇 때문에 이를 다시 찾는가?" 하고 말하였다. 공자와 노자가 같은 사고는 아니지만 중국정부는 적어도 앞서 명궁을 잃어버린 초나라 사람과 같은 생각을 하는 듯하다.

중국 국무원 산하 발전연구센터는 '중국 천연자원 확보방안'이라는 보고서를 내며 천연자원 확보를 위한 정부전략을 보다 구체적으로 수립할 것을 당부했다. 또한 호주 등지의 해외 천연자원 생산업체 인수 시 국유기업에 대한 적극적 지원과 함께 피 인수기업의 경영권 개입문제는 신중히 다루도록 조언한다. 자원사냥에 있어 기존보다 시장 친화적이고 세련된 방식으로 접근할 것을 요구한 것이다. 국민감정에 상처를 입힐 경우 경제외적인 요인에 의해 계약 자체가 물거품 될 수 있음을 몇 가지 사례를 통해 습득했기 때문이다. 일례로 '중국이 호주를 산다'라는 자극적 문구는 기업 대 기업이 아닌 국가 대 국가로 개별 M&A를 몰고 갈 수 있으며, 그 결과는 항상 실패로 끝날 것이다.

중국은 가격결정권과 지분에도 관심을 보이고 있다. 미 주식을 사고 의욕적으로 기업사냥에 나선다. 그 선봉은 중국의 국부펀드인 중국투자공사(CIC)가 담당하고 있다. 중국투자공사 이전에는 중앙회금투자공사(Huijin)가 그 역할을 담당하였다. 하지만 중국투자공사에 편입된 이후 중국투자공사가 전면에 나서고 있다. 2007년 6월 중국정부는 약 2,000억 달러 규모의 자금을 중국투자공사에 수혈하였다. 중국투자공사는 그 대가로 연 5% 수준의 이자를 지불하기로 약정하였다. 간단히 말해, 적어도 매일 4,000만 달러의 이익을 창출해야 된다는 의미이다. 재정수익이 설립자금인 다른 국부펀드와 달리 중국투자공사는 애초에 이익창출이 힘든 구조로 탄생된 것이다. 한국의 연기금만 해도 5% 이자를 보장하면서 운영되지는 않는다. 손해와 이익은 운용주체를 거쳐 결국 국민이 짊어지는 것이다. 이런 점에서 중국은 중국투자공사의 존재 목적을 투자이익보다는 정책이익에 두지 않는가 하는 의심을 사고 있다.

중국투자공사는 중앙회금투자공사를 거쳐 공상은행·건설은행·중국은행의 최대주주로 부상하였다. 세계 최대 사모펀드인 블랙스톤의 대주주이기도 하다. 그 외 주요 상장회사들이 중국투자공사의 관리하에 있다. 2009년 평가

<표 1> 세계 10대 국부펀드

랭킹	국가	펀드명	설립일	자금원천	규모(억 달러)
1위	UAE(아부다비)	아부다비투자청	1976년	국가재원	$6,250~8,750
2위	노르웨이	정부연기금—글로벌	1990년	국가재원	$3,750
3위	사우디	사우디통화당국	1952년	국가재원	$2,700
4위	싱가포르	정부연기금	1981년	외환보유고, 재정	$2,000~3,300
5위	쿠웨이트	쿠웨이트투자청	1953년	국가재원	$2,130
6위	중국	중국투자회사	2007년	외환보유고	$2,000
7위	러시아	안정화기금	2008년	국가재원	$1,280
8위	싱가포르	테마섹홀딩즈	1974년	정부, 기업	$1,100
9위	UAE(두바이)	두바이투자회사	2006년	국가재원	$820
10위	카타르	카타르투자청	2005년	국가재원	$60

자료원천: USCC(US-China Economic and Security Review Commission) 연차 보고서 참조
―각국통화당국, IMF 자료 등

자산규모는 3,000억 달러로 추산된다. 중국정부는 2010년경 중국투자공사에 2,000억 달러를 재투입할 예정인데, 이럴 경우 중국투자공사 운영자산은 5,000억 달러로 불어나면서 아랍에미레이트 아부다비 투자청(Abu Dhabi Investment Authority)에 이어 세계 2대 국부펀드로 발돋움하게 된다. 3위는 노르웨이의 정부연금펀드로 약 4,000달러 내외를 운영하는 것으로 알려진다. 참고로 중국투자공사 투자목록에서 제외된 업종으로는 카지노·총기류·담배·항공·통신·정유 등 서구기업이 지배적 위치를 점하는 영역과 선진기술 획득을 목적으로 한 해외기업 인수

등이 있다.

중국투자공사는 미 증권거래위원회(SEC) 규정에 따라 주식보유 내역을 공개하였는데, 신고 내용에 의하면 2009년 말 96억 달러 규모의 미국주식을 보유한 것으로 알려졌다. 상위 3개 기업의 투자비중은 63%로 캐나다 광산업체 테크리소스가 35.4억 달러로 선두를 점하고 있다. 그 뒤를 모건스탠리(17.7억 달러)와 블랙록(7.1억 달러)이 뒤따른다. 또한 주가지수펀드와 오일, 금과 같은 상품상장지수펀드(ETF)에도 24억 달러 정도 투자한 것으로 나타났다. 큰 포지션은 아니지만 자원투자의 다각화 일환으로 해석될 수 있다. 2010년 유로 위기가 불어닥칠 때 글로벌 증시는 가오시칭(高西慶) 중국투자공사 CEO의 발언 내용에 촉각을 기울였다. 그는 유럽 재정위기를 우려하며 유로존 채권보유액 점검에 나섰다고 밝혔다. 파이낸셜타임스는 2010년 3월말 기준으로 중국이 6,300억 달러 가량의 유로채권을 보유하고 있다고 추정한다.

과거 제왕이었던 일본은 중국의 약진을 때로는 질투의 시선으로, 때로는 우려의 눈길로 바라보는데, 2010년 4월 중국이 세계 M&A 시장에서 처음으로 일본을 앞질렀다는 니혼게이자이 신문보도는 미묘한 일본의 감정을 잘 드러내 준다. 2009년 중국의 M&A 규모는 37% 확대된 2092억 달러인 반면 일본은 7% 줄어든 1548억 달러에 그쳤다. 미국은 2%, 유럽은 46% 축소된 것으로 조사되었다. 참고로 전 세계 M&A 시장규모는 16% 감소한 2조 4천억 달러로 집계되었다. 중국의 M&A 물결은 갈수록 거세지고 있다. 2010년 상반기 중국의 해외 M&A는 50% 확대되었다. 세계는 지금 현물에서 소유권으로 이동하는 중국의 움직임을 주목하고 있다.

5
식량, 경제적이고도 정치적인

먹는 것은 생존과 직결된 본질적 문제이다. 식량을 통제하는 사람이 인류를 통제한다는 헨리 키신저의 말은 지극히 타당하다.

후진타오 주석은 2008년 7월 일본 수상과의 회담에서 "중국은 농업을 대단히 중요하게 생각하고 있다. 특히 식량문제는 자체 공급에 의존하는 것을 기본으로 하는 식량안보 정책을 추구하고 있으며 식량자급률 확보를 중요시 여긴다"고 밝혔다. 중국은 과거 도하라운드에서 적극적 역할을 담당하지 않았지만 지금은 공격적으로 가격결정 메커니즘에 참여하고 있다. 이는 2007~2008년 식료품 가격급등에 따른 위협을 깊이 느꼈으며 식량문제를 시장보다는 안보적 관점에서 재해석하고 있기 때문이다.

세계 3위의 밀 생산국인 러시아는 가뭄 등으로 밀 생산량이 급감할 것으로 전망되자, 2010년 8월 곡물수치 금지령을 내렸다. 곡물생산량 부족과 가격 급

등으로 사회혼란이 야기될 수 있는 상황에 신경을 곤두세웠다. 중국도 2010년 5월 베트남 쌀 60만 톤 수입계약을 발표하며 식량안보 논란을 촉발시켰다. 가뭄과 홍수로 하계 곡물작황이 2009년보다는 못하지만 식량위기를 언급하기는 이른 것 같다. 연 소비량의 35% 수준인 비축분에 대한 관리측면에서라고 볼 수 있다.

글로벌 식량가격 상승은 이상기후, 달러 약세, 투기행위, 수출 제한 등이 복합적으로 작용한 측면이 강하다. 또한 그 밑바탕에는 '생존환경'을 '경제이익'과 맞바꾼 시스템적 고리가 존재한다. 식량은 산술적으로 확대되지만 인구는 기하급수적으로 증가한다는, 즉 인류는 식량부족에 언제나 노출될 수밖에 없다는 해묵은 논리가 여전히 존재한다. 그러나 기아문제는 식량부족이 아닌 한쪽은 굶어서 죽고 한쪽은 배불러 죽는 극단적 인종청소일 따름이다. 지구는 현 인류를 감당할 만큼 충분한 식량을 주고 있다. 지리적 편재성과 인간의 탐욕 및 퇴폐가 같은 인류를 제거할 뿐이다.

2008년 유엔발표에 의하면 전 세계적으로 기아와 영양결핍 상태에 놓인 인구는 9.2억 명 정도로 추산된다. 전 세계 인구 다섯 명 가운데 한 명 정도가 굶주림의 문턱에 있다. 그럼에도 식량은 에너지로 지속 전환되고 있다. 세계 석유 소비량에서 바이오 부문은 1% 정도에 불과하다. 하지만 이 수치를 식량으로 환산하면 결코 적은 양이 아니다. 2006년 한 해 미국은 1.4억 명 정도가 먹을 식량을 바이오 에너지 부문에 투입하였다. 2007년 바이오 부문에 사용한 미국의 옥수수 양은 전체 미 생산량의 25%를 점한다.

관련 전문가들은 바이오 연료 1배럴을 제조하는 데 0.64배럴의 석유가 소모된다고 추산한다. 순 생산량은 0.36배럴에 불과한 셈이다. 미국은 매년 바이오 에너지를 떠받치기 위해 70억 달러 상당의 보조금을 지원하고 있다. 미 에너지 소비규모를 감안할 때 모든 옥수수 생산량을 바이오 연료로 가공해도 8% 정도밖에 만족시킬 수 없다. SUV 차량 한 대를 가득 채울 양이면 한 사람이 1년 동안 먹을 양식이 소비된다는 세계은행 보고서도 있다.

미국은 최대 석유 수입국인 동시에 식량 수출국이다. 2007년 12월 미 의회를 통과한 신에너지법에 따라 2022년에는 바이오 에너지 사용량을 360억 갤런까지 확대할 전망이다. 우리는 이 점을 통해 바이오 연료가 가진 양면성을 들여다볼 수 있다. 생산량은 미약하지만 바이오 에너지는 유가 균형점을 약간은 이동시킬 수 있다. 심리요인을 주 동인으로 보는 효율적 시장가설이라면 그 중요성을 더욱 높게 평가할 것이다. 또한 곡물공급량을 제한함으로써 곡물 수출단가도 끌어올릴 수 있다. 식량이 가진 전략적 효과를 언급하지 않더라도 경제이득만으로도 바이오 에너지는 곡물시장에도 그리고 원유시장에도 매력적이다.

식량 무기화는 비단 오늘날만의 일은 아니다. 과거 이래로 꾸준히 이용된 주요 전략으로 『전국책』 한 구절을 빌어 설명해 보자. 중국 한나라 유향은 고대 전략가들이 각국 제후에게 논한 책략들을 묶어 『전국책』이라는 전략서를 편집하였다. 『전국책』 한 구절에는 식량의 무기화 과정과 그 효과가 생생히 기록되어 있다. 춘추시대 노국과 양국의 백성들은 명주를 짜 의복으로 삼았다. 이웃 제나라 국왕은 대신들에게 명주를 짠 의복만을 입도록 명령하고 뽕나무 심기를 금지했다. 모든 토지에 식량종자만이 뿌려짐에 따라 제나라의 농업생산량은 급격히 확대되었다. 명주 수요가 늘어남에 따라 제나라의 명주 가격은 폭등하였고 이웃 노국과 양국은 곡물 생산을 포기하고 고부가가치 상품인 뽕나무 심기에 열중하였다. 이렇게 몇 년이 흐른 후 제나라 국왕은 대신들에게 명주옷 대신 무명옷만 입도록 명령하고 곡물수출을 엄격히 금지하였다. 곡물수출 금지령으로 노국과 양국은 식량부족 사태에 직면했으며 곳곳에 내란이 일어났다. 결국 제나라는 칼 한 번 뽑지 않고 노국과 양국을 손쉽게 굴복시켰다.

과거의 노국과 양국은 현대의 아이티로 변했으며 구소련도 그 연장선에 있다. 아이티는 아메리카의 최빈곤국으로 국내 식량의 80%를 해외에서 수입한다. 20여 년 전만 해도 아이티의 식량자급률은 95%에 이르렀다. 하지만 1995년 미국에 농산품 시장을 개방하자마자 반값의 쌀들이 밀려들었으며 경쟁력을 상실한 아이티 농업은 황폐화되고 농민들은 일자리를 찾아 도시로 떠나버렸다. 미국은 현재 아이티 수출입의 과반수 이상을 점하고 있으며 4분의 3의 쌀을 공급하고 있다. 식량부족과 가격폭등으로 수시로 정변이 일어나고 경제는 붕괴된 상태이다. 식량위기는 대국과 소국을 가리지 않는다. 중국 대기근(1959~1961년) 당시 3,000만 명 이상이 굶어죽은 것으로 알려진다.

헨리 키신저는 식량을 통제하는 사람이 인류를 통제한다는 말을 남겼다. 미국을 중심으로 한 식량수출 대국에 의해 각국의 농업경쟁력은 퇴보하고 있다. 한국만 해도 농업은 천형으로 남아 시골 노령층의 습관적 움직임으로 변모하였다. 이익이 없는 경제활동은 지속되기 힘들다. 에너지·정치·경제 분야에서 날카로운 식견을 제시한 윌리엄 엥달(F. William Engdahl)은 전 세계 최대곡물 생산국이자 수출국인 미국이 역사상 몇 번의 식량전쟁을 일으켰으며 이를 통해 미국은 전무 후무한 권력을 손에 쥐었다고 평한다.

전 세계 농민인구 분포를 살펴보면 다음과 같다. 선진국에 밀집된 3% 정도의 농민은 기계화 영농으로 곡물을 대량 생산하고 있다. 33% 수준인 4.2억 명의 농민은 가축과 녹색영농에 매달리고 있다. 소규모 영작과 녹색영농을 겸하는 비율은 32%, 순수한 소규모 영작농이 나머지 32%를 점하고 있다. 이런 구조하에서 글로벌 시장경쟁체제가 도입될 경우 공정한 게임이 벌어질 수 있을까? 자국농업을 완벽히 보호할 수 없다면 배타적 관리체제는 필수이다. 적에게 무기를 사서 선생을 할 수는 없지 않는가!

EU의 젖소 한 마리 보조금이 개발도상국 빈곤층 연 생활비보다 많다는 냉소적 결과도 있다. 단기적 비용이 장기적 독과점으로 연결된다면 보조금은 먹을거리를 움켜쥔 국가에 있어 콜 옵션 프리미엄에 불과하다. 곡물가격은 결국 대세상승 곡선을 그릴 것이고 오르면 오를수록 이익 폭은 확대될 것이다. 공급 능력이 선진국에 몰린 상황에서 국제 농산물 가격은 대체로 시카고 상품선물 거래소에서 책정된다. 수요층은 두터운데 생산과 가격은 소수가 독점한 상황이다. 식량 자급률을 높이지 않는다면 그 국가는 기나긴 '노예의 길'을 걸을 수도 있다. 식량 무기화는 계획과 의도가 아닌 전략수단이며 지역에 따라 현실화된다.

2008년 국제 곡물가격이 치솟으며 전 세계를 흔들었지만 중국에 미친 영향력은 제한적이었다. 중국의 식량자급률은 95% 수준으로 일부 품목을 제하고는 수입의존도가 극히 낮다. 2008년 중국 농산품 무역적자는 181억 달러로 2007년보다 3배 이상 확대되었다. 그러나 식량안보를 위협할 수준은 아니었다. 쌀과 밀 같은 전략품목이 아닌 대두, 식용유 등 일부 품목에서 품귀현상이 발생했기 때문이다. 극단적 자연재해가 중국을 강타하지 않는 한 식량위기에 중국이 좌초될 가능성은 높지 않다. 2008년 5월 사천대지진 당시에도 중국의 식량수급은 대체로 안정적이었다. 참고로 중국은 연 소비량의 35% 수준을 비축분으로 관리하고 있다. 이는 유엔 식량농업기구의 경계선인 18% 수준을 2배 정도 웃도는 수치이다.

중국은 2007년 '식량생산과 육성에 관한 10대 정책 조치'를 발표하면서 양적 팽창뿐만 아니라 질적 개선에도 관심을 보였다. 농업에 과학기술을 접목함으로써 산업경쟁력을 높이고 글로벌 환경테마를 받아들일 준비도 한다. 곡물시장에 이상현상이 발생하면 중국은 시장원리를 떠나 언제든지 광범위한 개입을 준비한다. 국제식료품 가격이 뛰자 일부 전략물자에 한해 농산품 수출환급세를 취소하였으며 2008년에는 오히려 잠정 수출관세를 부과하고 수출 쿼터제를 도입하였다. 중국의 당면한 과제는 곡물부족이 아닌 곡물의 효율적 배분이다. 넓은 국토로 인해 생산지와 수요지역 간의 물류흐름이 원활하지 못하다. 쌀 생산은 남방과 동북지역에 밀집되어 있는데, 때로는 수송능력 한계로 중·서부에 필요량을 원활히 공급하지 못한다. 지역별로 곡물가격 변동 리스크가 존재한다.

끝으로 중국은 식량문제를 시장이 아닌 정치·군사적으로 바라보는 경향이 강하다. 그 연장선에서 곡물에 대한 최저 수매가 정책을 실시하고 있으며 사회안정과 생산능력 보존이라는 두 마리 토끼를 잡는다. 2008년 중국 내 총 경작지가운데 보조금을 획득한 농지는 50% 이상인 것으로 집계된다. 3농 문제는 언제나 정책 최우선 과제로 취급받으며, 중앙재정을 통하여 실질적 보호조치로 이루어진다. 중국 농업문제는 농업문제보다는 인구와 실업문제이다. 즉 농업이 아닌 농촌의 문제인 것이다. 식량은 생존이라는 면에서 돈보다 더 강력한 무기이다.

미국의 덫을
피해 갈 수 있을까

미국을 논하지 않고는 중국을 말할 수 없다. 경제는 정치의 연장선으로 중국은 미국을 핵심 파트너로 보고 있다. 미국의 반응을 전제로 전체 전략이 짜여진다. 경제위기는 정치와 함께 오며 우리는 일본의 헤이세이 불황과 1997년 동남아 외환위기를 통하여 이를 관찰하였다. 본 장은 두 단락에 걸쳐 이 문제를 파고들고 있으며 그 속에서 중국이 직면한 위기의 실체를 파헤친다. 중국은 항상 일본의 장기불황을 답습하지 않을까 불안에 떨면서도 그 뒤를 쉼 없이 뒤쫓고 있다. 중국과 미국이 깔아놓은 포석 속에서 우리는 커다란 전략이 펼쳐지고 있음을 느낀다. 끝으로 구체적 수치와 문장보다는 전체 맥락과 배경에 포커스를 두길 바란다.

1

적벽대전의 서막, 36계로 수놓는 듯

우리를 둘러싼 커다란 전략들이 펼쳐지고 있음을 나는 느낀다. 그대도 느끼는가?

    2010년 5월 6일 다우지수는 장 중 네 자리 수 가까이 폭락하며 1987년 10월 블랙먼데이를 연상시켰다. 객장 중개인은 시세판을 보며 망연자실했으며 스스로 납득하기 위해 왜 이런 일이 발생했는지 곰곰이 따져보았다. 미 오바마 대통령까지 나서며 원인조사를 요구했지만 만족할 만한 성과는 나오지 않았다. 미 증권거래위원회 메리 샤피로 위원장은 당일 2시 이후 거래내역을 들여다보았지만 정확한 원인은 모른다고 밝혔다. 주문입력 오류가 증시폭락의 원인이라는 증거를 발견하지 못했음도 덧붙였다. 시장이 일시적으로 이탈한 것인지도 모른다. 다만 '불규칙적 시장이탈'과 '체계적 시장이탈' 사이에는 명확한 경계가 없다. 우리가 불규칙적인 시장이탈이라고 부르는 경향이 있는 것과 우리가 체계적인 시장이탈이라고 부르는 경향이 있는 것 사이에도 역시 명확한 경계는 없다. 진실은 무엇일까?

일단 중국인이 풍자한 두꺼운 손가락은 혐의를 벗은 듯하다. 메리 샤피로 위원장은 다양한 요인들이 얽혀 급락을 초래했다는 무난한 결론으로 논란을 마무리하였다. 감독에 대한 자기반성과 서킷 브레이크 기능 강화로 사건이 수습될 때쯤이면 우리는 '레테의 강(일명 망각이 강이라고도 부름)'을 지나쳤을 것이다. 귀책사유가 '오리무중'으로 넘어간다면 불확실성은 한층 늘어난다. 위험과 수익의 등가법칙에 따라 불확실성은 증대되고 투자프리미엄은 그 만큼 높아진다. 투자 프리미엄 상승은 투자자산의 가격하락을 이끌게 된다. 이제 증시가 폭락해도 전혀 이상할 것이 없게 된다. 논리적으로 폭락의 타당성이 뒷받침되기 때문이다. FCF 모형을 통한 이론주가 산출 공식을 검토해 보길 바란다. 높은 수익률이 이론주가, 즉 가치를 떨어뜨림을 알 수 있다. 1주당 종목가치가 떨어진다면 현 주가는 상대적으로 고평가된 것처럼 보이며 매도압력을 확대시킨다.

경제적 인간은 납득되지 않으면 불안해 한다. 금융시장의 불확실은 증폭되고 우리는 시장과 경제활동에 대한 흥미를 잃게 된다. 2001년 9·11테러 또는 2008년 리만 브라더스 파산은 글로벌 증시를 폭락과 침체로 이끌 수 있지만 끝없는 불안감과 끈적한 느낌을 선사하지는 않는다. 명확한 인과관계는 원인보다 대응으로 초점을 돌리고 시장은 점차 평온을 찾게 된다. 하지만 암중(暗中)에 웅크린 적의 존재를 느낀다면 관망과 방어로 시간을 보내고 투자의지는 둔화된다. 보급로가 끊기면 100만 대군도 한줌의 흙으로 변하는 곳이 전장이다.

'읍참마속(泣斬馬謖)'의 고사도 그렇게 생겨난 것이다. 보급로 다시 말해 유동성 통로가 막히면 시중의 풍부한 자금도 지리멸렬하게 된다. 증시는 가장 치열한 전장이다.

무엇인가 움직인 것 같은데, 그 인과관계가 불명확하다면 주위를 뒤돌아보게 된다. 우리는 누군가의 돌에 조화로운 세계가 깨어짐을 느낀다. 누가 혼수모어(混水摸漁, 흐린 물속에서 고기를 잡는다)의 계책을 사용하고 있지는 않을까, 하고 날카롭게 신경을 곤두세우며 때로 자기당착에 빠진다. 계책 속의 계책과 수많은 경우의 수를 세다 보면 앞길은 더욱 혼미하고 의지는 빈약해진다. 그럼에도 이해될 수 없는 현상 앞에서 우리는 경우의 수를 되짚어보고 관망하며 확인해야 된다. 살기 위함이 아니라 죽지 않기 위해서이다.

유럽으로 우리의 시선을 돌려보자. 2010년 5월 6일 미 증시의 비정상적 발걸음은 세계증시를 급속냉각시켰다. 회고해 보면 증시적 행위는 아니었던 것 같다. 위기의 사슬처럼 2008년 국제 금융위기는 세계를 공포로 몰고 갔으며 동유럽이 가장 취약한 곳으로 지목되었다. 2009년 첫 분기는 동유럽이 논란의 키워드로 떠올랐으며 곧 경기회복과 더불어 세계는 안정을 찾는 듯싶었다. 단추를 풀어놓고 여유를 찾던 세계는 2009년 말 두바이사태를 계기로 다시 긴장모드로 전환하였다. 서유럽 재정위기가 고개를 들면서 2010년 낙관적인 분위기를 깨뜨렸다.

동유럽과 서유럽, 즉 유럽 전체에 대한 불안감이 유로화와 EU에 대한 회의로 이어졌으며 EU는 5월 10일 다급히 구제금융 패키지를 내놓았다. 총 7,500억 유로의 안정화기금이 세상에 선을 보인 것이다. 노르망디 상륙작전에 버금가는 구제대책으로 세계는 열광했지만 유럽적 모습으로 보기는 힘들다. '돌격 앞으로'는 미국과 중국에 더 어울리는 말이다. 차후 곳곳에서 파열음이 터질 것이다. 도려낼 곳은 과감히 도려내고 좀 더 세밀하고 체계적으로 접근하는 것이 유럽 취향에 맞을 듯싶다. EU는 일국이 아닌 연합체이고 노르망디 상륙작전은 유럽이 아닌 미국이 주도하였다. 어설펐던 2010년 5월, EU의 움직임 속에서 미국의 향기가 느껴진다.

EU 스스로는 유로 약세를 더 이상 멈출 수 없게 되었다. 위기의 주체를 재정문제로 국한함에 따라 시장의 역할은 위축되었다. 사상초유의 지원안에 당일 유럽증시는 5~10%에 가까운 폭등세를 기록하지만 반등도 그리고 반전도 못 그린 채 일일천하로 막을 내렸다. 재원 현실화에 대한 의문과 함께 약점만 노출시켰다. 이후 독일은 금융감독 강화를 내걸고 공매도를 금지했으며 유럽으로의 확대추진을 선언하였다. 시장은 장고 속의 악수라는 말로 불편한 기색을 내보였다.

그러면 유럽이 내민 구제 패키지를 자세히 들여다보자. 유로안정화기금 총 7,500억 유로 가운데 2,500억 유로는 국제통화기금(IMF) 기여분 절반으로 메워진다. 향후 타 지역 특히 아시아·남미 돌발사태에 대한 국제통화기금의 넓고 신속한 지원은 이 규모만큼 제한될 것이다. 남은 5,000억 유로에서 4,400억 유로는 회원국 간 차관, 채무보증 등의 형태로 지원된다. 부채경감과 해당국 국채매입이 아닌 신용한도 확대를 골자로 한 것이다. 그것도 회원국 간, 다시 말해 A-B-C-B-A와 같이 물고 물리는 관계, 기업으로 따지면 지주회사를 두고 계열사 간 순환담보 형태를 띤다. 유럽에 미치는 구조적 리스크는 오히려 배가되었다.

독일 우파연정의 주 의회 선거 패배가 그리스 지원 때문이라는 논란이 불거지면서 각국은 더욱 소극적으로 변할 것이다. 금융 리스크에서 정권교체 리스크가 보태진 상태이다. 엄밀히 말해 실제 증액분은 600억 유로에 불과하다. 이 와중에 영국은 유럽의 뜨거운 감자임을 유감없이 드러내고 있다. 유럽에 있어 영국은 미국의 헤르메스이다. 미국의 뜻을 전달하는 전령으로써 현대로 보면 공인된 스파이와 같다. 영국 하원 외교위원회는 영미 간의 '특별한 관계'라는 용어를 자제할 것을 권고하지만 영미는 여전히 '특별한 관계'이다. 한때 7,500억 유로 구제금융기금 안건은 비 유로존 대표 기수인 영국의 반대에 부딪치면서 난항을 겪었다. 미국에 있어 영국은 반간계(反間計)의 포석 역할을 한다.

이쯤에서 2007년부터 진행된 굵직한 사건을 다시 간추려 보자. 2007년 하반기 서브프라임 모기지 사태를 시작으로 2008년 국제금융시장이 요동쳤다. 미국호가 침몰할 듯 휘청거렸으며 유럽대륙도 크게 물렸다는 말이 회자된다. 애그플레이션을 우려하고 투기를 걱정하던 농산품과 원자재 가격이 2008년 하반기를 기점으로 급락하고 러시아 및 동유럽에 위험시그널이 켜졌다. 이머징마켓들도 동유럽과 함께 도매금으로 넘어갔으며 한국은 제2의 IMF를 우려할 정도로 코너에 몰렸다. 중국은 긴축의 첫 삽을 뜨기도 전에 역사상 최대규모의 촉진정책으로 방향을 선회하였다. 형식적인 G20 회담이 정상회담으로 격상되고 이들을 주축으로 글로벌 공조가 이루어졌다. 경기회복에 통화와 재정정책 모두 올인되었으며 강력한 모르핀 효과로 2009년 중반 세계공황은 극복되고 위기는 둔화되는 듯 보였다.

2009년 말 터진 두바이 사태로 세계는 다시 아수라장이 되었다. 각국은 만 지작거리던 출구전략 카드를 주머니 속으로 깊숙이 찔러 넣었다. 세계 경제는 움츠러들고 글로벌 증시는 냉각되었다. 아직 멀었다는 기류를 타고 출구전략은 속속 연기되었다. 이스라엘 및 호주가 금리인상에 나섰지만 개별 행위로 인식되었다. 미국과 중국을 필두로 한 주류는 여전히 출구 앞에서 서성거린다. 중국의 경우 공조의 상징물인 금리를 제외한 다른 수단들은 출구쪽으로 풀어놓고 있다. 2010년 상반기 지급준비율을 3번 연속 인상했으며 부동산시장 조절과 과잉생산 도태를 축으로 거품을 빼고 있다. 한국도 2010년 7월과 11월 각각 0.25% 금리를 인상하며 출구전략 분위기를 풍긴다. 하지만 출구로 향하는 발걸음은 여전히 무겁다. 2010년 하반기 들어 더블딥(이중침체)의 그림자가 어슬렁거리며 원점에서 논의를 시작하도록 각국을 압박하고 있다. 누군가 탈출구를 막고 있는 듯하다. 거미줄에 걸린 나비처럼 빠져나올 수 없는 늪 속으로 빠져들고 있다.

한편 우리의 시야에서 사라졌던 유럽, 정확히는 아일랜드가 2010년 말에 다시 거론되고 있다. 2009년 이맘때에는 아마 두바이가 스포트라이트를 받았던 것 같다. 위기는 사라진 것이 아니라 불연속적으로 표면화되는 듯 하다. 아일랜드는 2010년 11월 EU와 IMF에 구제금융을 공식 요청하였다. 그다음은 포르투갈이라고 시장은 목소리 높이고 있으며, 스페인과 이탈리아도 동일한 상황에 직면할 것이라고 경고성이 울린다. 유럽에서 서서히 구제금융의 수레바퀴가 굴러가고 있는 것이다.

스티븐 잡스는 창조는 무에서 유를 만드는 것이 아니라 찾고 발견해서 조합하는 것이라고 말했다. 위기도 이와 같다. 전혀 없는 상태에서 뚝딱 생겨나는 것이 아니다. 존재했던 것들이 발견되고, 적당한 조합을 통하여 '위기'란 이름으로 포장된다. '위기'라는 말이 미디어를 도배하기 전에 그 위기를 논한 사람은 극히 소수이며, 대다수는 위기 이후에도 그 실체를 정확히 알지 못한다. 사라졌다면 해결된 것으로 찾아왔다면 본질보다는 공포를 먼저 느낀다.

이상의 내용들을 손자병법상의 36계로 재해석해 보자. 2010년 5월 6일 미증시 네 자리수 폭락을 황개의 고육계(苦肉計)로 보면 어떨까? 유럽을 적벽에 놓인 대전단으로 가정한다면 유로안정화기금은 유럽을 한 몸으로 꽁꽁 묶을 밧줄이 된다. 연환계(連環計)가 펼쳐진 것이다. 이제 제갈공명의 동남풍만 불면 조조의 100만 대군이 적벽에서 수장되듯이 유럽은 풍지박살이 날 것이다. 유럽부흥을 외치던 EU는 꽃도 피워 보지 못한 채 긴 동면의 세월로 떨어질 것이며 달러에 짓눌린 채 유로는 지역통화로 한계가 설정될 것이다. 사전에 언질을 받았는지 영국은 한 발을 빼고 소극적 자세를 보인다. 참고로 영국은 유로가 아닌 파운드를 사용하고 있다. 이런 행동 자체가 대륙 유럽을 속이기 위한 페인팅일 수도 있다. 서명하는 대가로 그물망을 더 촘촘히 짰을 수도 있다. 대들보를 훔치고 기둥을 바꾸는 투량환주(偸梁換柱)의 계가 언뜻 떠오른다. 영국은 유럽 주도권이 독일과 프랑스, 즉 유럽대륙으로 넘어간 현 국면을 불편한 시선으로 바라본다.

앞 시나리오는 미국의 관점에서 풀어본 것이다. 유럽이 책략을 주도하고 있다면 우리는 현 전장을 어떻게 읽어야 될까? 언뜻 무중생유(無中生有)의 계가 떠오른다. 7,500억 유로 패키지 가운데 실제 투입될 금액은 600억 유로에 불과하다. 허장성세(虛張聲勢)에 가까운 지원안으로 국제통화기금 기여분과 신용으로 대부분 짜여 있다. 위기가 해소되면 '미래를 위한 약속' 정도로 선을 그을 것이다. 유럽은 격안관화(隔岸觀火)로 강 건너 불구경하는 미국을 전장에 끌어들이고자 한다. 유럽이 주저앉으면 글로벌 경제가 공황에 빠져들 수 있음을 경고하면서 미국의 역할을 주문한다. 고립주의 경향을 보이던 미국을 제2차 세계대전에 나오게 한 것과 비슷하다.

출구전략의 당위성과 실질적 조치 사이에서 머뭇거린다. 더블딥 가능성이 고개를 들자 추가부양책을 요구하는 소리가 미국 곳곳에서 터져 나온다. 또한 2010년 11월 미 중간선거를 앞두고 위안화 절상 압박이 또 다시 고조되고 있다. 미 하원 세입위원회는 '공정무역을 위한 환율개혁법안'을 가결하며 하원에 이 법안을 넘겼다. 하원은 그 즉시 이를 가결하였다. 11월 미 중간선거에서 민주당은 노동조합의 몰표가 절실한 상태이다. 하지만 근 8,000억 달러를 투입하고도 여전히 불만족스러운 실물경제, 높은 실업률과 주택차입 압박 등이 만연한 현실은 표 구걸을 어렵게 한다. 따라서 비난을 한 몸에 받을 타깃이 필요하다. 비참한 현실과 늦은 경기회복에 대한 광범위한 공감대를 형성할 수 있는 그런 세력이면 더 만족스러울 것이다. 부가적으로 연방준비제도이사회의 국채매입 뉴스를 대중의 시야에서 멀어지게 할 수 있다면 금상첨화일 것이다. 왜냐하면 국채발행이란 국민의 부담이 늘어난다는 것을 의미하기 때문이다. 그 희생양은 바로 약방의 감초 '중국과 위안화'이다.

금융시스템 회복과 금융기관 구제에 1차 경기부양책 자금 대부분이 소진된 관계로 실물경제는 느리고 완만하게 발동이 걸리고 있다. 오바마는 1차 경기부양책에 이어 3,500억 달러의 2차 경기부양책을 내놓았다. 그 가운데 2,000억 달러는 설비투자에 대한 법인세 감면효과(향후 2년간), 1000억 달러는 R&D에 대한 감세(10년간), 500억 달러는 6년에 걸쳐 도로 및 고속철도 등 기초 인프라 부문에 투입될 예정이다. 물론 이 안건은 의회통과라는 관문을 넘어서야 할 것이다. 공화당은 추가 부양책 반대를 공언하고 있으며 민주당도 재정악화 비난 때문인지 관망하는 분위기가 농후하다.

보통 설비투자는 감세가 아닌 경기에 대한 확신을 기초로 일어난다. R&D도 동일 선상에서 바라볼 수 있다. 즉 3,500억 달러 가운데 즉시 효과를 발휘할 것은 없다는 뜻이다. 6년에 걸쳐 투입될 500억 달러는 그 규모와 기간 그리고 각종 공청회와 주 정부, 중앙정부의 조율 및 의회 통과 등 산적한 절차를 따라가다 보면 1년 정도 세월을 잡아먹을 것이다. 3,500달러가 2010년 당장 실물경제를 끌어올리는 요인으로 작동하기는 어렵다는 의미이다. 다만 지금은 힘들지만 앞으로는 괜찮아질 것이라는 심리 안정감, 소비와 시장이 제 기능을 발휘할 시간은 벌어줄 것으로 생각된다. 부수적으로 민주당의 참패를 막는 방어막 정도는 담당할 것이다.(결과적으로 공화당 압승, 민주당 참패로 중간선거는 막을 내렸지만 상원에서는 가까스로 과반의석을 지켜내었다) 1차 경기부양책이 시스템 붕괴를 막았다면 2차 경기부양책은 이를 토대로 중장기 성장발판을 마련할 것이다. 그 효과는 아마 2012년 대선을 코앞에 둔 상황에서 표면화될 듯하다. 2009년 통과된 의료보험 개혁안도 이때쯤이면 제자리를 찾아갈 것이다. 이는 시스템이 되살아난다는 의미이다.

사실 오바마 입장에서는 중간선거보다 2012년 재선이 더 중요하며, 뚜렷한 경기회복 신호탄은 재선을 앞둔 6개월 전부터 표면화되는 것이 좋다. 미리 타오른 후 불붙어야 할 타이밍에 주춤거린다면 정권 재창출은 물 건너갈 가능성이 높다. 대중은 3년 반을 잘해도 선거 전 반년을 못하면, 능력 없는 정권으로 인식하고 표를 주지 않는다. 반대로 3년 반을 못해도 남은 반년을 잘하면 훌륭한 정권으로 생각한다. 역경과 고난을 이긴 미국식 대통령이라고 판단하는 것이다. 끝이 좋으면 다 좋은 법이다. 대중이 4년간의 일거수일투족과 그 과정을 평가할 것이라고 생각하기는 어렵다. 단순, 반복, 이미지 이것이 대중을 움직이는 힘이며, 프로파간다의 핵심이다. 오바마 행정부에 포진된 노련한 천재들이 이것을 모를 까닭이 없다.

다만 미국과 유럽을 삼키는 불이 아시아에 마냥 긍정적인 것은 아니다. 경제와 금융은 대체로 물고 물리는 관계이다. 미국 및 유럽증시폭락은 아시아 증시의 동반하락을 부채질한다. 글로벌 경기침체로 중국은 개혁개방 이후 처음으로 2009년 대외무역 규모가 줄어들었다. 세계화라는 틀 속에서 모두 함께 돌아가는 것이다. 그렇다고 미국의 부활이 아시아의 활기를 불러온다고 꼭 장담하기도 힘들다. 90년대 후반 미 경제가 골디락스를 구가했을 때 한국은 동남아 여타 국가와 함께 IMF의 수렁 속으로 빠져들었다.

끝으로 미국과 유럽이 사전 모의한 시나리오를 가정해 보자. 미국과 유럽은 공멸보다는 협상을 더 선호할 것이다. 미국과 유럽의 주도권 다툼이 마무리된다면 아시아를 놓고 본격적인 배분 작업이 이루어질 것이다. 1997년 동남아 외환위기 당시처럼. 외환보유고 상위 10개국 대부분이 아시아에 몰려 있다. 지금껏 우리가 지켜본 모든 움직임들이 만천과해(滿天過海)의 계로 아시아의 이목을 속이는 정지 작업일 수도 있다. 그러면 적벽에 수장되는 것은 미국과 유럽이 아닌 아시아일 것이다. 성동격서(聲東擊西)로 유럽을 때리지만 암도진창(暗道陳倉)의 계로 아시아 각국에 은밀히 살수를 뿌려두었을 것이다. 앞에서는 여느 때처럼 국제금융기구·신용평가회사·투자은행 그리고 미디어 등이 때론 장밋빛으로 때론 어둡게 세상을 채색하고 후위에서는 헤지펀드들이 깊숙이 칼을 찔러 넣을 것이다. 헤지펀드는 말하지 않는다. 다만 행동할 뿐이다. 2010년 하반기 외환시장과 증시에서 그런 움직임들이 감지되고 있다. 아시아 각국의 환율 병가 절상과 맞물려 일어나고 있는 증시 상승이 그 징조이다. 꽉 찬 그릇은 그렇지 않은 그릇보다 더 빨리 그리고 더 많이 비워지는 것이 순리이다. 2010년 11월 11일 장 막판 10분을 남겨둔 동시호가에 도이치증권 창구에서 2조원 이상의 매물폭탄을 던진 일 그리고 그 다음날 중국증시가 몇 년이래 최대의 낙폭을 기록한 사실 등은 그 좋은 예가 아닌가 생각된다.

별 탈 없이 동남아 외환위기를 넘겼던 것으로 오해하지만 당시 중국도 심각한 부작용을 겪었다. 그 대표적인 것이 바로 불량대출 문제이다. 중국 정부는 1999년 4대 자산관리공사를 설립하면서 은행권 부실을 처리하기 시작했는데, 2005년 말 기준으로 진척률은 66.7%이며 자산 회수율은 24.6%이다. 참고로 골드만삭스는 4대 자산관리공사 출범에 깊숙이 개입하였다. 당시 골드만삭스는 신디케이트를 조직해 중국 국유은행들의 불량채권을 헐값에 대거 불하받은 것으로 알려진다. 여기서 주목할 점은 불량채권 대부분이 부동산이었다는 사실이다. 2002년부터 중국 부동산은 투자열기에 휩싸인 채 여전히 수직상승하고 있다. 국유은행으로부터 인수한 불량채권은 사실 황금알을 낳는 거위였던 것이다. 본인이 북치고 장고치고 다했으며 중국은행권과 자산관리공사는 한마디로 들러리였다.

　국제금융가들은 설계도를 들고 투자게임을 펼치고 대다수는 설계도의 부속품에 불과하다. 헤지펀드는 레버리지를 통한 이익 극대화를 추구한다. 중국에서는 '사량발천근'이라는 비슷한 뜻이 예부터 전해오고 있다. 넉 냥의 힘으로 천근의 결과를 낸다는 의미이다. 외부세력이 위기를 촉발할 수는 있지만 홀로 위기를 완성하지는 못한다. 우리는 이를 공명현상이라 부르며 증시에서 자주 관찰된다. 그 결과는 양떼몰이로 표출된다. 동남아 외환위기가 아시아를 강타한 지도 어느덧 13년이 흘렀다. 세월은 흘렀지만 위기 전후의 현실은 과거와 크게 다르지 않다. 진정한 위기는 경제·금융과 더불어 정치도 맞물려 온다. 2012년은 아시아 전역이 정치판으로 물들여질 것이다. 중국은 5세대 지도층으로의 교체작업과 18차 전국인민대표대회 준비로 분주할 것이며 한국·대만·홍콩 등은 선거로 권력의 공백기가 발생할 것이다. 가능한 대응들도 이루어지기 힘들다. 이후 단락을 통해 일본의 신화가 어떻게 붕괴됐는지 그리고 중국 앞에 놓인 위기의 실체는 무엇인지 알아본다.

2
헤이세이 불황을 통해 중국의 미래 엿보기

중국은 항상 헤이세이 불황의 전철을 반복할까 불안에 떤다. 그러면서도 그 뒤를 쉼 없이 뒤쫓고 있다.

세계 각국은 자신이 처한 금융발전 단계와 금융규제 정도에 따라 점진적으로 금융규제를 완화하였다. 미국은 금융기관들이 추진한 금융혁신을 정책당국이 제도적으로 수용하는 형태로 금융산업을 발전시켰다. 일본은 서구의 압력에 굴복해 정부 주도하의 법령제정과 감독 및 시장 시스템 정비로 자유화를 추진했다. 일본은 1980년 외환거래법(foreign exchange law) 제정을 통해 국내거주자와 비거주자 모두 국내와 해외시장에 투자할 수 있도록 했다. 1984년부터는 해외에서 발행된 CP와 CD매입이 가능했고, 그해 말 해외지점을 통한 일본은행의 유로엔 표시 CD발행이 허가되었다. 당시 일본 대장성은 주식거래법을 통하여 은행들이 은행업무만 할 수 있도록 규정하였으며, 은행과 주식업무를 완전히 분리하였다. 그러나 1990년대 초반 금융자유화 물결로 그 경계선은 점차 무너졌다. 저금리하에서 필요 이상의 만성적인 자금수요가 발생하였다. 1980년 대다수 예금금리가 규제대상에서 제외되었으며 1983년에는 모든 저축성예금, 그리고 1984년에는 비저축성 예금에 대한 규제도 풀렸다.

금융시장 자유화라는 독을 한입 베어 문 일본 금융기관에 있어 일본 금융시장은 낙후되고 폐쇄된 새장처럼 느껴졌다. 보호가 구속으로 느껴진 것이다. 자유화 물결이 넘실거렸으며 자본시장은 그렇게 확대되어 갔다. 예금시장은 1981년 약 360조 엔에서 1990년 740조 엔으로 2배 늘었지만 주식시장은 86조 엔에서 497조 엔으로 근 6배 확대되었다. 동 기간 명목 국민총소득(GNP)은 245조 엔에서 398조 엔으로 1.6배 증가에 그쳤다. 1981년 명목 GNP 대비 35%에 머물던 주식시장이 9년 남짓한 사이에 125%까지 치솟았다. 일본경제가 실물에서 허구로 빠르게 전환된 것이다. 금리 및 주가 변동성이 확대되면서 파생상품들도 속속 선을 보였다. 1988년 9월 주가지수 선물시장이 개장했으며 1989년 6월에는 옵션시장이 도입되었다. 1년 후인 1990년 6월에는 일본 국채를 대상으로 한 선물옵션도 문을 열었다. 1980년대 미국의 대일무역적자가 나날이 심화되자 미국은 일본에 대한 공습을 계획하였다. 금융과 경제 두 부분에 걸쳐 미·일 특별위원회가 설립되었다. '엔-달러환율 및 금융자본시장 문제에 관한 미·일 특별위원회(US-Japan Ad Hoc Group on the Yen/Dollar Exchange Rates, Financial and Capital Market Issues, 이하 엔달러위원회)'는 1983년 11월 미 레이건 대통령의 일본 방문시 합의된 내용을 기초로 일본의 금융자유화와 국제화를 촉진시킬 목적으로 만들어졌다. 1986년 4월 6차에 걸친 실무협의가 마무리된 후 동 위원회는 1988년 미·일 금융시장협의회로 대체되었다. 합의된 4개항의 골자를 살펴보면, 첫째로 자본 유출입에 대한 규제를 철폐하고, 둘째로 엔화의 국제화를 추진하며, 셋째로 미 은행과 비은행금융기관의 일본시장 접근성을 보장한다. 넷째는 금리 자유화를 위한 자본시장 시스템 개선으로 결정되었다.

　미국은 금융영역에서 가시적 성과를 얻은 후 경제를 두드리기 시작했다. 1985년 5월 일본을 슈퍼301조의 우선 협상국으로 지목하고 동시에 슈퍼301조와는 별도로 미·일 간 구조문제에 대한 협의를 요구하였다. 1989년 7월 미·일 양국은 정상회담을 개최해 무역 및 국제수지 조정의 장벽으로 남아 있는 미·일 양국의 구조문제를 식별·해결하기 위한 미일구조조정협의회(Structural Impediments Initiative) 설립에 합의했으며 1989년부터 진행된 5차례의 전문가 회의를 통해 이듬해 6월 최종보고서가 제출되었다. 이 보고서는 일본의 구조적 장벽이 저축 및 투자, 토지이용, 유통체제, 배타적인 사업관행, 기업 간 계열관계, 가격 메커니즘 등 6가지 영역에 걸쳐 만연되었다고 진단했으며 이 불합리한 장벽을 해체하기 위해 전방위적인 압력을 행사하였다. 그 결과 일본은 1853년 미 페리 제독의 함포외교에 버금가는 주권유린을 겪었다. 19세기 당시 일본은 함포외교로 인한 불평등 개방을 메이지유신으로 전환하면서 경제·군사적으로 부강한 근대국가를 수립했지만 1세기 후 제2의 함포외교에서는 맥없이 주저앉았다. 일본 근대화의 대가로 지불한 1941년 진주만 공습, 제2차 세계대전 이후 다목적 포석으로 부양시킨 일본경제에 뼈아픈 일격을 당한 1970~80년대 경험이 미국의 응징을 불러온 것 같다. 키우던 개에 물렸다는 심정이었을 수도 있다. <그림 1>과 <그림 2>는 1989년부터 2009년까지 미국의 대일 상품무역 적자현황을

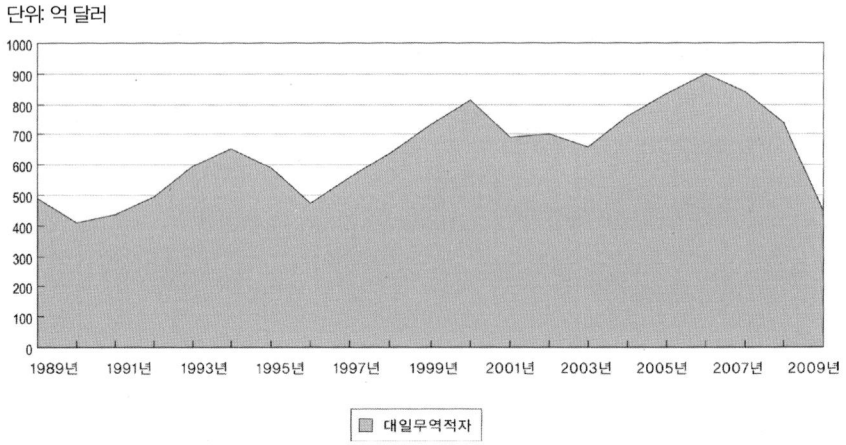

〈그림 1〉 미국의 대일 무역적자 추이

단위: 억 달러

☐ 대일무역적자

자료원천: 미 상무부 국제무역부(ITA)

나타낸 것이다. 적자규모는 2006년까지 꾸준히 상승하는 것을 관찰할 수 있다. 2006년 897억 달러를 끝으로 적자액은 감소로 돌아섰으며 2009년에는 447억 달러로 반 토막 났다. 그러나 미 상품무역 적자에서 일본이 차지하는 비중을 보면, 10여 년 전에 이런 추세가 형성되었음을 알 수 있다. 1991년 66%까지 치솟은 미 상품무역 적자 내 일본비중은 그 이후 꾸준히 하락곡선을 그리고 있다. 1996년 30%대가 무너졌으며 2000년에는 20%를 하회하였다. 그리고 2008년 10% 밑으로 떨어진 후 2009년 현재 8.9%를 기록하고 있다. 21세기 일본은 미국의 무역마찰국도, 주요 협상파트너도 아니다. 마일에서 미중으로 시대가 변하였다.

　1970년대로 접어들면서 일본은 연평균 10% 성장이라는 신화의 문을 닫았다. 생산능력은 그대로지만 성장엔진은 서서히 사그러들었다. 소비와 투자 사이

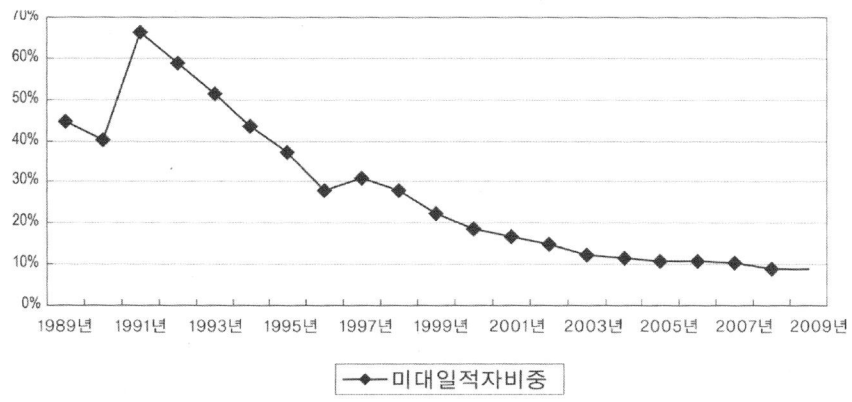

〈그림 2〉 미국 상품무역 적자에서 일본이 차지하는 비중

자료원천: 미 상무부 국제무역부(ITA)

의 불균형이 돌출되었으며 일본정부는 소비부족을 재정확대와 수출로 타개하였다. 마·일 무역마찰은 첨화되었고 1985년 플라자 합의를 불러들였다. 부동산 신화는 한국이 아닌 일본의 것이었다. 부동산이 최고의 투자대상이라는 믿음이 광범위하게 퍼졌으며 1960년대는 산업용 토지, 1970년대는 주거용 토지 그리고 1980년대는 상업용 토지가 지가 상승을 주도하였다. 1984년 일본 전체 부동산 가치는 약 4.6조 달러에 달하였다. 당시 미 부동산 가치는 3조 달러에 불과하였다. 1985년 엔고에 이은 부동산 가격 급등으로 1년 사이에 1.5배에 불과하던 격차는 3배로 벌어졌다. 엔화 강세에 따른 불황으로 일본정부는 금융완화 정책을 취하였다. 금리는 1986년 1월 5% 수준에서 그 다음 해 2.5%까지 떨어졌다. 통화량도 두 자리 수 이상 팽창되었다. 넘치는 유동성과 낮은 금리가 맞물려 부동산 투기붐이 몰아쳤다. 동경을 뉴욕과 런던에 이은 제3대 글로벌 금융중심으로 만들려는

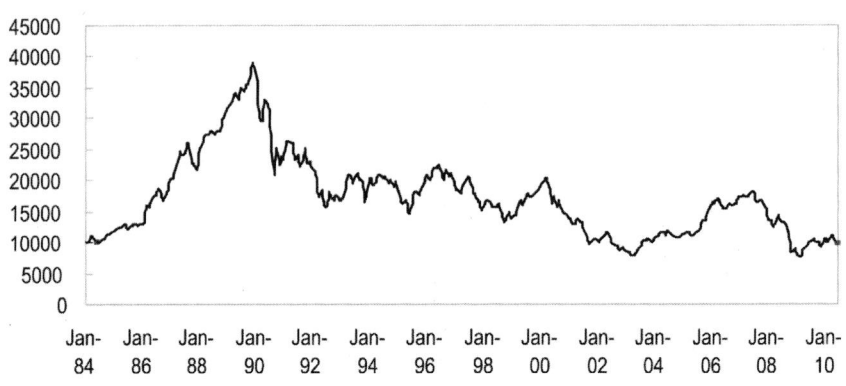

〈그림3〉 니케이225지수 변화추이(1984.01~2010.06)

Nikkei225

자료원천: 중국경제정보분석(CEIA)

욕망은 투기열기를 한껏 부풀렸다. 1990년 동경 상업지구는 1985년보다 지대가 약 3배 올랐으며 니케이지수는 1985년 말 약 13,000포인트에서 1989년 말 39,000 포인트 수준까지 치솟았다. 1985~1989년 버블시기 일본의 모기지 대출증가율 은 총 대출증가율보다 2배 이상 높았다.

1990년 하반기 이후 일본정부는 모기지 대출을 억제하고 금리를 인상하였 다. 그 결과 1995년 일본 주요도시 상업지대 지가는 정점 대비 약 70% 떨어졌다. 1990년 초 40,000포인트에 육박하던 니케이지수는 그해 말 24,000포인트로 폭삭 주저앉았으며 1992년 8월에는 15,000포인트대로 떨어졌다. 자산시장 전반에 걸 쳐 버블이 꺼졌으며 일본은 긴 늪 속으로 빠져들었다. 2010년 6월 현재 니케이지 수는 20년 전 대비 4분의 1 토막에 불과하다. 당시 일본은행들은 가격상승 기대

차이나 이펙트

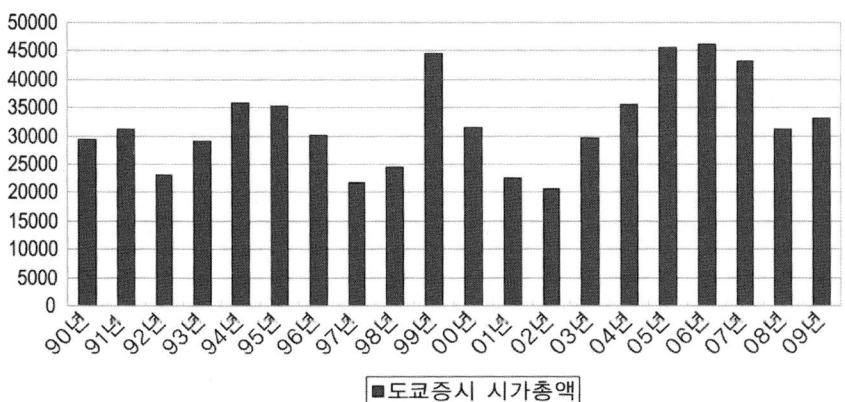

〈그림 4〉 자산버블 붕괴 후 근 20년 동안의 도쿄증시 시가총액 변천

단위: 억 달러

■도쿄증시 시가총액

자료원천: 세계증권업협회, 중국경제정보분석(CEIA)

심리로 가치를 초과한 돈을 기업과 투자자에게 대출했으며 대출자는 이 자금으로 부동산 투기에 나섰다. 자산버블이 과열되자 일본은행은 고강도 긴축정책과 더불어 1989년 2.5% 수준인 금리를 2년 사이에 연 6%까지 끌어올렸다. 부동산 및 주식 담보물 가치가 폭락하자 금융기관은 발등에 불이 떨어졌다. BIS 비율을 맞추기 위해 은행은 담보회수와 함께 신용긴축을 단행하였다. 엎친 데 덮친 격으로 일본정부는 재정건전성을 이유로 소비세율을 3%에서 5%로 인상하면서 경기에 찬물을 끼얹었다. 당시의 트라우마가 남아서인지 지금도 소비세율 인상은 금기어로 존재한다. 잃어버린 10년(1991~2002년)으로 불리는 헤이세이 불황이 전 일본을 강타했으며 20년 전에 터진 금융폭탄의 잔재가 아직도 일본에 진한 포연을 만들고 있다. 일본에 있어 '회복'은 '무의미함'을 뜻한다.

3

1997년 겨울은 유달리 추웠다

1997년 그해 겨울은 유달리 추웠다. 약속된 건축가는 오지 않고 IMF 완장을 찬 철거반원들만 요란하였다. 그때의 상처는 지금도 곳곳에 널려 있다. 아시아 네 마리 호랑이는 주저앉고 네 마리 용은 긴 세월을 이무기로 숨죽여야 했다.

태국도 한때는 9%대의 고도성장을 지속하면서 아시아의 네 마리 용을 뒤쫓았다. 그러나 1996년 경제성장률이 5.9%로 떨어지면서 위기감이 조성되었고 이듬해 동남아 외환위기가 몰아치면서 태국경제는 기둥뿌리까지 주저앉았다. 아시아 네 마리 호랑이의 일좌를 차지하며 동남아시아를 포효하던 태국이 이제는 집 지키는 고양이로 전락하였다. 정치 및 사회 혼란은 만연해 있고 재도약의 발판은 멀게만 느껴진다. 높은 경제성장률 밑에 가려진 태국경제 현실을 분석해 보면 외환위기는 선후의 차이에 불과함을 느낄 수 있다. 태국은 GDP 대비 5~8% 수준의 만성적 경상수지 적자에 장기간 노출되었다. 성장은 생산이 아닌 소비로 추진되었으며 고평가된 바트화는 수출경쟁력을 갉아먹었다. 경상수지 적자 보전을 위해 태국은 금융시장을 통해 단기 해외자금을 대거 유입했는데, 주력은 일본계 자금이었다.

당시 일본계 자금은 경기침체로 새로운 투자처를 물색하고 있었다. 해외로부터 밀려든 자금은 주식과 부동산 거품을 만들었으며 태국정부는 1995년 마침내 긴축정책을 발표하였다. 긴축정책으로 부동산은 주저앉고 증시는 폭락했으며 투매가 뒤따랐다. 단기자금 이탈이 가속하자 태국정부는 1997년 2월 복수통화바스켓에서 변동환율로 환율제도를 변경하고 IMF에 긴급자금 지원을 요청하였다. 달러당 25바트로 고정된 환율은 제도변경 당일 20% 절하되었으며 1998년 1월에는 56바트까지 밀렸다. 120% 이상 바트화 가치가 떨어진 것이다. 1997년 태국증시는 75% 폭락했으며 금융기관 파산은 줄을 이었다.

태국에서 발생한 불길은 말레이시아·인도네시아·필리핀·한국 등지로 번졌다. 도미노 현상이 벌어진 것이다. 당시 인도네시아는 태국과 달리 비교적 건실한 경제구조를 가지고 있었다. 낮은 물가에 무역수지도 흑자상태였으며 외환보유고도 200억 이상 쌓아두었다. 폭탄의 도화선은 인도네시아 기업들의 막대한 단기 미 달러 차입에 있었다. 루피화가 절상될수록 갚아야 할 부채, 즉 단기 미 달러 차입액이 줄어드는 것을 노려 환 투기에 나선 것이다. 말 많았던 엔화대출을 떠올리면 이해가 빠를 것이다. 인도네시아는 그렇게 불길 속으로 떨어졌다. 인도네시아 정부는 1997년 7월 고정환율제에서 관리변동환율제로 전환하고 일일 환율변동폭을 8%에서 12%로 확대하였다. 그럼에도 투기자본의 루비화 공격은 그칠 줄 몰랐다. 결국 두 손을 들고 인도네시아 정부는 그해 10월 국

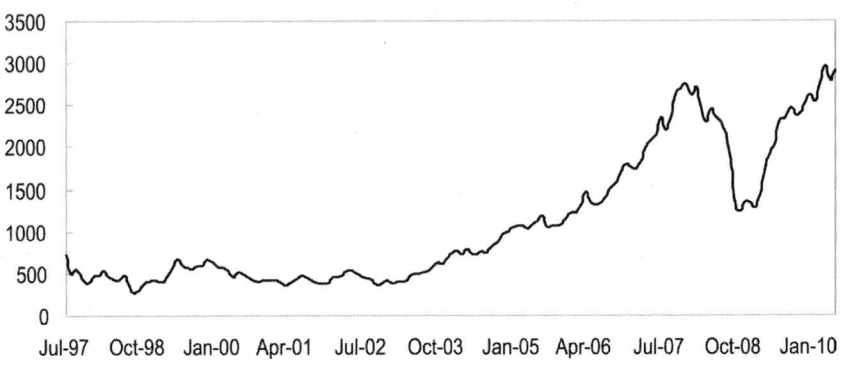

〈그림 5〉 인도네시아 증시 추이(1997.07~2010.06)
Jakarta Composite

자료원천: 중국경제정보분석(CEA)

제통화기금에 430억 달러의 구제금융을 신청하였다.

　　인도네시아 금융 불안은 이쯤에서 일단락될 사안이었다. 그러나 정경유착에 대한 끈끈한 갈망으로 IMF와의 협약을 깨고 독자노선을 걸었으며 불길은 이제 용암이 되어 다가왔다. 주권방어를 위해 독자노선을 택한 말레이시아와 달리 인도네시아는 부패고리에 대한 미련으로 외부의 간섭을 거부하였다. 이런 악수(惡手)에 미국과 IMF는 크게 반발했으며 외환시장에 융단폭격이 가해졌다. 인도네시아의 루피화 가치는 7배 이상 폭락했으며 1998년 경제성장률은 마이너스 13.5%까지 떨어졌다. 인도네시아 증시는 1998년 9월 300포인트를 하회하였다. <그림 5>에서 보듯이 이 기간은 인도네시아 증시 역사상 가장 불행한 시기였다. 높은 인플레이션과 실업률, 극심한 생활고로 인도네시아 전역에서

Bursa Malaysia

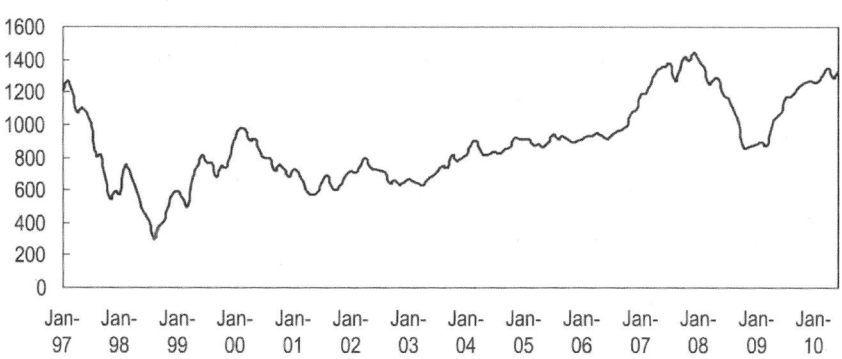

자료원천: 중국경제정보분석(CEIA)

폭동이 일어났으며 수하르토 정권은 전복되었다. 정경유착과 부패가 국가를 수렁에 빠뜨리고 어떻게 경제와 사회를 혼란으로 몰고 가는지 보여준 실 사례이다.

태국과 같이 말레이시아도 1988~1996년까지 연평균 8.9%라는 고도성장을 실현하였다. 물가상승률도 3~4% 수준으로 안정되었고 2020년까지 선진국에 진입한다는 장밋빛 청사진도 들고 있었다. 그러나 태국에서 발화된 화염이 어느덧 말레이시아로 번졌으며 달러당 2.4 수준인 링기트화는 1998년 1월 100% 이상 폭락하였다. 1997년 6월 1,000포인트를 넘어섰던 종합주가지수는 이듬해 8월 300포인트 아래로 떨어졌다. <그림 6>을 통해 당시 입었던 깊은 상처를 발견할 수 있다. 1998년 경제성장률은 마이너스 6.2%까지 밀렸다.

이런 상황에서도 말레이시아는 국제통화기금과 국제 금융권의 개입을 배제한 독자노선을 걸었다. 마히티르 말레이시아 총리는 해외에 퍼진 자국통화 환수와 함께 자국민의 해외자본 이전을 엄격히 제한하였다. 또한 외국인 증권투자 자본의 본국송금을 12개월 동결시켰다. IMF 없는 IMF 프로그램을 제한했던 이브라힘 재무장관은 해임된 채 감옥에 갇혔으며 자본통제에 반대한 말레이시아 중앙은행 총재와 부총재는 사임하였다. 당시 마히티르 총리는 조지 소로스를 외환투기로 동남아 경제기반을 흔드는 자본주의의 악마이며 얼간이 투기꾼이라고 욕설을 퍼부었으며 조지 소로스는 맞받아쳐 마히티르야말로 말레이시아의 위험인물이라고 비난하였다.

말레이시아는 암 바이러스와 함께 자신을 급속냉각시켜 추가 전이를 차단시켰다. 헤지펀드들은 자본통제에 대해 비난을 퍼부었으며 일부 경제학자들과 월스트리트 출신의 IMF직원들도 말레이시아에 재앙이 떨어질 것이라고 호들갑을 떨었다. 전 로버트 루빈 미 재무장관도 그들의 대열에 끼어들었다. 하지만 그들의 주장과 달리 1997년 외환위기 국가들 가운데 가장 안정적으로 혼란에서 탈출했으며 외환위기 돌파에 관한 좋은 선례를 남겼다. 자국 영토 안에서 국가가 다른 세력보다 우위를 보유한 권리, 즉 주권을 말레이시아는 행사했으며 다른 국가들은 방치하였다.

다만 말레이시아와 같은 독자노선은 그것을 현실화시킬 역량이 뒷받침될 때 가능할 것이다. 말레이시아는 낮은 대외의존도와 천연고무·주석·팜유·철광석 등 풍부한 천연자원을 보유하고 있다. 중동계 오일머니의 중간 기착지라는 점도 일부 작용하였다. 말레이시아는 중동의 오일머니를 끌어들이기 위해 이슬람 율법에 맞는 금융상품을 개발했으며 지금도 이슬람 금융센터 기능을 수행한다.

바트화가 폭락하자 해외 투자자들은 발 빠르게 필리핀에서 자금을 철수했으며 필리핀 정부는 페소화 방어를 위해 20억 달러의 외환보유고를 소진했다. 또한 금리를 24%까지 높였으며 일일 환율변동폭도 인도네시아처럼 8%에서 12%로 확대하였다. 또한 IMF와 신용확대 연장계약을 체결하고 그 규모도 11억 달러로 증액하였다. 1997년 5% 수준이던 필리핀 경제성장률은 하락을 거듭한 끝에 1998년 4분기에 마이너스로 떨어졌다. 다만 다른 곳과 달리 경기과열이 심하지 않았으며 장기간 낮은 경제성장률과 타 국가에 비해 상대적으로 변방에 속해 있어 피해규모는 제한되었다.

1997년 당시 중국은 바이러스가 들어올 틈이 없을 만큼 엄격한 자본통제를 실시하였다. 따라서 금융시장이 실물경제를 혼란에 빠트릴 가능성은 높지 않았다. 유일한 문제는 국제정세 불안에 따른 수출 감소와 이로 인한 성장률 둔화였다. 1980~90년대 빠른 경제규모 확대와 사회발전 과정을 걸었던 중국에 있어 갑자기 엄습한 동남아 외환위기는 지나온 발자취를 뒤돌아보고 미래를 대비하는 호기로 작동하였다. 재정확대 정책을 통해 사회기반시설을 갖추고 파산과 청산을 통해 섞은 부문을 과감히 도려내었다. 부실대출의 후유증이 장기간 은행계의 발목을 잡았지만 21세기의 문을 비교적 가볍게 연 편이다.

태국이 IMF 처방을 완벽히 준수한 것에 비해 한국은 처방전과 자율의 경계선에서 위험한 줄타기를 하였다. IMF 처방대로 은행을 폐쇄하지 않았으며 반도체 등에 대한 축소 요구도 묵살하였다. 다만 기업구조조정, 금융시장 개방, 긴축재정, 고금리 정책유지라는 제안은 받아들였다. 통속적으로 보면 큰 밑

그림은 IMF 처방을, 세부 적용면에서는 약간의 융통성을 보인 것이다. IMF가 강요한 고금리로 한국에서는 파산할 기업과 생존할 기업이 뒤섞여 뭉텅이로 기업구조조정 바구니 속에 넣어졌으며 공공부채는 확대되었다. 바구니 속 기업들은 헐값에 해외로 넘어갔으며 해외자금은 금융시장에서 완전한 탈출구를 확보하였다. 냉정히 말해 기업구조조정, 금융시장 개방, 고금리, 긴축재정은 일국의 '국부유출'이라는 목표를 위한 통합적 패키지로 서로 물고 물리는 관계였다.

시장은 종종 제대로 작동하지 않는다는 전제를 바탕으로 탄생한 IMF가 이제는 시장만이 유일한 해약이라고 선전한다. 통화협력, 환율, 국제유동성 지원 등 금융부분에 국한된 업무영역을 이제는 각국의 통화와 재정정책, 산업구조 조정, 노동시장, 통상정책 등으로 확대하였다. 간섭할 것은 모두 간섭하고 이익이 있는 곳은 어디든지 찾아간다는 모토로 설립취지가 바뀐 듯하다. IMF는 지침을 내리고 세계은행은 움직이는 관계로 역할이 설정되었으며 세계은행은 경제개발 및 빈곤문제 해결이라는 본연의 역할을 내팽개쳤다. 뉴욕 워싱턴 D.C 18번가와 19번가를 가로지르며 마주 선 이 두 기관이 중간지대에 모여 국제금융가들이 주판알을 튕기는 사교클럽으로 변모하였다. 상호견제는 이미 물 건너갔다. IMF라는 사교클럽은 유럽을 얼굴마담으로 내놓고 실질적 권한은 미국이 행사한다. 지분에 관계없이 미국만이 유일하게 거부권을 가지고 있다. 세계은행 총재는 관례적으로 미국의 몫이다.

마틴 펠드스타인(Feldstein) 하버드대 교수는 1997년 동남아 금융위기 당시 IMF 역할을 두고 "IMF가 자금을 제공하는 대가로 경제와 금융정책에 개입할 권한은 없다. 국가의 합법적인 정치적 제도들이 그 국가의 경제구조와 이 제도들의 성격을 결정해야 한다. 한 국가가 단기적 금융지원이 절실하게 필요한 상태라고 해서 그 상황이 IMF로 하여금 그 국가의 정치과정의 결과에 대한 기술적 판단을 대체할 도덕적 권한을 부여한 것은 아니다"라고 논평하였다. 또한 스티클리츠 교수는 그의 저서『세계화와 그 불만』에서 말레이시아는 IMF에 휘둘리기를 거부했음을 밝힌다. 특히 실제 상황을 조사하지 않은 채 IMF 미셸 캉드쉬 총재가 말레이시아 은행들이 매우 허약한 상태에 놓여 있음을 선언한 것에 대해 말레이시아는 깊은 배신감을 느꼈다고 기술한다.

스티클리츠 교수는 말레이시아 은행들이 15%라는 높은 부실채권을 보유했음에도 말레이시아 중앙은행의 강력한 규정에 따라 은행들이 손실보존금을 쌓아 두었으며 외환차익 노출방지와 외채규모 제한 등의 조치를 따르고 있었음을 밝혔다. 스트레스 테스트 결과도 상당히 우수했으며, 무엇보다도 IMF 직원이 IMF 미셸 캉드쉬 총재의 주장과 실증결과 사이에서 곤혹스러워 했다는 점 역시 꼬집었다. IMF와 세계은행 등 국제금융기관이 금융위기를 주모했다고 보기는 힘들다. 위기 속에서 이들의 역할은 전주(錢主)에게 유리하도록 매뉴얼을 짜놓고 이행유무를 감독하는 것이다. 쓸 만한 물건을 폐가에서 박박 긁어내며 반항하면 매뉴얼을 들이민다. 이들은 설계도를 든 건축가가 아닌 완장을 찬 철거반원이었다.

4

무역과 환율, 그 총성 없는 전쟁

연극 한 편을 완성시키기 위해서는 다양한 등장인물이 필요하다. 보이는 것이 반드시 진실은 아니다.

표면과 그 아래에서 치열하게 전개되고 있는 중·미의 총성 없는 전쟁들을 머릿속에 그려보자. 전략지도를 놓고 배치와 움직임을 점검할 수 있다면 좋겠지만 이는 블랙박스와 같아 설계자 본인들도 전개과정과 영향관계를 완전히 파악하기는 힘들다. 단편적으로 표출되는 사건들과 이들의 변화양상 그리고 과거의 경험으로 배운 직관을 통해 시나리오를 써내려 갈 뿐이다. 무엇인가 움직이고 배치가 되고 전투태세를 점검하는 듯한데, 주 공격루트와 목표범위 그리고 전장 범위는 여전히 안개 속이다. 단일지역을 넘어 다수지역과 연계된 형태로 짜여질 수도 또한 일국에 집중포화를 퍼부을 수도 있다. 여기서 지역이란

지리적 개념에 국한된 것이 아니다. 경제와 금융을 포함한 통합적 의미이다.

최근 표면화된 일련의 사태들이 던지는 최종 시그널은 달러와 달러로 상징되는 미 패권에 도전하지 말라는 의미 같다. 패권이라는 말의 뉘앙스가 거슬린다면 헤게모니로 해석해도 될 듯싶다. 부시 행정부와 달리 오바마 행정부는 현 글로벌 질서에 대한 조언과 도전을 분리해 대처하는 것 같다. 가끔은 사고의 폭을 표면적 현실, 통계가 던져주는 표층적 분석과 해석에서 미지의 상상으로 전이해 보는 것도 요구된다. 눈앞의 정세에만 집착할 경우 사건들이 분절된 형태로 그려진다. 원인과 결과 사이의 연결고리를 놓치면 파노라마처럼 펼쳐진 배경을 읽어내기 힘들다. 현상은 움직이고 정책은 변화해 우리가 직접적으로 그 의미를 느끼기에는 일정한 시간차가 존재한다.

2010년 3월 미 오바마 대통령은 미 수출입은행이 주최한 연례회의에서 5년 안에 수출을 두 배로 늘려 200만 개의 신규 일자리를 창출할 것이라고 말했다. 그러나 실업률과 재정적자는 사상최대라는 문구를 나날이 경신하고 24시간 지폐를 찍어내어도 호주머니는 언제나 가볍기만 하다. 미 제품은 세계 곳곳에서 밀려나고 공장은 문을 닫으며 무역적자는 친숙하다. 미국의 대중무역 적자는 2009년만 해도 2,268억 달러에 이른다. 미국의 대척점에 놓인 중국은 착취를 당하고 있다는 피해의식에 깊게 매몰되어 있다. 애플 제품을 사례로 설명해보자. 애플이 설계한 한 단말기 제품의 시장판매가는 299달러이다. 애플은 여기서 브랜드 및 설계비용으로 114달러를 가져간다. 남은 금액 가운데 181달러는 유통업체와 부품업체의 몫이다. 남은 4달러가 중국 조립공장 손에 떨어진다. 하지만 이 단말기에는 'Made in China'라는 글자가 선명하게 찍혀 있고, 4달러가 아닌 299달러가 중국 수출액으로 집계된다. 중국은 1%에 불과한 이윤의 대가로 100%의 통상마찰에 직면한 것이다.

미국이 한 해 2,000억 달러를 넘어선 대중무역 적자에 불편해 할 때, 중국은 외양만 화려하지 중국이 실제로 들고 가는 돈은 새 발의 피에 불과하다고 볼멘소리를 낸다. 그 와중에 중·미 간의 불씨는 뜨겁게 달아오른다. 미국은 중국을 필두로 한 아시아 각국에 환율전쟁의 서막을 알리고 있다. 2009년 12월 말 현재 중국의 외환보유고는 2조 3,992억 달러로 대부분이 달러화 자산이다. 순 달러화 자산을 2조 달러로 추산한다면 10% 위안화 절상은 곧 2,000억 달러가 공중으로 사라짐을 의미한다. 2009년 한 해 중국의 대외무역 흑자규모와 비슷한 수치이다. 경제주체가 개별적으로 보유한 달러화 자산을 감안할 경우 손실액은 한층 불어날 것이며 기업은 영업이익을 넘어선 투자평가손실, 환차손으로 경영

〈그림 7〉 국가별 미 국채 보유 현황(2010.04)

단위: 억 달러

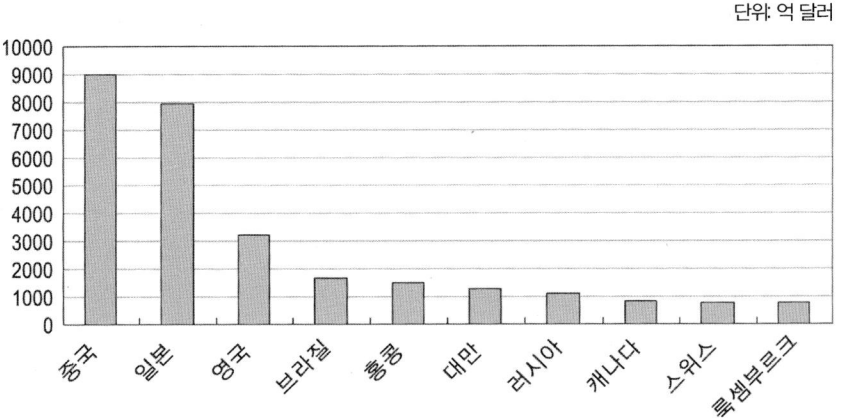

자료원천: 미 재무부 국제투자유동성(TIC) 보고서

위기 속으로 빠져들 수 있다.

중국은 환율문제가 내정이며 정치화의 도구가 아님을 역설한다. 2010년 2월 상무부와 공업정보화부는 12개 산업을 대상으로 위안화 절상에 따른 압력이 얼마인지 스트레스 테스트를 실시하였다. 그 결과 단기 3% 절상만으로 중중국은 환율문제가 내정이며 정치화의 도구가 아님을 역설한다. 2010년 2월 상무부와 공업정보화부는 12개 산업을 대상으로 위안화 절상에 따른 압력소기업은 적자상태에 빠지며 가전·자동차·통신업체도 30~50% 이익이 감소하는 것으로 나타났다. 한편 5% 절상할 경우 대다수가 파산상태에 빠지는 것으로 조사되었다. 3% 절상이 중국이 제시할 수 있는 마지노선인 것이다. 2010년 2월 IMF의 수석경제학자 올리버 블랜차드는 위안화 20% 절상은 미 GDP를 1% 정도밖에 끌어올리지 못한다는 극언을 내뱉으며 중국을 압박하였다. 중국이 내밀 카드 자체를 무의미하게 만든 말이다.

한술 더 떠 폴 크루그먼 교수는 뉴욕타임스 칼럼에서 "미 국채를 매입하는 사람들이 있는 한 미국의 국가부채는 문제가 되지 않는다. 그리고 중국이 미 국채를 투매하는 어리석은 행동을 해도 달러를 찍어서 사들이면 그뿐이다"고 말하며 강력한 논조로 중국의 환율조작국 지정을 요구하였다. 참고로 내국인에 의한 미 국채투자 비중이 50%를 초과하고 있다. <그림 7>은 2010년 4월 기준 국가별 미 국채 보유현황을 나타낸 것이다. 중국은 세계 최대 미 국채 보유국으로 한때 9,400억 달러까지 육박하였다. 2대 미 국채 보유국인 일본과는 1,000억 달러 이상 격차를 보이고 있다. 2009년 11월부터 4개월 연속 국채보유량을 줄이며 무기화에 대한 우려의 시선을 받기도 하였다. 중국 외환관리국은 미 재무부가 의회에 보고서를 제출하기 며칠 전 미 국채에 대한 신임을 표시하며 핵 옵션(Nuclear Option, 대량투매)을 행사하지 않을 것임을 못 박았다.

일부 인사는 SDR을 달러 대용자산으로 다변화할 것을 강력히 주장하고 있지만 현실적 제약은 명확하다. 현재 발행된 SDR 총액은 2,000억 달러를 좀 상회하는 수준으로 이 정도 그릇으로는 2.4조에 육박하는 중국 외환보유고를 감당할 수 없다. 유로화가 비틀거리는 가운데 미 국채, 원자재 시장 이외에는 뚜렷한 대안을 찾기 힘들다. 금은 변동성이 크다는 불안감과 아울러 적정 투자시점에 대한 논란도 존재한다. 현재 중국의 황금보유고는 1,054톤으로 몇 년 동안 400톤 정도 늘었다. 2배 정도 늘인다고 해도 300억~400억 달러의 분산효과밖에 거둘 수 없다. 중국에 있어 황금은 주 투자대상이 될 수 없다. 중국의 외환보유고 70%는 미화 자산이다. 서브프라임 모기지 사태 이후 부동산 연계 채권을 매도하고 있지만 미 국채매입을 내팽개치지는 못하고 있다. 2010년부터 불안한 모습을 보이는 유로화는 중국을 한층 곤혹스럽게 한다. 제한된 옵션하에서 달러화자산보유는 필수로 변했다. 맹독이 묻어있음을 알면서 중국은 사과를 삼킨다.

미 재무부는 반년마다 무역상대국이 환율을 자국에 유리하도록 조작하는지 보고한다. 가이트너 재무장관은 4월 15일 발표할 예정이었던 보고서 제출을 연기한다고 밝히고 중국을 환율조작국으로 지정할 것인지에 대한 판단을 3개월 정도 유보한다고 표명했다. 판단유보 이유로 그는 G20 재무장관 및 중앙은행총재 회의, 미중 전략경제대화, G20 정상회의 등 굵직한 국제회의 일정이 잡혀 있어 협상할 공간이 있음을 내세웠다. 중국은 G20 정상회의를 목전에 두고 유화적 제스처를 보냈다. 2010년 6월 19일 토요일 저녁 중국인민은행은 '위안화 환율형성 시스템 개혁과 위안화 환율 유연성 확대'라는 타이틀로 2008년 국제 금융위기 이후 달러당 6.8 근처에 묶어 두었던 고정환율제도를 원래의 통화바스켓 기반 관리변동환율제도로 복귀할 뜻을 비추었다. 미 재무부는 2010년 7월 제출한 2010년 상반기 주요 교역국의 경제 및 환율보고서에서 중국을 환율조작국으로 지정하지 않았다.

2010년 6월 19일 환율개혁 발표 후 첫 거래일인 월요일 아침 중국 외환시장은 혼란에 빠져들었다. 변동성 통제가 가능하다는 전날 오후 중국인민은행 대변인의 말이 무색할 정도로 환율은 일순간 전 거래일 대비 0.43% 떨어진 6.7980위안으로 장을 마감하였다. 2005년 7월 관리변동환율 제도를 채택한 이후 최대폭으로 환율이 절상된 것이다. 달러 대비 위안화 환율 일 변동폭이 ±0.5%임을 감안하면 근 일일 최대폭까지 환율이 치솟았다. 억압된 욕망의 크기를 오판한 통화당국의 실수이다. 일단 숨통이 튄 시장은 누구도 통제할 수 없다. 높은리스크에도 이익이 존재하면 달려가는 것이 자본이다. 하물며 방향성이 정해진외환시장이라면 말할 필요도 없다. 중국 감독당국은 증시에서, 부동산에서 그리고 외환시장에서 이익실현의 한계를 그을 수 있다고 본다. 하지만 돈은 애국이 아닌 이익을 따라 흐른다.

2010년 10월 도미니크 스트로스 칸(Dominique Strauss-Kahn) IMF 총재는 미 워싱턴에서 열리는 IMF-세계은행 연차 총회를 앞두고 열린 기자회견에서 글로벌 화폐전쟁이 경제회복에 위협이 될 것이라고 밝혔다. 그는 또한 각국이 그들의 화폐를 무기로 사용하려는 시도가 있다고 말하며, 중국이 위안화를 빠른 시일 내에 절상할수록 더 좋을 것이라는 견해를 표했다. 다만 글로벌 문제에 대해 국가적 해법을 모색하는 것은 세계경제 회복에 위협이 될 것이라는 점과 환율에 너무 집착하는 것은 바람직하지 않다는 말도 첨가했다. 경제불균형을 위안화 환율변화로 풀 수는 없을 것이라는 점도 직시하였다. 같은 시기 로버터 졸릭(Rober Zoellick) 세계은행 총재는 화폐전쟁으로 비화될 것을 기대하지는 않지만 긴장이 존재하는 것은 사실이라고 말했다. 귀도 만테가(Guido Mantega) 브라질 재무장관도 화폐전쟁을 경고하며 브라질은 자국화폐의 실질적 평가절상을 막기 위해 시장 내에서 달러 과잉분을 매입할 것이라고 밝혔다.

가이트너 미 재무장관은 환율전쟁의 진원지를 일본이 아닌 중국으로 지목하는 발언을 했는데, 그의 말이 타당성을 가지려면 조 달러 단위로 이루어지는 국채매입과 같은 조치를 한층 신중히 처리할 필요가 있다. 미국은 현재 입으로는 강 달러를 지지하지만 손은 약 달러로 향해 부산히 움직인다. 2011년 11월 미 연방준비제도 이사회가 내놓은 6,000억 달러 규모의 제2차 양적완화를 통해서도 이를 잘 알 수 있다. 문제는 환율변화가 아닌 화폐공급이다. 변화가 수급을 촉발하는 것이 아니라 수습이 변화를 야기한다. 화폐전쟁의 불씨는 위안화 저평가가 아닌 과도한 달러공급에 있다. 이것을 직시하지 않는 한 화폐는 끝나지 않을 전쟁을 치를 것이다. 혹자는 플라자 합의와 루브르 합의와 같은 인위적 환율조정 협약 가능성을 거론한다. 하지만 중국은 일본이 아니며 또한 현 G7은 과거 G7과 같지 않다. 중국의 불안이 세계에 재난을 가져올 것이라는 원자바오의 말은 미국과 EU를 필두로 한 각종 국제금융기구들의 공세를 회피하기 위한 단순한 변명이 아니다. 적어도 한국에게는 재난 그 이상이 될 것이다.

이제 중·미 간 벌어지고 있는 무역 및 환율전쟁의 내막을 살펴보기로 하자.

중국이 환율 조작국으로 지정되면 미국은 슈퍼301조를 발동해 중국으로부터 수입되는 모든 상품에 27.5%의 보복관세를 부과한다. 이는 위안화 절상 27.5%와 같은 효과이다. 3% 절상이면 적자, 5% 절상이면 파산이라는 중국기업의 처지를 감안할 때 27.5% 보복관세는 중국 경제를 붕괴로 몰고 갈 것이다. 미국의 보복관세는 중국의 대응관세를 불러일으키고 미국계 기업에 대한 시장접근이 불허될 것이다. 중·미 무역전쟁이 전개되는 셈이다. 하지만 무역마찰은 몰라도 무역전쟁의 가능성은 높지 않다. 환율전쟁이 일방적이라면 무역전쟁은 쌍방적이다. 양패구상은 아닐지라도 손실은 불가피하다.

그럼 환율전쟁은 어떠할까? 무역전쟁과 달리 환율전쟁은 손익이 분명하며 상대방의 손실이 곧 나의 이익이 된다. 그러나 단기 3% 절상이면 적자, 5% 절상이면 파산에 빠지는 기업현실을 놓고 중국이 미 주장대로 20% 이상 절상할 가능성은 제로에 가깝다. 실업자 수가 2억 명에 이를 것으로 추산되는 현 시점만 해도 각 영역에서 위험시그널이 계속 쏟아져 나온다. 장기가 아닌 단기 20% 절상은 중국 경제가 아닌 '중국' 그 자체를 몰락시킨다는 말이며 그것은 무역·환율전쟁을 넘어 무력충돌, 즉 실질적 전쟁을 의미한다. 2010년 10월 중국-EU 정상회의에서 원자바오 총리는 유럽의 위안화 절상요구를 묵살하며, 중국 사회와 경제에 문제가 발생한다면 세계에 재난이 닥칠 것이라 경고하였다. 사실 20% 절상에 따른 부작용 속에서 현 공산당이 지금처럼 집권할 수 있을 것이라 믿기는 힘들다. 중국 경제는 일본보다 더 긴 침체로 떨어질 것이며 내란과 혼란의 암흑기가 도래할 수도 있다. 무정부 속 정치 민주화는 이룩할지도 모르겠다.

자! 여러분이 중국지도자라면 30년간 쌓아올린 탑이 송두리째 무너지고 권력은 권력대로 내려놓으며 중국의 미래가 암흑으로 급속히 빨려가는 광경을 두 손 놓고 지켜보겠는가? 그것보다는 동북아 지역 판 자체를 흔들지 않을까? 냉정하게 보면 중국은 총 하나 달랑 주고 인해전술을 펼칠 2억 명이라는 사석도 존재한다. 승패를 떠나서 2억 명을 쓸어버리고도 온전할 것으로 여겨질 시스템은 없다. 생각할 수 있는 모든 것들이 변할 것이다. 막다른 골목에 몰리면 세계공황이 제2차 세계대전을 불러왔고, 제2차 세계대전을 통해 공황이 치유되었다는 멍청한 논리가 힘을 받을 수도 있다.

발전단계는 다르지만 중·미 모두 성장 한계에 부딪쳤다. 직접적으로는 대만, 간접적으로는 한반도를 흔들 수 있다. 소수에게는 전쟁 그 자체가 경제적 행위이다. 그럼 위의 카오스적 사태가 진행될 가능성은 얼마나 될까? 극히 낮다. 다만 1%라는 말이 무(無)를 의미하지는 않는다. KOSPI가 300포인트 밑으로 떨어질 확률은 얼마일까? 넓은 시간대로 보면 1%에도 못 미칠 수 있다. 그러나 세기가 바뀌고 새로운 밀레니엄이 와도 절대 제로로 떨어지지는 않는다. IMF 위기 당시 현실화된 수치이기 때문이다.

그럼 미국은 왜 '확률'을 흔들며 중국을 압박하는 것일까? 도대체 환율조작국 지정을 3개월 늦추며 중국에게 모종의 결단을 촉구하는 내용은 무엇일까? '위안화 절상'은 결코 아닐 것이다. 내심 위안화 절상에 나서면 중국이 판을 엎어버리지 않을까 고민할 수도 있다. 원 포인트(One-Point) 위안화 절상은 협상카드이지 협상의 본질은 아니다. 환율과 무역을 연결시키는 정치적 구호에 미혹되지 말기를 바란다. 글로벌 분업체계에서의 중국의 역할과 미 산업구조를 감안할 때 위안화 절상은 미국에게도 불리하다. 다만 미국보다 중국이 더 불리할 따름이다.

이런 사유체계만 직시한다면 미국의 협상전략도 추론이 가능하다. 성동격서, 즉 동쪽에서 '무역불균형과 환율'을 떠들고 서쪽에서는 '시장개방'을 노닐수 있다. 헤이세이 불황을 넘어설 덫을 파는 것이다. 1980년대 엔달러위원회와미일구조조정협의는 21세기 중미경제전략대화로 슈퍼301조 우선협상국은 환율조작국 카드로 대체되었다. 1980년 중반 런던과 뉴욕에 버금가는 글로벌금융센터를 동경에 설립할 계획을 수립했듯이 지금 상하이가 글로벌 금융중심을 꿈꾼다. 상하이주택 가격은 일본인도 혀를 내두르고 있지만 이를 더 높일 계획들이 착착 마련되고 있다.

2010년 6월 개최된 국제도시발전포럼에서 교통대학 가오루시(高汝熹) 교수는 장삼각의 핵인 상하이가 베이징을 중심으로 한 수도권과 주삼각 지대를배경으로 둔 광조우보다 도시화 체계가 잘 완비되어 있다고 밝혔다. 그는 또한상하이의 연 GDP 증가율은 8~10% 선으로 2020년경에는 도쿄를 넘어선 글로벌 도시로 도약할 것이라고 전망했다. 국무원은 2010년 5월 '장삼각구역계획'을비준하면서 일부 도시를 장삼각에 편입시킬 뜻을 비추었다. 한반도 면적에 육박하는 경제벨트로 거듭나면서 장삼각지대는 아태 지역의 관문으로 부상할꿈을 꾼다. 그 중심에는 상하이가 존재한다. 상하이를 글로벌 금융중심과 글로벌 물류중심으로 육성한다는 중국의 전략적 복안과도 연결되고 있다.

한편 과거 엔달러위원회가 요구한 '엔화 국제화'는 이제 '위안화 국제화'로말을 바꾸었다. 환율과 금리는 물고 물리는 관계로 한쪽의 자유화는 다른 쪽의 자유화를 야기한다. 자유화는 또한 변동성 증대를 의미한다. 자유화 여파로 1980년대 중반 금리와 주가 변동성이 커짐에 따라 일본은 파생상품을 속속 선보였다. 1987년 월스트리트가 일본증시에 깃발을 꽂았으며 신용거래가 허용되었다. 1988년 9월 주가지수 선물시장, 1989년 6월에는 옵션시장, 1990년 6월 국채 선물옵션이 순차적으로 증시에 상장되었다. 이 상품들의 존재의의와 이익 추구 패턴을 생각해 보길 바란다. 이들은 증시가 붕괴되고 변동성이 커질수록 더 많은 이익을 창출할 수 있도록 설계될 수 있다. 꼭대기와 밑바닥 간 길이가 길수록 이익범위는 넓어진다. 덫의 완성과 더불어 1990년 버튼은 눌러졌으며 그것으로 1970~80년대 세계를 주름잡던 일본의 신화는 무너졌다.

1985년 플라자합의 때는 선진 4개국(미국·독일·영국·프랑스)이 테이블 가운데 일본을 두고 압박했지만 지금은 대다수 국가들이 중국을 몰아세운다. 아프리카와 일부 국가만 침묵으로 중국과 공감대를 형성한다. 위안화 절상이라는 공감대와 방향성, 즉 진지는 구축된 상태이다. 한편 미국은 출구전략이 시기상조임을 각국에 주입시키고 저금리정책을 유지하도록 한다. 단발성 이벤트처럼 꼬리를 물고 터지는 사건들이 글로벌 경기회복에 대한 확신감을 흔들고 미국의 말이 타당함을 지지한다.

중국의 자산버블은 심화되고 있으며 부동산을 넘어 마늘·녹두·파 등과 같은 농산물에게로 투기는 번지고 있다. 시중 상업은행의 예대비율은 75% 경계선을 넘어섰으며 은행권 불량대출과 지방재정 위기가 연일 부각되고 있다. 유럽은 국가재정 위기, 중국은 지방재정 위기의 늪에 빠진 셈이다. 문제는 '정책 딜레마'에 빠져 긴축할 때 긴축을 못하고 부양할 때는 과열로 치닫는 데 있다. 중국은 경제성장과 민생안정이라는 두 마리 토끼를 완벽하게 잡기를 바라지만 그것이 성공한 적은 없었다. 이 두 가지 문제가 부딪치면 중국정부는 언제나 경제성장의 손을 들어 주었다. 중국은 성장이라는 돌을 밀어올리는 시시포스와 같다.

2010년 4월 중순 중국 은행권은 부동산대출에 대한 스트레스 테스트를 실시하였다. 그 결과 다수의 은행들이 30~40% 가격폭락은 견딜 수 있는 것으로 조사되었다. 은행별로는 중국 2대 국유상업은행인 공상은행과 건설은행이 35% 전후, 교통은행과 농업은행이 30%와 20% 수준의 부동산 가격폭락에 대한 저항력을 보였다. 한편 민생은행은 40%, 초상은행은 37%로 국유상업은행보다 부동산 가격폭락에 대한 내구성이 좀 높은 것으로 나타났다. 한편 교통은행은 부동산 가격이 30% 떨어질 때 프로젝트 파이낸싱 부분은 1.2%, 개인주택담보대출은 0.9% 불량대출률이 상승하는 것으로 발표했으며 건설은행도 교통은행과 비슷한 결과를 내놓고 있다.

또한 공상은행은 2009년 신규 부동산개발대출과 개인주택담보대출이 951위안과 2,769억 위안에 불과하고 상당수 부동산 대출이 2008년 이전에 집행된 것으로 안전함을 주장한다. 2010년 중국은행권 1분기 중장기 신규대출 가운데 부동산 업종이 차지하는 비율은 21.9%로 전년 동기보다 9.4% 상승한 것으로 조사되었다. 스트레스 테스트 결과는 부동산 가격이 30% 폭락해도 중국은행권은 문제가 없음을 가리킨다. 그러나 선례는 이 결과를 100% 신뢰하지 말 것을 권한다. 2005년 이전 국유상업은행의 불량대출률은 20%에 육박했다. 4대 자산관리공사의 음영도 여전히 짙게 깔려 있다. 또한 무엇보다도 부동산 가격이 딱 30% 떨어진다는 보장이 없다. 일본은 70% 무너졌다. 참고로 2010년 하반기

Chapter 8 미국의 덫을 피해갈 수 있을까

중국은행감독위원회는 60%로 확대해 부동산 대출 스트레스 테스트를 재실시할 것을 요청하였다.

이제 퍼즐을 한번 맞추어 보자. 2010년 3월 중국은 신용거래, 4월 주가지수 선물을 상장하였다. 주가지수 옵션도 곧 뒤따를 것이다. 미국은 출구전략 공조를 확인하고 소비확대를 주문한다. 그 통로는 저금리와 재정확대 정책이다. QFII만 염두에 두면 중국증시에 유입된 해외자금은 미미하다. 감독당국이 투자한도액을 면밀히 관리하고 두 눈을 뜨고 유·출입을 지켜본다. 이는 해외 투기자금으로부터 안전하다는 오류를 심어 준다. 그러나 QFII가 중국증시에 유입된 모든 것이라 우리는 단정할 수 없다. 나날이 유통 해제 되어가고 있는 전략적 지분이 시장을 곤두서게 한다.

2010년 5월 24~25일 이틀에 걸쳐 힐러리 클린턴은 중·미 전략경제대화를 위해 중국을 방문했다. 힐러리의 파트너로 금융부분을 관장하는 왕치산 부총리가 나섰다. 각종 뉴스들이 중국의 당당함과 빈손으로 돌아간 힐러리의 초라함을 대비시킨다. 그럼 힐러리는 정말 200여 명이라는 대규모 대표단을 이끌고 중국 위상을 높여주는 불쏘시개로 전락했을까? 일개 영업사원도 사전 오더물량이 없으면 해외출장 길에 오르지 않는다. 무능함이라는 꼬리표가 붙을 악수(惡手)를 누가 두겠는가? 오더가 있기 때문에 가는 것이지 오더를 창조하러 가는 것은 아니다. 즉 맨땅에 헤딩할 사람은 없다는 말이다.

5년마다 개최되던 금융공작회의가 이번에는 1년 앞당겨 2011년에 개최될 것이라는 전망이 2010년 5월 흘러나왔다. 국제금융위기를 개최시기 변경의 주원인으로 내세우지만 반드시 그렇지는 않을 것이다. 중국금융 전반에 걸쳐 지각변동이 일어나고 있으며 물밑에서는 그 준비작업이 한창이다. 중국의 행동과 힐러리의 방문 사이에 걸쳐진 인과관계는 불분명하다. 그러나 이 시기 최대한 미국의 이익, 즉 월스트리트의 이익을 투사할 필요는 있었을 것이다. 금번 회담에서 미국은 넌지시 시장경제지위(MSE) 부여에 긍정적 답변을 주었다. 중국 언론은 그것을 성과로 포장하고 중국은 재정과 통화정책 유지를 밝히며 화답하였다. 국유기업 개혁 속에서 전략적 투자자 역할 확대도 보장한 듯하다. 통속적으로 보면 월스트리트에 국유기업 지분을 일부 떼어준다는 말과 같다. QFII의 주가지수선물 투자도 허용하는 쪽으로 가닥이 잡혔고 보험자금의 주식, 펀드투자 비중도 상향 조정되었다. 월스트리트에 유리한 환경이 조성되고 있는 것이다.

별개의 사건들을 뭉쳐 보면 하나의 흐름으로 나타난다. 그 연결고리가 바로 중·미 전략경제대화이다. 남은 것은 글로벌 금융자본이 분탕 칠 자유를 법적으로 보장하는 것이다. 미국의 진실된 과녁은 환율이 아닌 월스트리트가 난봉꾼이 될 자유이며, 그 자유는 중국정부에 의해 조심스럽게 승인된 것 같다. 2010년 6월 중국정부는 선전의 퍼스트캐피탈과 JP모건의 합작사 설립을 비준하였다. 위안화 환율은 중국을 제어하는 미국의 지렛대이다. 환율은 경제가 아닌 정책변수이다. 그러면 중국이 얻은 것은 무엇일까? 아마 명분과 시간일 것이다. 와신상담(臥薪嘗膽)의 고사를 떠올리며 칼을 갈고 있을지도 모른다. 중국이 흔들리면 세계에 재난이 닥친다는 말은 꼭 경제 분야만 염두에 둔 언사는 아니다.

중화가 남긴 한 푼의 힘,
화교세력

화교와 화상은 또 다른 중국이며 이들이 전 세계에 깔아둔 인적·물적 네트워크는 광대하다. 미국이 전 세계의 인재를 빨아들이는 블랙홀이라면 중국은 전 세계로 씨앗을 퍼뜨린다. 중화는 정치·경제·문화적으로 아시아 곳곳에서 막강한 힘을 발휘하고 있으며 지금도 자기증식을 계속 반복하고 있다. 구 화교가 20세기 중국 경제 발전의 토대를 이루었다면 21세기 신 화교는 흔들림 없는 초강대국으로 거듭나는 길을 열고 있다. 화교들만으로도 중국은 영원한 일국이다.

1
화교(華僑)와 화상(華商)

화교와 화상은 또 다른 중국이다. 그들로 인해 중국은 좀 더 풍요로워지고 다양해진다.

　현재 해외 화교는 약 4,800만 명 정도로 추정된다. 이는 남한 총인구와 비슷한 수치로 13억 인구대국을 실감나게 한다. 세계에 흩어져 있는 화교만으로 중견국과 비슷한 역량을 발휘할 수 있는 것이다. 대만 화교회(華僑會)는 2007년 통계연감을 통해 총 화교 수를 3,880만 명 정도로 추정하였다. 화상기업은 화교의 경제력을 가늠하는 척도이다. 2009년 세계화상기업의 총 자산규모는 3.9조 달러 정도로 조사되었다. 2008년 2.5조 달러보다 56% 확대된 수치이다. 증시 및 부동산 시장 회복에 따른 영향이 큰 것으로 짐작된다. 3.9조 달러 자산 가운데 비 본토 상장사가 3조 달러로 대부분을 차지한다.

　화상기업은 추세를 가늠하는 지표이지 화교의 부 전체를 대변하지는 않는다. 3.9조 달러는 극히 보수적인 수치로 통계에 누락된 소상공인과 수면 아래에 넓게 퍼진 화교들의 가계자산을 감안한다면 빙산의 일각에 불과하다. 실체가 명확하지 않아 음모론으로 받아들여지지만 '중화민국'이라는 계좌명으로 글로벌 금융기관에 예치된 자금만 6.5조 달러에 이른다는 루머도 있다. 장개석 전 총통이 대륙에서 쫓겨나올 때 통일자금용으로 막대한 금·귀금속·골동품 등을 빼돌려 국제금융기관에 예치하였는데, 이 자금이 눈덩이처럼 불어나 현재 6.5조 달러에 달한다는 것이다.

2010년 상반기 말 중국 외환보유고가 2.4조 달러에 불과한 사실을 감안할 때 6.5조 달러는 중국과 현 선진국 간의 격차를 단숨에 축소시킬 수 있는 금액이다. 이 루머가 전혀 근거 없는 것은 아닌 것 같다. 19세기까지 중국이 세계 최대 부국이었음을 상기하기를 바란다. 서구 열강의 오랜 약탈과 내전, 중일 전쟁에 이은 국공내전으로 중국이 몰락했다지만 20세기 중엽 중국정부의 빈곤은 많은 물음표를 던진다. 혹시 중화의 부(富)가 사라진 것이 아니라 이동한 것이 아닌가라는.

화교는 크게 구(舊) 화교와 신(新) 화교로 구분된다. 구 화교는 1970년대 말 개혁개방 이전부터 해외에 거주한 중국인을 일컫고, 신 화교는 그 이후 비즈니스·교육 등을 위해 이주한 세대를 말한다. 중국화교관리국은 개혁개방부터 20세기 말까지 해외에 나간 1세대 신 화교 수를 약 200만 명 정도로 추산하고 있다. 해외화교를 호구별로 분류하면 광동지역이 54%로 가장 높고 그 다음은 복건지방(25%)이다. 두 지역 출신이 전체 화교의 80% 정도를 차지하고 있는데, 이는 중농억상(重農抑商)이라는 오랜 유교적 관습에 따른 것으로 판단된다.

왕조는 수시로 바뀌었지만 유교와 관료제도는 예부터 면면히 이어져 왔다. 넓은 국토와 통제 불가능한 지방세력을 효율적으로 관리하기 위해 중국은 유교를 지배이념으로 삼고 관료제도를 통치수단으로 삼았다. 농업을 근간으로 삼은 것은 식량문제 해결이 지배체제 유지의 핵심기제로 작용했기 때문이다. 세수확보와 함께 징발의 효율성 역시 무시할 수 없었을 것이다. 잦은 내란과 이민족들과의 전쟁에서 부초처럼 떠돌아다니는 상인들은 다른 계층보다 관리히기가 쉽지 않았을 것이다.

그렇다고 지배관리층이 상업을 마냥 억압한 것은 아니다. 그들의 사치를 충족시켜줄 시장은 필요하였으며 뇌물의 주요원천이기도 했다. 일정한 거주지를 가진 상인들의 모임, 즉 상방(商幇)은 관료계급과 긴밀한 공생관계를 유지하였다. 우리에게 친숙한 진상(晋商), 휘상(徽商) 등은 일정지역과 생산물을 바탕으로 성장한 소위 재벌그룹이다. 다만 통제가 거의 불가능한 해상무역은 되도록 억압하는 정책을 취하였는데, 명 초기 정화가 개척한 해상무역로를 해금정책을 통하여 봉쇄한 것은 중국 역사상 최대의 실책일 것이다. 강력한 해금정책으로 해상무역 세력과 방대한 해군인력이 존재 발판을 잃었으며 이들은 동남아지역으로 스며들어 오늘날 화교의 본류가 되었다.

20세기 초까지는 95% 이상의 화교가 동남아 지역에 몰렸으며 21세기로 넘어선 현재에도 80% 이상이 이 지역에 뿌리내리고 있다. 동남아 외환위기는 화교라는 중화의 외곽을 때린 셈이다. 이들 화교는 동남아 경제를 움켜지고 영향력을 행사하고 있다. 일례로 태국 경제의 90%는 화교의 손에 좌우된다. 쿠데타로 물러난 탁신 전 총리는 태국 화교 내 최대 파벌인 조주(潮州) 출신 중국계로

〈표 1〉 2009년 홍콩 10대 화상기업

단위: 백만 달러

순위	회사명	사업 분야	시가총액	총자산	매출액	순이익
1	Sun Hung Kai Properties	부동산, 기초인프라, 전신	38,761	39,720	4,389	1,328
2	Hutchison Whampoa	전신, 항만, 소매, 석유	31,729	87,190	30,187	2,265
3	Cheung Kong	부동산, 기초인프라, 전신	29,724	36,748	1,648	1,990
4	BOC Hong Kong	상업은행	22,393	147,083	4,261	429
5	MTR	운송, 부동산	20,577	20,428	2,260	1,062
6	HKEC	홍콩증권거래소	20,155	8,054	968	657
7	China Overseas Land & Investment	부동산	20,020	10,971	2,422	647
8	Hang Lung Properties	부동산	15,094	11,347	535	530
9	The Hong Kong and China Gas	가스, 부동산	14,570	6,661	1,584	552
10	Henderson Land Development	부동산, 가스, 호텔	14,091	23,416	1,085	710

자료원천: 아주주간

알려졌다. 말레이시아 연방에서 독립한 싱가포르는 화교의 나라로 불린다. 필리핀 아로요 대통령도 화교 출신이라는 설이 있으며, 화교연합회는 필리핀 경제의 80% 이상을 점하고 있다.

2005년 중국 국무원 산하 화교담당 기관이 발간한 자료에 따르면 1950년 대까지 2% 수준에 불과한 미주지역 화교가 21세기로 넘어오면서 약 11%까지 확대된 것으로 나타났다. 중국의 국력팽창과 맞물린 화교의 입김 강화로 중국계 미국인의 정계진출이 활발히 이루어지고 있다. 대표적으로 부시 전 행정부의

〈표 2〉 2009년 대만 10대 화상기업

단위: 백만 달러

순위	회사명	사업 분야	시가 총액	총자산	매출액	순이익
1	Taiwan Semiconductor	반도체	46,477	17,724	10,565	3,169
2	Hon Hai Precison	전자	29,539	27,863	61,853	1,748
3	Formosa Petrochemical	석유화학	22,205	13,688	27,816	482
4	ChungHwa Telecom	전신	19,442	14,701	6,395	1,427
5	Mediatek	전자	15,662	3,142	2,867	609
6	Cathay Financial	금융	14,954	118,801	5,186	70
7	China Steel	철강	12,648	14,654	12,219	762
8	Formosa Plastics	PVC,	10,519	9,336	6,348	625
9	HTC	전자	10,164	3,670	4,381	908
10	Nan Ya Plastics	플라스틱, 전자재료	10,109	12,721	10,230	298

자료원천: 아주주간

일레인 차오 노동부장관과 오바마 정부의 게리 로크 상무장관을 들 수 있다. 상무장관에 중국계를 둔 것은 중국이 최대 협상파트너이며 풀어야 할 통상문제가 많음을 상징한다. 유럽과 호주도 1% 미만에서 3.7%와 2.0% 내외로 증가하였다. 분포지역을 보면 아시아가 지배적이지만 미주·유럽으로 화교의 발길이 다양화되고 있음을 관찰할 수 있다.

현대 화교세력이 낳은 최대의 스타는 차오저우방의 리더인 리자청 회장일 것이다. 흔히 '홍콩에서 1달러를 쓰면 5센트는 리자청의 주머니로 들어간다'는 말로 그의 부와 영향력을 묘사하곤 한다. 리자청은 2009년 중국 본토·대만·홍

Chapter 9 중화가 남긴 한 푼의 힘, 화교세력

콩 등을 아우르는 범화교권 기업인 가운데 가장 존경받는 인물로 뽑혔다. 그는 또한 2009년 포브스가 선정한 세계 부호 16위에 랭크되기도 하였다. 세계 54개국에 사업체 500여 개를 운영하고 있으며 직원 수만 22만 명에 달한다. 홍콩 증시 시가총액의 26%를 틀어쥔 거상이기도 하다. 2010년 심천경제특구 건립 30주년 기념행사에서 후진타오는 홍콩인으로는 유일하게 리자청을 별도로 만났다. 후진타오는 접견석상에서 리자청이 중국 경제개혁과 현대화에 공헌한 기업가라고 추켜세우고 앞으로도 홍콩, 선전 및 광동성 간의 협력에 영향력을 행사하길 바란다고 밝혔다. 리자청에 대한 명백한 지지의사를 표명한 셈이다.

리자청은 전형적인 자수성가형 기업가로 젊은 나이에 소규모 플라스틱 공장을 세워 현 창장실업의 모태를 마련하였다. 그는 시대를 읽는 눈과 통찰력으로 사업을 키워 갔으며 무리한 M&A보다 싼값에 자산을 매입하는 것을 선호했다. 일례로 1967년 폭동 발생으로 홍콩 부동산이 폭락하자 그는 헐값에 토지를 매집(買集)하였다. 홍콩증시 호황을 타고 창장실업을 상장했으며 이때 모집한 자금으로 부동산 사업을 한층 확대해 창장실업 기틀을 굳건히 하였다. 1979년에는 허치슨암포아 지분 22%를 매집하였으며 이화양행이 재무위기에 빠진 틈을 노려 산하 홍콩전등공사 지분 23%를 확보하였다. 중국 본토 지도층과의 원만한 관계를 통하여 1997년 홍콩회귀라는 불안요인을 기회로 전환했으며 현재 그의 사업영역은 부동산·항만·물류·통신 등으로 뻗어나가고 있다.

정대그룹 시에궈민(謝國民) 총수는 리자청과는 또 다른 의미로 화교 역사의 한 획을 그었다. 정대그룹은 태국 최대기업으로 양돈·양계·사료 부문에서 글로벌 메이저 역할을 담당하고 있다. 그는 화교세력을 중국 본토로 이끈 인물로

1970년대 말 중국의 개혁개방 정책의 선구자였다. 심천과 산터우(汕頭) 경제특구에 대규모 사료공장과 양계장을 건설하여 대외에 투자 안정성을 담보하였으며, 1989년 천안문사태로 외국기업과 화교권이 흔들릴 때 돌연히 중국을 방문해 장쩌민·양상쿤 등 최고지도자와 회담하고 10년 투자계획을 발표하였다. 이듬해 덩샤오핑을 예방한 자리에서는 20억 달러 투자의사를 밝히기도 하였다.

그 외 홍콩의 유력지인 남방일보와 상그릴라 호텔을 소유한 로버트 콱 그룹 창업주, 수하르드 진 대통령괴의 끈끈한 관계를 과시한 인도네시아 최대 화교재벌인 린사오량(林紹良) 살림그룹 회장도 대표적 화교 기업가로 알려졌다. 화교는 죽의 장막을 걷고 개혁개방을 추구할 때 필요한 재원을 공급했으며 세계에 중국의 잠재력을 보증하였다. 달러가 넘쳐흐르는 지금도 외국인 직접투자의 큰 물줄기는 화상이 조정하고 있다. 화상은 세계가 중국에 의문을 던질 때마다 이들을 설득한 장본인이며 중국 본토와 해외의 시각차를 좁힌 교량이었다.

Chapter 9 중화가 남긴 한 푼의 힘, 화교세력

2
아시아를 뒤덮고 있는 화교의 그림자

미국은 전 세계 인재들을 빨아들이는 블랙홀로 그 자체가 축소된 지구모형이다. 그에 반해 중국은 중국인을 전 세계에 퍼뜨린다. 적어도 동남아시아는 화교의 그물망에 갇혀 있다.

2009년 세계화상발전보고에 따르면 세계 화상기업의 총 자산은 3.9조 달러로 추정된다. 그 가운데 시가총액이 100억 달러를 넘어선 기업은 30개, 50억~100억 달러 사이는 36개로 집계되었다. 66개 대형화교기업 가운데 본사를 홍콩 및 대만에 둔 곳은 56개이고 나머지 10군데는 싱가포르·말레이시아·필리핀·태국 등지에 흩어져 있다. 1,000대 화교 상장회사를 지역별로 구분해 보면, 66%가 중국본토에 몰려 있으며 홍콩과 대만은 14%와 12%를 점하고 있다. 싱가포르와 말레이시아에 각각 3% 정도이며 인도네시아(9개), 필리핀(8개), 태국(7개)에도 몇몇 기업들이 존재한다. 연도별 변화양상은 <그림 1>을 참고하길 바란다.

차이나 이펙트

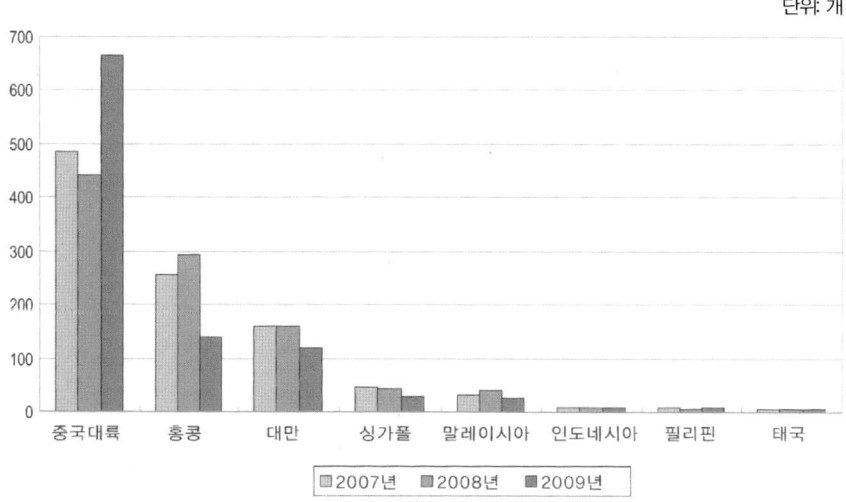

〈그림 1〉 전 세계 1000대 화상기업 지역별 분포

단위: 개

[그래프: 세로축 0~700, 가로축 중국대륙, 홍콩, 대만, 싱가폴, 말레이시아, 인도네시아, 필리핀, 태국]

■2007년 ■2008년 ■2009년

자료원천: 아주주간, 중국경제정보분석(CBA)

    〈그림 2〉는 지역별 1,000대 화상기업의 시가총액과 순이익 비중을 살펴본 것이다. 중국 본토는 시가총액의 77%, 순이익의 73%를 점하고 있다. 1,000대 화교 상장회사의 시가총액은 5조 4,674억 달러로 그 가운데 76.4%는 중국 본토 기업이 차지한다. 홍콩과 대만은 11.2%와 8.0%를 점하고 있으며 싱가포르는 2.1%에 불과하다. 그 외 말레이시아·인도네시아·필리핀·태국 등이 나머지 2.3%를 차지하고 있다. 동남아시아 지역은 자산보다 시가총액 비율이 낮게 잡히고 있는데, 이는 홍콩과 대만보다 주식시장이 덜 발달되었기 때문으로 판단된다. 참고로 중국 본토를 제외할 경우 2009년 기준 화교 상장회사들의 자산규모는 3조 달러 내외로 추산된다.

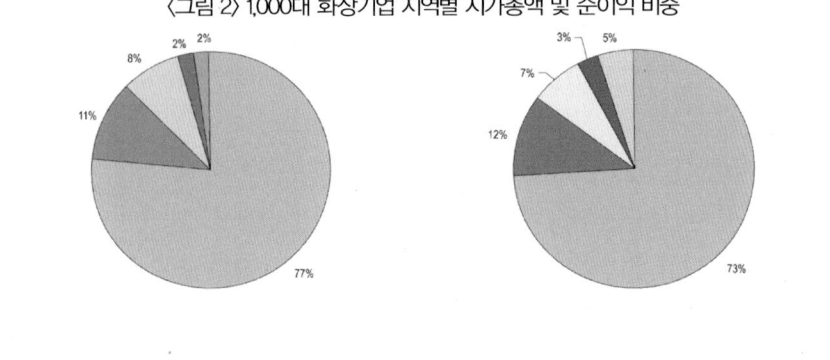

〈그림 2〉 1,000대 화상기업 지역별 시가총액 및 순이익 비중

시가총액 비중

순이익 비중

자료원찬 아주주간, 중국경제정보분석(CBIA)

　　중국 본토를 논외에 둔다면 매출액 대비 이익률은 대만과 홍콩이 타 지역 보다 상대적으로 낮게 조사되었다. 대만은 2.9%에 그치며 기타 지역과 상당한 격차를 보였다. 홍콩은 8.8%로 꼭 낮다고 볼 수는 없다. 그 외 지역은 10% 이상 으로 필리핀과 말레이시아는 13%를 넘어섰다. 지역별 주 종사업종에 따른 차이 로 판단된다. 대체로 동남아 화교기업은 제조업보다 천연자원 개발과 유통 분 야에 종사하고 있다. 독점과 더불어 높은 수익률을 기록하는 분야에 사업 포지 션이 정해진 것이다. 아시아 지역 비상장회사 자산규모는 대략 7,500억 달러 전 후로 전망된다.

　　비아시아권 화상의 자산규모는 1,600억 달러로 대부분의 자산이 미주에 집 중되어 있다. 미국 화상이 설립한 각종 금융기관은 2,000여 개며 전국 각지의 화교자본이 출자한 은행도 80여 개나 된다. 중국 본토·대만·홍콩에서 직접 설립한 숫자를 합한다면 이 수치는 한층 늘어날 것이다. 전통적으로 화교금융권은 위험회피적 성향을 보이며 투자보다는 예대업무에 집중한다. 최근 금융위기에도 탄탄한 재무구조를 바탕으로 큰 동요 없이 난관을 극복한 것으로 알려진다.

식당은 전통적으로 화교의 주 영업원이었는데, 미국 음식료 협회 자료에 의하면 중국식당의 매출점유율은 8% 수준으로 조사되었다. 유럽지역은 신 화교들이 주류를 이루면서 소상공인과 무역, 관광업을 중심으로 경제적 기반이 형성되었다. 대외정세 변화에 취약한 단점이 있지만 생존력은 높은 편이다. 일본증시에 상장된 화교기업은 다섯 개로 중·일의 유대관계에 비하여 미진한 편이다. 대부분의 화상이 수출입·관광 등 서비스 부문에 몰려 있으며 영세한 규모를 보인다. 하지만 신장된 국력을 바탕으로 제조업·IT 부문에서 약진하고 있다.

중국에 있어 화교는 중국적 가치를 세계에 전파하는 외교관이다. 동시에 중국의 영향력을 가늠하는 바로미터이기도 하다. 오바마 행정부가 중국계 미국인인 게리 로크와 스티븐 추를 상무장관과 에너지장관에 임명한 것은 대표적 사례이다. 이 두 영역은 중국과 긴밀한 협력관계를 구축할 필요가 있다. 화교는 중국을 외곽에서 방비하는 든든한 지원군임과 동시에 중국의 의지를 세계에 투사하는 통로이다. 2009년 타계한 첸쉐썬은 재미과학자 출신으로 중국 우주항공 개발의 아버지로 불린다. 그는 1950년 미국 유학생활을 끝내고 귀국한 후 원자탄·수소폭탄·인공위성 개발에 깊숙이 개입하였다. 중국이 현재와 같은 위치로 도약하는 데 일익을 담당한 학자이다. 2009년 광섬유 연구로 노벨 물리학상을 수상한 찰스가오 역시 상하이계 중국인이다. 런던에서 학문을 갈고

Chapter 9 중화가 남긴 한 푼의 힘, 화교세력

닦았지만 그 성과는 홍콩 교단에서 나누었으며 1996년에는 중국과학원의 외국 국적 원사로 뽑혔다. 알게 모르게 중국 과학발전에 깊은 영향을 끼친 인물이다. 그 외도 무수한 두뇌들이 그들의 성과를 중국과 나누고 있다.

공산화와 문화대혁명을 계기로 중국을 떠났던 화교들이 성과물을 속속 중국에 되돌리고 있다. 개혁개방이 안정적으로 정착한 이면에는 화교자금이 존재한다. 수구초심의 발로인지 빈곤한 고향을 찾아 학교를 세우고 공장을 건립한다. 화상들은 올림픽 체육관 건설에 8억 위안을 기부했으며 2008년 폭설과 사천대지진 재해 구조금으로 24억 위안 넘게 기부하였다. 중국에 있어 24억 위안은 큰 금액이 아니다. 하지만 이를 통하여 국내외 중국인들이 중화라는 동질감을 느꼈다.

어떻게 보면 중국과 미국은 닮은 듯 다른 것 같다. 미국은 전 세계 인재들을 빨아들이는 블랙홀로 그 자체가 축소된 지구모형이다. 이에 반해 중국은 전 세계에 중국인을 퍼뜨린다. 조우추치(走出去)로 대변되는 해외진출 전략도 같은 맥락에서 바라볼 수 있다. 도미한 중국 유학생들 사이에 3가지 열기가 불고 있다는 말이 회자된다. 첫째는 중국 졸업생들의 귀국열기, 둘째는 다년간 미국 직장 경험이 있는 유학생들의 귀국열기, 셋째는 미국으로 떠나는 유학열기이다. 이들이 중국인이라는 뿌리를 잊지 않는다면 중국의 미래는 긍정적이다. 중국 검색시장 1위 신화를 수립한 리옌훙(李彦宏) 바이두 CEO도 미 실리콘밸리 출신이다. 1970년 이전 뿌려진 씨앗들이 1980~90년대 개방물결을 선도했듯이 21세기 신 화교는 중국을 새로운 도약의 길로 안내하고 있는 것이다.

3
새로운 피, 신 화교가 뛰고 있다

구 화교가 20세기를 이끌었다면 신 화교는 21세기를 선도할 것이다.

개인의 통제범위를 넘어선 체제변화로 이주한 구 화교와 달리 신 화교는 개인적 신념과 이익을 쫓아 자발적으로 이주하였다. 그 결과 신 화교는 문화, 지리적으로 가까운 아시아 대륙 대신 서구로 몰려들었으며 해당지역 주류사회의 일원으로 조금씩 발돋움하고 있다. 2008년 현재 1세대를 포함한 전체 신 화교 수는 600만 명을 상회할 것으로 추정된다.

호구별로는 절강이 150만 명 내외로 가장 많고, 복건과 광동은 100만 명을 약간 상회하는 수준이다. 베이징과 상하이도 각각 50만 명과 30만 명 정도를 유출한 것으로 알려졌다. 중국 속의 유태인, 상인의 도시 등 온갖 미명을 갖고 있는 원조우(溫州)는 절강성에 속한다. 이 사실만으로 구 화교와 상기 호구 구조를 이해할 수 있을 것이다. 동북 3성에 기초한 40만 명 내외의 조선족도 한국으로 스며들었다.

1970년대 이전 화교들은 흔히 '4개의 칼'로 불린다. 구 화교들이 주로 종사한 업종을 빗대어 일컫는 말이다. 특별한 기술과 자본 없이 피동적으로 이주한 구 화교들은 단순노동을 통하여 삶을 영위하였다. 이들이 진출한 분야는 요리·목공·방직·이발 등과 같이 칼을 사용한 분야였으며, 그것이 의인화되어 '4개의 칼'로 명명되었다. 개혁개방 이후 중국 경제력과 국제적 위상이 올라감에 따라 무역을 통하여 신분상승을 꿈꾸는 이들이 출현했으며 재력과 학력을 보유한 젊은 이주민들이 빠르게 전문분야에 스며들었다.

파이낸셜타임스(FT)는 지난 30년간 전 세계 1만 편 이상의 과학저널을 상대로 브릭스 논문편수를 조사한 결과 중국이 독보적 위치를 점함을 보도하였다. 세계적으로도 미국 다음으로 중국은 과학논문을 많이 제출하고 있으며 2020년에는 미국을 제치고 1위에 올라설 것으로 전망된다. 참고로 중국의 과학논문 발표건수는 1981년 대비 64배 확대된 것으로 나타났다. 1980년 이후 해외로 이주한 신진 과학자들과 저명한 화교권 과학자들이 중국으로 발걸음을 돌리고 있어 질적 부분도 빠르게 개선되고 있다. 학술기관보다 정부 산하기관이라는 특징이 있어 대학의 산학합동 연구가 어느 국가보다 활발히 진행되고 있다. 학술적 성과가 산업과 시장에 수용될 수 있는 시스템이 잘 갖추어져 있으며 대학이 상장회사의 지주회사 역할을 담당한 곳도 있다.

한편 월스트리트에 근무하는 인력의 10% 내외가 화교인 것으로 알려진다. 이들은 애초 수학·화학·물리 등 비금융 분야에서 지식을 습득한 후 금융공학을 무기로 월스트리트에 입성한 케이스이다. 코퓰러(Copula) 공식 하나로 미국을 침몰시켰다는 평을 받는 데이비드 X. 리(David X. Li)도 사실은 중국계 금융공학자이다. 참고로 코퓰러는 신용파생상품 가격결정의 핵심이론으로 그는 이를 실무적 영역으로 확대시켰다. 월가의 화교들은 여전히 개발, 설계분야라는 장막에 갇혀 있지만 중국 금융시장이 팽창함에 따라 M&A, 자산운영 부분에서도 두각을 나타내고 있다.

캐나다 화교들은 규모에 있어 미국계 화교보다 떨어지지만 사회·문화적 지위는 훨씬 높다. 단직으로 중국이는 퀘벡 주를 제외한 지역에서 영어 다음으로 많이 쓰이는 공식어이다. 유럽에 거주하는 대부분의 화교는 무역과 유통업에 종사하고 있다. 일례로 파리에 뿌리내린 화교 40%가 무역업에 종사하는 것으로 알려졌다. 스페인에서는 소규모 유통부문을 중심으로 파고들고 있다. 유럽 최대의 화교 상업지대가 이탈리아에 존재하며 의류와 피혁이 주력 업종이다. 러시아에서는 화교상인들이 지역경제를 좌우함에 따라 외교적 문제로 비화되기도 하였다. 체르키좁스키 시장폐쇄가 그 대표적 사례이다.

한국과 일본에도 다수 화교가 거주하지만 경제력은 미국과 유럽에 비해 상대적으로 떨어진다. 신 화교들이 일본에서 세운 기업들은 3천여 개로 알려진다. 다만 소규모 무역업·관광·중개업 등에 종사하고 있어 영향력은 떨어진다. 법무부 출입국 자료에 의하면 2009년 9월 말 기준으로 6만 명 정도의 중국인이 국내에 체류하는 것으로 알려졌다. 이는 전체 외국인의 절반에 해당한다. 중국인 가운데 38만 명은 조선족이고, 나머지 18만 명은 한족이다. 과거에는 결혼이민, 산업연수생이 주를 이루었지만 최근 유학생이 부쩍 늘고 있다. 재한 중국 유학생은 5만 명을 상회하는 것으로 집계되며 이들은 전체 외국 유학생의 77%를 점하고 있다. 한국에서도 더 이상 중국관광 특수라는 말이 낯설지 않다. 구 화교가 20세기를 이끌었다면 신 화교는 21세기를 선도할 것이다.

CHAPTER 10

21세기 천동설은
재연되는가

한 세기 동안 우리의 시야에서 사라진 중국이라는 목계가 서서히 부상하고 있다. 과거의 목계가 피동적, 내향적이라면 21세기 우리가 바라볼 목계는 주동적이고 외향적일 것이다. 좁은 동북아에서 동남아와 서남부 아시아로 눈을 돌리고 있으며, 중앙아시아를 관통하면서 중국의 힘을 서구로 뻗어나간다. 중국의 황금기는 동북아를 벗어날 때 열렸으며 21세기 현재 그 시기는 가까이 다가오고 있다. 힘의 축이 아시아로 이동하고 있으며 중국은 자석처럼 부와 자원을 끌어당기고 있다. 21세기 100년간의 로드맵을 세우며 중국은 미래를 그리고 순차적으로 실현해 가고 있다.

1
목계(木鷄)를 향한 중국의 도전

우리의 시야에서 한 세기 동안 사라진 목계, 중국이 부상하고 있다. 우리는 몇 천 년 동안 이어져온 피동적, 내향적 중국에서 주동적, 외향적 중국으로 변화 하는 모습을 관찰하고 있다. 중국은 적극적이고 탐욕스럽게 세계를 향해 나아 간다.

『장자』 달생 편에서는 이상적인 지도자상으로 목계(木鷄)를 언급한다. 우 선 목계와 관련된 일화를 통해 그 의미를 되짚어보자. 옛날 기성자라는 명인 이 있었는데, 그는 싸움닭을 조련하는 데 탁월한 능력을 갖추었다. 소문을 듣 고 주나라 성왕은 그에게 닭 훈련을 명하였다. 열흘이 지나자 왕은 싸움을 할 만큼 닭의 역량이 갖추어졌는지 물어보았다. 기성자는 "닭이 얕은 기술을 배운 후 교만에 빠져 싸울 상대를 찾고 있다"고 답한 후 좀 더 기다릴 것을 간하였 다. 다시 열흘이 지나자 기성자를 불러 닭의 상태를 재차 탐문하였다. 기성자는

"다른 닭의 울음소리나 그림자만 보아도 달려들려고 난리입니다. 여전히 최고의 투계가 되기는 멀었습니다"라고 아직 시기상조임을 왕에게 고하였다.

　어느덧 열흘이 또 흘렀지만 기성자는 "아직도 훈련이 덜 되었습니다. 앞뒤를 재지 않고 덤벼들려는 기운은 누그러졌지만 여전히 다른 닭을 노려보고 지지 않으려고 합니다"라고 왕에게 답하였다. 그로부터 열흘 후 마침내 기성자는 왕을 뵙고 "이제야 온전한 싸움닭 한 마리가 만들어졌습니다. 이제는 상대 닭이 아무리 살기를 뿌리면서 소리치고 덤벼들어도 미동조차 하지 않습니다. 떨어져 보면 흡사 나무로 깎아 만든 닭 같습니다. 이는 덕과 기세가 충만하다는 증거로 어떤 닭도 당해내지 못할 것입니다. 그의 모습만 보아도 모든 닭들이 전의를 상실하고 꼬리를 내릴 것입니다"라고 투계의 완성을 알렸다. 목계는 "떨어져 보면 마치 나무로 만든 닭과 같으며 그 덕이 온전해진 것 같다"라는 문구에서 따온 말로 여기서 덕이란 인덕만을 뜻하지는 않는다. 역량과 기세 그리고 재능을 모두 아우르는 포괄적 의미이다.

　이 일화를 현 국제정세에 비추어 보면, 투전판은 세계이고 싸움닭은 각국이다. 양차 세계대전을 끝으로 강대국이 직접 전면전에 뛰어든 경우는 없다. 냉전 당시 한국전쟁과 베트남전쟁이 일어났지만 싸움영역은 일국에 국한되었다. 미국과 구소련은 당사국이 아닌 참전국으로 개입했으며, 이를 통하여 상호 기량을 가늠해 보았다. 두 목계인 미국과 소련의 직접 충돌은 그 자체가 인류종말 신호탄으로 현실적 카드는 아니다. 1990년대 소련 해체로 유라시아를 밟고 선 목계는 자멸하고 미국이 유일한 목계로 우뚝 솟았다. 이라크전쟁과 아프가니스탄전쟁으로 목계는 점차 노계로 변한 듯 기력은 쇠잔해지고 젊은 닭들은

〈그림 1〉 2008년 상위 10개국 GDP 규모

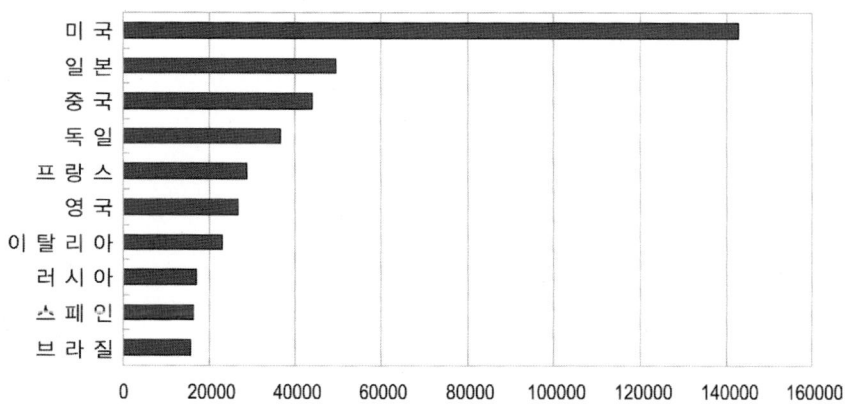

단위: 억 달러

자료원찬: 중국 국가통계국

공공연하게 도전하고 있다. 그러나 비경제적이고 때로는 멍청하다고 불리는 일련의 행위들이 21세기에도 미국을 목계로 존속시키기 위한 정지 작업일 수도 있다. 미국은 다른 국가라면 1급 기밀에 속하는 정보들을 대부분 공개한다. 왜냐하면 그는 여전히 목계이기 때문이다.

2008년 기준 미국은 전 세계 GDP의 23.5%를 차지하고 있다. 세계 2위인 일본과 떠오르는 제국 중국, 유럽의 풍운아 독일과 프랑스를 모두 합쳐야 간신히 미국의 아성을 넘어설 수 있다. 러시아는 미국 GDP의 10분의 1을 약간 넘어선 상태이고 브라질과 인도를 합해도 5분의 1에도 못 미친다. 자세한 것은 <그림 1>을 참고하길 바란다. 군사 분야의 격차는 한층 심하다. 한 해 미 국방비는 그 하위 9개국 총액을 약 2배 초과하는 상태이다. 굳이 정보를 감출 필요가 없다. 저 높은 언덕에 올라 비바람을 맞으며 아래를 굽어보고 있다. 무한한 자신감의 발로이며 그것이 진정한 목계의 모습이기도 하다.

미국은 중국과의 군사회담 정례화를 끊임없이 요청한다. 중국의 역량과 의도를 파악하려는 목적도 있겠지만 혹시 모를 중국의 오판을 사전에 차단할 의도도 숨어 있다. 상호 역량을 진솔하게 가늠해 보고, 아직 그 힘이 부족하다면 무모한 행동은 자제하라는 시그널인 것이다. 고도의 정밀무기와 전자전으로 대변되는 1990년대 이라크전쟁은 인원감축에 관한 내부반발과 이해관계 자체를 무위로 돌릴 만큼 중국군부와 전략가들에게 메가톤급 충격을 안겨주었다. 이 시점을 기하여 군 현대화작업이 최우선과제로 떠올랐으며 미 군사력과의 격차에 대한 현실적 한계가 군부로 빠르게 퍼져나갔다. 대만탈환을 노리는 군부 강경파들의 목소리가 줄어들었음은 말할 필요도 없을 것이다.

이라크전쟁, 아프가니스탄전쟁을 통하여 미국은 세계에 전달하고자 하는 메시지를 분명히 건넸지만 그 울림은 상당한 힘의 소모를 야기했다. 사라진 목계, 즉 중국의 부상을 불러일으킨 것이다. 2010년 5월 미 육군사관학교 졸업식에서 오바마 미 대통령은 "우리의 적들은 미국이 힘을 과도하게 확대함으로써 힘이 약화하는 것을 보고 싶을 것"이라 말하며 금세기의 짐들이 미국인들의 어깨 위에만 내려질 수는 없다는 점을 분명히 하였다. 말하자면 글로벌 리더십 전략을 통해 동맹을 강화하고 도전(아마 그 대다수는 동맹국이 아닌 미국에 대한 도전으로 국한될 것이다)에 맞설 수 있는 국제질서를 수립할 필요가 있음을 밝힌 것이다. 극단적으로 보면 미국의 자원이 아닌 동맹국의 자원을 통해 미국의 이익을 관철하겠다는 발상이기도 하다.

중국이 완전한 목계로 거듭났다는 말은 아니다. 간혹 넘치는 힘을 제어하지 못한 채 국내외적으로 마찰을 일으키고 대내외 관계에 있어 미숙한 면모도 보인다. 자부심이 때로는 배타적 민족주의로 표출되며 주위 국가를 자극하기도 한다. 그러나 역량이 확대될수록 중국 움직임이 더 부드럽고 겸손해지고 있다. 되도록 민감한 문제는 피하려고 하며 ASEAN 국가들에게 양보와 타협하는 자세를 보인다. 미국과 함께 G2로 떠받드는 분위기를 정중히 사양하고 아직 부족한 개발도상국임을 밝힌다. 세계의 공장, 브릭스라는 타이틀에 열광하던 모습은 자취를 감추고 자신의 역량을 냉정히 살피고 조심스럽게 평가한다. 앞서 기성자의 목계에 빗대면 중국은 현재 앞뒤를 재지 않고 덤벼들려는 기운은 누그러졌지만 여전히 다른 닭을 노려보고 지지 않으려는 단계에 도달한 셈이다. 향후 10년만 지나면 목계로의 완성이 현실화될 듯 싶다.

현 목계와 잠재적 목계인 미중 관계는 장기적으로는 양국이 얼마나 협력하고 서로를 수용하는가에 달려 있고 단기적으로는 구체적 문제에 대한 상호간의 협력강도에 좌우된다. 그런 측면에서 한반도와 6자 회담은 양국의 의도를 가늠해 보는 좋은 통로이다. 미국은 항상 자신을 핵으로 두고 주위를 동맹국으로 덮는다. 그 결과 외부충격은 완화되고 영향력은 순차적으로 팽창하는 모습을 띤다. 철저한 우선순위에 따라 지역과 국가를 세분화한다. 중국·러시아·인도·브라질 같은 비동맹 대국과의 협력관계로 돌발사태를 관리하고 글로벌 지배권을 공고히 한다. 비동맹 소국은 선별과정을 통하여 지원 유무를 결정하고 정해진 서클을 벗어난 아웃사이더 국가들은 제재와 회유를 통해 영향권으로 귀속시킨다.

반면 중국은 동맹보다는 전략적 협력관계로 네트워크를 구축한다. 미국과의 정치군사적 긴장감이 고조될 때는 러시아를 끌어들여 힘의 평형을 도모하고, 경제 및 환경문제에서는 브릭스로 대변되는 신흥공업대국과 힘을 합친다. 코펜하겐 회의는 중국이 자국의 이해관계가 걸린 사항에서 어떤 포지션을 택하는지 잘 보여준다. 중국은 대외관계에 있어 극히 특수한 경우를 제외하고는 '동맹'이라는 말에 거부감을 보인다. '동맹'이라는 말 대신에 '동일'이라는 뜻을 더 선호한다. 그런 면에서 북한에 대한 중국의 집착을 우리는 저평가하지 말아야 한다. 북한은 중국이 인정하는 유일한 동맹국이다. 코펜하겐 회의에서 중국은 135개 개도국 모임인 '77그룹(G77)'과 같은 선상에 놓여 있음을 역설하였다. 글로벌 주제에 항상 소외받던 개도국의 일원으로서 그들의 백그라운드가 될 것임을 은연중에 암시한다. 미국을 견제할 때는 유럽을 지렛대로 활용하고 미국이 패권을 내세울 때는 그 자신이 아시아 제후임을 인식시킨다. 미국이 연횡으로 천하를 지배한다면 중국은 합종을 통하여 제국을 견제하고 있다.

2009년 12월 발표한 옐로백서를 통하여 중국사회과학원은 중국의 국력을 세계 7위로 규정하였다. 현존하는 11개 강대국을 샘플로 영토와 천연자원·인구·경제·군사·과학기술·사회발전·발전지속성·국내정치·국제공헌 등 9개 분야를 종합 판단한 결과이다. 세계가 모두 합창하듯이 G2로 부르며 중국을 띄우는 와중에 그 자신은 넘버2가 아닌 넘버7에 불과하다고 몸을 낮춘다. 이 보고서에 따르면 미국은 세계 1위로 변함없는 초강대국임을 드러낸다. 일본과 독일이 나란히 미국의 뒤를 쫓고 있다. 흡사 미국을 놓고 좌(左) 일본, 우(右) 독일인 형태를 취하는 듯하다. 대륙별로는 북미인 미국을 아시아권인 일본과 유럽권인 독일이 보조하는 모습을 띤다. 3강보다 한 계단 아래에 캐나다, 프랑스, 러시아가 있으며 중국은 바로 그 뒤를 추격한다. 냉정하게 중국의 현 위치를 분석한 것일 수도, 세간의 질시와 우려를 불식시키기 위한 연막일 수도 있다.

중국과학원은 중국사회과학원과 또 다른 관점에서 중국 역량을 측정하는 보고서를 제출하였다. 중국현대화연구센터는 중국과학원 산하 부서로 매년 경제·사회·정치·문화·과학기술·자원 등 6개 영역에서 18개 지표를 활용한 객관적 영향력지수를 발표한다. <중국현대화보고 2010>라는 타이틀을 달고 제출된 보고서에 의하면 중국의 영향력은 1990년 세계 10위에서 2004년 세계 6위로 도약한 것으로 나타난다. 2006년에는 일본을 제치고 미국, 독일에 이어 세계 3위에 올라섰으며 현재까지 그 순위는 변동이 없다. 영향력 지수 이외에 국력지수·경쟁력지수 등도 함께 발표하였다. 중국의 국력지수는 미국, 일본에 이어 세계 3위이지만 경쟁력지수는 세계 21위인 것으로 알려진다. 참고로 중국의 국력지수는 2030년 2위로 올라선 후 2070년에는 미국을 제치고 세계 1위에 다다를 것으로 이 보고서는 전망하고 있다. 다만 국민평균 경쟁력은 2090년쯤에야 최강대국 수준에 도달할 것으로 예측된다.

중국 싱크탱크들과 달리 노벨 경제학 수상자인 로버트 포겔(Robert Fogel) 시카고대 교수는 중국의 미래를 훨씬 긍정적으로 보고 있다. 그는 격월 잡지인 『외교정책(Foreign Policy)』 기고를 통해 2040년이면 중국의 GDP는 2000년의 3배인 123조 달러에 이를 것으로 예상하였다. 이때쯤 중국의 세계 경제 비중은 40%로 뛰고 미국과 유럽은 각각 14%와 5%에 그칠 것으로 추산되었다. 또한 1인당 국민소득은 8.5만 달러로 미국보다는 낮지만 EU보다 2배 높고 인도와 일본을 크게 앞지를 것으로 전망하고 있다. 로버트 포겔의 전망이 옳든, 중국 싱크탱크의 예측이 정확하든 분명한 것은 중국의 초강대국 진입이 시간문제라는 사실이다.

중국 개혁개방의 선구자인 덩샤오핑은 '냉정관찰(冷静观察) 온주진각(稳住阵脚) 침착응부(沉着应付) 도광양회(韬光养晦) 선우수졸(善于守拙) 절부당두(绝不当头) 요소작위(有所作为)'라는 28자를 남기며 외교정책의 지침으로 삼을 것을 당부하였다. 이 뜻을 풀이하자면 '냉정하게 사태를 관찰하고 현실에 기초하여 입장을 확고히 하며, 침착하게 대처하고 시기가 도래할 때까지 역량을 숨긴다. 어수룩함을 가장하여 실력이 될 때까지 절대 나서지 말며, 시기가 도래할 때 기지개를 켜고 도약해라'로 해석할 수 있다. 기나긴 인내의 시기를 딛고 21세기 중국은 현재 요소작위(有所作为)의 첫 자락을 잡고 있다. 눈앞에 보이는 역량이 중국이 가진 전부가 아닐 수도 있다. '세 푼의 힘은 구명절초로 항상 숨겨라'는 격언을 중국처럼 고집스럽게 지키는 민족도 드물다.

앞 단락에서 다룬 '화교의 힘'은 중국이 숨겨둔 세 푼 가운데 한 푼 정도는 될 듯하다. 과장된 면이 있지만 삼국지를 보면 심심찮게 백만 대군이 등장한다. 수·당에 걸친 고구려와의 전쟁에서도 그 정도 숫자는 언급되고 있다. 만약 그 창대를 내부 또는 고구려가 아닌 서구와 중동으로 돌렸다면 중국은 세계 역사상 전무후무한 대제국을 건설하였을 것이다. 어쩌면 중국이라는 이름의 단일 정부로 현 세계가 통합되었을 수도 있다.

지나친 비약으로 매도할 수 있을 것이다. 하지만 칭기즈칸이 몽골 군대만으로 아시아와 유럽에 걸친 대제국을 건설하였음을 상기하길 바란다. 중세까지 서구의 전투는 대개 만 단위로 이루어졌다. 몽골과 비교할 수 없는 인구와 물자를 바탕으로 중국이 대외 팽창정책을 취하였다면 세계 역사는 분명 달리 씌었을 것이다. 15세기 정화의 대선단이 명 제국의 위대함을 알린다는 상징성에 만족하지 않고 식민지 건설에 관심을 보였다면 그것을 제어할 국가는 당시 없었다. 또한 2세기에 걸쳐 중국의 침묵이 역사의 한 페이지를 장식하지도 않았을 것이다.

예부터 중국은 농경국가로 상업을 억제, 관리하는 정책을 취하였다. 비옥한 토지를 바탕으로 관리를 파견하여 세금을 징수하고 병사를 차출하는 제도가 국가의 근간이었으며 그 중심에는 천자로 불리는 황제가 존재하였다. 중앙집권체제를 기반으로 지방은 제후와 관료에 의해 움직였으며 황제는 영토 확장보다는 내부 반란과 민란에 더 골몰해야 했다. 빈번하게 이루어진 왕조 교체와 분열로 국력을 능동적으로 외부에 투사할 수 없었으며 유교로 대변되는 통치이념은 무(武)보다 문(文)을 숭상하는 사회분위기를 고착시켰다. 역사적으로 반복되는 내우외환 속에서 중국 전체국력은 소진되었으며, 중국의 권위를 인정하는 한 타국과의 마찰을 최대한 회피하는 외교노선을 택하였다. 외교에 관한 중국의 피동적 자세는 역사의 변천과 상관없이 면면히 이어졌으며 결국 19세기 후반 아편전쟁·청일전쟁을 거쳐 중일전쟁이라는 비극을 잉태하였다. 시대의 부침 속에서도 아시아 지배권만은 놓치지 않았던 중국이 역사의 중심에서 물러나 변방의 발톱 빠진 용으로 추락한 것이다.

그런 중국이 21세기 여의주를 물고 다시 도약하고자 한다. 때로는 과감하게 때로는 조심스럽게 시류를 점검하면서 점점 그 영역을 확장하고 있다. 현 중국이 과거와 같은 농경국가적 면모를 보일 것으로 생각한다면 큰 오산이다. 중국은 농경에서 공업 그리고 상업국가로 전이될 것이며 근대 유럽이 그랬듯이 새로운 식민지를 찾을 것이다. 중국 국력을 떠받칠 자원이 필요하며 상품을 팔 시장이 요구된다. 21세기 우리는 몇천 년 동안 이어져 온 피동적, 내향적 중국에서 주동적, 외향적 중국으로 변화하는 모습을 볼 수 있을 것이다. 우리가 알고 있던 수동적인 중국의 모습을 이제는 잊을 때가 되었다. 중국은 적극적이고 탐욕스럽게 세계를 향해 나아갈 것이다.

2
경제로 풀어본 전략 축의 이동

아시아 각 지역에 대한 중국의 전략 축이 이동하고 있다. 2025년 이후 동북아 지역은 중국에 있어 계륵과 같을 것이다. 남북한으로 갈린 한반도가 중국에 무엇인가를 요구한다면 2020년 이전에 결론을 내는 것이 좋다.

이 단락에서는 2020년까지 동북아 안정이 왜 중요하고 그리고 힘의 축이 점차 어느 지대로 옮겨가는지를 알아보기로 한다. 중국에 있어 미국은 외교적으로, EU는 경제적으로 최우선 순위에 오를 것이며 2020년 이전에 서남부아시아가 ASEAN을 넘어서는 경제적 지위를 획득할 것으로 전망된다. 2010년을 기점으로 EU가 동북아를 누르고 최대 교역국으로 부상할 것이며 그 위치는 적어도 21세기까지 지속될 것이다. 또한 2025년경에는 서남부아시아가 동북아시아를 넘어 아시아 최대교역국으로 발돋움할 것이다. 그러면 각국별 무역형태의 특징을 통해 향후 성장잠재력을 측정해 보고 시대별로 중국의 전략 축 이동경

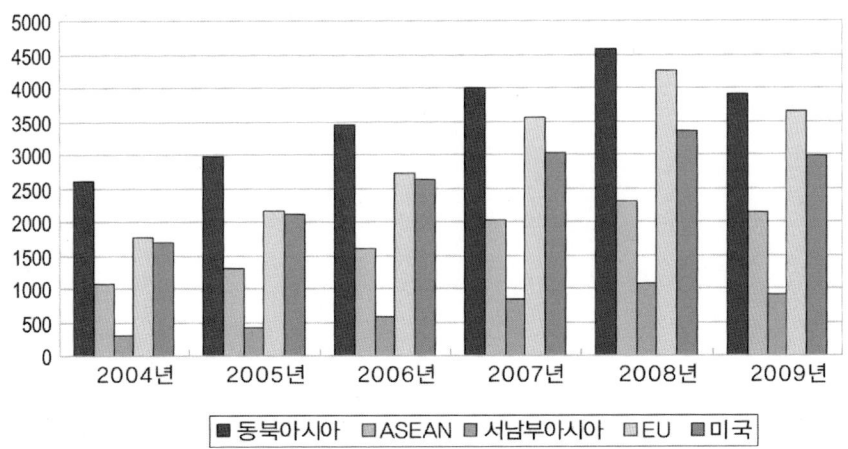

〈그림2〉 중국과 개별지역 간 대외무역 규모 추이

단위: 억 달러

■ 동북아시아 □ ASEAN ▥ 서남부아시아 □ EU ▤ 미국

자료원천: 중국국가통계국, 중국해관, 중국경제정보분석(CEIA)

로를 그려 보기로 하자.

　〈그림 2〉는 2004년부터 2009년까지 중국과 개별지역 간 대외무역 규모를 나타낸 것이다. 동북아 지역은 중국의 최대교역 파트너로 2005년 중국과 동북아 4개 지역(남북한·일본·몽고) 간 무역규모는 2,988억 달러에 달한다. 같은 기간 유럽과 미국은 2,173억 달러와 2,116억 달러를 기록하였다. 글로벌 경기침체 속에서도 동북아 지역의 위상은 변하지 않았다. 2008년 중국과 동북아 지역의 무역액은 4,581억 달러로 EU(4,256억 달러)와 미국(3,337억 달러)보다 여전히 우위를 차지하였다. 다만 증가율은 15% 내외에서 횡보를 보이는 동북아와 달리 EU는 20~30%를 넘나들면서 빠른 신장세를 보인다. 현 추세를 유지한다면

차이나 이펙트

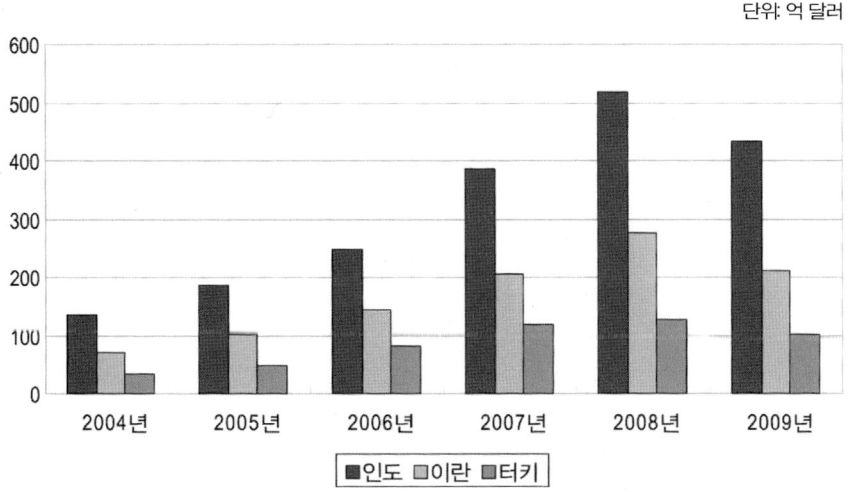

〈그림 3〉 중국과 서남부아시아 상위 3대 국가 대외무역 규모 추이

단위: 억 달러

자료원천: 중국국가통계국, 중국해관 중국경제정보분석(CEIA)

2010년 이후로 중국의 최대교역 지대는 동북아가 아닌 EU가 될 가능성이 높다.

중국과 미국의 교역액은 2006년까지 24%를 넘어서는 증가세를 기록하였다. 하지만 국제금융위기 이후 교역액은 수직 하강했으며 2008년에는 간신히 10% 신장세를 유지하였다. 한편 글로벌 경기침체로 중국과 ASEAN 간의 교역도 타격을 입었다. 매년 23~25% 증가를 유지하던 교역액이 2008년 14%로 뚝 떨어졌다. 글로벌 경기둔화를 기회로 숨고르기 양상에 들어간 것 같다. 중국은 ASEAN과의 자유무역지대 건설을 통해 이 지역을 위안화 영향권으로 묶어 두려고 한다. 중국은 위안화 무역결제를 미국 달러화와 유로와, 엔화, 홍콩 달러화, 영국 파운드화 등 5개 통화로 제한하고 있는데, 향후 러시아 루블화, 한국

원화, 말레이시아 링기트화에 대해서도 실시할 계획이다.

중국은 위안화 국제화를 통해 해외기업과의 거래비용을 낮추는 한편 기축통화로써의 저변 확대를 꾀하고 있다. 위안화 위상이 높아질수록 중국과 ASEAN 간의 경제적 유대감은 강화될 것이다. 돈으로 묶인 사이보다 더 끈끈한 것도 드물다. 2009년 중국은 대외무역이 13.9% 축소되는 생소한 경험을 했다. 1978년 개혁개방 이후 중국의 대외무역 규모가 감소를 보인 것은 2009년이 유일하다. 지역별로는 서남아시아가 16.3%로 최대 감소폭을 기록했으며 동북아시아와 EU도 14.8%와 14.4%로 평균 이상의 감소세를 나타내었다. 반면 미국은 10.6%, ASEAN은 7.8% 감소에 그치며 상대적으로 안정된 흐름을 보였다.

규모면에서 서남부아시아는 5개 지역 가운데 가장 낮다. 2008년 기준으로 동북아와 EU의 1/4에도 못 미치며, ASEAN의 46% 수준에 불과하다. 중국의 상대적 관심도가 떨어질 수밖에 없다. 하지만 정치·경제적으로 서남부아시아의 중요성은 곧 인정받을 것이다. 인도와 이란은 중국의 자원보고이기 때문이다. 수입철광석의 20%가 인도산이고 수입원유의 10% 이상이 이란으로부터 공급된다. 중국과 인도의 산업구조는 중첩되는 부문이 약하다. 중국에 있어 12억 인구의 인도는 광활한 시장을 의미한다. 터키는 유럽시장을 위한 우회통로로써의 역할을 충실히 담당하고 있다. 파키스탄과는 FTA 협정을 체결하고 광산물 수입과 자원개발에 열을 올린다.

최근 몇 년간 중국과 서남부아시아의 경제적 친밀도는 급격히 팽창하였다. 2004~2007년 양 지대 간 무역규모는 연평균 40% 이상 늘어났다. 2008년 경기위축에도 중국과 서남아시아의 무역액은 28% 증가하며 처음으로 1,000억 달러를 돌파하였다. 신장률은 기타 지역보다 2배 이상 높다. 서남아시아에서 중국과 교역 규모가 큰 국가로는 인도·이란·터키를 들 수 있다. 삼두마차 형태로 인도가 주도하고 이란과 터키가 뒤를 받친다. 2008년 중국과 인도 간 교역액은 518억 달러로 ASEAN에 속하는 말레이시아 및 싱가포르와 비슷한 규모이다. 하지만 팽창속도는 연 30~50%를 넘나들고 있다. 이후 중국과 인도 사이의 통상규모는 대륙 대 대륙 개념으로 확장될 수도 있다. 25억에 달하는 인구는 그것이 가능함을 지지한다.

2005년까지 약간의 적자를 보이던 중국의 대 인도 무역수지는 2006년부터 흑자로 돌아섰으며 그 규모는 확대지향적이다. 2006~2009년까지 중국은 400억 달러 이상의 무역흑자를 기록하고 있다. 중국과 인도 간의 무역분쟁 씨앗이 여물어가고 있으며 인도는 위안화 환율절상을 공개적으로 요구하였다. 인도는 2009년 한 해 160억 달러 상당의 무역적자를 실현한 것으로 나타났다. 이에 대한 보복으로 인도는 2010년 중국 전신업체의 입찰을 불허하고 시장접근을 제한하였다. 중국은 인도가 보호무역주의를 택한다고 불편한 심기를 보였다. 중국이 인도로부터 지하자원을 수입하고 생필품을 수출한다. 제조산업, 특히 경공업을 육성하지 않는 한 대중 무역적자는 장기간 유지될 것이다.

인도와 달리 이란은 수출보다는 수입이 약 2배 많다. 2009년 중국은 79억 달러를 수출하고 133억 달러를 수입하였다. 이란이 중국의 주요 원유공급 루트라는 점이 영향을 미친 것 같다. 터키는 이란과 달리 수출이 수입보다 5배 이상 많다. 터키로부터 17억 달러를 수입하고 83억 달러를 수출하였다. 인도와 같이 제조업 기반이 취약하다는 문제 이외에 유럽 진출을 위한 우회통로로써의 역할이 크게 작용하였다. 중국에 있어 서남아시아는 시장과 자원을 공급해 주는 일석이조의 지역이다. 또한 외교적으로 인도는 브릭스의 틀 속에서 선진국을 견제하는 공동체이고 이란은 중동에 중국의 이익을 투사할 지렛대 역할을 한다. 파키스탄은 인도와 티베트를 견제할 바둑알이고 터키는 지정학적으로 이슬람권과 유럽에 골고루 이익을 미칠 수 있는 지대에 놓여 있다.

그러면 전략적 측면에서 이상의 내용들을 간추려 보자. 대외무역 규모로 보면 미국은 동북아와 EU보다 그 비중이 떨어진다. 미국시장의 중요성은 절대 간과될 수 없겠지만 양자택일의 기로에서는 미국보다 동북아와 EU를 선택할 가능성이 높다. 다만 이는 소비의 GDP 공헌도 60% 이상, 국제수지 균형이라는 전제조건이 만족될 때 가능하다. 한중일 모두 수출주도형 경제라는 점을 감안할 때 미국에 대한 중국의 관심 저하는 곧 동북아 지역의 통상마찰을 유발할 것이다. 중국 정세에 미치는 영향력은 미국이 최대이다. 그러나 '시장'으로써의 미국은 넘버3에 머문다. 중국의 실질적 전략파트너는 미국이 아닌 EU일 것이다.

미국 및 EU와 달리 동북아는 중국의 미래가 걸린 핵심지역으로 관리되고 있다. 그러나 군사외교 분야를 논외에 둔다면 2020년을 기점으로 동북아는 ASEAN과 비슷한 중요도로 떨어질 것이다. 한중일 사이의 연계 FTA 체결로 시장규모는 확장일로를 걷겠지만 통상마찰은 심화될 것이다. 각각 400억 달러를 넘나드는 대 한국, 대 일본 무역적자를 중국이 마냥 지켜보고 있을 것 같지는 않다. 미국과 유럽에서 감소될 무역흑자는 앞으로 한국과 일본이 감당할 무게일 것이다.

2025년 이후로는 중국의 핵심이익이 점차 서남부아시아로 옮겨질 것이다.

역사적으로도 동북아에 매인 중국의 말로는 비참했다. 21세기 실크로드는 동북아를 관통하고 있지 않다. 중국은 동북아시아가 아닌 중앙아시아와 서남아시아를 거쳐 유럽으로 시선을 돌릴 것이다. 한국에 있어 중국의 전략적 환경변화는 극히 중요하다. 2010년경에 동북아에 급변사태가 발생하면 중국은 심각한 타격을 입는다. 2015년에는 중대한 충격을 그리고 2020년에는 뚜렷한 영향을 미칠 것이다. 하지만 2025년으로 들어서면 상황은 달라진다. 약간의 타격은 피할 수 없겠지만 그것이 중국이 판세를 뒤엎을 정도는 아니다. 이때쯤이면 동북아 지역은 중국에 있어 계륵과 같다. 남북한으로 표현되는 한반도가 중국에 무엇인가를 요구한다면 2020년 이전에 결론을 내는 것이 좋다. 그 이후는 중국의 물리적 개입도 고려해야 될 것이다.

힘의 축은 아시아로 이동하고

힘의 축은 아시아로 이동하고 있으며 그 중심에는 중국이 놓여 있다.

힘의 축이 이동한다는 것은 기존 패러다임이 전환된다는 것을 의미한다. 토머스 쿤(Thomas S. Kuhn)은 그의 책 『과학혁명의 구조(The Structure of Scientific Revolution)』에서 지배이론이 비판을 받고 새로운 논리들이 등장하는 것은 변칙 사례들이 무성하고 위기가 심화될 경우에만 의미를 가진다고 보았다. 다시 말해 그는 과학혁명을 비정상적인 것으로 해석해 과학이론의 변경은 비합리적이고 비이성적인 것으로, 심리적 요인에 따른 종교의 개종, 심하게는 변질로 바라보았다. 정상과 비정상이라는 극단적이고 이원적인 말로 논리를 풀어간 그의 사고체계는 지배세력에게 무엇인가 이용할 거리가 있다는 느낌을 안겨 주었을 것이다.

『과학혁명의 구조』는 제후의 지배이념을 정당화한 유교, 귀족통치를 정당화한 플라톤 철학을 과학사적으로 해설한 것에 불과하다. 비약하자면 지배세력의 논리, 즉 미국적 가치는 의심 및 검증될 수 없으며 그러한 세상은 정상적인 세상이 아니다라는 말과 같다. 쿤에 있어 아시아의 부상은 세계가 불안정하게 변하는 징조이며 되도록 피해야 하는 성질의 것이다. 그러나 현실은 그의 견해와 상관없이 패러다임의 변화 속으로 빠져들고 있다. 한편 과학이 아닌 경제사적으로 패러다임 변화를 연구한 이로는 앵거스 메디슨(Angus Maddison)이 있다.

메디슨은 내륙 간 패러다임 변화를 경제규모와 인구를 통해 관찰하였다. 근대 이전 일본을 확대평가하고 서구로 편입시킨 오류는 있지만 그의 연구성과는 더할 나위 없이 귀중하다. 이후 언급될 내용은 그의 보고서「세계 경제 그 성장과 상호작용(Growth and Interaction in the World Economy)」에 기입된 데이터를 참고했으며 일본 데이터는 필자가 따로 분리해 아시아로 편입시켰다.

맨디슨의 연구 결과에 따르면, 11세기 세계 GDP 생산량에서 서구가 차지하는 비율은 9.4% 정도로 당시 아프리카(11.7%)보다도 떨어지는 수준이었다. 반면 아시아는 72%로 세계 경제 주도권을 확실히 쥐었다. 이는 인구가 곧 경제인 농업중심 사회였기에 가능했던 것으로 짐작된다. 당시 세계인구 68% 이상을 아시아 지역이 점했으며 서구는 10% 수준에 그쳤다. 중세시대(1500년대)로 진입해도 서구의 열등적 위치는 변함이 없었으며 GDP와 인구비중은 18.2%와 13.7%에 불과하였다. 아시아는 여전히 세계 GDP의 65%를 점하면서 경제 헤게모니를 독점하였다. 페르낭 브로델이『물질문명과 자본주의』에 기입한 세계인구 표를 검토해보아도 1650년 당시 즉 17세기 중엽 아시아는 세계인구의 54~61% 정도를 점한 것으로 나타났다.

Chapter 10 21세기 천동설은 재연되는가

르네상스를 지나 산업혁명 초기로 들어섰지만 구조적 변화는 뚜렷하지 않았다. 그러나 19세기 하반기 산업혁명이 꽃을 피우면서 서구경제는 본격적으로 팽창하였다. 1820년대 30% 미만이던 점유율은 1870년대 43.1%로 훌쩍 뛰었다. 아시아 GDP 비중은 38.4%로 대폭 축소되었다. 인류역사상 처음으로 글로벌 경제 주도권이 서구로 이동하였으며 삶의 질에서 뚜렷한 격차를 나타내었다. 1870년대 서유럽 1인당 GDP는 1960달러를 기록하였지만 일본을 제외한 여타 아시아 국가는 550달러 수준에 머물렀다. 근대화 속도가 빨랐던 일본도 737달러에 불과하였다. 북미권(미국·호주·캐나다·뉴질랜드)은 2419달러로 서유럽을 제치고 1인당 GDP가 가장 높은 지역으로 탈바꿈했다. 이미 유럽의 퇴조와 북미의 부상이라는 틀이 갖추어지기 시작한 것이다.

20세기로 들어서면서 격차는 한층 확대되었다. 1913년 서구의 세계 GDP 점유율은 54.4%로 과반수를 넘어섰으며, 아시아는 4분의 1 수준으로 떨어졌다. 아프리카와 라틴아메리카는 각각 3%와 4%대 전후로 빈곤의 늪 속으로 추락하였다. 전 세계의 5분의 1 수준에 불과한 인구로 서구는 전 세계 부의 과반을 거머쥐며, 서구 이외의 지역을 미개의 원시림으로 만들었다. 양차 세계대전으로 문명은 파괴되고 인류는 고통 받았지만, 기계화를 기반으로 한 서구의 경제팽창은 한층 가속도가 붙었다. 서구의 점유율은 57%까지 상승했으며 아시아는 20% 이하로 떨어졌다. 식민지 독립과 더불어 라틴아메리카는 4%대에서 8% 수준으로 뛰어올랐다. 아시아의 추락은 19세기 후반까지도 일정한 지분을 행사했던 중국이 급속히 붕괴되었기 때문이다. 1950년 당시 세계 GDP 대비 일본 비중은 3% 정도인 것으로 알려진다.

서구도 1970년대 들어서면서 점차 기세가 꺾였다. 57%를 정점으로 미끄러지기 시작해 1973년에는 과반에 간신히 턱걸이하였다. 아시아는 비록 20%대를 재탈환하였지만 일본을 제외한다면 여전히 16% 수준에 불과하였다. 아시아가 아닌 일본의 도약이었던 것이다. 한편 동유럽과 구소련 연방은 19세기 후반 이후 13%대를 지속하였다. 표상은 서구 경제력 후퇴로 나타났지만 그 본질은 약간 다르다. 서구의 퇴조는 1950년 19.1%를 점하던 서구의 세계 인구비율이 1973년 15.6%로 뚝 떨어졌기 때문이다. 실질 경제규모의 축소가 아닌 인구감소에 따른 상대적 위축인 셈이다. 1973년 당시 서유럽과 북미의 경제규모는 거의 비슷한 수준으로 오히려 1950년대 북미에 일시 역전된 것을 1970년대 재탈환하였다.

21세기로 넘어서면서 아시아는 점점 과거의 위용을 되찾았다. 2001년 기준 세계 GDP 점유율을 38% 수준까지 끌어올렸다. 일본(7% 정도)을 제외하더라도 30%대를 유지하고 있다. 이는 1970년대와 달리 아시아 전체가 활기를 띠고 있다는 점을 대변한다. 중국과 인도가 기지개를 켜고 있으며 아시아 4마리 용(한국·대만·홍콩·싱가포르)에 이어 동남아 신흥공업국 역시 부상하였다. 아시아가 부상하는 가운데 동유럽과 구소련 연방은 5.6%에 머물면서 주류 경제권에서 밀려났다. 서구의 쇠퇴도 한층 두드러졌다. GDP 비중은 45%로 하락했으며 인구비중은 15.6%에서 11.9%로 떨어졌다. 중국과 인도를 품 안에 둔 아시아는 57.4%에서 59.4%로 2% 상승하였다. 라틴아메리카는 7.9%에서 8.6%로 인구 점유율을 늘렸지만 경제규모는 반대로 8.7%에서 8.3%로 소폭 축소되었다.

한편 골드만삭스는 브릭스권 경제규모가 2009년 8조 5천억 달러에서 2032년 48조 달러로 5.6배 늘어날 것으로 예측한다. 중국을 포함한 브릭스 4개국의 경제력이 현 G7으로 불리는 국가들과 비슷한 수준으로 발돋움하는 것이다. 여전히 막후에서 글로벌 어젠더를 주도하는 G7은 그때쯤이면 G20으로 완전히 대체될 것이다. 20여 년이 흐른 2032년경 중국은 29.8조 달러로 미국(24.6조 달러)을 제치고 1위로 도약할 것이며 인도는 8.4조 달러로 일본을 약 3조 달러 정도 앞설 것으로 전망된다. 또한 브라질도 5조 달러 클럽에 가입하면서 세계 5위의 경제력을 뽐낼 것이다. 상위 5위 국가들 가운데 3곳이 아시아에 속하며 북미와 남미가 각각 1곳에 머문다. 유럽의 쇠퇴는 두드러지고 북미는 주도권을 놓게 된다. 물론 이 모든 것은 현 추세 유지를 전제로 한 것이다.

중국인민은행 부행장에서 IMF로 자리를 옮긴 주민(朱民) IMF 총재 특별고문은 2010년 IMF 산하 계간지인 <금융과 발전(Finance and Development)>과의 인터뷰에서 세계 경제성장의 중심이 서구에서 아시아로 넘어가고 있으며, 이런 환경 속에서 아시아 경제는 성장방식 전환 등 일련의 도전에 직면해 있다고 밝혔다. 지리적 개념으로 보면 서구는 북미와 서유럽으로 구분된다. 동유럽과 구소련 연방을 끌어들이지 않는다면 서유럽은 앞으로 1~2세기가 흐른 후 암흑의 중세유럽으로 회귀할 수도 있다. EU가 동진정책을 통하여 회원국을 끌어들이고 그 세를 부단히 키우는 것도 천하삼분지계(天下三分之計)를 내놓던 제갈량의 심정과 같기 때문이다. 유럽은 소외된 채 북미와 아시아로 글로벌 파워가 고착화될 것을 21세기 유럽은 우려하고 있는 것이다.

2007년 미국에서 출발한 글로벌 경제위기가 유럽을 불사르고 있다. 재정적자를 GDP 대비 3% 이내로 묶는다는 가이드라인은 표어에 불과함이 백일하에 드러났다. 2009년 27개 EU 회원국 가운데 이 가이드라인을 유지할 것으로 전망

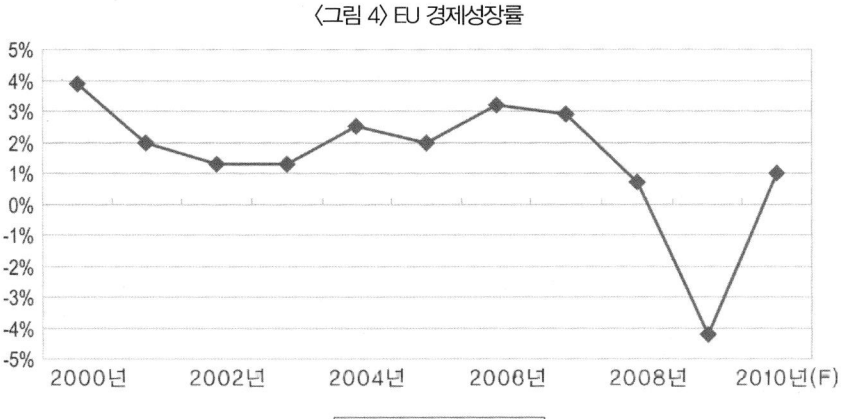

〈그림 4〉 EU 경제성장률

자료원천: Eurostat

되는 국가는 7개에 불과하다. 인플레이션에 유독 민감한 독일조차 2009년 4%
에 이어 2010년에는 6%까지 확대될 것으로 전망된다. 독일과 함께 EU를 지탱
하고 있는 프랑스는 훨씬 심각한 상황에 놓여 있다. EU 집행위는 프랑스의
GDP 대비 재정적자 규모가 2009년 8.2%에서 2010년에는 8.5%까지 늘어날 것으
로 예상했으며 영국은 한술 더 떠 12%를 넘어설 것으로 전망되었다.

　　2009년 EU 경제성장률은 마이너스 4.2%를 찍었다. 당시 EU는 수출 경쟁력
약화를 내세워 유로화 강세를 우려했지만 채 1년도 지나지 않아 약세를 걱정하
고 있다. 2010년 예상 경제성장률은 1%로 추정되고 있으며 이는 미국과 일본보
다 2배 이상 낮은 수치이다. 2010년 5월 현재 EU 실업률은 9.6%이며 유로존 16
개국은 이보다 조금 높은 10.0%를 기록하였다. 스페인은 19.9%로 EU 국가들
가운데 리투아니아 다음으로 높은 실업률을 나타낸다. 재정위기 속에서 EU의

존재 의의와 유로화 생존은 의심을 받고 있으며 그리스는 연일 중국에 구조신호를 보낸다.

유럽 열강들은 21세기 서막을 여는 그 순간 베이징에 쳐들어가 자금성을 불태우고 청 황실에 베이징의정서(1901년 9월 체결, 신축조약이라고도 함)를 강요하였다. 한 세기가 흐른 현재 상황은 역전된 듯싶다. 중국 천더밍 상무부장은 마치 개선장군처럼 유럽 심장부로 불리는 브뤼셀에서 EU 카렐 데 휘흐트 통상담당 집행위원과 공동 기자회견을 열었다. 천더밍 상무부장은 유로가 지금 어려움에 처해 있지만 곧 안정화될 것이라고 립 서비스를 건넸다. 그는 또한 유럽 각국의 재정위기 전개 상황을 예의주시하고 있으며 단순한 관찰자의 역할에 넘어 IMF의 회원국이자 유럽의 주요 무역상대국으로서 중국은 구제금융 및 무역불균형 해소에 노력하겠다는 의사를 표했다. 재난에 비틀거리는 제후국을 위로하는 사절단 행렬과 같은 인상을 심어 주었다.

유럽 각국이 신용연장과 같은 숫자 놀음에 헤맬 때 중국은 수십억 유로 투자패키지를 들고 그리스를 방문하였다. 중국 최대 해운선사인 코스코는 2009년 10월 장기임차 계약을 통해 피레아스항 컨테이너터미널 운영 관할권을 인수했으며 7억 달러 투자계획을 내놓았다. 중국은 그리스를 지중해 해상기지로 본 것이다. 또한 아테네 서부 황무지에 모노레일을 깔고 5성호텔과 테마파크를 짓는 사업도 논의 중에 있다. 중국은 그리스 재정위기를 통해 유럽 외곽에서 확실한 교두보를 마련하고 있다. 미국계인 무디스가 그리스의 신용등급을 A3에서 Ba1, 즉 정크본드 수준으로 강등시키며 그리스를 세계에서 매장하던 그날 중국 장더지앙(張德江) 부총리는 그리스를 방문해 해운사들과의 합작사 설립 및

4억 유로 규모의 선박건조 계획 등을 내놓았다. "서류만 잔뜩 들이미는 월스트리트와 달리 중국인들은 진짜 거래를 한다"는 테오도로스 판갈로스 그리스 부총리의 말에서 우리는 게임이 끝났음을 느낀다.

원자바오 총리는 2010년 10월 그리스를 방문해 그리스 부총리의 말이 허언이 아님을 확인시켜 주었다. 생중계로 방송된 정상회의에서 원자바오는 양국 간 협력관계 강화를 위한 5가지 제안을 내놓았으며, 그리스에 대한 신뢰와 함께 국채 매입에 관한 긍정적 견해도 표시하였다. 그는 또한 중국과 그리스 모두 고대문명의 꽃을 피운 곳으로 난관에 부딪힌 그리스를 중국이 기꺼이 지원할 것이라고 밝혔다. 그리스가 지금 간절히 원하는 말들이 원자바오의 입을 통해 흘러나온 것이다. 몇 세기가 지난 후 중국 역사책에는 동양문명을 대표하는 중국이 서양문명의 발상지인 그리스를 구제하였다는 글이 기술되어 있을 것이다. 영국이 19세기 아편전쟁을 계기로 홍콩을 조차해 중국대륙을 향한 거점을 세웠다면 21세기에는 중국이 유럽을 향한 발판을 그리스에 세우고 있다.

미국과 중국 가운데 누가 장사를 같이할 사람인지 유럽은 점차 깨우쳐 가고 있다. 또한 힘의 축이 아태 지역으로 이동되고 있음도 알고 있다. 중국인들은 진짜 거래를 한다는 그리스 부총리의 말은 중국은 미국과 다름을 세계 각국에 깊이 심어 주었다. 그럼에도 변화는 급격히 찾아오지는 않을 것이다. 대다수는 변화를 타기보다 느끼는 단계에 머물 것이다. 중국의 행보는 신중하고 미국은 굳건하며 서구는 깊은 전통을 가지고 있다. 21세기에도 평준적 아시아는 여전히 평균적 유럽과 북미보다 못할 것이다. 2009년 발표된 레가툼 번영지수(Legatum Prosperity Index)를 보면 1위부터 5위까지는 모두 서유럽이 석권하고 있다. 그 뒤를 북미계로 편입될 수 있는 호주(6위), 캐나다(7위), 미국(9위)이 뒤쫓는다. 아시아에서는 일본과 홍콩이 유일하게 20위권에 포함되어 있으며 싱가포르, 대만, 한국은 각각 23위, 24위, 26위를 기록하였다. G2로 불리는 중국은 75위로 대외적 위상과는 다른 결과를 내놓고 있다. 외형이 아닌 내실이 알찬 아시아로 거듭나는 문제는 현재가 아닌 미래라는 시간의 용광로 속에서 풀어야 할 숙제이다. 지금은 그 용광로가 식지 않도록 군불을 지피는 데 더 역점을 둘 때이다.

4
부의 이동과 글로벌 금융중심

부가 몰리는 곳에 세계의 돈이 흐르며 돈이 모이고 흩어지는 곳이 글로벌 금융 중심이다. 지금은 중국으로 돈이 몰리고 있다.

뉴욕, 런던에 이어 아시아에 제3의 글로벌 경제중심이 들어설 것이라는 전망은 부의 이동을 통해서도 뒷받침된다. 부가 몰리는 곳에 세계의 돈이 흐르며 돈이 모이고 흩어지는 곳을 우리는 글로벌 금융센터라고 부른다. 상하이 경제 규모는 이미 홍콩을 넘어섰다. 2009년 상하이 GDP는 2,183억 달러로 홍콩보다 130억 달러 이상 큰 것으로 나타났다. 1인당 GDP는 홍콩이 30,977달러, 상하이 가 10,713달러로 3배 정도의 격차를 보인다. 상하이 주민이 홍콩주민보다 부유 한 것은 아니다. 그러나 힘의 파워가 홍콩에서 상하이로 넘어오고 있는 것은 사실 이다.

중국 본토와 서구와의 가교역할로 부를 쌓은 홍콩의 의미가 퇴색되고 있으며 금융센터 위치도 흔들린다. 홍콩이 중화권 자금흐름을 윤택하고 부드럽게 할 통로가 될 수는 있지만 그 역할이 아시아를 넘어 세계에 미치지는 못한다. 뉴욕, 런던과 어깨를 나란히 할 글로벌 금융센터는 '홍콩'이 아닌 '상하이'이며 그 배후에는 위안화가 존재한다. 그러면 부자들의 흥망, 글로벌 증시, 다국적 기업을 통하여 부의 흐름을 유추해 보기로 하자.

메릴린치가 2009년 발표한 '세계의 부(world wealth)' 보고서에 따르면 세계 백만장자들이 움켜진 부는 2005년 33.4조 달러에서 2006년 37.2조 달러로 확대된 것으로 나타났다. 2007년 이들의 부는 40.7조 달러로 뛰어오르며 정점에 도달하였다. 이들 백만장자들은 당시 연평균 10.4% 부가 확대되는 기쁨을 누렸다. 그러나 2008년 황금의 잔은 독배로 변했으며 무한팽창을 반복할 것 같던 부는 빠르게 축소되었다. 순식간에 부의 20%가 사라졌으며 북미, 유럽, 아시아 순으로 몰락의 깊이는 컸다.

부의 축소는 백만장자의 감소로 이어졌으며 2007년 한때 1,000만 명을 돌파했던 백만장자는 2008년 860만 명으로 15% 정도 축소되었다. 2005년 수치를 약간 밑도는 수준으로 시간의 추는 3년 이전으로 되돌려졌다. 지역별로는 북미가 19%로 가장 큰 타격을 받았으며 유럽, 아시아는 14% 수준의 감소세를 나타내었다. 아프리카와 중동은 6~8% 내외의 감소폭을 기록했으며 라틴아메리카는 미미한 수치변화에 그쳤다. 다만 진정한 부자들은 위기를 비켜가며 자본증식을 지속했다. 3,000만 달러 이상의 금융자산을 보유한 초부유층은 2008년 현재 7.8만 명 정도로 글로벌 경기침체와 증시붕괴에도 소폭 확대된 것으로 나타났다. 지역별로는 북미와 유럽이 3.1만 명과 1.8만 명 정도로 62%를 점하고 있다.

차이나 이펙트

아시아 태평양과 라틴아메리카는 1.4만 명과 1만 명 내외이며 중동은 3,500명 정도로 추산된다.

국가별로 백만장자 분포를 살펴보면 미국이 246만 명으로 독보적 위치를 점하고 있다. 그 뒤를 일본(137만 명)과 독일(81만 명)이 뒤따른다. 중국과 영국은 36만 명 정도로 비슷한 수치를 보이며 프랑스는 34만 명을 보유하고 있다. 캐나다, 스위스, 이탈리아도 15만 명 이상을 기록하며 존재감을 과시한다. 자원익 보고, 브라질도 13만 명이 부자클럽에 가입되어 있다 백만장자들의 부는 연평균 8.1% 증가하며 2013년경 48.5조 달러로 확대될 것으로 추정된다. 지역별로는 아시아 태평양(2013년경 13.5조 달러)이 12.8% 속도로 늘어나면서 북미(12.7조 달러), 유럽(11.4조 달러)을 제치고 부의 집산지로 발돋움할 것이다.

보스턴컨설팅도 비슷한 주제를 놓고 2009년 9월 'Global Wealth 2009'라는 보고서를 제출하였다. 이들 조사에 의하면 2007년 세계의 부는 108조 달러까지 확대되었지만 금융위기로 2008년 92조 달러까지 떨어진 것으로 나타났다. 18% 정도가 축소된 것이다. 부의 축소강도는 앞서 메를린치와 비슷하다. 두 기관의 값으로 자체 추론한 결과 1% 부자들이 세계의 부 35% 이상을 점한 것으로 나타났다. 각종 골동품과 금괴, 차명자산 등을 고려한다면 세계의 부 과반수 이상이 이들의 손에서 움직인다고 보아도 될 듯싶다. 부의 영역에 주택을 포함시킨다면 넓어진 분모로 인해 세계는 좀 더 공평해 보일 것이다. 10만 달러의 현금은 없어도 10만 달러짜리 주택을 가진 이들은 드물지 않다. 참고로 금융자산의 집중은 소비능력을 떨어뜨리고 결국 실물경제의 주기적 공황을 초래할 것이다.

'Global Wealth 2009'에 따르면 부의 축소가 가장 두드러진 지역은 미국으로 2007년 37.4조에서 2008년 29.2조로 22% 정도 감소하였다. 유럽은 34.7조 달러에서 32.7조 달러로 아시아는 12.2조 달러에서 11.5조 달러로 6% 축소되었다. 일본도 부의 축소를 피할 수 없었으며 14.7조 달러에서 13.5조 달러로 감소하였다. 백만장자의 42%(약 400백만 명 정도)가 미국에 몰려 있으며 일본에도 110만 명 내외가 존재한다. 떠오르는 총아 중국과 유럽의 기관차 독일에도 42만 명과 37만 명 있는 것으로 나타났다. 영국은 2007년 70만 명에서 2008년 37만 명으로 45% 이상 감소하며 20세기 '제국의 몰락'에 이어 21세기 '부자의 몰락'을 겪었다. 타 지역보다 미·영에서 백만장자의 몰락이 두드러진 것은 예금보다 증권화 자산의 비중이 높기 때문이다. 부의 수준이 불안정하고 과대평가될 소지도 존재한다.

한편 포브스는 글로벌 경제위기에도 2010년 재산이 10억 달러 이상인 갑부의 수가 전년보다 218명 증가했다고 발표하였다. 세계 80억 인구 가운데 1,011명에 불과한 이들 희귀종은 36조 달러를 움켜지고 있다. 국가별로는 미국이 40%로 앞서 결과들과 일맥상통한 면을 보인다. 한편 중국은 미국에 이어 2위로 발돋움하며 양대산맥임을 확인시킨다. 중국에 이어 러시아는 3위를 차지했는데, 마치 냉전시대 3강 체제를 떠올리게 한다. 극소수 부는 글로벌 파워를 따라 흐르는 것 같다. 지역별로는 아시아 태평양 지역 재벌이 234명 포함되면서 두드러진 성장세를 기록하였다. 새로이 10억 달러 클럽에 진입한 재벌은 97명으로 그 가운데 62명이 아시아 출신이다.

<그림 5>는 대륙별 시가총액 추이를 연도별로 조사한 것이다. 2009년 글로벌 증시는 1990년보다 5.5배 규모가 확대되었다. 지역별로는 범유럽이 7배 신장

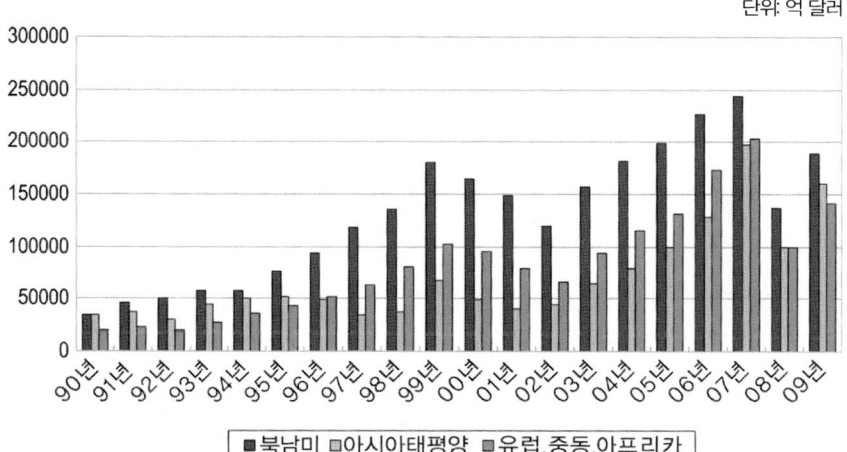

〈그림 5〉 대륙별 주식시장 시가총액 추이(1990∼2009년)

단위: 억 달러

■ 북남미 □ 아시아태평양 ▨ 유럽,중동,아프리카

자료원천: 세계증권업협회

되면서 증시 규모를 키웠으며 북남미와 아시아 태평양 지역은 5.5배와 4.6배 확

대되었다. 아시아 태평양 지역의 상대적 더딘 성장은 80% 이상(아시아 태평양

지역 기준)을 점하던 일본증시가 몰락했기 때문이다. 1990년이 아닌 2000년을

기준으로는 3.3배 성장을 보이며 1.2배와 1.5배에 그친 북남미 및 유럽 증시와 확

연한 차이를 나타낸다. 21세기 아시아 태평양 증시 기둥이 중국임은 말할 필요

도 없다. 2000년 15.9%에 머물던 아시아 태평양 증시비중이 2009년 2배 이상 확

대된 것을 〈그림 6〉을 통해 알 수 있다. 2000년 글로벌 증시의 과반을 차지하고

있던 북남미 시장은 2009년 현재 3분의 1을 약간 넘어서는 수준으로 줄어들었

다. 이머징 마켓이라는 용어를 세계 최초로 사용한 앙트완 반 아그마엘은 "과

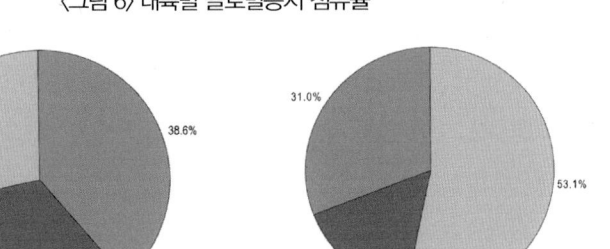

〈그림 6〉 대륙별 글로벌증시 점유율

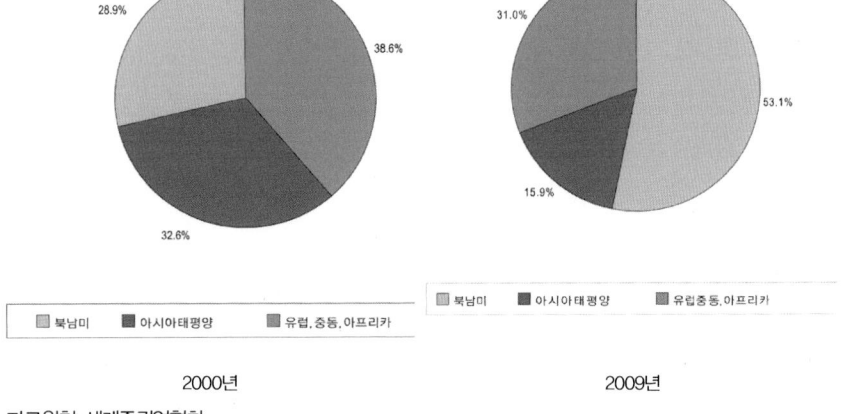

자료원천: 세계증권업협회

거에는 미국이 기침을 하면 세계가 감기에 걸렸다. 하지만 현재는 중국이 기침을 해도 세계는 똑같이 감기에 걸린다"라고 말한다. 논란이 있을 수 있지만 적어도 글로벌 증시에서는 통용되는 것 같다.

　이상의 내용은 부의 이동이 아시아, 정확히는 중국으로 향하고 있음을 단편적으로나마 보여준다. 〈그림 7〉은 2005~2010년 글로벌 Fortune 500을 주요 국가별로 나타낸 것이다. 파이낸셜타임스가 발표하는 글로벌 500과 달리 포천은 시가총액이 아닌 매출액을 기준으로 순위를 매긴다. 평가 잣대를 주가로 대변되는 허구경제에 두는지 아님 매출로 나타나는 실물경제로 두는지에 따라 순위는 바뀔 수 있다. 또한 〈그림 7〉을 통하여 우리는 미국의 경제력을 간접적으로 실감할 수 있다. 한·중·일 3곳에 포함된 기업을 모두 합하여도 미국

400

차이나 이펙트

에 미치지 못한다. 유럽도 아시아와 다를 것이 없다. 일국의 경제규모가 한 대륙을 넘어서고 있다. 그러나 우리는 또한 미국의 쇠퇴와 중국의 부상을 뚜렷이 목격할 수 있다. 독일과 유럽은 꾸준하지만 같은 앵글로색슨계인 영국은 하락 추세가 비교적 완연하다. 아시아에서는 일본이 조금씩 회복을 보인다.

　<그림 8>은 글로벌 포천 500에 포함된 미·중·일 3개국 기업들의 매출액을 살펴본 것이다. 매출액에 있어서도 중국의 부상은 확인되고 있다. 미국도 2008년까지는 꾸준히 상승하다 서브프라임 모기지 암초에 부딪쳐 2009년, 2010년에는 꼬리를 내리고 있다. 4~11배까지 격차를 보이는 기업 수를 놓고 일괄적인 잣대를 되는 것은 논란의 소지가 있어 기업당 매출액을 살펴보았다. 미·중·일 모두 우상향 곡선을 그리고 있지만 그 상승강도는 미국이 하락지향적이고 중국은

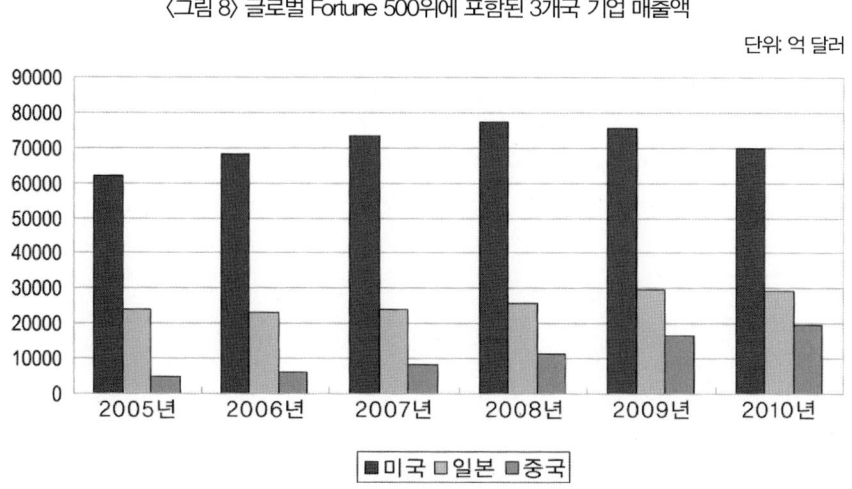

〈그림 8〉 글로벌 Fortune 500위에 포함된 3개국 기업 매출액

단위: 억 달러

자료원천: Fortune Magazine

Chapter 10 21세기 천동설은 재연되는가

<표 1> 2009년 세계 시가총액 Top 10 기업들

단위: 억 달러

순위	기업명	업무영역	국 적	시가총액
1	Petrochina	석유, 가스	중국	3,531
2	Exxon Mobil	석유, 가스	미국	3,237
3	Microsoft	소프트웨어	미국	2,706
4	Industrial & Commercial Bank of China	은행	중국	2,690
5	Wal-Mart	소매유통	미국	2,037
6	China Construction Bank	은행	중국	2,014
7	BHP Billton	광산	호주/영국	2,012
8	HSBC	은행	영국	1,993
9	Petrobras	석유, 가스	브라질	1,991
10	Apple	IT 하드웨어	미국	1,898

상승지향적이다. 또한 2010년 기준 기업당 매출액은 미국이 502억 달러로 가장 높고 그 다음은 중국(423억 달러)과 일본(414억 달러) 순이다. 평균적 수치로 보면 중국이 일본보다 약간 앞선다. 미국과는 일정한 격차를 보이지만 <그림 8>에서 느끼는 강도만큼은 크지 않음을 알 수 있다.

끝으로 2009년 파이낸셜타임스가 발표한 세계 시가총액 500위 기업 데이터를 살펴보자. <표 1>은 Top 10만을 따로 뽑아본 것이다. 페트로차이나가 3,531억 달러로 시가총액 1위를 차지했으며 액슨모빌이 3,237억 달러로 그 뒤를 쫓고 있다. 3위는 2,706억 달러로 마이크로소프트가 차지하였다. 국가별로 살펴보면 중국이 3개, 미국이 4개 그리고 영국과 브라질이 각각 2개와 1개를 차지한다. 10년 전만 해도 로얄더치셸(Royal Dutch Shell)을 제외하고는 1~10위까지를 모두 미국기업이 독식하였다. 일본에서 도요타가 유일하게 10위권에 이름을 올렸지만 2006년 이후로는 자취를 감추었다. 만약 100위권으로 확대한다면 중국 본토기업은 9군데로 늘어난다. 차이나모바일(시가총액 1,885억 달러)과 CNOCC(시가총액 703억 달러)가 각각 11위와 74위를 차지하며 홍콩이라는 이름을 알리고 있다. 한국은 삼성이 1,114억 달러로 46위, 포스코가 463억 달러로 141위에 랭크되었다. 부의 물결을 시가총애이라는 단순한 지표로 단정할 수는 없다. 하지만 대다수 국민이 넓게 보유한 부의 잣대가 주식이라는 점에서 된다.

5
21세기 100년의 로드맵

100년간이라는 거대 전략을 입에 담는 것만으로도 중국은 G2라는 이름이 아깝지 않다. 1세기를 그리는 국가는 10년 안에 망하지 않는다.

현대화 이론에 의하면 1차 현대화에 대략 200년, 2차 현대화에 100년 정도가 소요되는 것으로 알려진다. 1840년부터 산출할 경우 중국은 현재 1차 현대화 과정을 약 170년 정도 겪고 있으며 그 완료는 2020년경이 될 것으로 추정된다. 세계 선진화는 제2차 현대화 발전단계에 있으며 40년 정도 진행된 상태이다. 중국이 비록 2020년 1차 현대화를 끝내도 그 시점이면 세계 선진화는 제2차 현대화 성숙기로 향해 갈 것이다. 2차 현대화가 50년 정도 진행된 상태로 제2차 현대화만 놓고 볼 때 중국은 50년 정도 뒤떨어진 셈이다. 결국 중국이 2020년 제2차 현대화의 첫 발을 내밀 때 세계 선진화는 이미 상당히 진척된 단계로 2070년 중국의 현대화는 2020년경 세계 선진화 수준에 불과할 것이다.

세계적으로 제2차 현대화는 2070년경 완료될 것으로 전망되는데, 이때는 2차 현대화가 진행된 지 약 100년 정도 흐른 후이다. 아무리 빨리 추격해도 2070년경 중국은 세계 선진화 단계보다 50년 정도 낙후된 상태에 머물 것이다. 중국은 물리적으로 그리고 시간적으로 21세기 안에 제2차 현대화가 완성되는 순간을 만끽하지 못하게 된다. 중국을 고민에 빠뜨리는 것은 바로 이런 현실이다. 한순간의 후퇴는 낙오를 의미하며 시간의 흐름 속에서 선진국과의 격차는 한층 벌어질 것이다. 따라서 현 중국은 1단계와 2단계를 동시 병행하는 길을 택했고 그 과정 속의 모순은 조화를 통해 해소하고자 하였다. 축약과 중첩에 따른 부작용은 각종 사회문제를 야기했으며 사람과 자연은 무분별한 도시화와 개발로 황폐화되었다. 2000년 중국은 1차 현대화 과정을 76%, 2006년에는 86%까지 도달한 것으로 파악된다. 현대화 진척 속도로 볼 때 2010년 1차 현대화 단계 성숙기의 끝자락을 잡고 있는 듯하다. 혹자는 중국이 정해진 루트가 아닌 다른 길을 모색하면 되지 않을까? 라는 의문을 제기할 수 있다. 그러나 역사적 발전단계에 의하면 제1차 현대화를 완료한 국가와 이미 제2차 현대화 과정에 진입한 국가들은 역사가 제시한 제2차 현대화 과정의 길을 걸을 수밖에 없다. 선택이 아닌 필연이다.

그러면 '2010년 중국 현대화 보고서'에 나타난 수치를 참고로 현대화 과정을 좀 더 세부적으로 분석해 보자. 이 보고서는 1990~2005년까지 연평균 성장률을 토대로 2030년경 1인당 국민소득이 1만 달러를 돌파할 것으로 전망한다. 하지만 이는 상당히 보수적인 수치로 실제로 1인당 국민소득 증가율은 2005년 이후 평균 2포인트 넘게 상향 조정되었다. 무엇보다도 달러로 표기된 국민소득은 위안화 환율에 따라 가변적이다. 이는 수치상으로 얼마든지 도약이 가능하다는 것을 말해준다.

내부적 분석결과에 따르면, 고정환율로는 2020년경 1만 달러, 2035년경 2만 달러를 돌파하는 것으로 나타났다. 이를 변동환율로 재 산출할 경우 앞서 고정환율 값보다 1~2년 빨리 1만 달러를 넘어섰으며 2027년경 2만 달러 그리고 2033년경 3만 달러를 넘어서는 것으로 전망되었다. 위 보고서 수치와 극히 대비되는 결과로 볼 수 있다. 한편 위 보고서는 2040년경 도시화와 고등교육의 보편화를 실현되고 2050년경 정보화가 완료되는 것으로 예측한다.

또한 2020년경 1차 현대화가 완료되면 2030년 전후로 중국이 제2차 현대화 도입기에 접어들 것으로 판단한다. 그러나 실현 시기는 유동적이다. 경제구조 및 성장방식 전환 작업이 속도를 낸다면 2020년경 제2차 현대화 도입기로 넘어올 수도 있다. 내부적 결과는 후자, 즉 10년 앞당겨질 것이라는 결론을 지지하고 있다.

일국의 발전단계를 측정하는 지수는 다양하며 대개 초등·중등·선진 3단계로 구분한다. 현대화지수로 논할 경우 중국은 여전히 초등 발전단계에 머물러 있다. 이 지수에 따르면 중국은 2030~2040년 사이에 중등 선진화 단계, 2080년 전후로 선진국 대열에 진입할 것으로 전망된다. 그럼 1인당 국민소득으로 접근하면 어떻게 될까? 현 중국은 G2라는 위용에도 불구하고 그들 스스로 공언하듯이 여전히 개발도상국 단계에 머물러 있다. 하지만 앞서 살펴본 것처럼 수치는 가변적이다. 현대화 보고서는 중국이 2030년경 초등 발전단계, 2060년경 중등발전 단계 그리고 2080년 전후로 선진국 대열에 진입하는 것으로 본다. 그러나 내부 연구수치는 2030년경 중등 발전단계, 2050년경 선진국 진입을 암시한다. 확정적 과거는 있어도 확정적 미래는 없다. 미래는 확률적 세계이기 때문이다.

사실 위 전망은 세계대전과 같은 대규모 충돌 및 재난을 고려하지 않는 것이다. 과거 수치로 미래를 전망하는 일은 상당한 리스크를 포함한다. 미래는 불확실 덩어리이다. 따라서 중국은 지정학적 리스트를 포함해 그 불확실성을 제거하는 데 온 신경을 곤두세우고 있다. 중국의 신중한 행보에는 그만한 이유가 존재하는 법이다. 그렇다면 현대화 과정 속의 불확실성은 얼마이며 그 실현 확률은 어떻게 될까? 이 문제를 한번 고민해 보자.

1960~2005년까지 세계 현대화 과정을 볼 때 제2차 현대화지수(Second Modernization Index, SMI) 및 종합현대화지수(Integrated Modernization Index, IMI)의 전환 확률은 중국에 그리 호의적이지 않다. 중국이 21세기 이내에 현대화 목표를 완벽히 실현할 확률은 낮다. 국제적 경험치들은 중국이 2050년경 중등 발전단계에 올라설 확률을 15%(3~28%), 2100년 이전 선진국이 될 확률을 4%(0.7~7.3%)로 본다. 제2차 현대화지수의 경우 이 두 확률은 각각 3~18% 및 0.7~4.0%로 나타났으며 종합현대화지수는 제2차 현대화지수보다는 약간 높은 5~28%와 1.3~7.3%를 제시한다. 참고로 1900~2005년까지 역사적 자료는 초기 발전단계 국가가 105년 내 선진국이 될 확률을 겨우 4%로 잡고 있다.

위 결과는 중국을 허무 속으로 몰고 간다. 21세기 대당성세(大唐盛世)가 가시권에 있다고 여기는 이때 선진국 문턱을 밟을 확률을 4%로 제시한 결론은 비이성적으로 느껴진다. 그렇지만 역사적 자료는 그렇게 이야기한다. 국력은 국가를, 현대화는 사회를 그 대상으로 삼는다. 강대국이 꼭 풍족한 사회는 아니며 현대화된 나라도 아니다. 역사적으로 농경국가에 머문 러시아가 유럽을 위협한 사례도 있다. 현 중국은 장기간 실물경제가 아닌 13억 인구로 대변되는 시장잠재력, 넓은 국토와 군사력으로 강대국의 한자리를 점하였다. 그렇다고 너무 비관적일 필요는 없다. 과거는 미래의 기초이지만 미래를 완전히 결정짓지는 못한다. 미래는 스스로 가꾸어가기 나름이다. 중국이 2050년 전후로 중등 선진국 단계에 도달한다면 2100년경 완전한 선진국이 될 확률은 4%가 아닌 22~28% 즉 5배 수준으로 상승한다. 시야는 2100년을 보더라도 손과 발은 우선 2050년에 고정시킬 필요가 있다.

마지막으로 중국과 미국, 영국, 독일, 일본 그리고 인도를 샘플로 제2차 현대화지수, 종합현대화지수, 1인당 국민소득과 1인당 GDP(구매력지수평가 기준)를 분석해 보자. 제2차 현대화지수의 경우 최근 15년간(1990~2005년) 연평균 성장률을 기반으로 중국이 2050년경 독일과 일본의 현대화 수준을 따라잡고 2070년 미국과 영국을 넘어설 것으로 추정한다.

한편 종합현대화지수에 대한 국제비교로는 2070년 미국과 일본 그리고 2090년 영국과 독일을 넘어서는 것으로 전망된다. 1인당 국민소득은 2070년 일본을 따라잡고 2080년 독일 그리고 2090년 미국을 넘어설 것으로 산출된다. 마지막으로 구매력 평가기준 1인당 GDP는 2060년 일본, 2070년 독일, 2080년 영국, 2090년 미국을 따라잡을 것으로 본다. 다만 위 결론은 10~20년 정도의 오차범위를 두어야 할 것이다. 2050년경 중국의 1인당 GDP는 최소 36,000에서 최대 63,000 달러로 다양하다. 그 이유는 앞 단락에서 이미 설명했으므로 생략하기로 한다.

근 20년 동안 중국이 놀랄 만한 진보를 이룬 것은 사실이다. 하지만 선진국과의 격차는 뚜렷하며 2090년 혹은 그 이전이라도 미국의 현대화 수준을 중국이 따라잡더라도 그것이 21세기에 미국을 넘어섰다고 반증하기는 힘들다. 이런 논의들은 현실이 아닌 제한된 전망이다. 또한 중요한 것은 숫자가 아닌 삶의 질이다.

CHAPTER 11

중국에 투영된
한국의 미래

미국을 논하지 않고는 중국을 말할 수 없듯이 중국을 제외하고는 한국과 한반도를 이해할 수 없다. 한반도는 글로벌이라는 체스판에 놓인 중심축이며 주위 강대국의 힘이 투사되는 거울이다. 남북한 모두 중국의 손안에 반쯤은 들어간 상태로 한반도가 스스로의 위상을 전략적으로 꿰뚫지 않는 한 중국의 그림자를 벗어나기는 힘들 것이다. 10년, 20년 이후의 미래를 말하는 것이 아니다. 현재 지금 이 순간을 이야기하고 있다. 한반도가 중국의 종적인 이웃이 될지, 횡적인 이웃이 될지는 중국이 아닌 남북한, 즉 한반도에 달려 있다. 중국 그 너머를 보지 못한다면 우리의 후대는 지금을 한국의 전성기로 기억할 것이다.

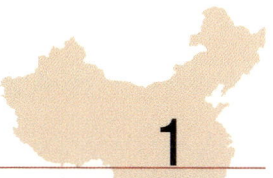

1
한반도를 둘러싼 힘의 역학관계

한반도는 글로벌이라는 체스판에 놓인 중심축이다. 중국과 러시아 곁에 있으며, 일본은 한반도 밑에 놓여 있다. 미국이 힘의 역학관계를 비틀 수 있다면 중국 역시 그러하다.

비(非)유라시아권이 21세기에도 글로벌 헤게모니를 행사하려면 한반도를 중국과 일본, 러시아 및 동남아시아를 제어하는 축으로 삼고, 아프가니스탄으로 중국, 러시아, 남부아시아, 중동, 아프리카, 유럽을 견제할 필요가 있다. 오바마 행정부는 이라크에서 아프가니스탄으로 전장을 이동하고 병력을 재배치하고 있다. 공간이 아닌 점을 통하여 힘의 역학관계를 조정하려고 한다. 한반도와 아프가니스탄을 누가 선점하는지에 따라 글로벌 지배권은 변화할 것이다. 중동에 집착하던 미국이 중앙아시아로 눈길을 돌리고 있다. 아프가니스탄은 남으로는 파키스탄과 인도를 옆에 두고 동으로는 중국과 맞대어 있다. 북으로는 중앙아시아를 관통해 중동을 향한 중국의 영향력을 차단할 수 있다. 좀 더 올라가면 러시아를 사정권에 둔다. 서로는 이란을 굽어보면서 이라크와 연결되어 중동을 묶어 둘 수 있다. 중동은 유럽의 전략지대로 터키는 유럽 남하를 막는 최전선이다.

지리·문화·인종적으로 한국은 일본이 가지지 못한 역사적 뿌리와 토대를 보유하고 있다. 중국을 압박하고 러시아와 일본을 견제할 수도 있다. 힘의 논리에 따라 동북3성과 몽골로 이어지는 커다란 벨트를 품 안에 둘 수 있으며, 때에 따라 경쟁국의 힘을 소진시키는 사석이 될 수도 있다. 극동에 던진 돌 하나로 세계 3대 세력의 발걸음을 붙잡을 수 있다면 전략가들은 이것을 최상의 포석이라 부른다. 남북관계는 민족의 주체적 의지가 아닌 미국의 전략적 의도와 경제적 필요에 따라 10년 이내에 빠르게 개선될 것이다. 현 포석만으로는 중국을 효과적으로 제어하기 힘들며 전선을 위쪽으로 끌어당길 필요가 있다. 중국은 현재 북한이라는 완충지대를 두고 경제 발전과 내부문제 해소에 전 자원을 쏟아 붓고 있다. 중국의 빠른 경제성장은 군 현대화 작업을 통한 인력감축과 북한이라는 방어막이 존재했기 때문이다. 한반도라는 완충지대가 존재함으로써 상당한 역량과 자원을 경제건설에 집중할 수 있었다.

아군인지 군인지 의심스러운 세력이 압록강과 두만강을 경계로 대규모 군대를 주둔시킨다면 중국은 경제건설에 투입될 재원 상당수를 군비로 돌려야 할 것이다. 동북지방은 군사력이 집중 투사된 곳으로 경제 공동화가 발생할 수도 있다. 폭탄이 쏟아질 거리에 대규모 산업단지를 건설할 국가는 드물다. 그

차이나 이펙트

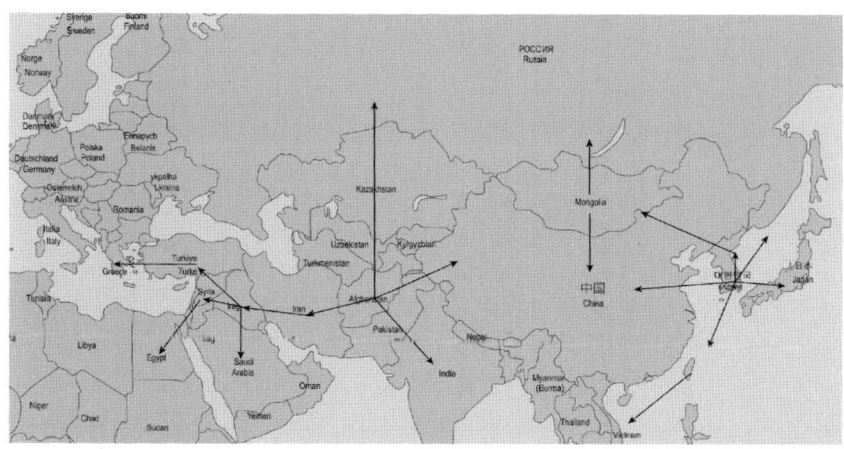

자료원천 중국경제정보분석

결과 21세기를 수놓을 중국의 부흥은 제한될 것이며 모든 전략들에 대한 재조정 작업을 벌여야 할 것이다. 무엇보다도 극동지방으로의 힘의 이동은 러시아를 불러들이며 꼬리를 물고 일본을 엮을 것이다. 경제에 투하될 자원들이 군비 경쟁의 소용돌이 속으로 침몰하고 사회는 불안정해질 것이다. 또한 투자위험은 상승하고 금융비용은 높아질 것이며 기업들의 경쟁력은 하락하게 된다. 아시아로 흐르는 부의 줄기가 다시 북미와 유럽으로 회귀할 수도 있다.

브레진스키는 한반도 통일이 중국에 바람직하다는 인상을 주어야 하며, 미국과 일본을 잠재적 위협세력으로 인식하지 않을 때 비로소 가능하다고 생각했다. 그의 견해에 따르면 한반도 통일은 남북이 아닌 중국, 미국 및 일본이 서로를 어떻게 생각하는지에 결정된다고 볼 수 있다. 결국 러시아를 포함한 6자 회담 당사국들이 우려와 약간의 껄끄러움을 접고 배팅할 무엇인가가 필요로 하며 그것은 몇조 달러 단위의 경제적 이권일 것이다. 한반도가 이들에게 경제적 이권을 줄 수 있는가 그렇지 않은가에 따라 통일의 향방은 결정될 것이다. 참고로 경제적 이권에는 정(+)의 이권과 함께 부(-)의 이권이 있는데, 정의 이권은 한반도가 주변국에게 직접 경제적 이익을 주는 것이고 부의 이권은 상대국의 경제적 비용을 다운시키는 것을 말한다. 따라서 정과 부를 얼마나 효과적으로 조합하는지에 따라 통일 시기는 변할 것이다.

한편 미국은 북핵을 이유로 일거에 힘의 역학관계를 비틀 수 있다. 그러나 무자비한 폭력은 상대방의 적개심을 유도하며 아(我)와 타(他)를 명확히 구분 짓는다. 압도적 무력이 항상 압도적 결과로 나타나지는 않는다. 소멸전이 아니라면 전쟁의 끝은 군사적 승리가 아닌 점령과 안정화로 귀결된다. 점령과 안정화는 강력한 무기가 아닌 정착인구에 의해 이루어진다. 교류와 동화과정을 통하여 피아가 불분명해지는 것이다. 그러나 불행히도 영국국교의 박해를 피해 아메리카 대륙에 뿌리 내린 그들의 조상처럼 이라크와 아프가니스탄이라는 신대륙에 정착할 미국인은 많지 않았다. 군인과 용병을 제외하고는 없었다고 보는 것이 현실적이다. 전투는 이겨도 점령이 불가능한 전쟁을 지속한 나머지 미국의 한계는 더 빨리 드러났다. 아마 세계에서 점령전이 가능한 유일한 나라는 중국일 것이다. 전투에서 승리한다면 13억 인구의 1%만으로도 중국은 세계 어느 곳이든 점령이 가능하다. 광활한 제국을 건설한 몽골 및 로마의 역사가 이를 잘 반영해 준다. 같은 앵글로색슨족이라도 섬인 영국과 대륙인 미국의 차이가 제국의 통치방법을 차별화시켰다. 고립주의는 미국적인 것의 일부분이다.

앞으로 10년, 20년이 지나도 중국 사회에는 절대적 빈곤층이라는 계급이 존재할 것이며 이들 비중은 적어도 1%를 넘어설 것이다. 전쟁으로 폐허가 된 남한이라도 중국의 3선 도시보다는 풍족할 것이며 이는 전쟁 억지력을 감소시킨다. 한반도는 중국과 러시아 곁에 있으며, 일본은 한반도 밑에 놓여 있다. 미국이 힘의 역학관계를 비틀 수 있다면 중국 역시 그러하다. 남은 것은 의지와 결단이다. 중국 경제가 내수 중심으로 그리고 군사력이 현대화될수록 자제력은 엷어지고 점령 의지는 강해질 것이다. 한반도 해역에서 중국을 향해 함포외교를 하는 미국만큼 북한을 무장시켜야 된다는 중국의 의도가 우리를 서글프게 한다.

2
남북경제로 풀어본 중국의 의미

남북한 모두 중국의 손안에 반쯤은 들어가 있다. 한반도의 위상을 전략적으로 꿰뚫지 않는 한 중국의 그림자를 벗어나기는 힘들 것이다. 시간은 한반도에 갈수록 부정적이다.

　기업이 아닌 국가로 표현되는 경제적 힘은 일부는 군사력에 의해 뒷받침되고 일부는 국제법·관습·조약을 지키려는 상대국의 태도에 따라 좌우된다. 근대까지 국가 간 무역분쟁은 무력충돌의 좋은 이유가 되었으며 현대도 경제적 이득이 전쟁의 배후로 자리 잡고 있다. 전쟁은 그 자체로 경제이며 경제는 곧 전쟁이다. 분산투자가 현명한 선택이듯 국가 간 경제교류도 집중은 피해야 한다. 이런 사고를 밑바탕에 두고 중국이 한국 경제에 미치는 영향력과 그 의미를 고민해보자.

　한국경제에 미치는 중국의 영향력은 넓지만 반대로 중국경제에 미치는 한국의 영향력은 제한적이다. 한류(韓流)의 중국 내 위치는 한국 사회를 지배하고 있는 한류(漢流)에 비하면 턱없이 미약하다. 중국에서도 잊혀진 공맹사상이 천 년의 세월을 거쳐 생활의 기준으로 뿌리내렸으며 제자백가는 철학의 큰 물줄기를 이루고 있다. 단재 신채호 선생은 『낭객의 신년만필』에서 "우리 조선 사람은 매양 이해(利害) 밖에서 진리를 찾으려 하므로, 석가가 들어오면 조선의 석가가 되지 않고 석가의 조선이 되며, 공자가 들어오면 조선의 공자가 되지 않고 공자의 조선이 되며, 무슨 주의기 들어와도 조선의 주의가 되지 않고 주의의 조선이 되려 한다. 그리하여 도덕과 주의를 위하여 조선은 있고 조선을 위하는 도덕과 주의는 없다. 아! 이것이 조선의 특색이냐, 특색이라면 특색이나 노예의 특색이다. 나는 조선의 도덕과 조선의 주의를 위하여 곡하려 한다"라고 한탄하였다.

한자는 표현의 일부분이 되고, 살며시 끼워 넣는 고사성어는 지식의 한 자락이 되었다. 현재 중국어는 영어를 뒤쫓고 일본어의 지위를 위협한다. 삼성, LG로 대변되는 몇몇 브랜드들이 글로벌 기업들과 역량을 겨루지만 중국인의 생활에 깊은 인상을 남겨 주지는 못하고 있다. 한국산이 없다고 중국인의 일상 생활이 붕괴되지도 삶이 각박해지지도 않는다. 단지 선택의 폭이 조금 좁아질 뿐이다. 한국 경제가 중국 증시를 흔들지도 정부정책에 녹아들지도 않는다. 조금은 신경 쓰이는 이웃이며 선택의 폭을 넓혀주는 제품일 뿐이다. 그러나 한국에 있어 중국은 선택이 아닌 필수이다. 중국경제 향방에 따라 기업은 울고 웃으며 증시는 눈치를 본다. 중국산 농산물과 생활용품은 가계 곳곳에 스며들어 생활의 일부분으로 자리 잡았다. 중국제품이 봉쇄된다면 당장 국내물가가 들

<표 1> 대 중화권과 미국 수출입현황

단위: 억 달러

구 분	수출액				수입액			
	본토	홍콩	소계	미국	본토	홍콩	소계	미국
1999년	136.8	90.5	227.3	294.7	88.7	8.8	97.5	249.2
2000년	184.5	107.1	291.6	376.1	128.0	12.6	140.6	292.4
2001년	181.9	94.5	276.4	312.1	133.0	12.3	145.3	223.8
2002년	237.5	101.5	339.0	327.8	174.0	17.0	190.9	230.1
2003년	351.1	146.5	497.6	342.2	219.1	27.4	246.4	248.1
2004년	497.6	181.3	678.9	428.5	295.8	32.7	328.5	287.8
2005년	619.1	155.3	774.5	413.4	386.5	20.4	406.9	305.9
2006년	694.6	189.8	884.4	431.8	485.6	21.0	506.6	336.5
2007년	819.9	186.5	1006.4	457.7	630.3	21.4	651.7	372.2
2008년	913.9	197.7	1111.6	463.8	769.3	22.2	791.5	383.6
2009년	867.0	196.6	1063.6	376.5	542.5	14.9	557.4	290.4

자료원천: 한국은행

썩거리고 대중의 삶의 질은 떨어질 것이다. 경멸적 눈초리로 중국산을 폄하하지만 당장 없으면 아쉬운 것이 또한 중국산이다.

　　<표 1>과 <그림 2>는 중국이 한국에 어떤 영향력을 미치고 있는지 적나라하게 보여준다. 미국은 2001년까지 한국의 최대 수출국이었지만 2002년에 그 자리를 중국(홍콩 포함)에 넘겨주었으며 그 다음해에는 중국 본토만으로 미국을 넘어섰다. 2004년에는 미국으로부터 유입되는 것보다 중국으로부터 수입되는 것이 더 많아졌다. 한국에 대한 경제적 영향력은 미국에서 중국으로 넘어갔

차이나 이펙트

〈그림 2〉 연도별 한중·한미 무역규모

단위: 억 달러

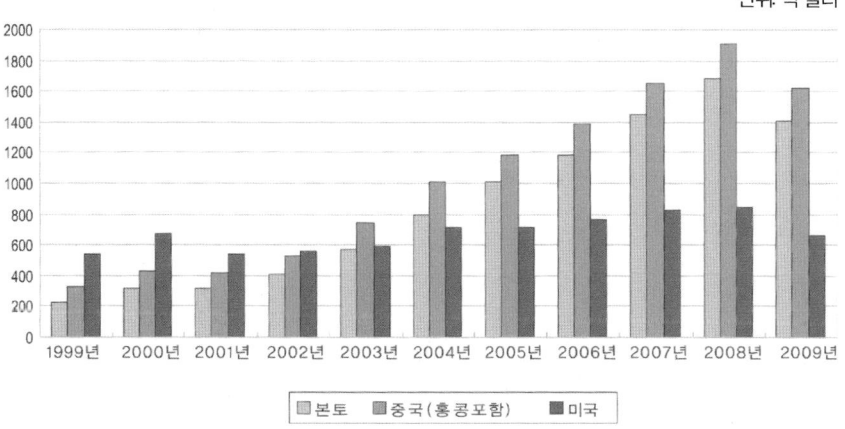

자료원천: 한국은행

으며, 2008년에는 중국의 경제 영향력이 미국의 2배 수준으로 확대되었다. 2009년 중국(홍콩 포함)에 대한 한국의 수출입 규모는 1,621억 달러로 667억 달러에 그친 미국보다 2.4배 크다. 중국 본토 단독으로도 1,410억 달러를 기록하며 미국을 멀찍이 따돌리고 있다. 중국 본토는 2009년 한 해 경상수지 흑자의 90%를 차지하고 있다. 한국은 2009년 중국과의 거래에서 506억 달러를 남겼지만 미국과의 거래에서는 86억 달러의 이문을 남기는 데 그쳤다. 중국의 6분의 1 수준에 불과한 셈이다. 세계 경제 주도권은 여전히 미국이 틀어쥐고 있다. 하지만 한국으로 그 범위를 좁히면 중국이 지배권을 행사한다.

  그러면 대외무역이 아닌 투자로부터 중국의 영향력을 조망해 보자. 1999년부터 2009년까지 10년 동안 한국의 대중 직접투자액은 370억 달러 내외로 집계

단위: 억 달러

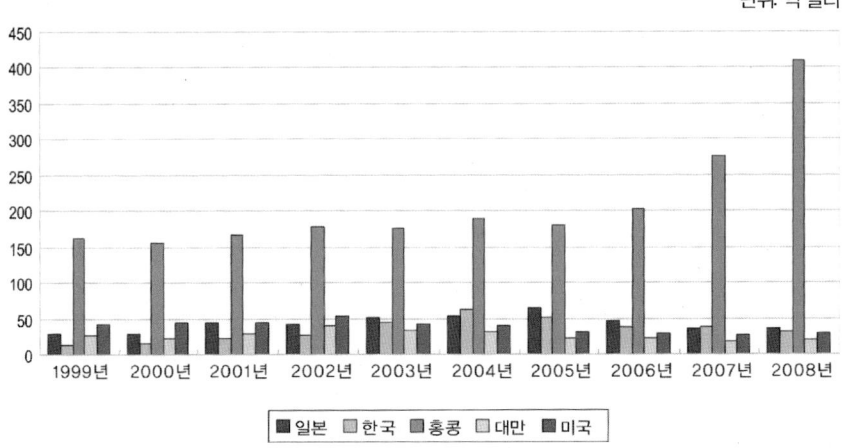

자료원찬: 중국국가통계국

된다. 이는 같은 중화권인 대만보다 80억 달러 정도 많은 금액이다. 최근 5년만 놓고 보면 미국보다 많으며 일본에는 단지 20~30억 달러가 부족할 뿐이다. 한국과 마·일 경제규모를 감안할 때 한국의 대중 투자포지션은 경제력에 비해 극히 높은 수준임을 알 수 있다. 참고로 2008년 영국 및 유럽계가 대부분인 버진제도(the British Virgin Islands, BVI)와 케이맨제도의 대중 투자는 각각 160억 달러와 31억 달러로 집계되었다. 특히 버진제도는 홍콩에 이어 제2대 투자지역으로 매년 꼽히고 있다. 지역별로는 중화권(홍콩, 대만)이 중국의 최대 투자자이고 그 다음은 유럽계, 그 뒤를 한국과 일본으로 표현되는 동북지역과 북미가 뒤따른다. 중국이 범동북아 지역 안정을 핵심이익으로 바라보는 것도 실타래처럼 얽힌 경제관계 때문이다. 주요 국가별 중국 직접투자금액 추이는 〈그림

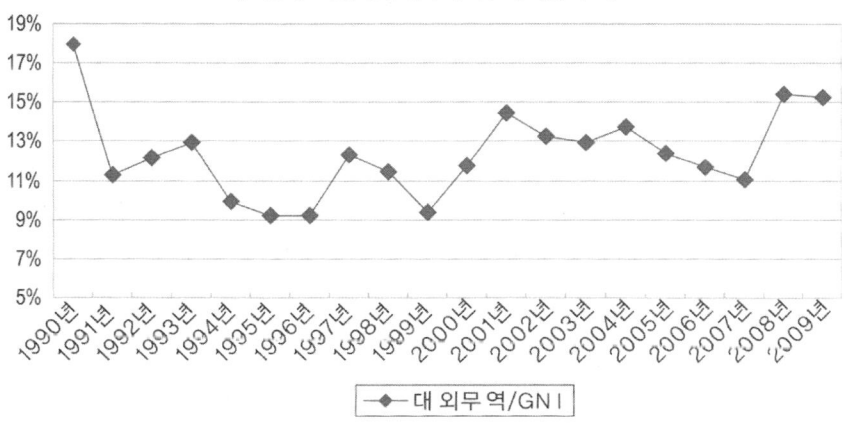

〈그림 4〉 북한 GNI 대비 대외무역 비중 추이

자료원천: 한국은행

3>을 살펴보길 바란다.

　　그러면 범동북아 안정의 핵심 열쇠인 북·중 간의 경제흐름을 살펴보자. 한국은행 자료에 의하면 북한의 대외교역액은 2000년 19.7억 달러에서 2009년 34.1억 달러로 약 2배 확대된 것으로 나타났다. 대외요인 존재유무에 따라 일국의 경제는 개방형 경제와 봉쇄형 경제로 크게 구분된다. <그림 4>는 북한 경제가 개방형보다는 봉쇄형에 가깝다는 것을 말해준다. 근 20년 동안 GNI 대비 대외무역 비중이 20%를 넘긴 적이 없으며 대개 15%를 하회하고 있다. 또한 <그림 5>는 북한의 대외경제가 일국에 독점적으로 종속되고 있음을 알려준다. 북한의 대중무역 의존도는 2004년 48.4%로 과반에 약간 못 미쳤다. 하지만 5년 후인 2009년 이 수치는 78.6%로 뛰어올랐다. 나머지 대부분은 아마 한국의 몫일 것이다. 북한 경제는 한국과 중국에 의해 급격히 요동칠 가능성이 높으며, 그 힘의

〈그림 5〉 북한 대중 무역의존도 추이

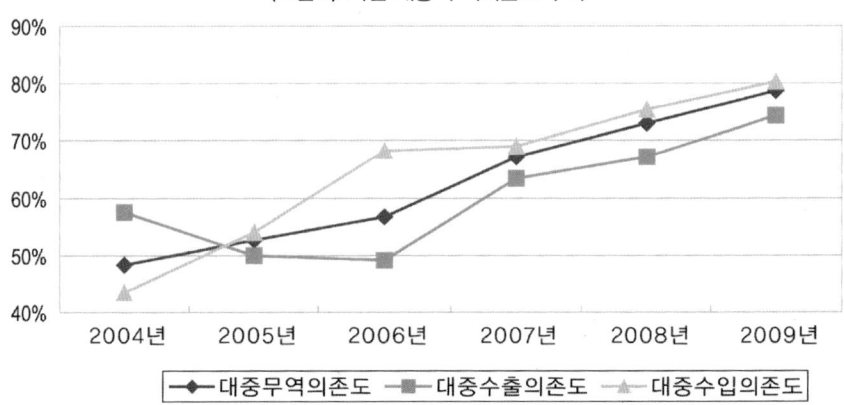

자료원천: 한국은행, 중국국가통계국, 중국해관

축은 뚜렷이 중국으로 기울고 있다. 매출의 50%가 특정고객에 집중된다면 기업실적 유무를 떠나 경영리스크는 상승할 것이다. 북한은 2009년 대중교역에서 7.9억 달러를 수출하고 18.9억 달러를 수입한 것으로 알려진다. 북한의 주 수출품은 석탄으로 2009년 상반기 기준 68%의 비율을 차지하고 있다. 2009년 북한은 약 11억 달러의 대중 무역적자를 기록하였다.

북한에 제공하는 중국의 유·무상원조는 엄밀히 말해 중국 경제발전에 대한 보험료 성격이 강하다. 동북아가 요동칠 경우 중국은 마이너스 경제성장을 염두에 두어야 한다. 투자는 위축되고 대외무역은 급격히 감소할 것이며, 불안정 수준에 따라 중국의 경제 판도가 바뀔 수 있다. 북한의 전략적 가치를 고려하면 2009년 대북 무역총액에 해당하는 27억 달러 정도는 무상지원해도 중국으로 보면 남는 장사이다. 그러나 현실은 11억 달러 대북 무역흑자와 북한자원

차이나 이펙트

선점으로 나타난다. 북한 경제는 중국에 예속되어 있고 남한 경제는 중국에 깊게 의존한다. 2009년 11월 말 기습적으로 실시된 북한의 화폐개혁은 인플레이션 방지, 회색자금 흡수 이외에 중국의 북한 경제에 대한 영향력 제한도 염두에 둔 것 같다. 북한 이외에 북한 화폐를 가장 많이 보유한 국가는 아마 중국일 것이다.

10년간 중국이 나진항 1호 부두를 사용할 권리를 획득한 사실이 2010년 3월 뒤늦게 언론의 주목을 받았다. 이는 전략적으로 상당한 파장을 불러올 사안이다. 나진항을 획득함으로써 중국은 동북3성을 축으로 태평양으로 뻗어나갈 전략 요충지를 확보한 셈이다. 현재 중국은 수천만 위안을 투자하여 1호 부두 설비작업을 벌이고 있으며, 사용기간을 10년 더 연장하는 방안을 협의 중인 것으로 알려진다. 또한 러시아는 나진항 3호 부두를 50년간 사용할 권리를 가진 것으로 보도되었다. 시베리아산 원유와 천연가스의 대외수출 통로를 확보한 것이다. 북한은 중국, 러시아와 인접한 나선특별시 개방에 속도를 내면서 지리적 이점을 최대한 살린다는 복안인 것 같다. 다만 조차에 가까운 사용권 이전은 자칫 중국과 러시아의 군사 개입 정당성을 초래할 수 있다. 대외적으로도 나진항이 물류 이외에 군항으로써의 역할을 담당하는 것이 아닌가라는 오해를 낳을 수 있다. 큰 틀에서 보면 나진항은 중국의 태평양 진출정책과 러시아의 남하정책의 연결고리 구실을 한다. 이런 점은 구한 말 당시 열강들의 진출행태를 떠오르게 한다. 한반도를 전략적으로 관리하지 않는 한 중국의 그림자를 떨쳐내기는 힘들 것이다. 시간은 한반도에 갈수록 부정적이다.

삼성과 LG로 살펴본 중국의 의미

지금도 한국기업들은 꾸역꾸역 중국으로 몰려들고 있다. 그러나 중국 시장에 동화된 곳은 드물다. 간이역을 스쳐 가듯이 그렇게 제자리를 맴돌고 있다. 전략은 사라지고 기업행위만 보인다. 그 이후의 로드맵은 여전히 모호하다. 한국에서 중국으로의 '국부이전'만 도도한 물결처럼 흐른다.

중국에 대한 한국의 발걸음은 경쟁국에 비해 늦은 감이 있다. 일본은 개혁개방과 대외원조 물결을 타고 1980년대에 중국에 진출했으며 대만과 홍콩으로 대표되는 화교기업은 중화권이라는 큰 울타리를 토대로 중국 곳곳에 뿌리를 내렸다. 구미 다국적 기업은 대중정책이라는 전략과 보조를 맞추며 중국시장에 접근하였다. 한국은 소위 보따리상으로 대변되는 소상공인과 노동비 상승압박에 내몰린 중소기업을 중심으로 중국 진출 붐이 일어났다. 정확한 시장 조사와 탐색, 정책 배경 없이 이루어진 중국 진출은 중소기업의 피와 땀을 요구했으며 10여 년이 지난 현재 이들은 중국에서 점차 내몰리고 있다. '시장'이 아닌 '공장'으로 '내수'가 아닌 '수출'로 포지션을 정함에 따라 중국을 이해할 필요도, 투자전략을 고민할 필요도 없었다. 모든 투자자원이 동부연안 몇몇 기지에 집중·배치되었으며 해당지역은 레드오션으로 변하였다. 잘못 끼워진 첫 단추가 목 안의 가시처럼 한국 기업의 지속 성장을 제약하고 있다.

이에 반해 가깝고도 먼 이웃인 일본은 중국에 이미 하나의 유기체적 흐름을 만들어내었다. 그럼 중국을 향한 일본기업의 움직임을 긴략히 살펴보자. 동경증권거래소는 성장성과 수익성이 가장 높을 것으로 전망되는 28개 기업을 뽑은 적이 있다. 그 결과는 놀랍게도 이들 모두가 중국시장을 적극적으로 공략하고 있는 기업이라는 사실이다. 일례로 일본 화장품 업체인 시세이도는 10년 이후 영업수익의 50%가 중국에서 발생할 것으로 전망한다. 히타치와 고마츠기계는 건설과 광산 기계부문에서 각각 중국 시장점유율 1위를 달리고 있다.

일본 3대 선사인 MOL, Nippon Yusen, K-line은 중국연해 해운시장과 석탄·철강 물류시장을 좌우한다. 도시바는 인쇄기 시장부문에서 1위를 달리고 올림푸스는 중국 렌즈시장의 80%를 점하고 있다. DAIKIN은 상용에어컨에서 강세를 보이며 시장 점유율은 35% 전후를 기록하고 있다. 삼성, LG, 현대, SK로 대변되는 재벌그룹이 늦게나마 추격의 고삐를 죄고 있지만 일본기업들이 각 부문에서 쌓아올린 선도적 위치를 위협하기는 힘들 것 같다.

세계의 공장이란 '시장'이 아닌 '분업'이라는 세계화 틀 속에서 이루어진 자원 배치를 의미한다. 그 선상에서 말에 올라탄 국내 진출기업의 위치가 현재 흔들리고 있다. 대기업보다는 중소기업이 더 위태로운 상태이다. 내수보다는 중계 가공무역에 몰두한 나머지 낮은 노동비와 헐값에 불하된 토지, 각종 세제혜택이 회수되자 이전의 메리트가 지금의 붕괴요인으로 돌변하였다. 지금 이 순간에도 중국 노동비는 상승하고 환경 및 복지비용은 확대되고 있다. 토지가격은 국내보다 경쟁적이지 않으며 세제혜택은 축소 지향적이다. 노동의 질과 강도 그리고 생산성도 한국보다 떨어진다. 노동집약 산업에 있어 중국은 과거만큼 그리 매력적이지 않은 시장으로 변모하고 있는 셈이다. 10년 혹은 20년 단위로 묶인 공장부지 계약만 아니라면 지금 당장 철수할 기업들도 있을 것이다. 참고로 중국은 회사 청산이 한국처럼 용이하지가 않다. 따라서 소수는 야반도주를 택했으며 이는 기존 기업의 경영비용을 상승시켰다.

20세기 끝자락을 잡고 중소기업이 진출했다면 후발주자인 삼성, LG, 현대, 포항 등과 같은 그룹은 21세기 서막을 열면서 들어왔다. 기존 다국적기업의 진출 전략을 연구하고 국내 중소기업이 쌓아둔 경험 및 노하우, 인력을 흡수하면서 이들은 규모를 부풀린 것이다. 삼성, LG 그리고 이들의 협력업체는 전자산업에 기반을 두고 있다. 전자산업은 대체로 통신·유통·물류와 달리 선점효과가 뚜렷하지 않다. 중국에 있어 선두 주자인 소니와 후발 주자인 삼성 간의 차이는 뚜렷하지 않다. 그렇다고 국내 전자 및 IT업체들이 중국시장에서 두각을 나타내고 있다는 뜻은 아니다. 개별 품목에 한해서는 오히려 농심, 오리온, 락앤락 등이 더 분투하고 있다.

글로벌 가전업체들이 2010년 벽두부터 중국에 러브콜을 보냈다. 중국 LCD TV시장이 북미시장을 넘어설 것으로 전망되는 가운데 7~8세대 LCD 생산라인을 중국에 설립하겠다고 의사를 밝힌 기업이 8개에 달하고 있다. 중국 로컬기

차이나 이펙트

업으로 TCL, BOE, IVO가 있으며 국내에서는 삼성전자와 LG디스플레이가 도전장을 던졌다. 대만의 AUO와 CMO, 일본의 샤프전자도 투자 의향을 표시하였다. 4~5군데를 선정할 것으로 전망되며 로컬업체 2곳과 해외업체에 2~3곳을 택할 것으로 관측된다.

중국 정부는 싸움을 붙여 놓은 채 조건을 검토하고 있으며 그 결과는 여전히 미발표 상태이다. 투자규모와 취업창출 효과보다 기술이전 수준에 더 높은 점수를 줄 것 같다. 삼성선사는 2.6조원을 투자해 7.5세대(1950×2250㎜) LCD 패널공장을 설립한다는 계획을 내세우고 LG디스플레이는 총 40억 달러를 투자해 8세대 라인(2200×2500㎜)을 설치할 청사진을 들고 있다.(정식으로 발표되지는 않았지만, 삼성전자와 LG디스플레이의 현지공장 설립을 중국정부가 승인한 것으로 알려졌다).

한편 삼성, LG와 달리 SK와 현대는 지분투자를 선호하고 있다. 왜냐하면 통신과 자동차 업종은 정책개입 강도가 크고 선점효과도 뚜렷하기 때문이다. 중국 국가발전개혁위원회가 이들 영역에 대한 외자기업의 독자설립을 불허함에 따라 합작을 통한 지분투자로 방향을 선회하고 있다. 따라서 SK는 제품이 아닌 이미지에 역점을 두고 있다. 일례로 CCTV에서 중국 네티즌과 오피니언 리더를 대상으로 글로벌 Top 10 기업을 선정한 결과 아시아 기업으로는 유일하게 SK가 3위에 뽑힌 적이 있다. 중국 사업포지션에 따라 삼성과 LG는 제품을, SK는 기업을 마케팅한다. 그럼 구체적 수치를 통해 국내 대기업들의 진출현황을 살펴보기로 하자.

<그림 6>은 중국 내 매출 500위 해외 다국적기업 데이터를 바탕으로 삼성,

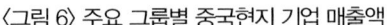

〈그림 6〉 주요 그룹별 중국현지 기업 매출액

단위: 억 위안

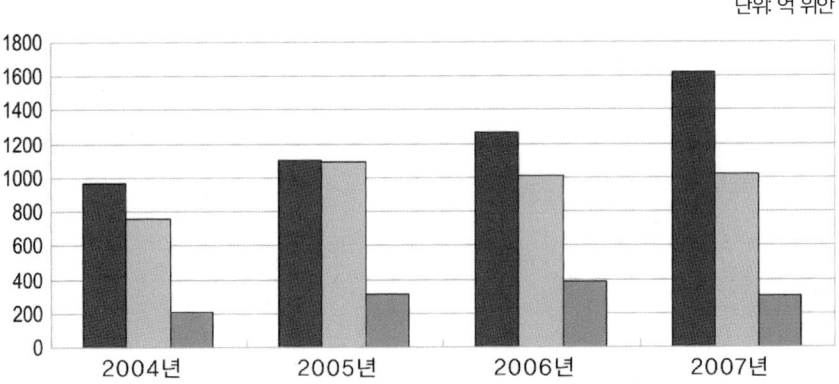

■삼성계열 □LG계열 ■현대차계열

자료원천: 중국투자지남, 중국경제정보분석(CEIA)

LG, 현대계열로 매출액을 재편성한 것이다. 삼성과 LG계열에는 각각 12~15개 기업이 포함되었고 현대차 계열은 베이징현대와 베이징현대모비스를 편입시켰 다. 현대차 계열은 2005년 50%에 육박하는 매출신장을 기록한 후 2006년부터 는 성장세가 둔화되고 있다. 2006년은 중국 자동차시장 평균 수준에 그쳤으며 2007년에는 2006년보다 20% 정도 매출이 축소된 것으로 나타났다. 삼성과 LG 계열과 달리 현대차계열은 가공수출이 아닌 순 내수에 초점이 맞추어져 있다.

삼성과 LG를 따로 추출해 분석해 보면 다음과 같다. LG계열은 2005년 약 진하며 한때 삼성계열을 바짝 추격했지만 그 이후 격차는 한껏 벌어졌다. 2006 년을 기점으로 중국 사업에 대한 전반적인 조정작업을 벌인 것 같다. LG와 달

차이나 이펙트

〈그림 7〉 중국현지 상위 기업 매출액 추이

단위: 억 위안

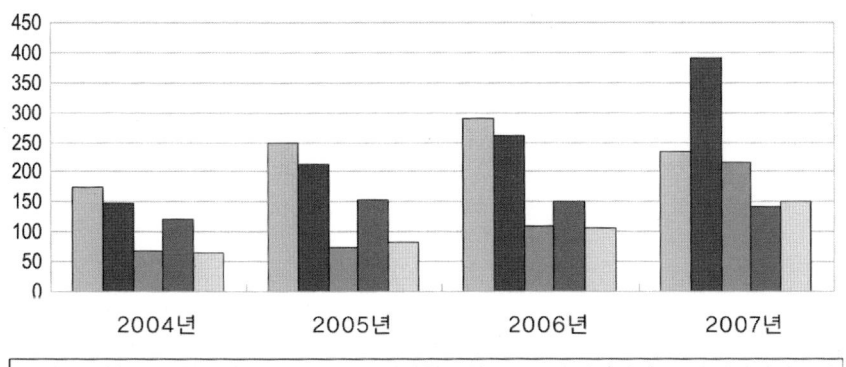

□ 베이징현대 ■ 천진삼성통신기술 □ 장가항포항 ■ LG전자 (혜주) □ 상해삼성반도체

자료원천: 중국투자지남, 중국경제정보분석(CEIA)

리 삼성은 해가 갈수록 한층 공격적 경영을 펼치고 있다. 중국 매출액 확대와 함께 매출 신장률은 상승곡선을 보인다. 삼성은 2007년경 중국에 승부수를 던진 것으로 판단되며, 상기 추론은 〈그림 7〉을 통해서도 일부 뒷받침된다. 참고로 2007년 천진삼성통신기술 매출액은 2004년보다 2.7배 증가한 것으로 나타났다.

한편 상해 삼성반도체와 천진 삼성통신기술과 달리 LG전자(혜주)는 답보상태에 놓여 있는 듯하다. 이는 중국 내 LG그룹 매출액 추이 연장선에서 해석될 수 있다. 장가항포항은 3년이라는 짧은 기간에 3배 이상 매출신장을 보였다. 2007년 장가항포항의 매출액은 216억 위안으로 집계되었다. 2009년에는 중국 정부 환경모범업체로 선정되기도 하였다. 매출액 지표로만 기업현황을 파악

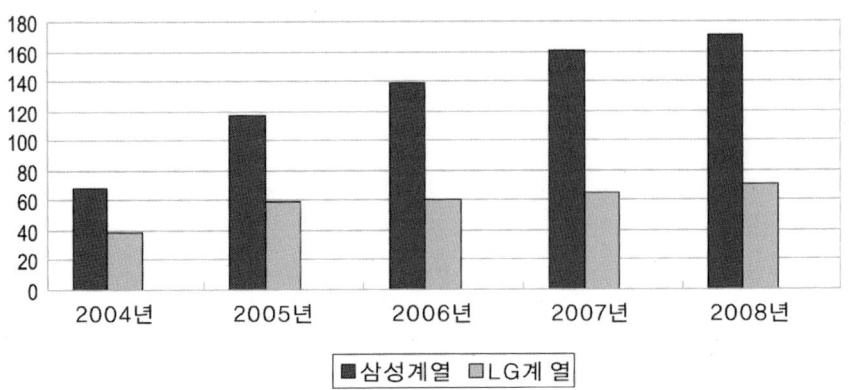

〈그림 8〉 수출 200위에 속하는 삼성과 LG계열 수출총액

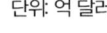

단위: 억 달러

자료원천: 중국투자지남, 중국경제정보분석(CEIA)

하기는 힘들다. 따라서 수출 200위 기업을 대상으로 삼성과 LG계열로 묶어 살펴보기로 하자. <그림 6>은 매출 500위 기업을, <그림 8>은 수출 200위 기업을 표본대상으로 선정하였다는 점을 기억하기 바란다.

전체 규모는 두 그룹 모두 상승세를 그리고 있지만 증감률은 다른 결론을 내놓는다. LG계열은 수출신장률이 매년 상승곡선을 그렸지만 삼성계열은 뚜렷한 하향세를 보였다. 이 사실은 삼성계열의 중국 내수 진출이 LG계열보다 더 활발했음을 암시한다. 수출 200위 업체에서 상위 5개 기업만 추출해 보면 삼성과 LG의 수출액 격차는 크지 않았다. 2004년에는 LG의 수출규모가 오히려 삼성을 상회하였다. 하지만 2005년 삼성계열의 70% 선까지 떨어진 후 2008년에

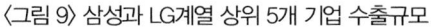

〈그림 9〉 삼성과 LG계열 상위 5개 기업 수출규모

단위: 억 달러

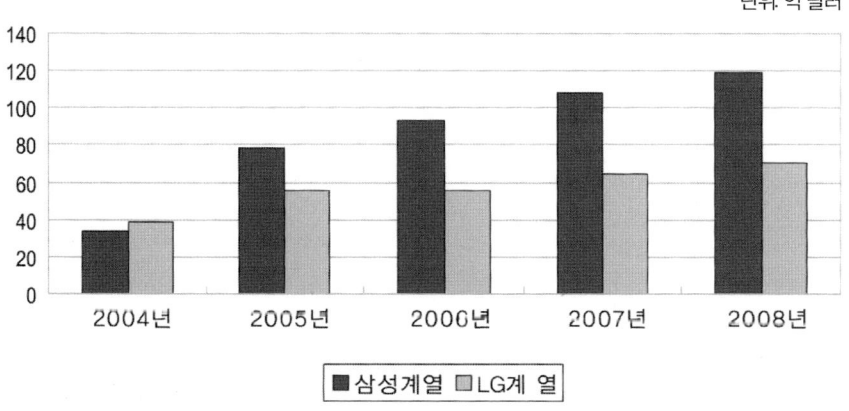

자료원천: 중국투자지남, 중국경제정보분석(CEIA)

는 59% 수준까지 추락하였다. 2007년 중국 매출규모는 LG계열이 삼성계열의 62% 수준인 것으로 조사되었다.

한 걸음 더 나아가 삼성계열과 LG계열의 매출과 수출규모를 놓고 중국 침투력을 분석해 보자. 2007년을 다국적기업 매출 500위에 포함된 삼성계열은 14개 업체로 총 매출규모는 1,626억 위안이다. 수출 랭킹 200위에 포함된 업체만 추린다면 1,491억 위안 정도로 계산된다. 쉽게 말해 매출총액의 27% 정도만 중국에서 소화되고 나머지 73%는 'Made in China'라는 이름을 달고 한국을 포함한 전 세계로 팔리는 수출물량인 것이다. LG계열은 85% 이상이 수출이고 중국 내수는 15% 미만으로 나타났다. 상기 결과는 2008년 현재 삼성과 LG 모두 중국시장에 뿌리내리지 못했음을 대변한다. 그들의 포지션은 시장 지배자가 아닌 도전자인 셈이다. 삼성과 LG그룹 상황에 비추어 타 기업들의 현황은 미루어 짐작이 가능하다. 중국 노동환경은 급변하고 중국시장은 갈수록 고비용을 요구한다. 전략은 사라지고 기업행위만 보이는 곳에서 이후의 로드맵은 여전히 모호하다. 한국에서 중국으로의 '국부이전'만 도도한 물결처럼 흐르고 있다.

차이나 이펙트

4
한반도, 중국과 어떤 관계를 맺을 것인가

중국에 있어 한반도가 종적 이웃이 될 것인지 아님 횡적 이웃이 될 것인지는 중국이 아닌 남북한에 달려 있다.

한반도와 중국의 관계 정립은 두 지역만의 문제가 아니다. 중·미와 중·일 간의 관계가 어떻게 변화하는지에 따라 협력과 긴장이 반복될 수 있다. 동북아시아의 역동성은 한반도의 미래를 단정적으로 판단하기 힘들게 한다. 또한 일국의 부상은 운명적으로 지배세력과 경쟁세력의 견제를 불러일으킨다. 유럽·러시아·일본이 중국의 굴기를 인정해도 미국은 용납하기 힘들 것이다. 현 초강대국이 미래의 초강대국 탄생을 반갑게 맞이할 것으로 상상하기는 힘들다. 한 세기를 두고 일극으로 글로벌 헤게모니가 재편될지라도 그 과정은 다극과 양극의 터널을 거친 이후일 것이다. 중국의 시대가 당장 펼쳐지는 것은 아니라는 뜻이다. 다극으로 전환되는 시점에서 어떤 포지션을 택하는지에 따라 한반도의 미래가 정해질 듯하다. 한반도에 남은 시간은 빠르면 10년, 늦어도 20년에 불과하며 선택에 앞서 유리한 환경을 조성할 필요가 있다.

미국 주도의 국제질서에 중국이 도전하고 중국이 아시아를 굴기의 발판으로 본다면 곳곳에서 갈등상황이 벌어질 것이다. 아시아에 대한 중국의 공격적 접근은 주변국의 신경을 곤두서게 하고 중국과 일본, 중국과 인도 간에 껄끄러운 파열음이 생길 것이다. 이에 반하여 중국과 미국이 전략적 경쟁보다는 전략적 파트너로 관계를 설정하고 일본이 중국의 독특한 지위를 인정하며 중국이 남부아시아에 대한 인도의 영향력을 묵인한다면 아시아에는 협력무드가 빠르게 전개될 것이다. 지역경제는 폭발적으로 팽창할 것으로 판단된다. 글로벌 전체로도 투자가 빠르게 활성화되면서 1970년대 이후 주기적 공황 국면에서 탈피할 것으로 추정된다. 한반도 통일을 위한 이상적인 분위기가 조성되고 통일비용도 상당히 줄어들 것이다.

앞의 시나리오와 달리 중국과 미국이 주도권을 놓고 다투는 가운데 일본이 친 아시아 외교를 펼치고 인도가 친미에서 중립으로 돌아선다면 미국의 입지는 좁아질 것이다. 아시아 각국들은 글로벌 어젠더보다 현실적인 역내문제에 더 깊은 관심을 표하고 아시아 국가 간 협력 수준도 업그레이드될 것이다. 아시아라는 공동체를 바탕으로 넓고 광대한 독립 블록권이 형성될 수도 있다. 2008년 국제금융 위기 이래로 변화하는 국제기류가 약간은 비슷하게 흐른다. 미국은 하토야마 정권에 대한 노골적으로 불편한 심기를 표시하였다. 내정간섭으로 비춰질 행보도 서슴지 않았으며 하토야마는 몇 달 만에 수상 직위를 내려놓았다.

반세기 이상 지속된 미국의 통제로부터 탈피하려는 하토야마의 시도는 실패로 끝났지만 그의 시도가 개인적 소신에 따른 것으로 판단하기는 힘들다. 정권과 기업을 넘어선 일본 주류의 움직임이었을 것이다. 하토야마의 몰락은 끝이 아니라 시작일 수 있으며 미국의 분노를 잠재울 희생양으로 내민 것에 불과하다. 정치군사적으로 통제를 벗어나 자율성을 최대한 확보하려는 일본의 시도는 이후에도 계속 이루어질 것이다. 미국과 중국 가운데 누구도 절대적 우위를 보이지 못한다면 일본의 전략적 가치는 높아질 것이고 그만큼 일본의 활동공간은 확대된다. 다만 일본에 이들 양 대국이 균형자 역할을 맡길지는 미지수이다.

참고로 2010년 9월 중·일 사이에 흥미로운 사건이 벌어졌다. 아시아 중심외교를 펼친 하토야마 전 총리와 달리 나오토 총리는 전통적인 대미외교로의 복귀를 선언하였다. 그의 정책에 영향을 받아서인지 일본정부는 일본 순시선과의 충돌을 이유로 따아오위다오(조어도, 일본명: 센카쿠열도) 근해에서 중국선박을 나포하였다. 이에 항의해 중국은 고강도의 외교조치를 취하였다. 주중 일본대사를 주말과 야간을 가리지 않고 6차례 불러 항의 메시지를 전했으며, 일본 여행제한, 고위급 회담 중지, 희토류 대일수출 금지, 일본인 4명에 대한 간첩혐의 적용 등 일련의 패키지를 쏟아내며 일본정부를 압박하였다. 이것은 시작에 불과하며 추가 카드를 준비하고 있다고 원자바오 총리가 밝힌 가운데 일본은 진위를 가늠하기에 분주하였다. 막대한 외환보유고를 앞세워 일본국채를 대량 매입할 것이라는 루머가 퍼졌으며, 일본은 패닉에 가까운 반응을 나타내었다.

저우샤오촨 중국인민은행장의 입에서 공격적으로 일본국채를 매입할 것이라는 그 말 한마디가 나온다면, 일본채권 시장은 요동을 칠 것이며 엔화는 감당하기 힘든 수준으로 치솟을 것이다. 중국이 제시한 방향성을 쫓아 전 세계 헤지펀드들이 몰려들 것이기 때문이다. 결국 사건이 발생하지 18일 만에 일본은 백기를 들었으며, 중국선장에 대한 유죄판결을 통하여 띠아오위다오가 일본의 영토임을 공식 기록하려는 의도는 좌절되었다. 원자바오 총리는 2010년 9월 23일 UN 총회에서 주권과 영토 문제에 관해서는 결코 타협하지 않을 것임을 재차 밝혔다. 일본의 한계와 G2로써의 중국은 파워를 상징적으로 드러낸 좋은 사례이다.

금번 조어도 사태는 일본을 떠보기 위한 중국의 포석이었을 수도 있다. 그 뒤를 따라가면 미국이 존재한다. 2008년 대공황 위기를 앞두고 공조를 보이던 G2가 현재는 불편한 관계 속으로 빠져들고 있다. 일련의 사태들이 동북아에서 꼬리를 물고 벌어지고 있으며, 통상분쟁과 환율마찰이 2010년부터 가열되고 있다. 미국은 조어도 사태를 통해 자연스럽게 아시아로 회귀할 명분을 거머쥐었다. 남중국해에 대한 개입도 수차례 밝히고 있다. 미국은 중국팽창에 대한 주변국의 우려를 자양분 삼아 견제세력으로써의 역할을 강조한다. 2010년 9월 24일 오바마 미 대통령은 아세안 정상들과 뉴욕 정상회담을 개최하고 남중국해를 비롯한 아시아 영토분쟁의 평화로운 해결과 항생의 자유보장, 국제법 준수 등에 대한 공통된 의견접근을 보았다고 선언하였다. 특히 그는 아시아 태평양 국가로 미국은 아시아 지역에 상당한 이해관계를 가지고 있다고 밝혔다. 2009년 11월 일본 방문 연설에서 자신을 미 최초의 태평양계 대통령이라고 밝혀 주위를 놀라게 한 적도 있다.

비슷한 시기에 오바마 행정부는 2009년 11월 후진타오 주석도 받아보지 못한 성대한 만찬을 만모한 싱 인도 총리를 위해 베풀었다. 중국에 심각한 콤플렉스를 느끼는 인도가 미국에서 떨어져나갈 것을 우려했기 때문이다. 브릭스로 함께 묶인 러시아·중국·브라질과 새로운 동반자 관계를 모색할 경우 미국의 아시아 영향력은 상당히 위축될 것이다. 인도는 미국에 있어 중국을 견제하는 또 하나의 지렛대이다. 우호는 아니더라도 중립적 포지션으로 묶어둘 필요는 있다. 이와 같은 선락석 환경 속에서 우리는 한반도와 중국 간의 관계를 고민해야 된다.

존 손튼 브리킹스 연구소 이사장은 2010년 3월 '글로벌 코리아 2010' 국제학술 회의 기조 세션에서 '국제시각으로 본 대한민국 2020년 대전망'이라는 주제로 토론을 벌였다. 그는 중국에 대한 한국의 투자가 양적으로는 대규모로 이루어지지만 신뢰를 바탕에 둔 심층적 협력노력은 부족하다고 꼬집는다. 상기 학술회의에 참석한 루벤 바르다니안 러시아 트로이카 투자은행 회장 역시 상대방에 대한 이해의 중요성을 언급한다. 그는 한국이 중국·러시아·인도와 협력할 수 있는 좋은 위치에 있음에도 그 연관성을 찾지 못하며 국제화 수준도 떨어진다고 진단한다. 상품 중심의 글로벌화가 아닌 문화와 인적교류를 통한 인간중심의 글로벌화를 염두에 둔 것 같다.

중국의 중요성은 시시각각 상승하고 있다. 한국은 중국에 시간당 약 990만 달러 상당의 제품을 수출하고 있다. 이는 비단 한국만의 관점이 아니다. 세계 모든 국가들이 비슷한 시각으로 자국과 중국과의 관계를 바라본다. 한반도는 이러한 중국과 국토를 맞대고 이해관계를 조율하고 있다. 따라서 감정이 아닌 냉철한 이성을 통해 협상의 미학을 정점까지 끌어올릴 필요가 있다. 중국에 있어서 한반도는 그 정도의 가치가 있다. 반만년 이어져온 한중 역사가 그것을 대변해 준다.

섣부른 감정표출이 불필요한 오해를 조장할 수 있다. 중국 전문가들도 한중 간에 반한과 반중 정서가 존재함을 인정한다. 그러나 아직은 그것이 외교문제로 비화되는 것을 반기지 않으며 가급적 영향력을 제한하는 쪽으로 정책 흐름을 잡아가고 있다. 현 단계에서 근본적 이익충돌 요인이 존재하지 않기 때문이다. 2020년까지 중국의 개입을 요구하는 무력충돌은 결코 중국에 있어 이롭지 않다. 한반도의 중국에 대한 대외접근은 이를 전제로 짜여야 한다. 아직은 어렵게 맺어진 한중 관계를 귀중히 생각해야 된다는 기류가 중국 지도층에 넓게 깔려있다. 따라서 자칫 내셔널리즘에 빠질 수 있는 자국민에게 대국적 풍모를 요구하기도 한다. 한국에게는 중국의 굴기를 인정하고 그 환경에 적응할 것을 당부하며 북한에게는 중국의 주도적 위치를 인식시킨다.

중국 지도부는 대만에 대한 관점 연장선에서 한반도를 바라본다. 중국이 만약 초강대국으로 올라선다면 남북한 모두 중국 영향권에 편입될 것으로 생각한다. 초강대국으로 거듭난 중국을 거부할 국가는 극소수에 불과할 것이며, 한반도는 아닐 것으로 판단한다. 중국은 대만에게 중국의 부상과 역량을 파악할 50년이라는 숙고의 시간을 주었다. 지금도 그 시간은 흐르고 있다. 경제협력기본협정(ECFA)은 대만이 중국의 힘을 인식하고 있음을 드러내는 상징적 사례이다. 대만에 대한 중국의 영향력은 정치·사회로 확대전이될 것이다. 끝내 대만이 거부한다면 중국은 군사적 옵션을 택할 가능성이 높다. 노력하고 인내했

차이나 이펙트

다는 국내외 명분도 있다. 20년 이후도 미국의 글로벌 지위는 여전하겠지만 아시아에서 중국의 개입을 뿌리치지는 못할 것이다.

대만에 시간을 주었듯이 중국은 한반도에도 중국의 위치를 판단할 여유를 준다. 목계가 아님을 그들 스스로 자각하고 있으며, 이해관계를 놓고 협상과 양보를 통해 문제를 풀어가고자 한다. 그러나 힘의 격차가 뚜렷해지고 협상보다는 강요가 더 효율적임을 느낄 때 중국은 한반도에 권위를 내세울 것이다.

2010년 11월 북한의 연평도 포격으로 한반도 긴장관계가 고조되자 중국 외무부 대변인 홍레이(洪磊)는 "어느쪽이라도 중국의 배타적 경제수역(EEZ) 내에서 중국의 허락 없이 어떠한 군사적 행동을 취하는 것을 반대한다"고 밝혔다. 국제 해양법상 배타적 경제수역은 통상 200해리까지 인정되는데, 중국은 이 점을 거론하며 한미연합훈련 해역이 중국영역을 침해하고 있다고 본다.

국제법상 관련 당사국의 동의 없이 군용 선박은 배타적 경제수역을 지나갈 수 없다. 산동 지역은 한미연합훈련을 벌리는 장소로부터 170km에 불과한데, 작전 반경이 1,000km에 이르는 조지워싱턴호는 이 지역을 넘어 베이징과 상해까지 전략반경에 두고 있다. 중국이 조지워싱턴호의 서해 진입에 극도로 민감하게 대응하는 것도 군사 및 경제 정보가 유출될 것을 우려하기 때문이다. 또한 중국의 대문을 열고 중심부인 베이징을 향해 함포를 겨눈다는 상징적 의미도 존재한다.

여기서 우리는 한반도를 중국의 배타적 경제구역으로 삼는 중국 지도층의 시각을 읽을 수 있다. 중국이 동북아 지역안정을 희망한다고 말하는 것은 외교적으로 이해될 수 있다. 발해만은 동북지역의 물류 허브로써 서해의 불안정이

이 지대를 위축시킬 수 있기 때문이다. 그러나 한반도 문제에 중국의 허락을 요구하고 이 지역을 중국의 배타적 지대로 넓게 인식하는 관점은 극히 위험한 발상이다. 한반도를 체스판의 말로 삼는 미국, 속국으로 바라보는 중국 모두 거부되어야 한다. 다가올 10여년은 세계체계 변혁과 지정학적 문제가 경제관계보다 더 주목을 받을 것이다. 왜냐하면 미국은 서서히 가라앉는 길을 택하지 않을 것이고 중국은 힘을 분출할 시기를 찾기 때문이다.

2020년 이전이라도 남북한이 느슨한 연합체제를 이룬다면 중국에 있어 한국은 종적이웃(즉 명령과 수락 관계)이 아닌 횡적이웃(협상과 양보)에 가까울 것이다. 하지만 이 시기를 놓친다면 한중 관계는 점차 횡에서 종으로 변하고 한반도는 중국이라는 태양 주위를 공전하는 위성으로 추락할 것이다. 한반도와 중국이 주종관계를 맺을지 아니면 동반자 관계를 맺을지는 결국 중국이 아닌 한반도, 즉 남북관계에 달려 있다.

CHAPTER 12
부록

12차 5개년 규획과 그 이전의 발자취

부록으로 소개될 내용은 아니지만 내용의 평이함이 지루함을 안겨줄 수 있어 본서의 마지막 장에 따로 배치하였다. 현재와 미래로 시선이 온통 모아지는 작금에 과거의 발자취는 잔재로 취급 받으며 무시되곤 한다. 이하의 내용은 일반 상식을 지향하는 이들에게는 큰 도움은 되지 않을 것이다. 다만 '중국'이라는 블랙박스를 연구하는 사람들에게는 약간의 조언은 전해줄 수 있을 것 같다.

12차 5개년 규획 골격 전망

1953년 이래로 중국은 5년 단위로 경제 발전 계획을 세우고 있다. '11차 5개년 (2006~2010년) 규획'은 이미 마무리 단계로 접어들었다. 2010년 9월 현재 '12차 5개년(2011~2015년) 규획'의 최종 손질작업이 한창 진행 중이다. 일반적으로 5개년 규획은 사전조사, 초안편제, 논증과 통합, 심사비준 4단계를 거쳐 수립된다.

2009년 하반기 각 지방정부에 12차 5개년 규획 편찬작업을 통보했으며, 이들이 보고한 내용을 바탕으로 2010년 통합작업이 진행되었다. 국무원 심사를 통해 2010년 10월로 예정된 17차 5중 전체회의에서 주요 의안을 놓고 토론이 이루어지며 최종완성본이 2011년 3월 양회(전국인민대표대회, 인민정치협상회의)에 보고된다. 최종완성본이 양회를 통과되면 정식으로 '12차 5개년 규획'이 발표 실시된다. 향후 5년간 경제 및 산업 전략이 수립되는 것이다.

<12차 5개년 규획 주요 주제에 관한 지침>을 통해 '12차 5개년 규획'의 골격을 엿볼 수 있다. 이 지침은 총 8개 영역 39개 항목으로 구성되어 있다. 8개 영역은 발전환경, 사고의 맥락과 목표, 산업구조, 지역구도, 과학교육문화, 개혁개방, 주민생활, 자원환경 등이다. 이들 8개 영역에 부속되어 세부 카테고리가 정해지며, 그 카테고리에 맞게 정책이 입안될 것이다. 한편 앞서 지침과 함께 참조문건이 제시되는데, 이 참조 문건은 지침을 좀 더 구체적으로 설명한 요약본 정도로 볼 수 있다. 참조 문건도 8개 영역으로 나뉘며 세부항목은 30개이다. 8개 영역은 거시경제환경, 사고의 맥락과 목표, 업종발전과 구조조정, 기술진보와 자주혁신, 지속가능발전, 정보화와 공업화 융합, 개혁개방, 종합관리로 분류된다. 지침보다는 윤곽이 한층 뚜렷할 것이다.

12차 5개년 규획의 사고맥락은 크게 인본주의와 통합발전이 될 것 같다. 이 인위본(以人为本, 인본주의)은 조화사회와 함께 후진타오 현 주석이 11차 5개년 규획에서 강조한 개념이지만, 그 현실화는 그 이전보다 훨씬 멀어지고 있다. 따라서 이를 뒷받침할 실무 개념인 통합발전이 다음 5년 동안에는 강조될 듯하다. 경제성장 지침은 과거 '빠르고 좋은'에서 '좋고 빠른'을 넘어 '포용성 성장

(Inclusive growth)'으로 전환될 것 같다. 포용성 성장이라는 개념은 2007년 아시아개발은행(ADB)에서 처음 언급했으나 주목을 받지 못하다가 후진타오가 2010년 제5차 APEC 인력자원개발 장관급 회의에서 재차 소개함으로써 '12차 5개년' 규획 제정을 앞두고 화두로 떠올랐다. 경제구조 조정과 성장방식 전환은 11차 5개년에 이어 중점 방향으로 설정될 것이다. 한편 지속 가능발전 영역은 절전 및 환경오염 감소, 순환경제 부문을 담고 있다. 이는 2010년 9월 국무원이 확정 발표한 7대 신흥 선략산업과도 연결된다. 침고로 7대 신흥 전략산업이란 절전 및 환경보호, 신세대 정보기술, 생물, 첨단 장비제조, 신에너지, 신재료, 신에너지 자동차 업종을 말한다.

12차 5개년 규획 주요 움직임

그 외 개혁개방 영역은 군·민의 결합을 강조하고 있다. 이 기류를 바탕으로 최근 군수부분의 민영화를 부쩍 강조하고 있다. 2010년 8월 중국증권감독위원회는 자본시장을 통한 신장생산건설병단 지원 좌담회를 개최하였다. 건설병단은 군수집단으로 샹푸린 증권감독위원회 주석은 이 좌담회에서 병단계열 상장회사의 규범화 및 발전을 요구하였다. 2010년 9월에는 공업정보화부에서 전신 및 국방공업 부문에 대한 민간자본의 투자를 장려한다고 밝혔다. 이 두 영역은 안보적 측면에서 정부통제가 두드러진 산업이었다. 11차 5개년 규획이 국유기업의 주식제 전환을 화두로 삼았다면 12차 5개년 규획은 민간자본 활성화와 함께 이를 마무리할 것으로 판단된다. 그 방점에 군수공업과 정보통신 산

일자	'12차 5개년 규획' 주요정책 및 발언
2010.03	에너지효율지표를 다양한 경성지표로 세분화 계획
	폐기물 산업에 8,000억 위안 투입할 계획
	후진타오: '12차 5개년 규획'에도 서부대개발 정책은 중요 임무가 될 것
	국민소득 배 이상 증가, 소득분배 개선 실현할 것
	사회보장기금 규모 2조 위안으로 확대시킬 것
2010.04	현 수준보다 20% 에너지 절전시킬 것
	스마트그리드 전력분야 '12차 5개년 규획'에 편입
2010.05	후진타오: '11차 5개년 규획'보다 고정자산투자 배 이상 확대시킬 것
	국가발전개혁위원회: 산업폐기물 사용규칙 편제시작
2010.06	주택보장 중장기 계획마련, 빈곤가계 기본적 주택보장
	순환경제, '12차 5개년 규획'에도 여전히 경제시스템 개혁의 중점부문
2010.07	1차 에너지에서 비화석 부문이 차지하는 비중 11%로 끌어올릴 것
	희토류 업종 12차 5개년 규획 막바지 작업
2010.09	절전 및 오염배출 감소, 선택이 아닌 강제적 구속지표로 작용할 것

업이 자리 잡고 있다.

끝으로 중국은 2010년 10월말 <중공중앙, 국민경제 및 사회발전 제12차 5개년 규획 제정에 관한 건의(이하 건의)>라는 문건을 발표했다. 이 문건은 2011년 3월 전인대에서 심의, 의결할 <12차 5개년> 규획의 최종 초안이다. 금번 문건은 이전 규획과 확연히 구별되는 2가지 특징을 갖고 있다. 첫째는 GDP 목표치에 대한 언급이 없다는 것이다. 11차 5개년 규획에서는 2010년 1인당 GDP 규모를 2000년 대비 2배 확대한다는 문구가 명확히 기입되어 있었다. 그러나 이번에는 경제구조에 대한 전략적 조정을 통해 경제발전 방식을 전환한다는 내용만 담겨있을 뿐이다. 수치적 성장에서 질적 성장으로의 전환을 못박고 있는 셈이다. 둘째 경제구조에 대한 전략적 조정의 해(解)를 효율적 내수 메커니즘에서 찾고 있다는 사실이다. 경제성장은 흔히 소비, 투자, 수출 트로이카에 의해 실현된다. 이런 의미에서 금번 건의는 상기의 3가지 동력 가운데 소비를 최우선에 둔 첫 규획으로 기록될 듯하다.

한정된 지면에 전체 내용을 담을 수도 없을 뿐더러 아직 그 내용이 확정조차 되지 않았다. 얻을 수 있는 정보도 한정되어 있으며, 그 모습은 정부 부문별로 산발적으로 그려지고 있다. 다만 소득분배 개혁, 도시와 농촌 통합발전, 정보화와 공업화의 융합, 지속가능발전, 조우추치, 7대 신흥 전략산업 등과 같은 핵심 키워드를 토대로 골격을 맞추어 보면 개괄적인 윤곽이 잡힐 것이다. 중국의 경제전략 방향과 지원영역을 아는 것만으로도 여러분의 비즈니스와 투자에 적지 않은 도움이 될 것으로 판단된다. 그러면 중국의 5개년 규획을 토대로 중국 경제성장 발자취를 더듬어 보자.

중국 경제와 5개년 규획

모색기(1949~1957년)

중국은 이 시기 각종 산업영역에 대한 사회주의로의 전환을 완성시켰다. 소련의 지도와 원조로 대단위 프로젝트가 실시되었고 시장주의에서 사회주의로 생산과정이 변경되었다. 국민총생산(GNP)에서 국영경제(國營經濟), 합작경제(合作經濟), 공사합영경제(公私合營經濟)로 대변되는 국유 3인방이 차지하는 비율이 1952년 21.3%에서 1957년에는 92.9%로 뛰었다. 국유경제로 완전히 탈바꿈한 것이다. '1차 5개년' 기간 기초인프라 영역에 투입된 자금은 550억 위안으로 집계된다. 중국은 이때 실시된 600개 상당의 중대형 프로젝트로 공업경제의 초기 골격을 마련하였다. 산업구조에도 새로운 변화가 일어났는데, 공업총생산에서 중공업 비율이 2배(26.4% → 48.4%) 가까이 늘어났다. 다만 농업과 공업 간의 균형이 무너져 농업이 점차 2선으로 밀려나게 되었다. 또한 과잉의욕으로 무분별한 투자가 일어났으며 그 결과 국가재정은 수렁에 빠졌다. 점진적 전환보다 급격한 개조를 택함에 따라 이후 20년 중국을 혼란 속에 빠뜨릴 씨앗이 잉태되었다.

혼란기(1958~1975년)

초기 성과에 고무된 중국은 1958년 8월 베이타이허(北戴河) 중앙정치국 확대회의에서 목표치를 상향 조정하였다. 5년 이내에 사회주의 건설을 완성하고 공산주의로 향하는 과도기 조건을 마련할 것을 천명하였다. 당시 지도층은 1962년까지 독립적이고 강력한 공업화 사회건설을 목표로 삼았다. 또한 영국을 뛰어넘고 미국을 따라잡을 수 있는 수준으로 핵심상품의 생산능력 확장을 꾀하였다. 참고로 이들의 장밋빛 소망이 실현된 때는 1960년대가 아닌 약 40년이 지난 20세기 말이었다. '2차 5개년' 계획에 따라 3,850억 위안이 기초인프라 부문에 배정되었는데, 이는 '1차 5개년'보다 5배 이상 많은 금액이다. 이때 설정된 중대형 건설프로젝트는 1,000개 이상인 것으로 알려진다.

그러나 1958년 이후 실시된 대약진(大躍進)운동과 반우경(反右傾)운동으로 중국 경제는 조절능력을 상실하였다. '2차 5개년' 계획목표 실현이 멀어지자 1960년 9월 중공중앙(中共中央)회의에서는 목표수정을 결정하였다. 경제는 피폐해지고 사회 및 국제정세가 긴박해지자 중국은 1965년 전쟁을 염두에 둔 3차 5개년 계획을 수립하였다. 당시 경제진략 지침은 대규모 초기전쟁을 지탱할 국방건설을 최우선으로 하였으며 '3선(三線)' 건설의 가속화를 요구하였다. 사회, 경제적 자원을 총동원함으로써 '3차 5개년' 목표치는 초과 달성되었다. 다만 산업구조와 실정을 도외시한 성장 드라이브 정책으로 중국의 발전 잠재력은 급속히 소진되었다. 1973년 7월 국가계획위원회는 '4차 5개년' 계획수정안을 내놓고 1960년에 이어 목표치를 다시 하향조정하기에 이르렀다.

이 시기를 요약해 보면, 사전 계획에 따라 경제가 운영되었으며, 중공업의 존재성이 한층 강화되었다. 집단 소유제와 전(全) 인민소유제가 공고히 정착했으며 물류와 상업의 필요성이 표면화되었다. 또한 체계를 넘어선 모든 범위에서 사회주의가 뿌리 깊게 이식되었으며 비이성적 낙관론이 만연하였다. 대약진운동, 문화대혁명으로 불리는 급진적 이데올로기가 '경제'를 '이념'적 행위로 만들었다.

개방기(1976~1990년)

중국은 1975년 중공중앙(中共中央)회의를 통해 '1976~1985년 발전국민경제 10년 규획강요초안'을 제정하였으며 '5차 5개년' 계획을 안배하였다. 중국 경제는 '5차 5개년' 계획이 제출된 후 3년간 비교적 완전한 공업 및 국민경제 체계를 구축하였다. 1977년 고도성장을 토대로 1978년 3월 초안수정 작업에 들어갔다. 120개의 대형 프로젝트 진행을 독려하는 한편 새로운 프로젝트도 추진하였다. 그 주요 내용으로는 10개의 대형철강단지, 9개의 유색금속단지, 8개의 석탄단지, 10개의 가스 및 유전단지 조성 등이 있다. 다만 이전 그리고 이후에도 반복적으로 일어날 맹목적 낙관론이 다시 고개를 들었다. 중국은 1978년부터 1985년간 기초인프라 부문에 매년 700억 위안을 투입할 것을 계획했는데, 이는 당시 중국 경제실정을 역행하는 조치였다.

제11차 3중 전체회의(十一届三中全会) 이후 상기 계획에 대한 전면적 수정작업이 일어났으며 중국 공산당은 당의 공작중점을 사회주의 현대화 건설로 전환하였다. 이 회의를 통해 객관적인 경제 시스템에 의한 업무 추진이 강조되었으며 새로운 발전방법이 모색되었다. 1979년 4월 중공중앙공작회의(中共中央工作会议)에서는 정식으로 '조정(調整), 개혁(改革), 정돈(停頓), 향상(提高)'이라는 방침이 제출되었으며 국민경제에 대한 안정화작업이 이루어졌다. 참고로 중국과 달리 서구경제는 '거시조절(macro control)'이라는 개념이 보편화되어 있지 않다. 일반적으로 거시경제정책(macroeconomic policy)이라는 넓은 범위에서 이 화제를 접근하고 있는데, 서구는 정부가 경제안정을 목적으로 경제운용에 간섭하는 경우를 특별히 '경기안정화'라는 말로 정의 내린다.

　개혁개방 정책이 궤도에 오름에 따라 중국 경제는 급속히 팽창하였다. 이에 따라 1984년부터 과열기미가 표출되었는데, 국민총생산은 14% 이상 늘어났으며 수출입총액은 약 40% 확대되었다. 1985년 국무원은 거시경제조절을 강조하며 유동성 관리에 들어갔다. 1985년 GNP는 7780억 위안을 기록하였는데, 이는 물가를 감안해도 1980년 대비 매년 10% 정도의 고도성장으로 표현된다. 이때 이미 1989년 천안문사태의 씨앗이 뿌려진 것이다. 1980년 중반 이후 중국 특색의 사회주의 경제체제의 기반이 마련되었다. 또한 시장경제가 대세로 잡고 대외개방에 대한 광범위한 동의를 이끌어냈다.

　1985년 중국인민은행이 중앙은행의 기능을 담당하였으며 공상은행·건설은행·중국은행·농업은행이 설립되면서 금융권이 태동하였다. 경제에 시장과 자본주의 요소가 스며들었고, 시장을 경제운용의 주요 지렛대로 활용하였다. 이전과 다른 시스템이 도입됨에 따라 혼란과 부작용이 짙게 깔렸다. 중앙정부의 안정화정책에도 탄력을 받은 고정자산투자와 소비는 눈덩이처럼 그 덩치를 부풀렸으며 재정과 외환 영역 간의 불균형이 심화되었다. 물가는 급속히 치솟았으며 경제구조의 불합리성과 기업효율 하락이 눈에 띄게 표면화되었다. 마침내 1988년 경기과열은 통제범위를 벗어났으며 인플레이션은 역사상 최대 수준으로 뛰어올랐다. 개혁개방 성과에 대한 긍정적 반응이 주류였음에도 그 성과가 국가와 특권층에 귀속됨으로써 대중의 불만은 누적되었다. 정치민주화로 촉발된 학생운동에 경제와 사회문제에 불만을 가진 대중이 가담함으로써 체제변혁을 요구하는 수준으로 사태는 퍼져 갔다. 국가경제의 성공이 국민의 번영으로 연결되지 않은 한계를 보인 셈이다.

도약기(1991~2000년)

1989년 천안문사태 문제로 자오쯔양(趙紫陽)을 필두로 한 개혁파 인사들이 실각하고 장쩌민, 리펑으로 대변되는 보수파들이 그 자리를 채웠다. 다만 경제 분야에 있어서는 기존 사회주의 시장경제가 여전히 계승되었으며 1992년 덩샤오핑(邓小平)의 중요담화를 통해 이에 대한 논란은 종지부를 찍었다. 경제건설 중심, 사회주의 시장경제, 개혁개방이라는 핵심개념은 좌우를 떠나 불멸의 지침으로 뿌리내렸다. '8차 5개년' 계획, 즉 1991년부터 1995년까지 정치·사회적 상흔을 뒤로 하고 중국 경제는 눈부신 도약을 이끌어내었다. 이 기간 연평균 GDP 증가율은 11%에 이르렀다. 무엇보다도 2000년에 가능할 것으로 여겨졌던 전략목표, 즉 1980년 대비 4배 이상 경제규모를 확대한다는 것이 5년 빨리 달성되었다. 1960년대 1세대 지도층이 내세운 희망이 점차 현실화되면서 세계 1, 2위를 다투는 상품들도 속속 등장하였다. 일례로 1995년 중국은 석탄·시멘트·TV·면화 등 부문에서 세계 1위, 철강과 화학섬유에서는 세계 2위, 발전량에서는 세계 3위를 점하였다.

경제체제 개혁도 뚜렷한 성과를 보였다. 재정의 기초가 되는 세제의 분류체계를 확립하고 부가가치세를 주체로 한 신(新)세제의 정상적 운영이 이루어졌다. 금융영역에서는 정책성 금융과 상업성 금융이 분리되었으며 자원분배에서 시장의 역할이 강화되었다. 공유제를 중심에 둔 다양한 경제 주체가 발전할 수 있는 토양이 개척되었으며 대외개방의 범위와 규모도 한층 확대되어 연해지역에서 점차 내륙지역으로 개방의 물결이 퍼졌다. 또한 일반가공에서 기초공업과 설비부문으로 개혁개방이 심화되었다. 점에서 선으로 그리고 면으로 이어지는 확산루트가 점차 그려졌다. '8차 5개년' 기간 수출입총액은 '7차 5개년'보다 2배 늘어났으며 세계 상품거래에서 점하는 비중도 1.6%에서 3%로 올라섰다.

8차 5개년 계획으로 양적인 팽창을 이룬 중국은 '9차 5개년' 기간 국유기업 개혁과 시장경제 체제를 전면에 내세웠나. 앙적 싱장을 우신순위에 두면서 질적 개선에도 관심을 보이기 시작한 것이다. 또한 증시육성을 통하여 은행권에 집중된 자금통로를 다변화하였다. 1997년 동남아 외환위기로 기존 경제성장 모델에 대한 수정작업을 시작했으며 산업전체를 놓고 구조조정을 고민하였다. 근 3년에 걸친 재정확대 정책으로 성장기조를 유지했으며 수출 경쟁국 통화가 평가절하되는 와중에 위안화 환율을 유지함으로써 '중국'이라는 두 글자를 각인시켰다. 또한 홍콩회귀로 대외 금융통로를 확보하였다.

안정기(2001~2010년)

20세기 말 이룩한 성과에 대한 자신감을 바탕으로 피동적 입장에서 벗어나 능동적으로 세계화 물결을 탔다. 2001년 WTO 가입을 계기로 세계 경제의 일원임을 알렸다. 중국은 브라질, 러시아, 인도와 함께 브릭스로 불리며 신흥 경제대국으로 부상하였으며 2000년 9조9215억 위안에 불과하던 경제규모는 2005년 18조 2321억 위안으로 2배 가까이 늘어났다. 이 기간 연평균 성장률은 9.5%로 집계되었다. 10차 5개년 계획(2001~2005년) 기간 중국의 대외무역은 평균 24.6% 성장하였는데, 이는 이전 단계보다 11포인트 높은 수치이다. 한편 2005년 중국의 대외무역 규모는 미화 1조 4,221억 달러로 2000년 대비 199.8% 늘어났다. 2005년 외국인 직접투자액은 미화 603억 달러로 2000년 대비 48.2% 신장되었으며 외환보유고는 미화 8,189억 달러로 2000년 말 기준 4배 이상 증가하였다. '10차 5개년' 계획기간 중국은 신흥 경제대국에서 글로벌 경제대국으로 통하는 발판을 마련하였다.

2006년 중국은 '11차 5개년'을 마련하면서 기존 '계획'이라는 용어를 폐기했으며, 정부기관을 필두로 계획적 잔재를 일소하기 시작하였다. 21세기를 맞이하는 첫 20년을 중국의 미래를 위한 주요 전략적 시기로 설정하고 장기간 누적된 모순과 문제해결을 과제로 삼았다. 이인위본(以人为本, 인본주의)을 발전 개념으로 삼아 조화사회를 이룰 것을 천명하였다. 경제성장 발전전환을 구체적 지침으로 삼았으며 빠른 경제성장보다 성장의 질과 효익 그리고 경제구조의 전략적 조정을 앞세웠다. 2010년 1인당 GDP가 2000년 대비 2배가 되도록 한다는 목표를 세웠으며, GDP 한 단위별 에너지 소모율을 '10차 5개년' 기간 대비 20% 절감한다는 수치도 제시하였다. 자주혁신을 통해 산업구조 구도화를 추진하고 도시화를 촉진한다고 밝혔다. 또한 자원절약형, 환경친화적 사회를 건설하고 각 영역의 체제 개혁을 심화시키고 대외개방 수준을 향상시킬 것을 요구하였다. 문화의 중요성도 강조하는 한편 이를 산업과 연결시킬 뜻도 분명히 하였다.

'11차 5개년' 규획에서 제시한 수치적 목표는 그 이전 이미 실현된 단계로,

일례로 1인당 국민소득은 2000년 대비 3배 가까이 늘어났다. 수출입 총액도 2조 달러를 가뿐히 넘기고 있으며, 2010년에는 세계 2위의 경제대국 및 최대 무역 대국이 될 것으로 전망된다. 또한 외환보유고는 2.4조 달러를 넘어섰다. 미국과 함께 G2로 불리며, 국가를 넘어선 존재로 세인의 뇌리에 인식되고 있다. 다만 대외적 성과와 양적인 팽창과 달리 질적인 부문은 여전히 미진하다. 사회 양극화와 부패는 나날이 심화되고 성장의 질과 효익은 의문시된다. 산업구조 구도화노 만족할 만한 단계는 아니다. 빠른 성장보디 성장의 질을 강조했음에도 아직 양적팽창의 늪에서 헤어 나오지 못하고 있다. '12차 5개년'은 이런 문제를 개선하는 것으로부터 시작되어야 될 것이며 그렇게 전략이 짜여질 것이다.

7대 신흥 전략산업과 주식 투자종목 130선

7대 신흥 전략산업 선정과정

2009년 9월 - 원자바오 총리는 신흥 전략산업발전 좌담회에서 47명의 경제, 과학기술 분야 전문가로부터 신흥 전략산업에 대한 의견 및 건의를 청취함. 이때부터 신흥 전략산업이 여론의 동선에 노출되었지만 이전과 달리 조용한 분위기 속에서 취급됨. 좌담회 석성에 참가한 모든 전문가들은 미디어 취재요구 거부 명령을 받음. 단지 관방매체에서 신에너지, 절전 및 환경보호, 전기자동차, 신재료, 신의약, 생물육종, 정보산업이라는 문구가 흘러나옴.

*

2009년 11월 - 원자바오 총리는 인민대회당에서 과학계 인사들을 앞에 두고 신흥 전략산업에 포함될 영역이 가지는 중요성을 강조함. 또한 과학적 선택의 필요성을 재차 역설함. 포함 명단의 올바른 선택은 비약적 발전을, 잘못된 선택은 성장기회를 놓치는 과오를 범할 것이라고 밝힘. D신흥 전략산업을 점차적으로 사회발전의 주력으로 삼을 것이라고 말함. 신에너지(절전 및 환경보호, 신에너지 자동차), 정보통신망, 신재료, 생명과학, 공간기술을 신흥 전략형 산업으로 언급함. 재생에너지가 전체 전력생산의 21%가 되도록 노력할 것이라고 말함. 또한 환경보호와 그린에너지 부문을 전체 GDP의 7%로까지 확대할 것이라고 피력함. 단 제조업이라는 문구는 빠짐.

*

2009년 12월 - 중앙경제공작회의에서 '신흥 전략산업 발전'을 향후 경제전략 방향으로 언급함. 단 구체적 산업에 대한 명기는 없었음. 오히려 공업정보화부에서 정보통신망, 선진제조업, 생산형 서비스업, 신에너지, 신재료, 생물의약 등을 신흥 전략산업이라고 밝힘.

*

2010년 2월 - '신흥 전략산업 육성 가속화를 위한 연구소조' 설립을 정식으로 공포함. 이 소조에는 국가발전개혁위원회, 과학기술부, 공업정보화부, 재정부 등 20개 정부 부문이 참여하며 국가발전개혁위원회 주임이 조장으로 임명됨.

*

2010년 3월 - 제11차 전국인민대표대회 제3차 회의에서 원자바오 총리 정부공작보고에 '신흥 전략산업 육성'을 명기함. 당시 정부공작보고에 기입된 것은 신에너지, 신재료, 절전 및 환경보호, 생물의약, 정보통신망과 첨단 제조업 6개 부문임. 2009년 11월 언급된 것과 나열순서가 다르며 절전 및 환경보호가 따로 분리되었고 생명과학이 생물의약으로 공간기술이 제외되고 첨단제조업이 언급됨. 이때까지 신에너지 자동차는 단독 명기되지 못함.

*

2010년 9월 - 국무원 상무회의를 통해 <국무원의 신흥 전략산업 육성가속화에 관한 결정> 문건을 정식 공포함. 이를 통해 7대 신흥 전략산업 영역 확정됨. 언급된 순서로는 절전 및 환경보호, 신세대 정보기술, 생물, 첨단장비제조, 신에너지, 신재료, 신에너지 자동차임. 기존에 언급되었던 정보통신망은 신세대 정보기술로 대체됨. 언급 순서에도 변화가 발생함. 특히 신에너지 자동차는 정부공작보고에서 단독 기재된 부문은 아님. 다만 신흥 산업과 관련된 부문에서 신에너지 자동차를 적극적으로 발전시킨다는 문구는 존재했음. 신에너지 자동차와 함께 병기된 것으로는 3망 융합, Internet of Things의 응용연구 등이 있었음. 3망 융합, Internet of Things의 응용연구는 신세대 정보기술이라는 한 단어로 교체된 듯함.

7대 신흥 전략산업이 가지는 의의

2009년 발표한 '10대 산업 조정 및 진흥정책'에 이어 2010년 9월 확정된 7대 신흥 전략산업은 '두 번째 4조 위안 프로그램'이라는 타이틀을 가지고 있다. 2009년에 확정된 10대 산업은 철강·자동차·조선·석유화학·방직·경공업·유색금속·제조설비·전자정보·물류이다. 이들은 중국 경제의 중심을 잡아줄 키로 12차 5개년에서도 그 역할은 저평가되지 않을 것이다. 다만 앞으로 10~20년 이후에도 이들이 중국 경제 성장을 주도할 것으로 보기는 힘들다. 일부 산업은 도태될 것이고 일부 산업은 여전히 강력한 영향력을 미칠 것이다. 중국이 7대 신흥 전략산업을 육성하는 이면은 이 사이의 간격을 매우는 한편 고도성장을 주도할 새로운 산업을 키우려는 목적이 강하다. 현 세대가 아닌 다음 세대를 위한 준비작업이며 이는 100년 단위의 21세기 현대화 계획의 한 카테고리에 불과하다. 2050년 이후에는 현재의 7대 신흥 전략산업이 2009년처럼 또 다른 조정 및 진흥 정책의 위치로 떨어질 수도 있다. 참고로 2009년 9월 언급된 공간기술은 그 중 요성이 떨어지기보다 개념의 난해함으로 다른 영역을 통해 구현될 듯하다. 현재 7대 전략산업과 함께 산업별 12차 5개년 규획 제정이 한창이다. 표는 7대 신흥 전략산업을 23개 항목으로 나누어 본 것이다.

7대 신흥 전략산업과 23개 세부 항목

신흥 전략산업	세부 항목
절전 및 환경보호	고효율 에너지 절전, 선진 환경보호, 순환이용(재활용 분야)
신세대 정보기술	차세대 통신네트워크, Internet of Things, 3망(통신·방송·인터넷) 융합, 차세대 디스플레이, 고성능 집적회로, 첨단 소프트웨어
바이오	바이오 의약, 바이오 농업, 바이오 제조
첨단장비제조	항공우주, 해양공정 장비, 첨단 지능화 장비
신에너지	핵 발전, 태양광, 풍력, 바이오매스
신재료	특수 기능성 소재, 고성능 복합소재
신에너지 자동차	하이브리드자동차(HEV), 순 전기자동차(니켈수소전지)

각 신흥 전략산업은 표에서 언급한 부문 이외에 또 다른 영역으로 확대될

수 있으며 각 항목도 좀 더 세밀하게 나누어질 수 있다. 일례로 신에너지에는 LED(발광다이오드)도 포함되며, 태양광도 막연한 영역에서 전지부속품·전자·규소·폴리실리콘 같은 구체적인 제품으로 세분화될 수 있다. 박막전지의 경우 전도유리·태양광유리·EVA 박막 등을 원재료로 사용한다. 한편 절전 및 환경보호 부문에 단독으로 표기되지는 않았지만 스마트 그리드도 이에 해당될 것이다. 스마트그리드는 신세대 정보기술과도 연결된다. 이와 같이 하나의 영역에 여러 개의 항목이 연결되고, 그 항목은 다시 세부 분야로 나뉜다. 개별 전략산업이 모두 대단위의 산업 클러스터를 형성하는 셈이며 중국은 이를 통해 새로운 성장잠재력을 발굴하고자 한다. 다음 글에서는 7대 신흥 전략산업을 중심으로 테마를 이루고 있는 종목들을 살펴보기로 하자.

7대 신흥 전략산업과 상장종목들

7대 신흥 전략산업에 포함된 세부 항목만큼 이와 연결된 회사도 다양하다. 직간접적으로 연결된 기업만 해도 상장종목의 25% 수준은 될 듯하다. ST(특별관리)라는 꼬리표를 단 기업부터 회사명만 비슷하면 모두 관련종목으로 편입시켜 투자자의 눈을 흐리게 한다. 마치 20세기 마지막을 장식한 '닷컴' 열기를 연상시킨다. 환경적으로 가금류를 키운다고 환경테마에 편입될 수도 있다. 과장을 좀 하자면, 인력거가 절전 및 환경보호, 또는 신에너지 자동차로 편입될 수도 있다. 투자세계에서는 모든 일이 가능하다. 현재도 '녹색'을 기치로 넓게 테마주들이 퍼져 있다.

차이나 이펙트

증시에도 파레토 법칙은 통용된다. 상위 20%만 생존하고 나머지 80%는 도태 또는 명목상으로 존재할 가능성이 높다. 표에 언급된 80% 종목은 이익보다는 손실을 끼칠 가능성이 높다. 넓게는 살아남을 20%, 좁게는 투자가치와 잠재력이 뛰어난 10%를 선별하는 작업이 필요할 것이다. 리스크 업종일수록 시장지배력이 높은 주도주가 매력적일 것이다. 끝으로 아래 표는 투자가 아닌 7대 신흥 전략산업의 저변을 살피는 한 방편으로 언급되었다는 사실을 명심하기 바란다. 국내 투자자에게는 생소한 종목들도 싱딩수일 것이다.

절전 및 환경보호 종목

종목명	중문명	종목코드	업종	관련 사업
중원환보	中原环保	000544	사회서비스	난방 공급, 분배 시스템
은성능원	银星能源	000862	기계	공업자동화계측, 스마트그리드
산대화특	山大华特	000915	의약생물	오수 및 폐기물처리, 환경보호공정설계
카이디전력	凯迪电力	000939	기타	청결석탄연소기술, 폐기물자원화처리
과학성	科学城	000975	사회서비스	환경보호 부문 투자 및 경영관리
수창주식	首创股份	600008	사회서비스	수도공급 및 오수처리
특별전공	特变电工	600089	기계	스마트그리드 분야
천과주식	天科股份	600378	석유화학	탄소일체화 및 촉매, PSA분리기술
용정환보	龙净环保	600388	기계	환경오염방지설비, 환경보호관측기구
화광주식	华光股份	600475	기계	수처리, 탈황 및 먼지제거 설비
쌍양절능	双良节能	600481	기계	해수담화절전 및 에너지종합회수 설비
직신전기	置信电气	600517	기계	전기분야 기술자문 및 개발
피다환보	菲达环保	600526	기계	환경설비(코트렐) 일부부품생산
신아달	信雅达	600571	기계	탈황 및 먼지제거 설비
불산조명	佛山照明	200541	금속, 비금속	각종 조명, LED, 리튬전지
항치륜B주	杭汽轮B	200771	기계	직간접수혜(공업용증기터빈)
천진창업	天津创业	1065,HK	사회서비스	오폐수 처리, 정수, 수돗물공급
상해전기	上海电气	2727,HK	기계	복합사이클 발전시스템, 환경보호설비

차이나 이펙트

신세대 정보기술 종목

종목명	중문명	종목코드	업종	관련 사업
장성컴퓨터	长城电脑	000066	정보기술	PC, 소프트웨어 및 인터넷 시스템
자광주식	紫光股份	000938	정보기술	전자공정, 통신접속, 제어, 지불시스템
낭조신식	浪潮信息	000977	정보기술	전자공업용 제어설비, 전자스톱워치
굉도고과	宏图高科	600122	정보기술	IT제품, 응용소프트웨어, 시스템통합
대항과기	大恒科技	600288	정보기술	광학, 레이서광선부품, 자동화, 징밀기계
화승천성	华胜天成	600410	정보기술	시스템통합, 소프트웨어, 통신설비
상우과기	湘邮科技	600476	정보기술	첨단전자제품, 무선통신, 전자정보시스템
봉화통신	烽火通信	600498	정보기술	광통신, 시스템통합, IT개발
동연그룹	东软集团	600718	정보기술	전자공정, CT기 생산, 소프트웨어, 제어
종예주식	综艺股份	600770	정보기술	집적회로 설계 및 응용제품
붕박사	鹏博士	600804	정보기술	IT제품개발, 시스템통합, 기술자문
바오신B주	宝信B股	900926	정보기술	프로그램 개발, 시스템 통합
중흥통신	中兴通讯	0763.HK	정보기술	통신설비, 신호자동제어, 마이크로파 통신
항과통신	航科通信	1185.HK	전자, IT	무선통신, 자동차지능화, GPS응용, 풍력

바이오 종목

종목명	중문명	종목코드	업종	관련 사업
동아아교	东阿阿胶	000423	의약, 생물	합성중약, 아교, 과립약제
운남백약	云南白药	000538	의약, 생물	생화학약품, 바이오, 중약
인화약업	仁和药业	000650	의약, 생물	약제종묘배양
푸로주식	普洛股份	000739	의약, 생물	생물제약 기술연구
화신그룹	华神集团	000790	의약, 생물	원재료약, 첨단기술제품 개발
금릉약업	金陵药业	000919	의약, 생물	의약원료, 생화학제품 등
구지당	九芝堂	000989	의약, 생물	과립약제, 각종 환약, 시럽제품
쌍학약업	双鹤药业	600062	의약, 생물	가공 및 원재료약, 주사액 등
동인당	同仁堂	600085	의약, 생물	중약, 생화학약품 등
중목주식	中牧股份	600195	의약, 생물	사료원료, 바이오제품, 가축용 백신
항서의약	恒瑞医药	600276	의약, 생물	각종 원료약과 주사제
건강원	健康元	600380	의약, 생물	중약, 화학약품, 항생제
강중약업	江中药业	600750	의약, 생물	원료약, 과립, 당액 등
삼보약업	三普药业	600869	의약, 생물	천연약물, 각종 환약, 중약제 등
무한건민	武汉健民	600976	의약, 생물	각종 환약 및 과립제
려주그룹	丽珠集团	200513	의약, 생물	각종의약, 바이오 및 생화학시약
중국양유	中国粮油	0606.HK	농식품	바이오에너지, 유지가공, 쌀 및 밀 가공
중국제약	中国制药	1093.HK	의약, 생물	페니실린, 세팔로스포린, 비타민

첨단장비제조 종목

종목명	중문명	종목코드	업종	관련 사업
중국중기	中国重汽	000951	기계	적재차량, 전용차, 자동차 부속
태산발전	秦川发展	000837	기계	유압설비, 디지털제어, 정밀기어
서공과기	徐工科技	000425	기계	공정기계, 특별차, 환경보호 시설
중련중과	中联重科	000157	기계	이동식기중기, 환경보호설비
역원액압	力源液压	600765	기계	유압설비, 비행기 및 항공엔지 부속
항천신광	航天晨光	600501	기계	교통운수, 자동화통제시스템 등
성말자동차	星马汽车	600375	기계	전용자동차, 자동차 부속품, 금속재료
정성천공	鼎盛天工	600335	기계	공정건설기계, 콘크리트 믹서
태원중공	太原重工	600169	기계	풍력발전, 항구기계, 전기자동화
중국선박	中国船舶	600150	기계	조선, 선박전용 설비 등
삼일중공	三一重工	600031	기계	기중기, 전기기계, 일반설비
전화B주	振华B股	900947	기계	해상중형장비, 항구하역장비
쿤명기상	昆明机床	0300.HK	기계	고효능제품, 광기전일체화 기술
광선국제	广船国际	0317.HK	기계	선박, 컨테이너, 일반 기계 등
중항과공	中航科工	2357.HK	기계	자동차 및 헬기 및 일반비행기 제작

신에너지 종목

종목명	중문명	종목코드	업종	관련 사업
보신능원	宝新能源	000690	전력	재생에너지, 신에너지
중핵과기	中核科技	000777	전력	핵 발전
동호고신	东湖高新	600133	부동산	전력, 신에너지, 환경보호기술 개발
항천기전	航天机电	600151	기계	위성, 로켓, 태양열 발전시설
적천화	赤天化	600227	석유화학	합성암모니아, 공업용 산소 및 수소
금산주식	金山股份	600396	전력	수력 및 풍력 발전
국전남서	国电南瑞	600406	기계	각종 전력시설, 공급제어 시스템 및 설비
상전주식	湘电股份	600416	기계	발전 및 특수전기 설비, 교직류 발동기
보태주식	宝钛股份	600456	금속, 비금속	티타늄 및 티타늄 합금 등 희귀금속
화광주식	华光股份	600475	기계	복합사이클 발전 및 환경보호 부문
풍범주식	风帆股份	600482	기계	축전지 개발 및 생산
과달기전	科达机电	600499	기계	복합사이클 발전 부문, 절전환경보호
천위보변	天威保变	600550	기계	태양열 발전, 변압 및 상호감응 장치
금창과기	金晶科技	600586	금속, 비금속	태양열 발전(Low-E유리, 초백코딩유리)
태호과기	泰豪科技	600590	기계	태광열 발전 일체화, 환경보호 설비
남파B주	南玻B股	200012	금속, 비금속	평면유리, 폴리실리콘, 태양광 등
방대B주	方大B股	200055	금속, 비금속	복합재료, 환경설비, 태양광 부문
중국풍전	中国风电	0182.HK	전력	풍력 발전(투자, 개발, 서비스)
홍콩건설	香港建设	0190.HK	건설	대체에너지 부문 매출 10% 전후
광대국제	光大国际	0257.HK	사회서비스	폐기물 전력전환, 폐기물처리, 환경
중국고속	中国高速	0658.HK	기계	풍력설비 생산 및 연구
양광능원	阳光能源	0757.HK	금속, 비금속	모노실리콘, 폴리실리콘, 태양광전지
용원전력	龙源电力	0916.HK	전력	풍력, 태양광, 기타 신에너지, 화력
동방전기	东方电气	1072.HK	기계	종합설비, 복합사이클 발전 부문, 환경
보이협흠	保利协鑫	3800.HK	금속, 비금속	폴리실리콘

차이나 이펙트

신재료 종목

종목명	중문명	종목코드	업종	관련 사업
자업주식	锌业股份	000751	금속, 비금속	아연, 인듐, 황산 등 종합가공
태원강옥	太原刚玉	000795	금속, 비금속	희토영구자석, Brown fused alumina
종합기전	众合机电	000925	기계	모노실리콘, 반도체 재료, 절전재료
동방단업	东方钽业	000962	금속, 비금속	탄탈, 니오브, 탄화규소 등 생산
안태과기	安泰科技	000969	금속, 비금속	비정질합금
환유고신	皖维高新	600063	석유화학	다양한 PVC 제품 생산
중달주식	中达股份	600074	석유화학	폴리에틸렌 및 폴리프로필렌 등 박막
중과영화	中科英华	600110	기계	열수축, 냉각수축, 합성고무 등 신재료
금발과기	金发科技	600143	석유화학	플라스틱, 화공, 플라스틱 재생
중국유리섬유	中国玻纤	600176	금속, 비금속	각종 유리섬유 및 방수제품
유연규구	有研硅股	600206	전자	모노실리콘, 게르마늄, 복합물질
동봉전자	铜峰电子	600237	전자	전공박막, 폴리실리콘 재생입자, 절전장비
흠과재료	鑫科材料	600255	금속, 비금속	희토합금재료, 탄소섬유복합재료
개락과기	凯乐科技	600260	석유화학	플라스틱 및 플라스틱 합성재료
태화주식	太化股份	600281	석유화학	화학비료, 석탄가스, 생물화공
연태만화	烟台万华	600309	석유화학	각종 폴리카보네이트 등
천통주식	天通股份	600330	전자	자기성 재료, 전자부품
금서과기	金瑞科技	600390	금속, 비금속	금속재료, 초경질재료, 전원재료 등
장원그룹	长园集团	600525	기타	고분자기능재료, 전선 및 통신케이블
광동용태	广东榕泰	600589	석유화학	아미노기 플라스틱 및 복합재료
삼아부	三爱富	600636	석유화학	유기불소 재료 및 제품
북광자재	北矿磁材	600980	전자	자기성 재료, 희토, 합금 등

신에너지 자동차

종목명	중문명	종목코드	업종	관련 사업
만향전조	万向钱潮	000559	자동차	자회사 전지, 전기제어 부문종사
서장광업	西藏矿业	000762	광업	중국 최대 리튬 광산보유
일기자동차	一汽轿车	000800	자동차	하이브리드자동차 기술우위
안카이객차	安凯客车	000868	자동차	전기자동차
중통객차	中通客车	000957	자동차	하이브리드 및 전기자동차
우통객차	宇通客车	600066	자동차	하이브리드자동차
상해자동차	上海汽车	600104	자동차	하이브리드자동차 상용화 추진
포강희토	包钢稀土	600111	금속, 비금속	수소에너지 원재료 부문 우위
복전자동차	福田汽车	600166	자동차	하이브리드자동차 산업선도
우파운승	宁波韵升	600366	기계	전기구동 기술우위
길은얼업	吉恩镍业	600432	금속, 비금속	니켈수소 동력부문 개발
시대신재	时代新材	600458	금속, 비금속	하이브리드, 전기자동차 관련기술 보유
과력원	科力远	600478	유통	니켈가스 동력전지 재료 공급상
하문오업	厦门钨业	600549	금속, 비금속	니켈가스 전지 대단위 응용수혜(희토석)
와룡전기	卧龙电气	600580	전기	전기구동 기술우위
금룡자동차	金龙汽车	600686	자동차	하이브리드자동차
삼삼주식	杉杉股份	600884	방직	중국최대 리튬전지 종합재료 공급상
비아디	比亞迪	1211.HK	전자	2차 전지, 전기자동차

3
경제·산업 및 금융 데이터

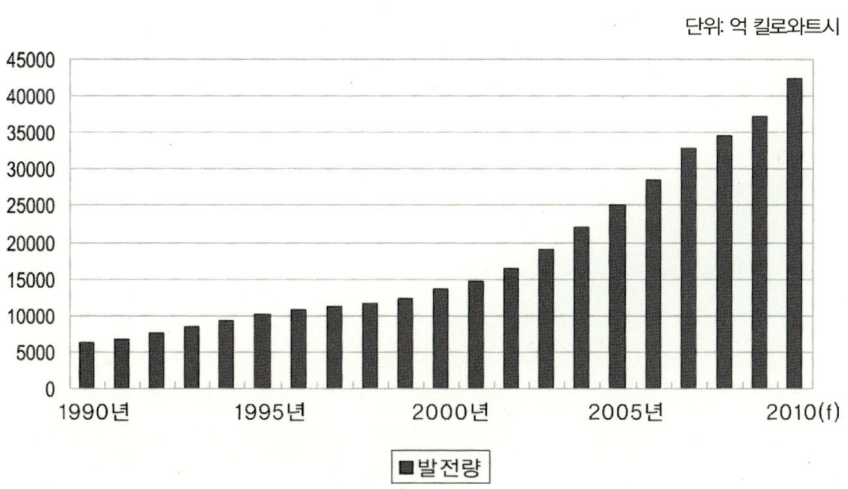

중국 발전량 추이와 전망

단위: 억 킬로와트시

■ 발전량

자료원천: 중국국가통계국, 중국경제정보분석(CEIA)

중국 원유 생산량 추이와 전망

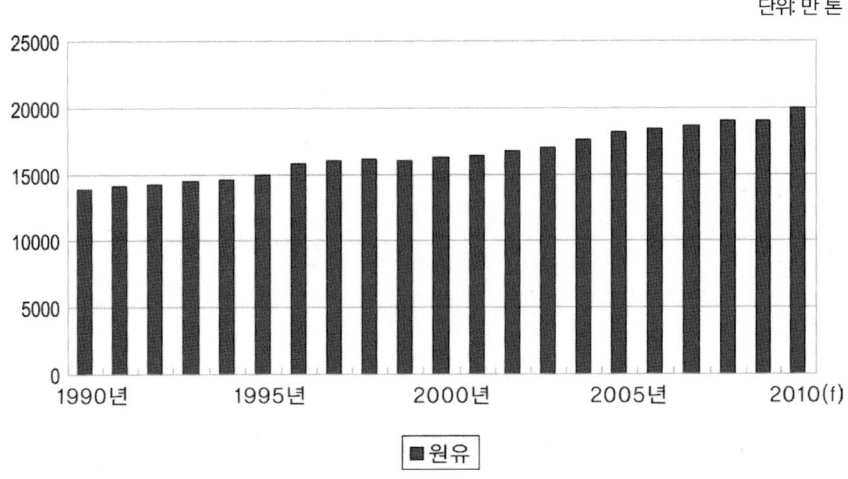

단위: 만 톤

자료원찬 중국국가통계국, 중국경제정보분석(CEIA)

중국 강재 생산량 추이와 전망

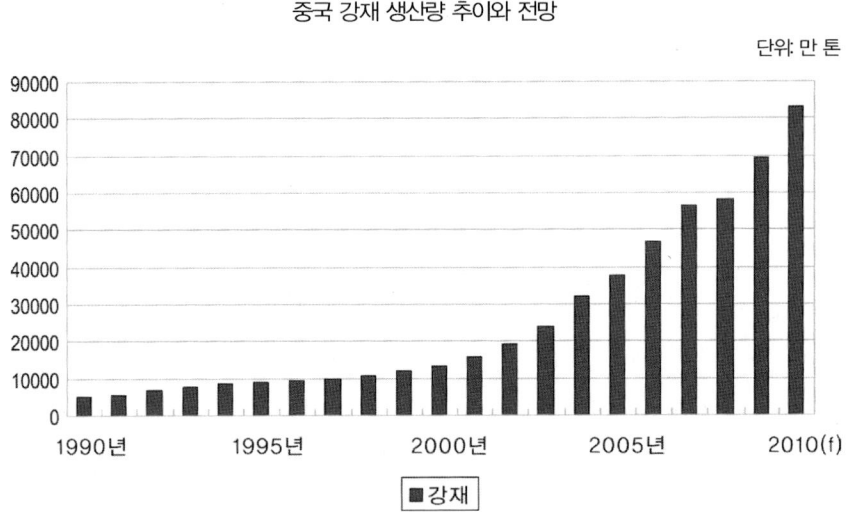

단위: 만 톤

자료원찬 중국국가통계국, 중국경제정보분석(CEIA, 추정치)

중국 시멘트 생산량 추이와 전망

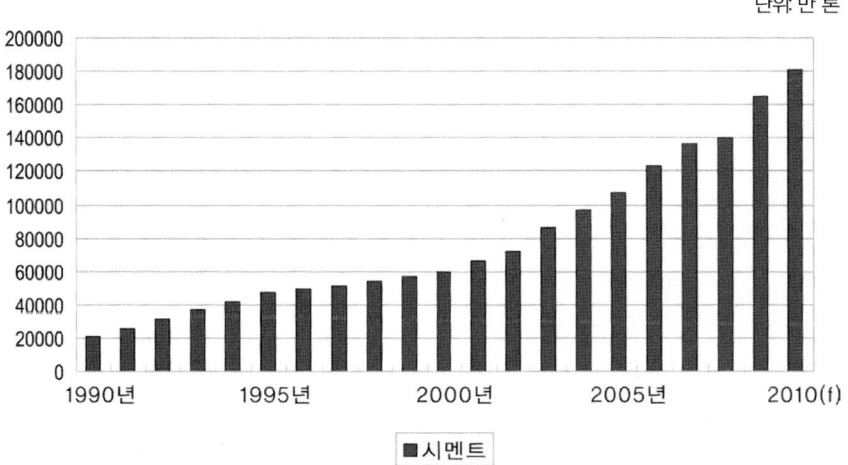

단위: 만 톤

자료원천 중국국가통계국, 중국경제정보분석(CEIA, 추정치)

중국 초기 플라스틱 생산량 추이와 전망

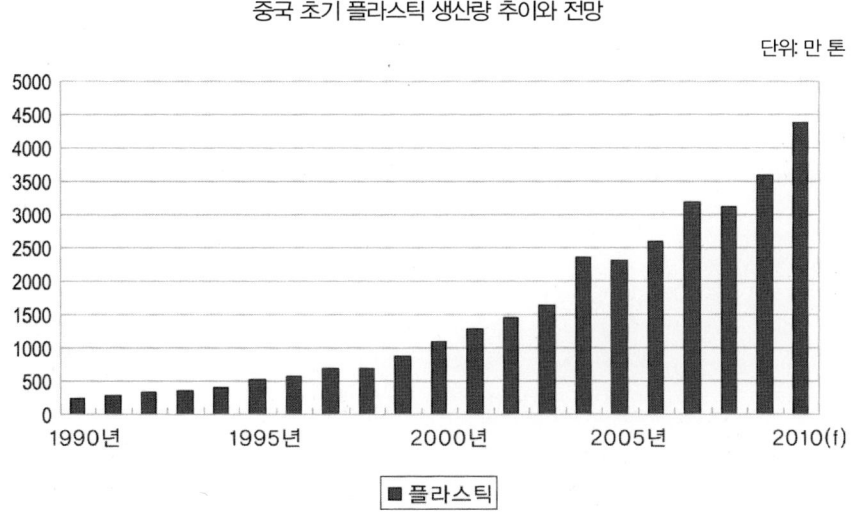

단위: 만 톤

자료원천 중국국가통계국, 중국경제정보분석(CEIA, 추정치)

중국 농약 생산량 추이와 전망

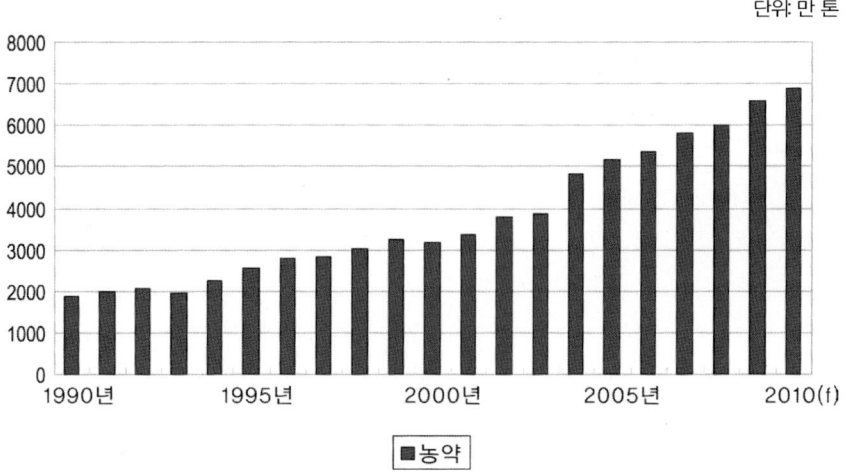

단위: 만 톤

자료원찬 중국국가통계국, 중국경제정보분석(CEIA, 추정치)

중국 통신부문 투자액과 증감률 추이

단위: 억 위안

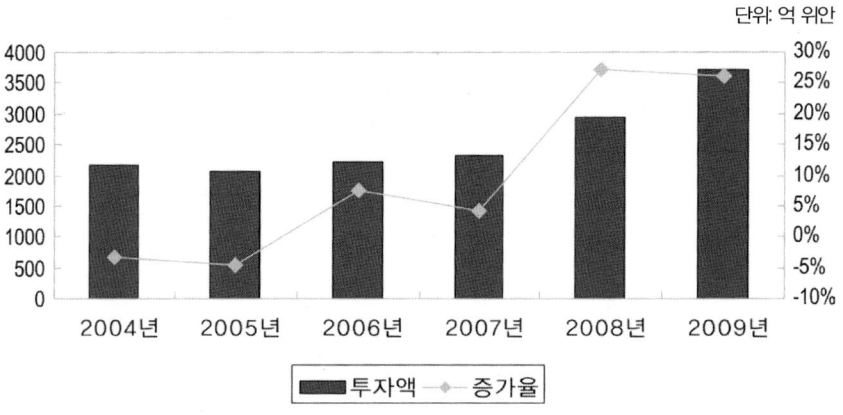

자료원찬 중국공업정보화부

차이나 이펙트

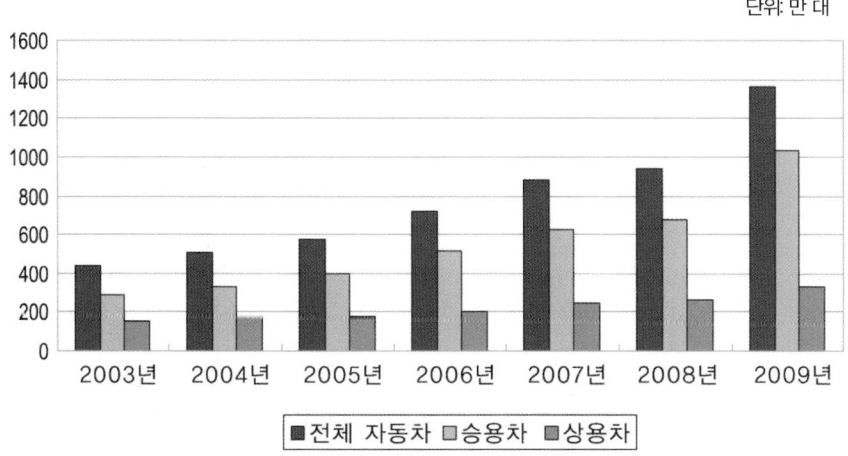

중국 자동차 판매량 추이와 구조

단위: 만 대

자료원천 중국자동차협회

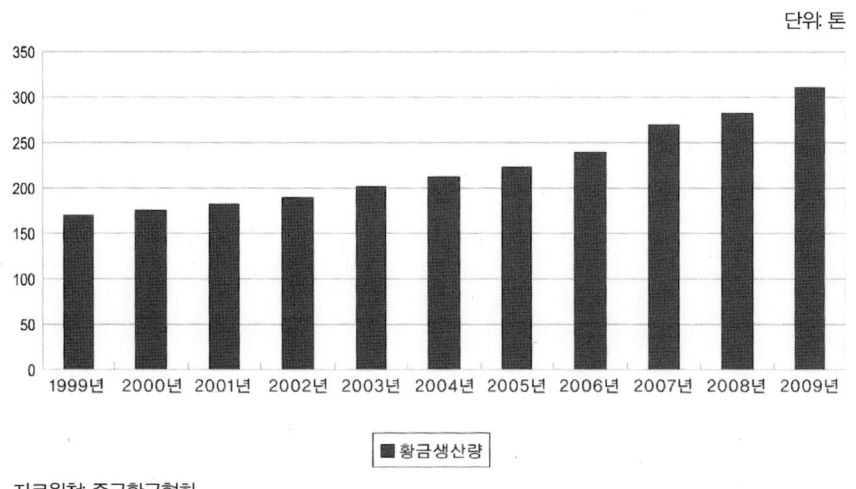

중국 황금 생산량 추이

단위: 톤

자료원천 중국황금협회

중국 금융기관 자금운용액 추이

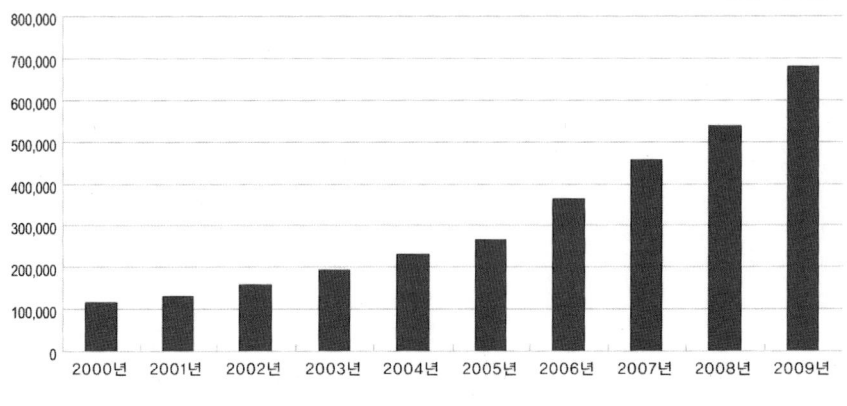

단위: 억 위안

자료원천: 중국인민은행

중국 채권 예탁액 추이

단위: 억 위안

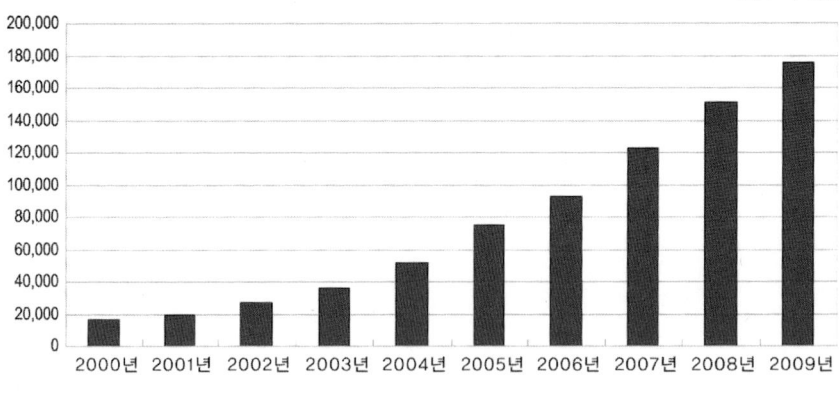

자료원천: 중국채권망

중국 보험권 보험수입 추이

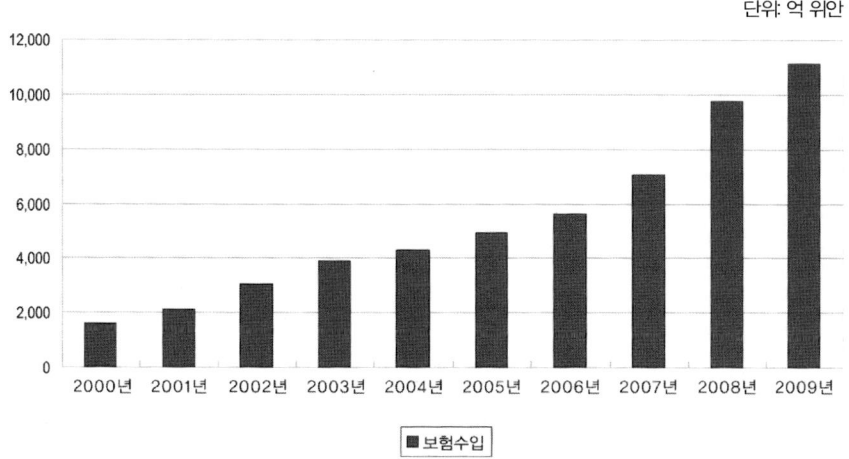

단위: 억 위안

자료원천: 중국보험감독위원회

보험권 자산규모 및 세부 내역

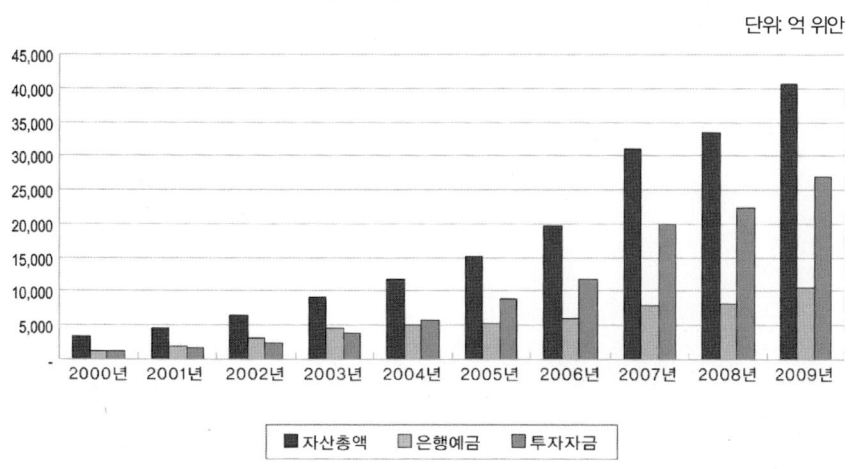

단위: 억 위안

자료원천: 중국보험감독위원회

중국 보험권 투자포트폴리오

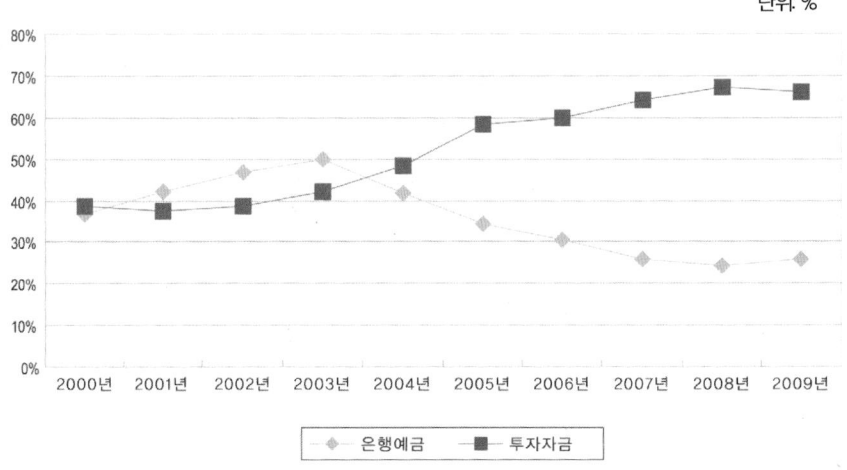

단위 %

범례: 은행예금, 투자자금

자료원찬 중국보험감독위원회

중국 본토와 홍콩 증시 수치요약

상해 및 심천 증시 PER 추이

단위: 배

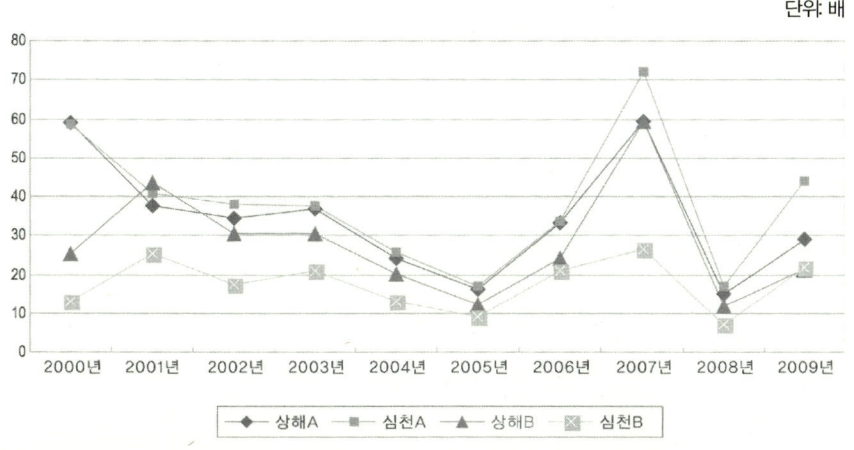

자료원천: 상해 및 심천 증권거래소

2009년 상해 증시 업종별 PER 분포

단위: 배

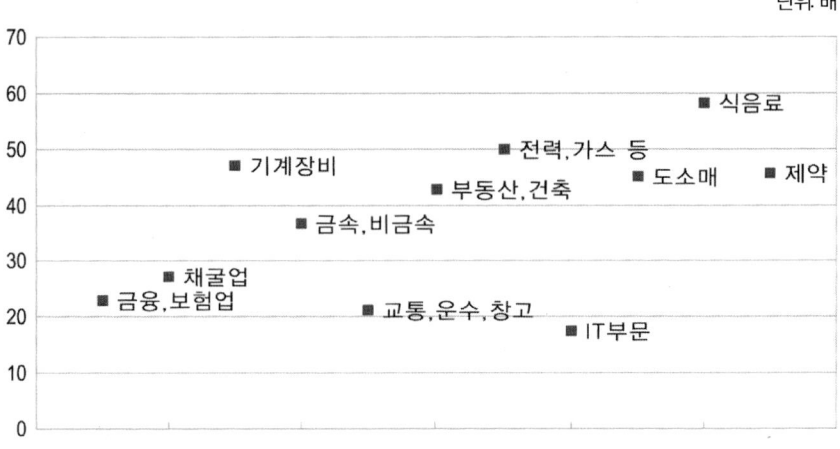

자료원찬: 상해 증권거래소

2009년 심천 증시 업종별 PER 분포

단위: 배

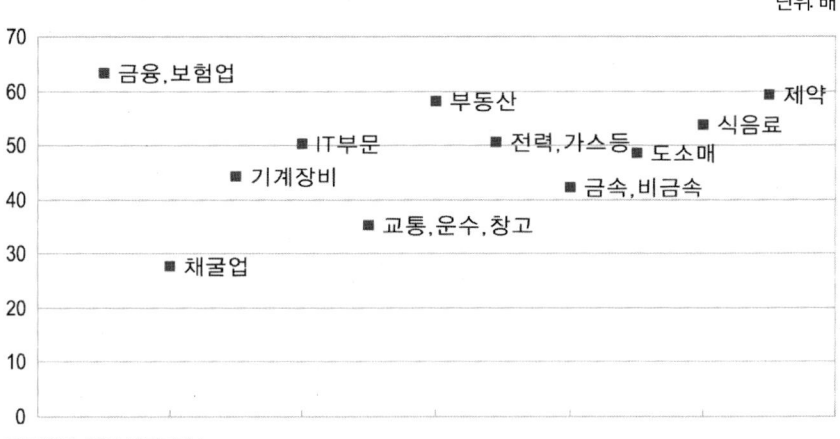

자료원찬: 심천 증권거래소

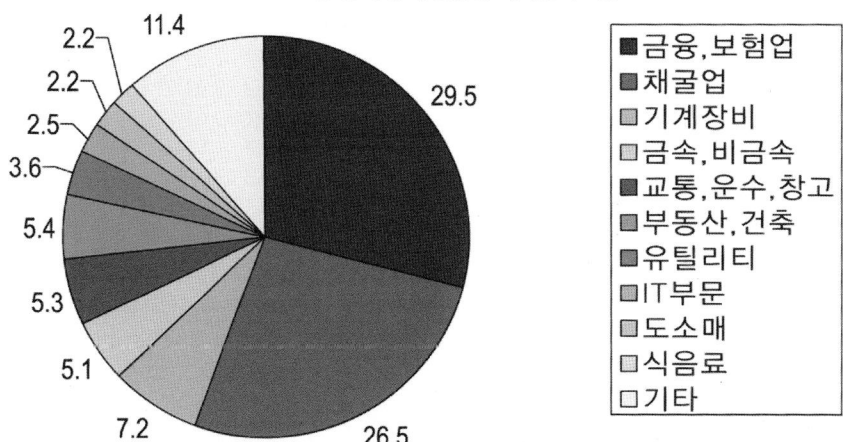

2009년 상해 증시 업종별 시가총액 비중

- ■ 금융,보험업
- ■ 채굴업
- □ 기계장비
- □ 금속,비금속
- ■ 교통,운수,창고
- ■ 부동산,건축
- ■ 유틸리티
- □ IT부문
- □ 도소매
- □ 식음료
- □ 기타

29.5
26.5
7.2
5.1
5.3
5.4
3.6
2.5
2.2
2.2
11.4

자료원천: 상해 증권거래소

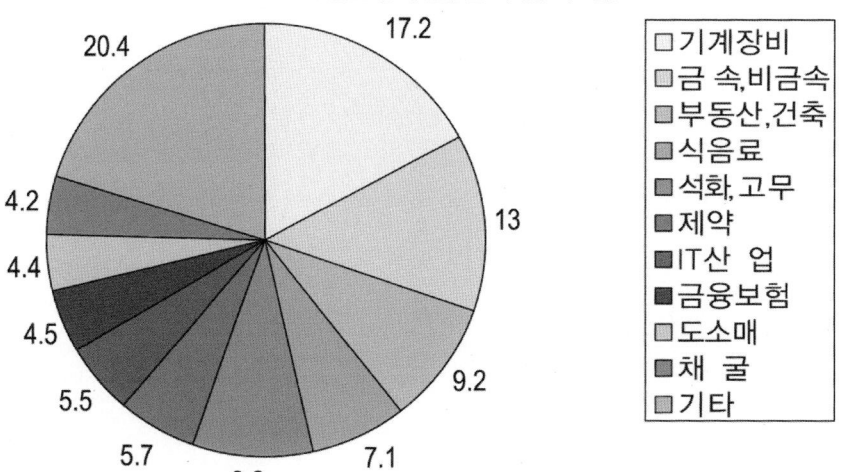

2009년 심천 증시 업종별 시가총액 비중

- □ 기계장비
- □ 금 속,비금속
- ■ 부동산,건축
- ■ 식음료
- ■ 석화,고무
- ■ 제약
- ■ IT산 업
- ■ 금융보험
- □ 도소매
- ■ 채 굴
- □ 기타

17.2
13
9.2
7.1
8.8
5.7
5.5
4.5
4.4
4.2
20.4

자료원천: 심천 증권거래소

2009년 시가총액 상위 10개 종목 상해 및 심천 증시 비중

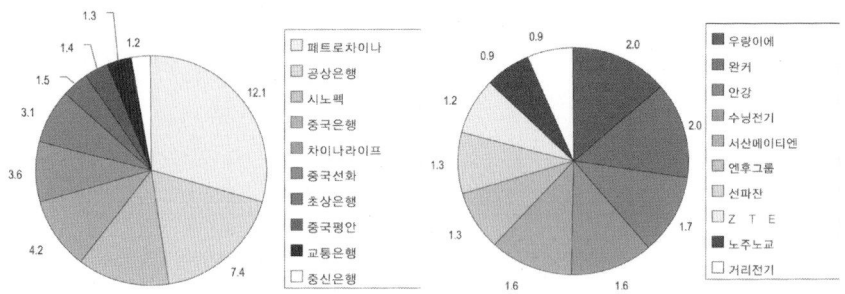

- 페트로차이나 12.1
- 공상은행 7.4
- 시노펙 5.3
- 중국은행 4.2
- 차이나라이프 3.6
- 중국선화 3.1
- 초상은행 1.5
- 중국평안 1.4
- 교통은행 1.3
- 충신은행 1.2

- 우랑이에 2.0
- 완커 2.0
- 안강 1.7
- 수닝전기 1.6
- 서산메이티엔 1.6
- 엔후그룹 1.3
- 선파잔 1.3
- Z T E 1.2
- 노주노교 0.9
- 거리전기 0.9

자료원천 상해 및 심천 증권거래소

1999~2009년 월별 항생지수와 역순 그래프

단위: 포인트

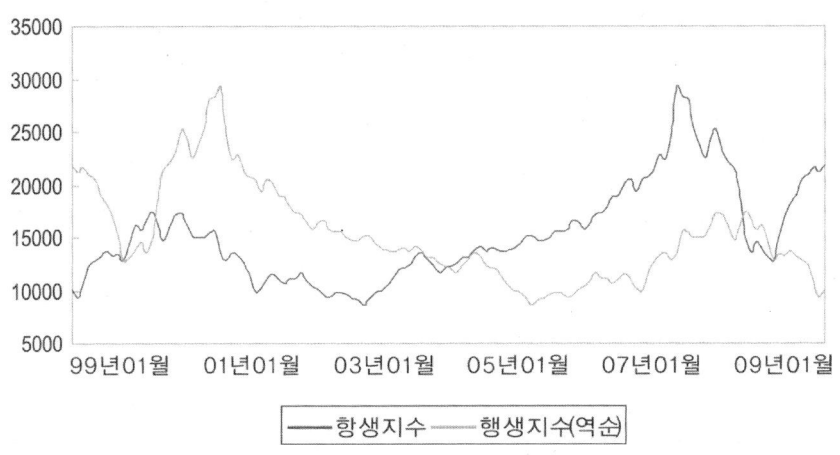

항생지수 — 행생지수(역순)

자료원천 중국경제정보분석(CEIA)

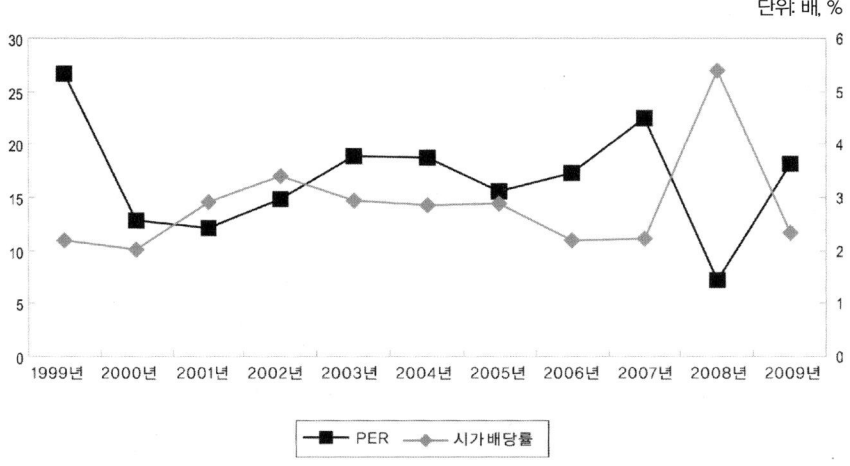

홍콩 증시 연도별 PER 및 시가배당률 추이

단위: 배, %

자료원찬: 홍콩 증권거래소

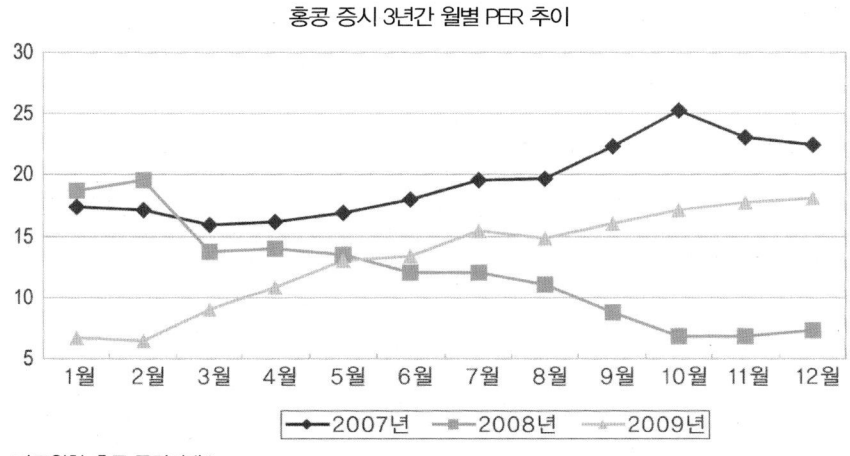

홍콩 증시 3년간 월별 PER 추이

자료원찬: 홍콩 증권거래소

홍콩 증시 주요 업종별 PER 추이 비교

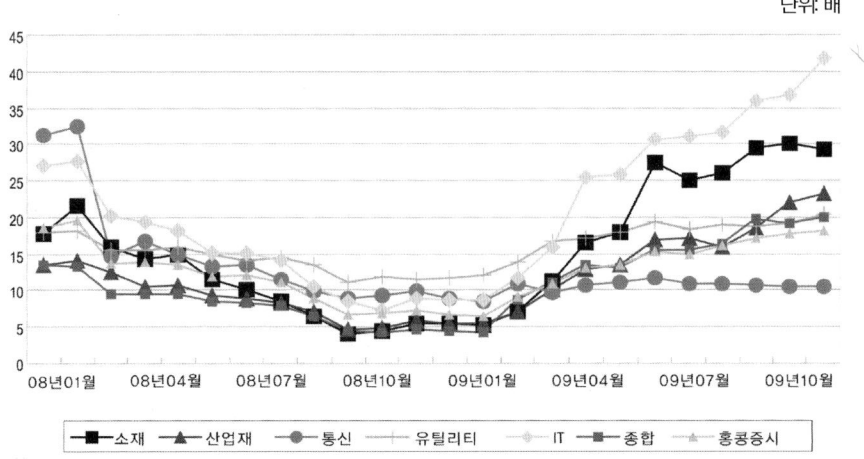

단위: 배

자료원천: 홍콩 증권거래소

2009년 홍콩 증시 업종별 시가총액 및 거래금액 비중

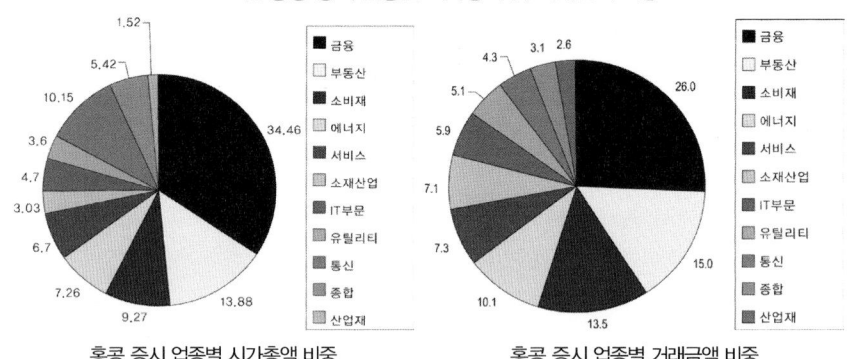

홍콩 증시 업종별 시가총액 비중   홍콩 증시 업종별 거래금액 비중

2009년 시가총액 상위 10개 종목 홍콩 증시 비중

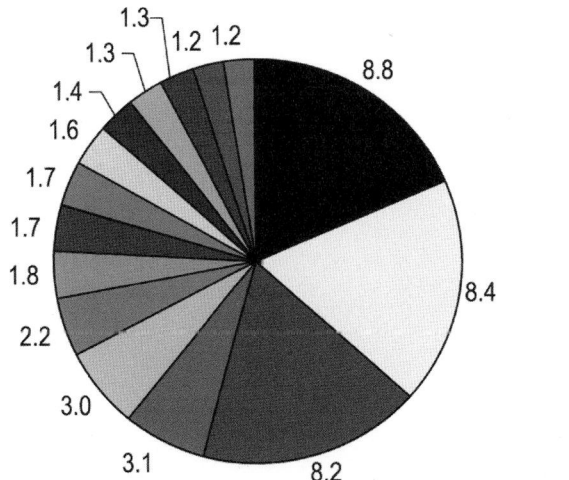

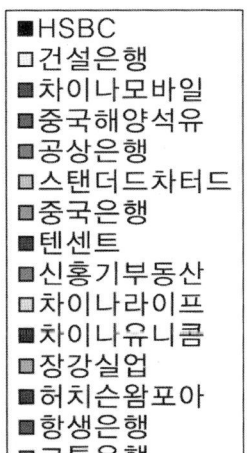

- ■HSBC
- □건설은행
- ■차이나모바일
- ■중국해양석유
- ■공상은행
- □스탠더드차터드
- ■중국은행
- ■텐센트
- ■신흥기부동산
- □차이나라이프
- ■차이나유니콤
- ■장강실업
- ■허치슨왐포아
- ■항생은행
- ■교통은행

자료원천: 홍콩 증권거래소

2009년 H주 시가총액 상위 30개 종목

단위: 억 홍콩달러

순위	종목코드	업종	회사명	시가총액
1	0939	은행	중국건설은행	14,987
2	1398	은행	중국공상은행	5,349
3	3988	은행	중국은행	3,193
4	2628	보험	차이나라이프	2,854
5	3328	은행	교통은행	2,078
6	0857	석유화학	페트로차이나	1,966
7	2318	보험	평안보험	1,740
8	1088	석탄	중국선화	1,291
9	0386	석유화학	시노펙	1,160
10	0998	은행	중신은행	822
11	3968	은행	초상은행	704
12	2601	보험	태평양보험	675
13	1898	석탄	중국석탄	585
14	1211	자동차	BYD	543
15	0728	통신	차이나텔레콤	450
16	2600	비철금속	중국알루미늄	337
17	1171	석탄	이엔조우석탄	336
18	1800	건축부동산	중국교통건설	329
19	0489	자동차	동풍자동차	319
20	1988	은행	민생은행	300
21	2899	비철금속	자금광업	297
22	0168	식음료	청도맥주	282
23	0916	전력	용원전력	272

차이나 이펙트

순위	종목코드	업종	회사명	시가총액
24	0753	교통운수	에어차이나	267
25	0358	비철금속	강서동업	255
26	0390	교통운수	중국철도	254
27	1919	교통운수	COSCO	246
28	2328	보험	중국재산	242
29	0914	비금속광물	해라시멘트	216
30	1186	교통운수	중국철도건설	207

자료원찬 홍콩 증권거래소

CHINA
차이나 ★ 이펙트
EFFECT

초판인쇄	2010년 12월 24일
초판발행	2010년 12월 24일
지은이	중국경제정보분석 김태일
펴낸이	채종준
기 획	강태우
편 집	김소영
마케팅	고주형
아트디렉터	김소영
표지디자인	이효정
펴낸곳	한국학술정보(주)
주 소	경기도 파주시 교하읍 문발리 파주출판문화정보산업단지 513-5
전 화	031)908-3181(대표)
팩 스	031)908-3189
홈페이지	http://ebook.kstudy.com
E-mail	출판사업부 publish@kstudy.com
등 록	제일산-115호(2000. 6. 19)
ISBN	978-89-268-1797-1 13320 (Paper Book)
	978-89-268-1798-8 18320 (e-Book)

이담
Books 는 한국학술정보(주)의 지식실용서 브랜드입니다.